GUÍA VISUAL DEL MUNDO POKÉMON

SIMCHA WHITEHILL, LAWRENCE NEVES, KATHERINE FANG y CRIS SILVESTRI

Montena

1. EL MUNDO POKÉMON

2. KANTO

3. ISLAS NARANJA

4. JOHTO

5. HOENN

6. SINNOH

7. TESELIA

8. KALOS

¡HOLA, FANS DE POKÉMON!

Bienvenidos al enorme mundo Pokémon, un universo repleto de misterio y poblado por unas criaturas de lo más curiosas.

Pero ¿sabéis qué es un Pokémon? ¿Sí? ¿No? ¡Da igual! En este libro encontraréis todo lo que debéis conocer sobre estos seres.

Como podéis imaginaros, los Pokémon no están solos. Viven en armonía con los seres humanos y con el mundo que los rodea. A lo largo de estas páginas podréis conocer a muchos de los personajes más valientes, astutos, interesantes e importantes que pueblan aquellas tierras. Además, os enseñaremos todo cuanto se necesita para convertirse en un Entrenador Pokémon (es decir, un ser humano entregado al cuidado y el adiestramiento de estos seres), un Coordinador de Concursos o un Criador.

¿Estáis a punto? ¡Comenzamos!

LA HISTORIA DE POKÉMON

Fechas aplicables solo a EE.UU.

1998 | Septiembre: ***Pokémon: Liga Añil***

1999 | Septiembre: ***Pokémon: Liga Añil/ Pokémon: Aventuras en las Islas Naranja***

2000 | Septiembre: ***Pokémon: The Johto Journeys***

2001 | Septiembre: ***Pokémon: Johto League Champions***

2002 | Septiembre: ***Pokémon: Master Quest***

2003 | Septiembre: ***Pokémon: Advanced***

2004 | Septiembre: ***Pokémon: Advanced Challenge***

2005 | Septiembre: ***Pokémon: Advanced Battle***

2006 | Septiembre: ***Pokémon: Battle Frontier***

2007 | Junio: ***Pokémon: Diamante y Perla***

2008 | Abril: ***Pokémon: DP Battle Dimension***

2009 | Mayo: ***Pokémon: Combates Galácticos***

2010 | Junio: ***Los Vencedores de la Liga de Sinnoh***

2011 | Febrero: ***Pokémon: Negro y Blanco***

2012 | Febrero: ***Pokémon: Destinos Rivales***

2013 | Febrero: ***Pokémon Negro y Blanco: Aventuras en Teselia***

2014 | Enero: ***Pokémon: XY***

¿QUÉ SON LOS POKÉMON?

Con ese nombre se conoce a unas criaturas con unas formas y unos tamaños únicos. Cada especie posee sus propios poderes y habilidades.

Aunque los Pokémon pueden comunicarse entre sí, pocos recurren al lenguaje humano. No obstante, poseen una inteligencia fuera de lo común, así como unos sentimientos y un carácter individualizados.

Por lo general, los Pokémon conviven con los humanos sin mayores problemas. De hecho, desde tiempos inmemoriales, se han ayudado cuando ha sido necesario e incluso algunas culturas, impresionadas por los poderes de los Legendarios, llegaron a adorarlos como si fuesen dioses. Hoy en día, los Pokémon pasan buena parte de su vida preparándose con sus entrenadores para competir en toda clase de duelos o batallas amistosas.

LA VIDA EN EL MUNDO POKÉMON

Existen diversas regiones habitadas en el mundo Pokémon. Aunque las más conocidas son Kanto, Johto, Hoenn, Sinnoh, Teselia y Kalos, hay asimismo otros enclaves, como las Islas Naranja y las Islas Remolino. Pese a encontrarse separadas por el mar, no es difícil visitarlas y mucho menos viajar de una a otra: basta con tomar un transbordador.

2015

Febrero: **Pokémon: XY-Expediciones en Kalos**

2016

Junio: **Pokémon: XYZ**

ASH

Soñador y muy exigente, Ash hará todo lo posible por convertirse en un Maestro Pokémon. En los combates es duro de pelar gracias a que mantiene una relación excelente con todos sus compañeros.

Aunque cada aventura trae consigo nuevas sorpresas –y no pocos cambios de vestimenta–, Ash posee un estilo muy característico: una gorra de béisbol, una camisa y una cazadora de manga corta, mitones, vaqueros, bambas, mochila y, cómo no, la Pokédex más adecuada para cada región. De hecho, lo único que no cambia nunca son sus Poké Balls.

IMPULSIVO

Como todos los chicos de su edad, Ash suele ver el mundo de una manera muy esquemática: o blanco o negro. Su arrogancia le ha ocasionado más de un quebradero de cabeza, aunque siempre acaba por aprender de sus errores. No dejes que su ego te engañe: en el fondo, es muy buen chico y suele sacrificarse, y mucho, por sus amigos.

KANTO Y JOHTO

Su primer conjunto era muy sencillo. La gorra, de la Expo Pokémon, la consiguió tras enviar por correo varios cupones que recortó de las cajas de cereales.

¿Y SU MADRE?

Delia Ketchum es la sufrida madre de Ash. Vive en Pueblo Paleta, la localidad natal de nuestro amigo, con su propio Pokémon, Mr. Mime. A menudo lo telefonea para felicitarlo por alguna de sus numerosas victorias o para interesarse por su salud, sobre todo cuando se mete en problemas. Las madres, ya se sabe, siempre apoyan a sus hijos en todo cuanto hacen.

HOENN

Quizá el cambio más notable en su segunda aparición fue la gorra de béisbol, con un color y un diseño distinto. ¿Te has fijado en el logo? Recuerda a una Poké Ball. También puedes verlo en la parte inferior del polo con capucha.

SINNOH

En esta tercera etapa, los cambios en el atuendo de Ash son más sutiles. La gorra es casi idéntica a la anterior, aunque con un diseño algo distinto (el logo, por ejemplo, pasa del verde al azul), y la camisa tiene un cuello más elegante.

Coleccionista de medallas

A lo largo de sus viajes por Kanto, las Islas Naranja, Johto, Hoenn, Sinnoh, Teselia y Kalos, Ash ha ido ganando una gran cantidad de medallas. Además, ha conseguido nada más y nada menos que siete símbolos en el Frente Batalla, una hazaña que lo ha convertido en el campeón absoluto en estos lances. Y, por si fuera poco, posee también varias en los gimnasios de Teselia y Kalos.

TESELIA

Su aspecto es mucho más maduro. ¡Si casi parece un Mestro Pokémon! Lleva un práctico suéter, de líneas muy deportivas, con cremallera y bolsillos, así como un pantalón cargo y bambas con tobillo alto.

KALOS

Los colores primarios, como el azul y el rojo, contrastan vivamente con el gris. Fijémonos bien: desde la gorra, pasando por los mitones, hasta llegar a las bambas, el rojo combina muy bien con el de la Poké Ball. ¡Y qué decir de la chaqueta de manga corta…! Sin duda, viste un conjunto muy cómodo y elegante que le permitirá competir sin pausa hasta clasificarse en el Torneo de la Liga Kalos… pero con estilo.

LOS POKÉMON DE ASH

Sin duda, Ash y Pikachu están muy bien avenidos. Pero por muy bien que se lleven, Ash necesitará algo de ayuda –bueno, bastante; por no decir que mucha– en los diversos campeonatos a los que se presenta o, de lo contrario, no conseguirá ninguna medalla. Por suerte, cuenta con varios Pokémon curtidos en cientos de combates. Aunque todos son muy importantes para nuestro amigo, solo puede llevarse a seis en cada ocasión. Y ha de elegirlos a conciencia, ya que de su buen criterio dependerá la victoria.

PIKACHU

Aunque Ash y este Pokémon llevan juntos tanto tiempo que puede decirse que son inseparables, al principio no se llevaron nada bien.

DORMILÓN

En un primer momento, Ash pensó que Squirtle sería una mejor opción, pero se quedó dormido y no tuvo más remedio que quedarse con Pikachu. El Pokémon tampoco estaba muy contento con su nuevo Entrenador, todo hay que decirlo, y no le hizo mucho caso. Sin embargo, aquella pareja que parecía destinada al desastre más catastrófico no tuvo más remedio que enfrentarse a un sinfín de peligros y… nació una leyenda.

PIDOVE

No solo fue el primer Pokémon que Ash capturó en Teselia, sino que luchó con valentía para salvar a Pikachu del Team Rocket. Mientras estaban en Ciudad Porcelana ayudando a controlar un rebaño de Venipedes que huía en estampida, evolucionó a Tranquill. Más adelante, mientras libraba un duro combate con Gerania, la líder del gimnasio de Ciudad Loza, se convirtió en Unfezant. Ayudó a Ash a ganar la codiciadísima Medalla Jet. No cabe duda de que, juntos, Ash y Pidove forman un equipo de altos vuelos.

HAWLUCHA

Más conocido como el Campeón del Bosque, siempre estaba dispuesto a enzarzarse en un buen combate con los Pokémon locales. Sin embargo, todo cambió el día en que Ash le dio unos consejos sobre cómo utilizar el movimiento Plancha Voladora: Hawlucha se percató de que podría aprender mucho de aquel joven y se unió al grupo.

SANDILE

Ash se encontró con Sandile cuando estaba cavando hoyos en un resort para advertir a la gente que los géiseres iban a estallar. Pese a su aspecto, es un luchador sin igual con una sola idea en la cabeza: ¡Pikachu! En uno de sus enfrentamientos, se enfadó tanto que se convirtió en Krokorok. Tiempo después, durante una batalla épica que disputó contra Iris y Dragonite en la Copa Júnior del Pokémon World Tournament, evolucionó a Krookodile.

KROKOROK

KROOKODILE

CHARMANDER

Después de rescatarlo de una tormenta, Ash cuidó de este Pokémon de fuego hasta que se recobró por completo. De vez en cuando, suele acompañar a su viejo amigo en algunas aventuras, aunque cuando evoluciona conviene tratarlo con cuidado: Charizard es muy temperamental y posee un genio bastante… inflamable.

ROGGENROLA

Ash lo encontró cuando buscaba ayuda. El Team Rocket había capturado a todos sus amigos para construir un Foco Resplandor que presuntamente debería funcionar gracias a este Pokémon. Por fortuna, nuestro amigo salvó a estos rocosos y Roggenrola no se separa de su lado desde entonces. Durante un combate con Yakón, parecía que Excadrill llevaría las de ganar, pero Roggenrola usó las fuerzas que le quedaban para evolucionar en Boldore. Así fue como Ash obtuvo la Medalla Temblor.

PALPITOAD

Tras un entrenamiento con algunos Foongus bastante salvajes, algunos de los Pokémon de Ash se sintieron enfermos. Nuestro amigo, en compañía de Oshawott, fue en busca de la planta salveyo, que crecía en el fondo del lago. Sin embargo, no cayeron en la cuenta de que se hallaban en el territorio de Palpitoad y que este iba a defenderlo con su vida si fuera necesario. Oshawott no tuvo más remedio que vencer su miedo y abrir los ojos bajo el agua. El Acua Jet dio resultado y ganó el combate. Ah, y Ash ganó un nuevo amigo: Palpitoad.

SNIVY

Ash se encontró con este Pokémon planta con pinta de ninja cuando se disponía a comer con Millo. Impresionado por su habilidad, hizo todo lo posible por atraparlo, aunque era muy escurridizo. Por suerte, Snivy se dio cuenta de que nuestro amigo es muy majo y se unió con gusto al equipo.

SCRAGGY

En una ocasión, Ash tuvo que ayudar a Karina, una maestra de escuela, para controlar a un Trubbish. Tras conseguirlo, y en agradecimiento, nuestro amigo recibió un huevo del que salió Scraggy, un Pokémon preparado para el combate. Pikachu aceptó el reto y, de ese modo, le dio la bienvenida. Aunque el recién nacido no estaba en condiciones de ganar, puso todo su empeño para conseguirlo. Y, de hecho, hoy en día, en lugar de saludar a alguien, se le echa encima y lo provoca hasta que acepta batirse en duelo.

SEWADDLE

SWADLOON

LEAVANNY

Después de que Ash compartiese su comida y su saco de dormir con el Pokémon, y lo salvase de un secuestro, Sewaddle aceptó con gusto proseguir su viaje con su nuevo amigo. Más adelante, en su primer combate en un gimnasio, mientras lidiaba con Camus por lograr la Medalla Élitro, se convirtió en Swadloon. Los cambios no se pararon ahí, sino que, durante un entrenamiento en Ciudad Teja, ¡evolucionó a Leavanny!

KRABBY

Ash lo atrapó mientras intentaba poner a prueba ante Misty su habilidad para capturar Pokémon". Sin embargo, como nuestro amigo disponía de seis Pokémon, lo envió al Profesor Oak. Tiempo después, Krabby se convirtió en Kingler mientras luchaba contra Mandi en la primera ronda de la Liga Pokémon.

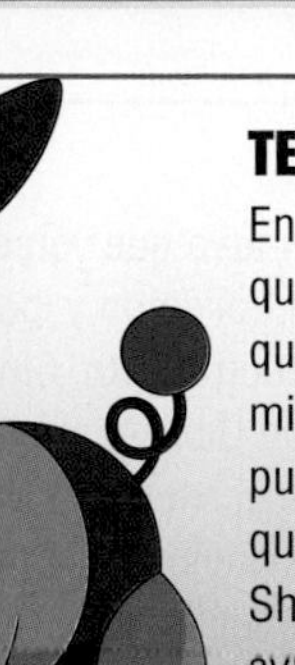

TEPIG

PIGNITE

En un primer momento, don Jorge pensó que este Pokémon cubierto de hollín que se escondía en la despensa era un misterioso Umbreon. Por suerte, Ash pudo saber que no era más que un Tepig al que había abandonado su Entrenador, un tal Shamus. Al principio, Tepig dudó en aceptar la ayuda de su nuevo amigo. Sin embargo, tras una buena comida, el Pokémon se quedó dormido en sus brazos y se convirtió en su fiel compañero. Tiempo después, don Jorge propuso combatir contra Shamus. Tepig, pese a su miedo, se sintió reconfortado por el cariño de Ash y Snivy, y peleó con tanto empeño que se convirtió en Pignite.

CHIMCHAR

Ash nunca deja que un Pokémon lo pase mal. Chimchar fue abandonado por su Entrenador original, Polo. Al enterarse, nuestro amigo le ofreció a Chimchar unirse a su equipo. A Infernape le cuesta tanto controlar su rabia que estuvieron a punto de perder las semifinales contra Polo en Sinnoh. Menos mal que cuenta con el poderoso Envite Ígneo…

PRIMAPE

Tras ver cómo evolucionaba el enérgico Mankey, Ash se dio cuenta de que, junto con este Pokémon, formaría una pareja invencible.

GIBLE

Para atraparlo, Ash tuvo que vérselas con un sinfín de Pokémon y, por si fuera poco, con Benito. Sin embargo, cuando Gible lo salvó de caerse por un acantilado sujetándolo con las mandíbulas, ambos se dieron cuenta de que aquel mordisco era el comienzo de una gran amistad.

MUK

Solo hay algo más poderoso que sus contundentes ataques: el pestazo que deja a su paso. Pero se trata de un detalle muy poco importante cuando hay que plantar cara en un combate. O no.

BAYLEEF

CHIKORITA

Aunque Ash le causó una grave lesión durante un combate, la cuidó con tanto cariño que la Pokémon acabó por enamorarse de nuestro amigo. ¡Incluso tiene celos de Pikachu! De hecho, quiere tanto a Ash que se convirtió a Bayleef para protegerlo del Team Rocket.

PIDGEY

Aunque Ash lo capturó por error, lo cuidó hasta que evolucionó.

TOTODILE

Ash tuvo que luchar contra Misty para conseguirlo. Al principio, quedaron en lanzarse unas Poké Ball, pero como no llegaron a un acuerdo, se vieron obligados a pelear y nuestro amigo se alzó con la victoria.

CYNDAQUIL

Aunque Ash lo atrapó casi por casualidad, este Pokémon ha demostrado ser un gran fichaje, sobre todo cuando logró superar su timidez. Antes de partir hacia Hoenn, Ash lo dejó al cuidado del Profesor Oak.

SQUIRTLE

Tras hacerse amigo de Ash, se convirtió en un miembro imprescindible del equipo. Por desgracia, tuvo que dejarlo cuando el Escuadrón Squirtle comenzó a sufrir graves problemas.

FROAKIE

Este Pokémon tan temerario no tenía demasiada buena fama (de hecho, un montón de entrenadores lo habían devuelto al Profesor Ciprés). Sin embargo, Ash lo acogió con alegría después de que este lo ayudase a plantar cara al Team Rocket con sus temibles burbujas. Posteriormente, evolucionó a Frogadier y, luego, a Greninja.

NOIBAT

Hawlucha encontró un Huevo que Ash y sus amigos cuidaron con cariño. Un buen día, la cáscara comenzó a agrietarse y... nació Noibat. Al principio le costó aprender a volar, pero Hawlucha le dio algunas lecciones. Los consejos parecieron dar resultado, ya que, en una ocasión, Zapdos atacó al Campeón del Bosque y Noibat acudió con rapidez para salvar a su mentor. Durante el combate, se convirtió en Noivern.

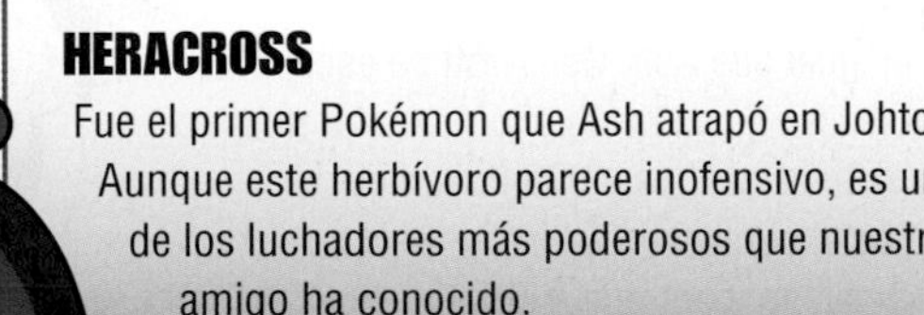

HERACROSS

Fue el primer Pokémon que Ash atrapó en Johto. Aunque este herbívoro parece inofensivo, es uno de los luchadores más poderosos que nuestro amigo ha conocido.

TAUROS

Se separó del equipo de Ash en Kanto, mientras presenciaba una estampida.

GOOMY

¿Quién dice que la suerte no cae del cielo? Así es como Ash se encontró con su amigo, el Pokémon dragón. En el transcurso de ciertos combates contra el temible Team Rocket, Goomy se convirtió en Sliggoo y en Goodra para proteger a sus amigos.

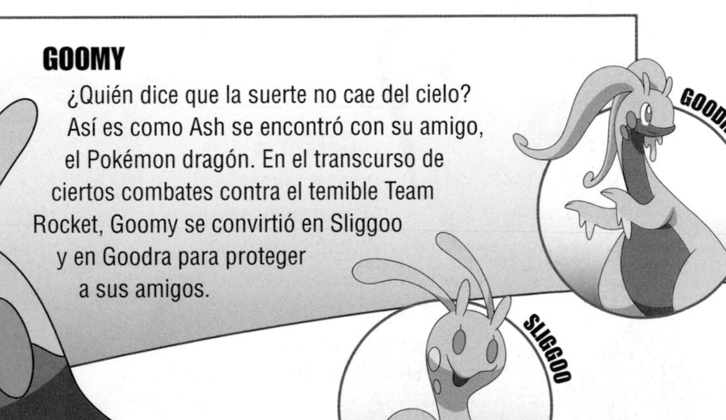

OSHAWOTT

Bravo e impulsivo, al igual que Ash, Oshawott se escapó del laboratorio de la Profesora Encina para acompañar a nuestro amigo en su viaje por Teselia. El pequeño Pokémon siempre está listo para el combate. De hecho, basta con mencionarle esa palabra para que lance su Poké Ball. Eso sí: como vea que su oponente es más grande y fuerte, hará todo lo posible para que Pikachu tome su lugar… aunque Oshawott entrena mucho para estar a la altura de su entusiasmo.

FLETCHLING

No resultó fácil capturarlo. Ash y Froakie tardaron bastante en conseguirlo. Durante su primer combate aéreo, este Pokémon se convirtió en Fletchinder. Más adelante, cuando Moltres, el Legendario, confundió al equipo con el dichoso Team Rocket, nuestro amigo evolucionó a Talonflame para proteger a su querido Entrenador.

FLETCHINDER

BUTTERFREE

CATERPIE

Fue el primer Pokémon que Ash capturó, aunque lo hizo de una manera muy poco convencional, ya que no consiguió debilitarlo.

GLIGAR

El ejemplar que Ash tiene en su equipo era el más lento de su bandada. Sin embargo, decidió unirsc a nuestros amigos después de que Polo, el gran rival de Ash, capturase a Gliscor, su jefe.

BULBASAUR

Al principio, no se fiaba mucho de Ash, pero bastó con que este lo venciese en un combate para darse cuenta de que iba en serio.

BUIZEL

Obtenido en un intercambio con Aura, a Buizel le interesa más pelear que competir en torneos.

TREECKO

Ash atrapó a un Treecko tras defender a un Árbol Gigante. Más adelante, se convirtió en un Grovyle durante un combate con un Loudred y, al final, se convirtió en un Sceptile mientras intentaba proteger a una Meganium de la que se había enamorado. Por desgracia, su amor no fue correspondido y Sceptile se olvidó de cómo usar sus nuevas habilidades.

GROVYLE

SCEPTILE

SNORUNT

Siempre tan travieso y juguetón, un buen día le quitó a Ash la caja donde guardaba todas sus medallas y, por si fuera poco, su gorra. Por suerte, lo hizo sin mala intención y no tardó en incorporarse al equipo. Tras un entrenamiento intensivo, logró controlar su Rayo de Hielo y se convirtió en un Glalie.

SWELLOW

TAILLOW

Al principio, no se mostró demasiado amigable con Ash y sus amigos: se abalanzó sobre ellos y les robó todo el chocolate que tenían. Por supuesto, Ash no se quedó cruzado de brazos y lo persiguió… Hasta que se encontró al Pokémon al frente de una enorme bandada dispuesta a atacarlo. El combate fue épico, pero Ash logró capturarlo. Tiempo después, durante la fase final de un Campeonato Pokémon, Taillow se convirtió en un Swellow y se alzó con la victoria.

TURTWIG

Siempre dispuesto a mediar en las discusiones de sus compañeros, no vacila a la hora de plantar cara y llamar al orden a los Pokémon más revoltosos. Gracias a su carácter, no le costó mucho trabar amistad con Ash y, desde entonces, se ha convertido en un compañero formidable. Domina el movimiento Treparrocas a la perfección y sabe cómo aprovechar su enorme peso.

GROTLE

TORTERRA

SNORLAX

Ash lo capturó en las Islas Naranja después de enterarse de que estaba a punto de acabar con toda la vegetación. A causa de su voraz apetito, nuestro amigo no suele llevárselo de viaje.

AIPOM

Se hizo amigo de Ash tras robarle la gorra (algún día habrá que descubrir qué les pasa a los Pokémon con esa gorra). Ash lo capturó en un combate, pero más tarde lo cambió a Aura por un Buizel.

PHANPY

Tras vencer en un Concurso Pokémon, Ash recibió un huevo del que nació Phanpy. Tiempo después, en un combate contra las máquinas del Team Rocket, Phanpy se convirtió en Donphan. Ah, y ten cuidado: sus colmillos son temibles, pero cuando se encoge y rueda sobre su coraza…

DONPHAN

CORPHISH

Tras armar un buen jaleo en Pueblo Azuliza, Ash consiguió capturarlo y calmarlo un poco. Es muy celoso y no le gusta demasiado que algún compañero evolucione o reciba elogios.

TORKOAL

Se hizo amigo de Ash después de que este lo defendiese. Desde entonces, no se separó ni de su sombra. Sin embargo, y a pesar de que participó en algunos combates, Ash prefirió dejarlo al cuidado del Profesor Oak.

STARLY

En una ocasión, Aipom hirió gravemente a un Starly salvaje. Ash lo recogió, lo cuidó y lo incorporó al equipo. El Pokémon se convirtió en un Staravia durante un combate contra el Team Rocket y, posteriormente, en el viaje por Sinnoh, en un Staraptor. Sin duda, es un buen compañero e incluso releva a Ash cuando, por alguna razón, debe apartarse del campo de batalla.

NOCTOWL

Este Pokémon, de coloración inusual y una gran inteligencia, dio bastantes quebraderos de cabeza a Ash, quien, tras capturarlo, lo empleó en las fases finales del concurso que disputó en Sinnoh.

EQUIPO BÁSICO

Los Entrenadores no se toman su misión a la ligera. El entrenamiento, la crianza y el cuidado de los Pokémon requieren tal esfuerzo que es preciso disponer de diversas herramientas.

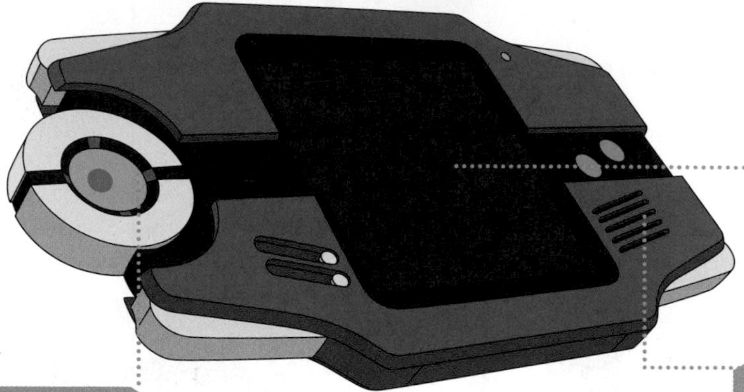
PANTALLA
Muestra al Pokémon en cuestión, así como sus datos más importantes.
TOUCHPAD
Permite navegar por los diferentes menús de la Pokédex.
MÓDULO DE VOZ
El altavoz reproduce todo cuanto el ordenador indica sobre un Pokémon.

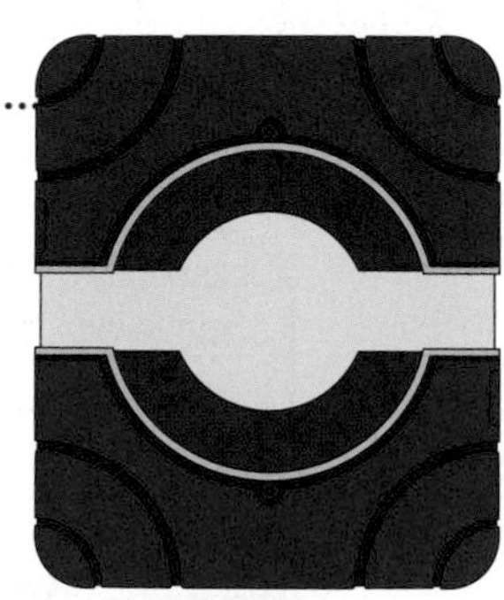
Kalos Pokédex

POKÉDEX

Todo el mundo necesita información, y más cuando uno se dedica a entrenar a este tipo de criaturas. Este dispositivo es una especie de enciclopedia electrónica en miniatura que suministra toda clase de datos acerca de los Pokémon.

POKÉ BALLS

Si quieres hacerte con un Pokémon, necesitarás algo para atraparlo. Las Poké Balls son las más socorridas: solo hay que lanzarlas cuando veas que está muy debilitado. Hay muchos tipos e incluso algunos modelos específicos para capturar a una criatura en cuestión. Aquí puedes ver el más común.

Cuestión de voz

Las Pokédex de Kanto, Johto y Teselia tienen voz masculina y las de Hoenn, Sinnoh y Kalos, otra femenina. El Profesor Oak entregó en Kanto un dispositivo a Ash que presentó como Dexter. A nuestro amigo le gustó tanto el nombre que puso ese nombre al resto de Pokédex (bueno, a las "chicas" las llamó Dextette).

Pokédex de Kanto

Pokédex de Johto

Pokédex de Hoenn

Pokédex de Sinnoh

Pokédex de Teselia

COMIDA

Como puedes imaginar, los entrenadores deben comer algo si quieren soportar los rigores de sus largos viajes. Por suerte, mientras deambulaba por Teselia, Ash conoció a Millo, un Líder de Gimnasio al que le gusta tanto combatir como disfrutar de la buena mesa.

A los Pokémon también les gusta comer, sobre todo ciertos tipos de bayas, cada una con sus propias cualidades (algunas, de lo más sorprendentes): por ejemplo, la tamate es muy picante, la meloc cura una intoxicación o un envenenamiento y la aranja posee propiedades medicinales.

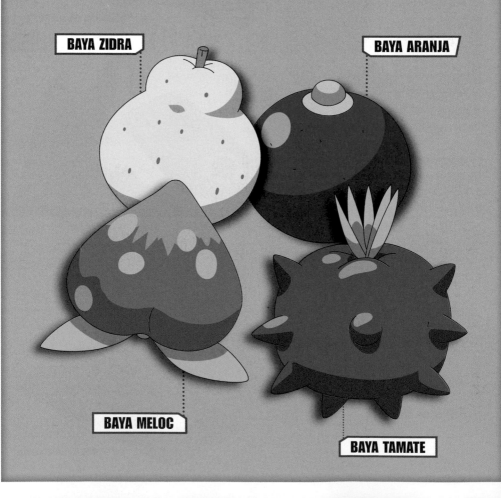

BAYA ZIDRA

BAYA ARANJA

BAYA MELOC

BAYA TAMATE

TECNOLOGÍA PUNTA

Además de la Pokédex, Ash y sus amigos recurren a todo tipo de cachivaches durante sus aventuras: en Sinnoh, Ash ayudó a Aurora a conseguir un Poké-reloj, una especie de reloj de pulsera con unas prestaciones increíbles, y en Teselia, Millo tuvo que buscar un superlanzador. De hecho, nuestro amigo no se separa nunca del Videomisor, que usa para mantenerse en contacto con la Profesora Encina o para enfrentarse a Trip, uno de sus rivales.

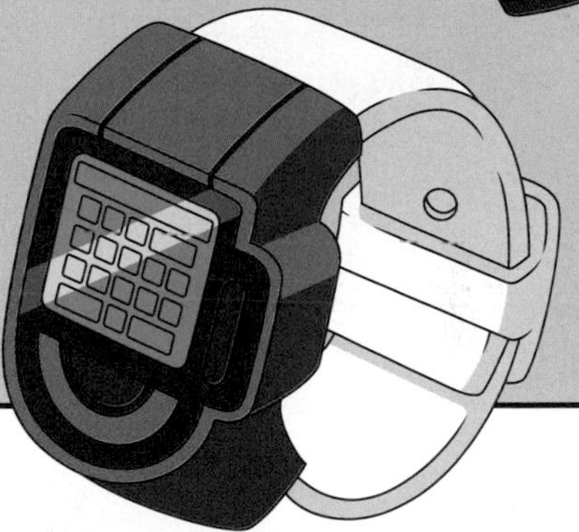

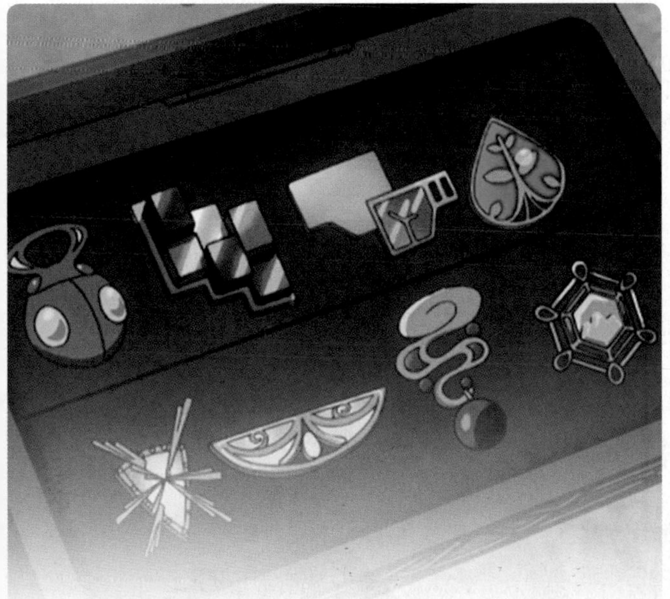

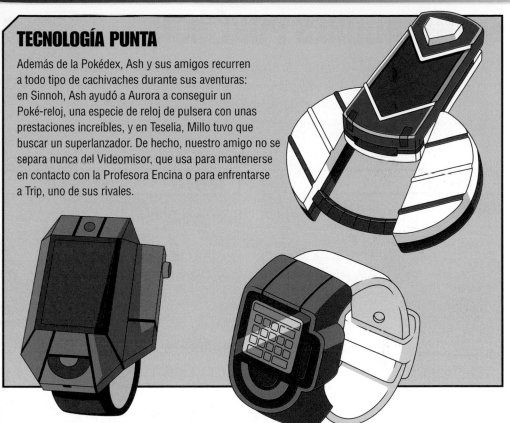

MEDALLERO

La mayoría de los entrenadores no suelen llevar puestas sus medallas, por lo que necesitan guardarlas en algún sitio. A Ash se las han robado en más de una ocasión –una faena, porque cuesta mucho hacerse con una–. Las medallas son una recompensa y un reconocimiento a la destreza de un entrenador. Se entregan tras vencer en un combate disputado en un gimnasio y constituyen un requisito imprescindible para participar en un campeonato de liga.

ENTRENADORES POKÉMON

Cualquier persona que tenga un Pokémon y lo adiestre con un propósito específico podría ser un Entrenador. Los Criadores, los Coordinadores y los Sibaritas, hasta cierto punto, podrían considerarse como tales. No obstante, y en sentido estricto, un Entrenador es aquel que prepara a sus Pokémon para el combate y establece una relación muy estrecha con los miembros de su equipo.

COMIENZA EL VIAJE

Basta con tener diez años y seleccionar a uno de los tres primeros Pokémon para convertirse en entrenador. El hecho de decantarse por uno u otro depende de la región en la que se esté, aunque siempre habrá que escoger entre una criatura de Fuego, Agua o Planta.

Los entrenadores principiantes también reciben Poké Balls para que capturen a sus Pokémon. Aunque pueden hacerse con tantos como deseen, conviene recordar que solo pueden viajar con seis. En el caso de que, en un determinado momento, necesiten la ayuda de otro más, tendrán que escoger a uno del equipo y enviarlo de vuelta a la casa de un profesor o de otra persona que pueda cuidarlo mientras tanto.

"Viajaré para adquirir la sabiduría necesaria para entrenar Pokémon".

Ash Ketchum

¿EVOLUCIONAR O NO EVOLUCIONAR?

Tarde o temprano, un Entrenador tendrá que averiguar qué hacer con sus Pokémon. Estas criaturas, al evolucionar, se hacen más fuertes, algo muy importante cuando se trata de librar un combate. Sin embargo, la fuerza bruta no debería ser el único detalle a tener en cuenta para decidir si al Pokémon le conviene mutar o no. Existen otras muchas cualidades que, a lo mejor, se pierden al dar un salto evolutivo. Además, algunos Pokémon son felices tal como son y no parecen muy interesados en cambiar.

Aunque Ash sabe muy bien que a Pikachu le encanta ser como es, creía que Bulbasaur estaba ansioso por evolucionar y desencadenó la transformación sin consultarlo con el Pokémon. El pobre Pokémon no tenía ninguna intención de cambiar y se sintió muy incómodo. En vista de lo ocurrido, nuestro amigo decidió que, a partir de entonces, un Pokémon solo evolucionaría si antes lo había decidido libremente.

CUANDO UN POKÉMON SE NIEGA A OBEDECER

Se necesita más que una medalla para ser un Entrenador experto. De hecho, en algunas ocasiones, un buen Entrenador puede tener ciertas dificultades a la hora de dominar a un Pokémon. En principio, este problema no supone ninguna vergüenza, aunque es mejor prescindir de esa criatura para evitarse futuros problemas. Pensemos, por ejemplo, en Charmander: Ash no tuvo ningún roce con este Pokémon, con el que se llevaba muy bien, pero cuando se convirtió en Charmeleon y, sobre todo, en Charizard, adquirió tal poder que nuestro amigo, aún demasiado novato, no pudo hacer nada para controlarlo.

El tiempo, la experiencia y algún que otro tropiezo le enseñaron a controlarlo. Simplemente, no estaba preparado para vérselas con un Pokémon como ese, muy distinto del que tuvo en los días de la Liga de la Meseta Añil.

CONFÍA EN TU POKÉMON

Los entrenadores deben confiar en sus Pokémon. Estas criaturas son lo bastante inteligentes como para darse cuenta de si su Entrenador está seguro o no de las decisiones que toma. Si un Entrenador duda a la hora de dar una orden o no se encuentra a gusto con un Pokémon, este reaccionará en consecuencia.

Es mejor ser sinceros: a un Pokémon no le gusta convertirse en objeto de burlas. Cuando Ash decidió dar una lección a Corpish, a este no le gustó en absoluto descubrir que había sido engañado. Y, créeme, no conviene tomarle el pelo, porque no te dejará hacerlo una segunda vez.

¿QUÉ CUALIDADES DEBE POSEER UN BUEN ENTRENADOR?

No existe una manera "correcta" de entrenar a un Pokémon. Cada uno posee un carácter tan único como la personalidad de su Entrenador. Sin duda, Ash tiene madera y se convertirá en un gran Entrenador, pero eso no significa que debamos relacionarnos con nuestras criaturas tal como él lo hace. Eso sí, todos los buenos entrenadores poseen un enorme grado de confianza y de comprensión hacia sus Pokémon.

¿Vale la pena convertirse en un Entrenador Pokémon?

A primera vista, nadie negará que resulta divertido viajar por todo el mundo con un amigo que puede liberar enormes descargas de energía. Sin embargo, y dejando de lado la cantidad de gente a la que se conoce, ¿qué aliciente tiene convertirse en un Entrenador Pokémon?

Al igual que el cuidado de una mascota ayuda a que los niños sean más responsables, el adiestramiento de Pokémon es toda una experiencia. Un Entrenador tiene que trabajar duro para que sus criaturas desarrollen todo su potencial. No se trata tan solo de dedicar tiempo, sino de conocer los deseos y necesidades de un ser vivo.

El viaje es, además, un modo de madurar. La mayor parte de los entrenadores jóvenes deben aprender a ganar, a perder y a relacionarse con sus Pokémon. Salir de casa y enfrentarse a nuevas situaciones ayuda a las personas y a los Pokémon a ser maduros y a confiar más en sí mismos.

CONOCE BIEN A TU POKÉMON

Los buenos entrenadores también necesitan estar muy bien sincronizados con sus Pokémon. En principio, el Entrenador y el Pokémon deben trabajar juntos como si cada uno supiera lo que piensa el otro, aunque no se trata de que la criatura acate las órdenes ciegamente. Un Entrenador debe conocer muy bien la naturaleza de sus Pokémon para conseguir que su equipo se comporte de la manera más eficaz posible en el combate.

Por ejemplo, Maya y su Buizel tuvieron algunos problemas al principio, ya que esta no acababa de ajustarse al ritmo de la criatura. Por suerte, Delos, del Alto Mando, le enseñó a tratarlo, aunque Buizel parecía más interesado en los combates que en los concursos.

POKÉ BALLS

Puedes recorrer el mundo Pokémon a lo largo y a lo ancho, y descubrir a cientos de criaturas, pero si no dispones de la herramienta adecuada, ten por seguro que regresarás con las manos vacías. El método más habitual y socorrido de formar un equipo pasa por capturar a sus futuros miembros con las Poké Balls. Hay muchas y de diversos tipos que conviene utilizar en el momento más adecuado. A continuación, puedes ver algunas de las más habituales.

SANA BALL

Cura al Pokémon atrapado y le ayuda a recuperar sus Condiciones Especiales.

EL MECANISMO

Cuando un Pokémon salvaje queda muy debilitado tras un combate, el Entrenador puede lanzarle una Poké Ball para capturarlo. Si lo consigues, la criatura quedará encerrada en su interior y pasarás a convertirte en su dueño. Sin embargo, las Poké Balls sirven para otros cometidos, como actualizar la información del Pokémon capturado en la Pokédex. El profesor Oak dispone de un laboratorio en el que se ocupa de los miembros del equipo de Ash. Cuando nuestro amigo los necesita, el Profesor los transfiere a un Centro Pokémon por el que pasa a recogerlos.

Cuando un Entrenador requiere la presencia de una de sus criaturas, tan solo debe lanzar la Poké Ball en la que se encuentra encerrada y pronunciar su nombre. Una vez completado el objetivo para el que lo sacó, le bastará con tomar la Poké Ball, apuntarla al Pokémon en cuestión y pulsar el botón que hay en su parte delantera. Las Poké Balls pueden miniaturizarse para que quepan varias en la mano, un detalle que permite guardarlas y transportarlas con mayor comodidad.

TURNO BALL

Cuanto más dura el combate, mejor funciona esta Poké Ball.

MASTER BALL

La Poké Ball definitiva. Permite capturar cualquier Pokémon. Sin embargo, no es fácil de encontrar (Ash solo la ha visto en una ocasión). Suele usarse para enfrentarse a un Legendario o a un Singular. Estas Poké Balls, únicas en todos los sentidos, se identifican por la M que llevan estampada en su mitad superior.

HONOR BALL

Idéntica a la Poké Ball básica.

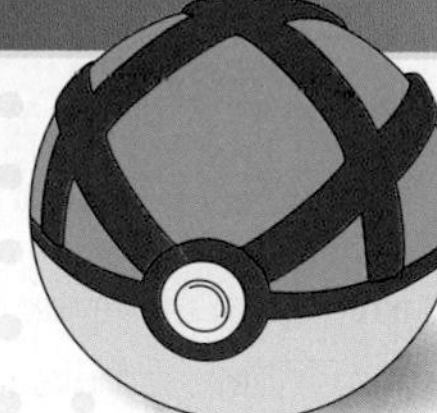

MALLA BALL

Esta Poké Ball especial resulta muy adecuada para capturar Pokémon de los tipos Bicho y Agua.

VELOZ BALL

Muy eficaz cuando se lanza al principio de una batalla.

SÚPER BALL

Una Poké Ball intermedia, algo más eficaz que la Poké Ball básica.

OCASO BALL

Muy eficaz cuando hay que capturar a un Pokémon por la noche o en un lugar oscuro, como una cueva.

SAFARI BALL

Solo puede utilizarse en la Zona Safari.

ACOPIO BALL

Impresionante contra los Pokémon que ya han sido capturados.

ULTRA BALL

Un modelo más avanzado y algo más eficaz que la Súper Ball.

LUJO BALL

Esta Poké Ball especial permite que los Pokémon capturados establezcan un vínculo más estrecho con su dueño.

NIDO BALL

Muy adecuada para capturar a Pokémon de bajo nivel.

BUCEO BALL

Muy eficaz con los Pokémon que pueden encontrarse en el agua o en las profundidades del mar.

EL CENTRO POKÉMON

No deben confundirse con un hospital ni con un centro de adiestramiento ni con un servicio de urgencias. Los Centros Pokémon son... Centros Pokémon, un lugar tan importante para estas criaturas como puede serlo su Entrenador. Pero ¿en qué consisten y cómo funcionan?

¡AQUÍ ESTÁ LA ENFERMERA!

Aunque cada centro es único, todos poseen algo en común: la Enfermera Joy. Al igual que la Agente Mara, forma parte de una familia formada por parientes casi idénticos (de igual nombre: Joy) que se dedican a cuidar de los Pokémon heridos.

INDICA A WIGGLYTUFF DÓNDE DUELE

El maravilloso Wigglytuff es un elemento indispensable en el Centro Pokémon de Kalos. Al igual que Chansey o Blissey, a los que puedes conocer en los de Kanto, Johto, Hoenn y Sinnoh, o que Audino en Teselia, esta simpática criatura ayuda a la Enfermera Joy a cuidar de los Pokémon que deben pasar una temporada internados. Wigglytuff es muy adecuado para este trabajo, ya que es muy cuidadoso y, además, tiene una piel muy suave.

VENTANILLA ÚNICA

Los Centros Pokémon están abiertos a entrenadores, coordinadores de concursos, participantes en torneos y, en general, a todo aquel que necesite tomarse un respiro durante una competición.

En sus instalaciones hay videoteléfonos y, gracias a la incansable labor de las enfermeras Joy, cualquier Pokémon puede recuperarse con rapidez de sus heridas. Como puede imaginarse, constituyen un elemento indispensable para los entrenadores.

CENTRO DE ASISTENCIA

Aunque su aspecto puede variar de un sitio a otro, todos poseen un elemento en común: una gigantesca P situada en la fachada o en las inmediaciones. Las diferencias arquitectónicas se deben a los distintas regiones y a las culturas que los acogen.

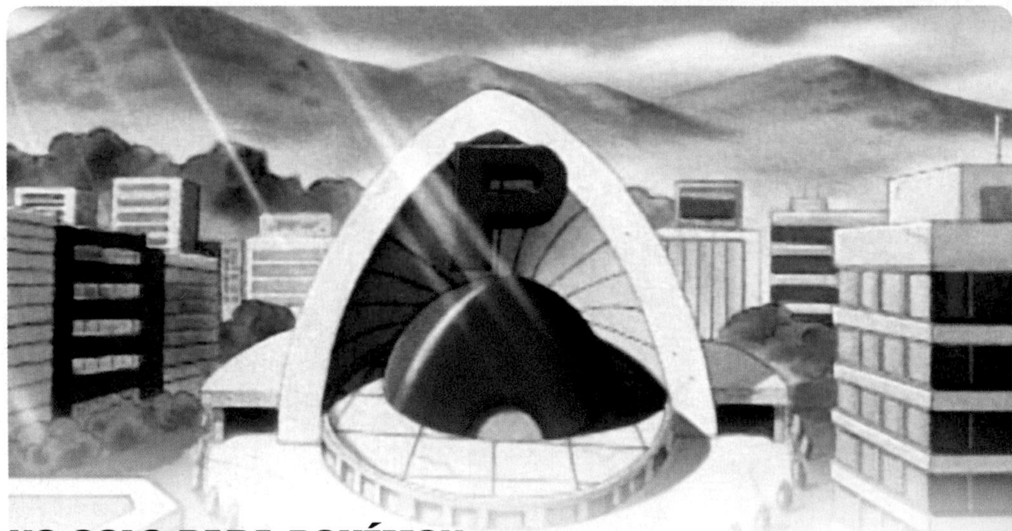

NO SOLO PARA POKÉMON

También los entrenadores pueden pasar una temporada en estas instalaciones. Basta con que uno atraviese la puerta para que acuda rápidamente la Enfermera Joy a darle la bienvenida.

A veces, los Centros Pokémon suelen ser más cómodos y reconfortantes que el propio hogar. De hecho, se puede comer todo lo que quieras sin pagar nada y permanecer allí hasta que los Pokémon se hayan recuperado por completo.

COMUNICACIÓN

Muchos Pokémon se comunican pronunciando su nombre con alguna variación o inflexión que aporta una carga emotiva; otros, en cambio, emiten unos sonidos incomprensibles, aunque sin duda desean decirnos algo; y algunos –en realidad, muy pocos– hablan nuestro idioma.

A decir verdad, pocos Pokémon pueden comunicarse con los humanos mediante el lenguaje. Ash, sin ir más lejos, suele adivinar lo que sus compañeros sienten y nunca les habla de manera directa, salvo cuando se encuentra con alguno que haya salvado esa barrera inicial.

Así pues, podríamos distinguir entre Pokémon telépatas y Pokémon capaces de usar el lenguaje.

QUE HABLE TU MENTE

En el museo de Ciudad Esmalte, Vero, el conservador adjunto, está muy preocupado porque los espíritus campan por las instalaciones horas antes de que se inaugure una gran exposición. Tras comentarlo con Ash, Millo e Iris, nuestros amigos decidieron pasar la noche allí para investigar. Y ocurrió algo poco habitual: un Yamask se valió de Millo para comunicarse con el resto del grupo. No es muy habitual que un Pokémon se comunique pronunciando algo más que las sílabas de su nombre. Al parecer, todo se debía a que, de manera accidental, alguien le había arrebatado la máscara al Yamask cuando se disponía a guardarlo en una vitrina. Una vez se resolvió el problema, la situación volvió a la normalidad.

¡HABLA MÁS ALTO!

Sin duda, Meowth –el descarado miembro del Team Rocket– es el Pokémon más parlanchín. Por suerte, Ash y algún que otro Entrenador sabe cómo usarlo para saber cuándo un Pokémon está herido o asustado, ya que, por alguna extraña razón, a veces siente la necesidad de ayudar a quienes lo están pasando mal. Sea como fuere, sus dotes de comunicación son muy poco habituales.

HUEVOS POKÉMON

¿De dónde provienen los Pokémon? Aunque todavía se desconoce su verdadero origen, todos los entrenadores saben que nacen de huevos.

Todos los huevos de Pokémon poseen el mismo tamaño y la misma forma, con independencia de la especie a la que pertenezcan. De hecho, solo se distinguen por los dibujos de la cáscara. Poseen una resistencia sorprendente. No obstante, aunque pueden resistir golpes y sacudidas de una cierta intensidad, conviene tratarlos con delicadeza, sobre todo cuando empiezan a brillar, porque, si es así, es que están a punto de abrirse.

INCUBADORES DE HUEVOS POKÉMON

Al igual que los Criadores, los Incubadores se encargan tanto de sus propios huevos de Pokémon como de los que reciben en custodia. En Hoenn, Aura y Ash visitaron un vivero tan grande como una granja: cinco graneros llenos de huevos en pleno desarrollo.

¿QUÉ SIENTE UN HUEVO POKÉMON?

Si un huevo Pokémon puede sobrevivir a diversas peripecias sin sufrir ningún rasguño, no le habrá pasado nada, ¿verdad? Pues no: Ash tuvo la ocasión de ver hasta qué punto una experiencia tan traumática puede afectar a un bebé de Larvitar. El pobre, cuando nació, tenía un aspecto apocado y enfermizo por culpa de lo que había sufrido en su estado anterior.

Antes de que naciera Larvitar, el huevo comenzó a brillar. Pero dejó de hacerlo de inmediato. Tras romper el cascarón, el pequeño apareció frío e inmóvil. Algo malo había ocurrido. Había que mantenerlo caliente para que recobrase la salud.

Pese a haberse recuperado físicamente, Larvitar parecía desganado. Ash descubrió la causa tras dormirse con el pequeño en su regazo y tener una pesadilla. Soñó que alguien robaba el huevo y que este caía en un arroyo, daba tumbos por todas partes y estaba a punto de ser atropellado. Quizá Ash estaba presenciando alguna de las pesadillas de Larvitar, aunque no cabe duda de que el Pokémon poseía una cierta conciencia del mundo exterior mientras estaba dentro del huevo.

GUARDERÍA

La guardería de Bobby, cerca de Ciudad Fayenza, en Teselia.

Existen ciertas instalaciones, conocidas como guarderías, dedicadas a la custodia y el cuidado de los huevos y los bebés Pokémon. En Eggseter, una pequeña ciudad situada en el campo de Johto, dispone de una gran cantidad de estos establecimientos. Desde hace mucho, sus habitantes se dedican al cuidado y a la cría de Pokémon, y las gentes que pasan por allí pueden dejar a los suyos mientras visitan la zona. No obstante, hay guarderías en casi todas las regiones.

Además de una sala equipada con dispositivos de alta tecnología que permiten realizar un seguimiento de todos los huevos que están a punto de eclosionar, las guarderías disponen de personal que los cuida a la vieja usanza, llegando a pulirlos poco a poco con un paño limpio.

LA HISTORIA OCULTA

Ya sea por las antiguas antiguas y olvidadas civilizaciones que erigieron templos dedicados a Dialga y Palkia, o por los santuarios en ruinas que honoraban a Thundurus, abundan las pruebas que demuestran que los Pokémon tuvieron una gran influencia en el devenir de este mundo.

LA CIVILIZACIÓN BALTOY

No todas las civilizaciones antiguas veneraron a Pokémon gigantescos o a espíritus siniestros. Se cuenta que, hace mucho, mucho tiempo, existió una civilización Baltoy en la que estos seres convivían con los humanos. Hoy en día, pueden verse algunos vestigios en la montaña Kirikiri, en Hoenn. Y cuenta la leyenda que entre sus reliquias figuran algunos de los elementos más preciados del universo-tiempo.

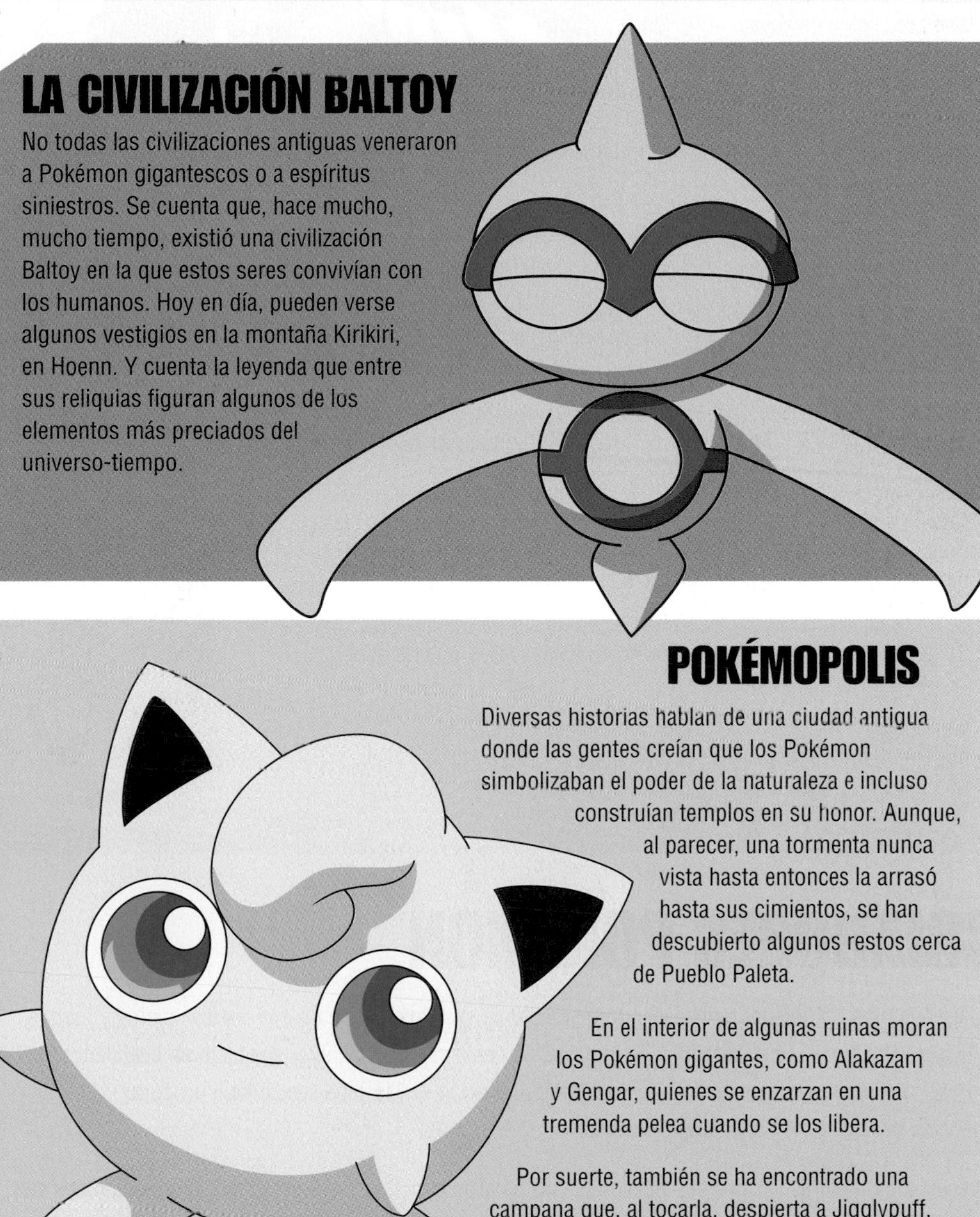

POKÉMOPOLIS

Diversas historias hablan de una ciudad antigua donde las gentes creían que los Pokémon simbolizaban el poder de la naturaleza e incluso construían templos en su honor. Aunque, al parecer, una tormenta nunca vista hasta entonces la arrasó hasta sus cimientos, se han descubierto algunos restos cerca de Pueblo Paleta.

En el interior de algunas ruinas moran los Pokémon gigantes, como Alakazam y Gengar, quienes se enzarzan en una tremenda pelea cuando se los libera.

Por suerte, también se ha encontrado una campana que, al tocarla, despierta a Jigglypuff, el único que puede detener la lucha y sumirlos de nuevo en su sueño.

POKÉLANTIS

Siempre hay alguien que, de manera imprudente, pretende controlar a los Pokémon Legendarios. De nada sirve el ejemplo de Pokélantis, un imperio que, por culpa de la arrogancia de su rey, intentó valerse de Ho-Oh para dominar el mundo. Aquella civilización quedó completamente destruida. Solo se salvó el monarca, quien se vengó del Pokémon encerrándolo bajo tierra bajo una esfera de piedra.

Aunque muchos creen que se trata de una mera leyenda, algo cierto debe de haber. En unas excavaciones recientes, se hallaron unas estancias que parecían haber pertenecido a un rey. Y en su interior, se encontró una esfera de piedra bajo el trono que servía de base a una estatua. Sin embargo, esa esfera, en lugar de custodiar a Ho-Oh, albergaba a un espíritu que, según se dice, ansía poseer un cuerpo para cumplir sus planes de dominación mundial.

RUINAS

Arqueólogos e investigadores siguen encontrando vestigios de mundos olvidados, desde restos fósiles de antiguos Pokémon en las ruinas de Alfa hasta las Ruinas Sosiego, en Sinnoh, donde en algún momento se veneró a Dialga y Palkia.

En las Ruinas Alfa, en Johto, se ha creado un centro de investigación. Sin embargo, no solo se han encontrado fósiles allí, sino una gran cantidad de extraños artefactos.

Las Ruinas Sosiego son solo uno de los diversos lugares de Sinnoh donde pueden encontrarse estatuas de Dialga y Palkia, dos Pokémon que tienen una gran relevancia en los cuentos y leyendas que circulan por la región.

CRIADORES POKÉMON

Aunque todo Entrenador debe saber cómo cuidar de sus Pokémon para que crezcan sanos y fuertes, existen Criadores especializados que trabajan sin descanso para obtener sus mejores cualidades. Pese a su nombre, no se dedican tanto a la reproducción de las especies como a procurar que se desarrollen en buenas condiciones.

A veces, los Criadores llevan a sus Pokémon a las batallas e incluso consideran que estos combates son un buen modo para que los entrenadores establezcan un vínculo más estrecho con los miembros de su equipo. Sin embargo, no les preocupa tanto la fuerza de estas criaturas como su aspecto y su estado de salud. Algunos, como Brock, quizá no hayan logrado demasiados galardones, pero saben muy bien lo que debe hacerse para que un Pokémon se encuentre en buenas condiciones físicas.

LUCIMIENTO

Los criadores acuden en masa al concurso de belleza de Villa Bonita, en el que, a pesar de que los accesorios no son imprescindibles, resultan de gran ayuda. También se celebra algo parecido en Sinnoh, donde los lectores de la revista de moda *PokéChic* y sus Pokémon se presentan con sus mejores galas.

Si los Coordinadores se presentan a concursos y los Entrenadores, a torneos, ¿qué hacen los Criadores? Inscribirse en el Concurso Internacional de Criadores de Pokémon. Aunque no se trata de un certamen tan competitivo como los otros, es una buena manera de que se reconozca su labor y sus criaturas reciban un merecido aplauso.

Algunos criadores suelen agruparse por zonas. Por ejemplo, a la calle Tijeras, en Ciudad Azulona, se la conoce como "el barrio de los Criadores" por la gran cantidad de salones de belleza para Pokémon que alberga. Aunque los cortes extravagantes y los accesorios de fantasía no suelen gustar a todos los profesionales del sector, es un buen sitio para descubrir las nuevas tendencias.

Dos tipos de Criadores: Suzie y Zane

No todos los criadores logran ponerse de acuerdo a la hora de decidir qué es más importante para un Pokémon. Suzie, la criadora que prestó su Vulpix a Brock, cree que la belleza interior de un Pokémon es lo que cuenta. Aunque ha tenido a su cargo un conocido salón de Pokémon, no cree que sea conveniente esmerarse tanto para que estas criaturas puedan lucirse. Zane, un viejo amigo –y rival– además de Criador de éxito, considera por el contrario que la belleza exterior es importantísima. No existe nada que lleve a pensar que la belleza interior sea más importante que la exterior o viceversa. Quizá por esta razón ambos decidieron unir sus talentos para abrir un salón.

Mi Pokémon no me hace caso

Problema: Ilta, el nuevo Miltank de Otoño, no presta atención a nada de cuanto se le dice. De hecho, su dueña está tan desesperada que ha pensado en regalarlo. Por suerte, Brock le ayudará a retomar la relación.

Solución: renunciar a un Pokémon es un error. Basta con realizar algunas actividades muy sencillas para trabar una amistad. En principio, hay que mantener la calma, animarlo y, sobre todo, no comportarse nunca como un jefe. Además, conviene asearlo con regularidad y tener mucha paciencia, ya que estas situaciones requieren tiempo, y más si se pretende establecer una relación sólida.

Tras un par de malentendidos, Otoño e Ilta comenzaron a comportarse como un verdadero equipo.

NUTRICIÓN

Aunque cualquiera puede mantener a un Pokémon bien alimentado, un Criador que se precie hará todo lo posible por diseñar una dieta que se adecue a las necesidades de cada criatura. Y no solo se trata de preparar un programa de comidas lo más completo posible: también hay que pensar en recetas que satisfagan a los paladares más exquisitos.

ASEO

Aunque los Pokémon se encuentren en buenas condiciones, el aseo es un elemento esencial. Durante el tiempo que el Criador dedica a la limpieza de estas criaturas, puede examinarlo y asegurarse de que se halla sano, y además establecer una relación mucho más estrecha con cada uno.

EJERCICIO

El hecho de que un Pokémon pueda permanecer en una Poké Ball indefinidamente no quiere decir que convenga mantenerlo encerrado. De vez en cuando conviene sacarlo para que haga ejercicio y juegue un poco. Hay que tener en cuenta también el tipo al que pertenece. A los Pokémon de Agua, por ejemplo, les irá bien nadar un poco.

CUIDADO DE LA SALUD

Para la mayoría de los entrenadores, todo lo que necesita un Pokémon después de un combate es una breve estancia en un Centro Pokémon y bastante descanso. Sin embargo, un Criador responsable nunca lo considerará suficiente y recomendará un tratamiento adicional en el que se incluyan masajes terapéuticos.

CUESTIÓN DE ALTURA

Aunque Ash mantiene una muy buena relación con sus compañeros de equipo, conviene tener en cuenta que todos tienen pesos y tamaños muy distintos. Basta con pensar en los enormes Yveltal y Xerneas, o en el diminuto Dedenne. ¿Alguna vez has pensado en qué pasaría si Pikachu se pusiera al lado de la Dragonite de Iris? Vamos a verlo.

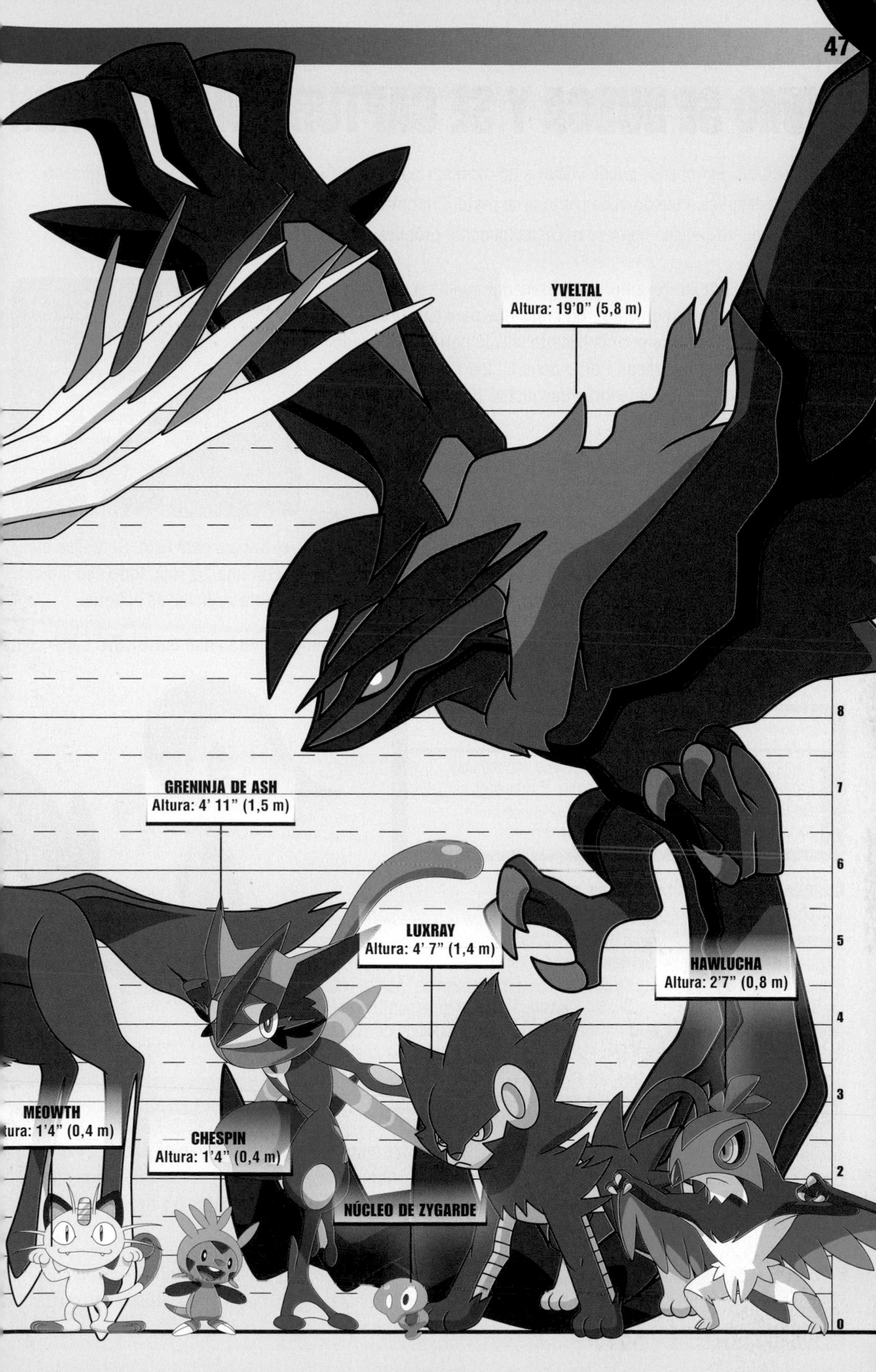
YVELTAL
Altura: 19'0" (5,8 m)
GRENINJA DE ASH
Altura: 4' 11" (1,5 m)
LUXRAY
Altura: 4' 7" (1,4 m)
HAWLUCHA
Altura: 2'7" (0,8 m)
MEOWTH
ura: 1'4" (0,4 m)
CHESPIN
Altura: 1'4" (0,4 m)
NÚCLEO DE ZYGARDE
8
7
6
5
4
3
2
0

CÓMO SE BUSCA Y SE CAPTURA UN POKÉMON

Cada nuevo Entrenador puede visitar a un profesor para recibir su primer Pokémon. Lo complicado vendrá después, cuando deba capturar al resto. Encontrarse con una de estas criaturas es relativamente sencillo, pero se necesita bastante práctica para capturarlas.

Además de su primer Pokémon, el Entrenador suele recibir varias Poké Balls. Pero, ¡un momento!, no creas que para capturar a uno basta con lanzarlas. Solo podrás hacerlo si está herido, debilitado o dispuesto a dejarse atrapar. Por lo general, los Pokémon salvajes son muy fuertes y tendrás que luchar un buen rato hasta conseguir que se cansen.

Ten en cuenta que, para activar la Poké Ball, debes pulsar el botón que tiene en el frontal. De ese modo adquirirá su tamaño normal. Cuando lo hayas hecho, podrás lanzarla contra tu objetivo. Eso sí: no creas que, por el hecho de que tu presa esté dentro de la Poké Ball, el trabajo esté listo. Si te fijas bien, verás que la bola se mueve hacia delante y detrás, y el botón se ilumina con una luz roja: todo eso indica que la captura aún no ha finalizado. Tendrás que esperar a que suelte un pitido y la luz se apague.

A veces, la Poké Ball se abre y el Pokémon salta al exterior. ¡Qué faena! Tendrás que darte prisa para capturarlo de nuevo. A veces, nada sale como se esperaba…

Pokémon en propiedad

En alguna ocasión, un Entrenador puede encontrarse con un Pokémon que pertenece a otro Entrenador. No vale la pena intentar capturarlo: por muchas Poké Ball que le lances, nunca lo conseguirás.

Cuando un Pokémon no se deja atrapar

Algunos Pokémon, en cuanto ven que alguien les lanza una de esas bolas, la golpean con fuerza y la envían muy lejos. Otros, se limitan a esquivarla o se niegan a pelear. A decir verdad, para hacerse con un Pokémon hay que ser muy insistente, sobre todo si no se fía de nosotros. En una ocasión, Ash se encontró con un Snivy mientras se dirigía a Ciudad Esmalte. Como es de esperar, intentó atraparlo, pero el Snivy era demasiado listo y escurridizo. Solo después de que nuestro amigo le demostrase que era un buen Entrenador, valiente y obstinado, la criatura se dejó capturar.

DÓNDE ENCONTRAR POKÉMON

En principio, puedes encontrar un Pokémon en cualquier sitio. Sin embargo, la mayor parte de los entrenadores prefiere buscarlos en un entorno natural. Algunas especies son más comunes que otras y, por lo tanto, resulta más fácil atraparlas. Hay Pokémon colgando de los árboles o caminando por un prado o por un sendero que atraviesa el bosque.

Con todo, debes tener en cuenta que no estarán esperándote, por lo que deberás preparar algún plan. Aunque algunos de los Pokémon de tu equipo pueden enseñarte algún movimiento especial, lo mejor es colocar un cebo y esperar.

DE PESCA

No todos los Pokémon se encuentran en tierra firme. Muchos prefieren los entornos acuáticos, por lo que deberás aprender a... ¡pescar! Bastará con armarse con una caña y un buen cebo, desplazarse hasta un lugar donde haya mucha agua, lanzar el sedal y... esperar a que piquen.

En el momento en que un Pokémon lo haga, deberás prepararte para luchar duro, ya que no lo tendrás hasta que lo hayas agotado por completo. Si no lo haces así, el Pokémon se dedicará a dar vueltas a tu alrededor y, cuando se haya aburrido, saltará de nuevo al agua.

La pesca es uno de los pasatiempos preferidos de los aficionados a los Pokémon, en especial de los aficionados a la gastronomía. Millo no se separa nunca de su caña, tal como habrás visto en el episodio *¡Un sibarita pescador en un concurso escamante!*

AMISTAD

A veces, los Pokémon salvajes se sienten atraídos por los humanos y se empeñan en acompañar a sus entrenadores. Ash y sus amigos han capturado a un montón de esta manera, aunque por lo general, para que un Pokémon se haga amigo tuyo, deberás vencerlo en un combate.

INTERCAMBIO

A menudo, los entrenadores intercambian sus Pokémon, ya sea porque uno les gusta más que otro o porque piensan que les resultará más útil. En los Centros Pokémon hay unas máquinas especiales que permiten llevar esta operación a cabo transfiriendo una criatura de su Poké Ball a otra. Basta con introducir la bola en el dispositivo y este hará el resto.

Turtwig ansiaba formar parte del equipo de Ash y este no tuvo más remedio que pelear (aunque de manera amistosa) para que el Pokémon entrase en sus filas.

En Johto, y más en concreto en la ciudad de Palmpona, cada año se celebra una Reunión de Intercambio en la que pueden intercambiarse todos los Pokémon que se quiera.

Pecadillos de juventud

Incluso los mejores entrenadores han metido la pata alguna vez, sobre todo al principio.

Ash y su mala puntería

Fue Caterpie. Y lo consiguió con una sola Poké Ball. Sin embargo, no fue tan sencillo como imagináis. En un primer momento, Ash intentó atrapar a un Pidgey –un Pokémon al alcance de cualquier principiante– sin que Pikachu le hiciese frente. Pero no tuvo suerte: le lanzó una bola, luego una camisa y, por último, ¡una piedra! Y lo hizo con tan mala pata que dio de lleno a un Spearow salvaje con muy malas pulgas.

Aura y su captura por agotamiento

Aura, con la esperanza de tener un Beautifly, se lanzó en pos de un Wurmple con la ayuda de su Torchic. Pero el pobre Pokémon no podía hacer mucho. Aura había fallado con su Poké Ball y el Wurmple, muy molesto, se encaró con los dos. La joven Entrenadora, que ya había pasado por algo parecido cuando intentó hacerse con un Azurill, recurrió a Ember. Por suerte, el Wumple, con tanto meneo, acabó agotado y Aura usó Ascuas y pudo capturarlo.

Maya: mejor sola que mal acompañada

Ash se propuso echar una mano a Maya. Sin embargo, le dio tantos consejos que la pobre se puso de los nervios y el Pokémon se le escapó de las manos. Escarmentada, decidió intentarlo por su cuenta. Probó con Buneary, pero Piplup, que la acompañaba, resultaba demasiado flojito, así que hubo de empeñarse a fondo y, tras cansarlo mucho, logró capturarlo.

LA ENFERMERA JOY

Cada Centro Pokémon necesita una enfermera. ¿Y quién mejor que la Enfermera Joy para ocuparse de tan importante responsabilidad? ¡Por eso está en todos! Sí, sí, has leído bien: allá donde vayas, la encontrarás. Pero no te asustes: no es que viaje de un centro a otro sin parar, sino que todas las enfermeras son miembros idénticos de la misma familia. Y por muy enamorado que esté Brock de ella, nuestra amiga nunca desatenderá a los Pokémon.

SIEMPRE ALEGRE

De vez en cuando, estas enfermeras echan una mano a los profesores y los sustituyen en sus quehaceres con los entrenadores. Incluso se han llegado a encargar de la entrega de Pokémon –una tarea muy importante–, tal como hizo Joy en Ciudad Portual con Treecko, Mudkip y Torchic.

Sin embargo, hay un grupo de enfermeras distinto al resto y que podrás conocer cuando viajes a las Islas Naranja. Son un poco más delgadas, tienen un cutis bronceado (cosas de vivir en un sitio tan agradable) y no les molesta viajar. De hecho, disponen de una clínica ambulante que va de islita en islita por todo el archipiélago.

Servicio activo

Una Enfermera pasó a la historia tras proteger a un Pokémon Legendario. Se encontraba al frente de una expedición que se proponía investigar las propiedades curativas de las conchas de los Kabuto. Tras descubrir que estos Pokémon estaban a punto de despertarse y regresar al mar, hizo todo lo posible para que lo consiguiesen y, de paso, asegurarse de que Ash estaba a salvo. Caramba con la Enfermera, ¿eh?

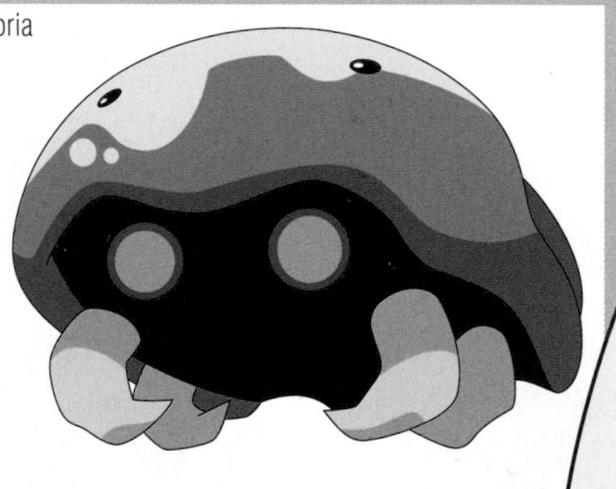

UNA ENFERMERA FUERA DE LO COMÚN

Joy es mucho más que una enfermera. Una vez, Ash se libró de una buena gracias a un inspector secreto de la Liga Oficial Pokémon que se le parecía mucho.

Nuestro amigo y su pandilla habían salido en busca de una Enfermera a la que había raptado un Shiftry con muy mañas pulgas. Tras luchar con Seedot, Nuzleaf y Oddish, Ash pudo vérselas con el Pokémon en cuestión, que se había comportado de ese modo porque quería ayudar a un Nuzleaf que se había lesionado. Joy lo curó limpiando su herida y evitando que perdiese más clorofila.

En otra ocasión, Ash, Misty y Brock se encontraron con una enfermera buceadora al frente del Centro Pokémon del Lago Cristalino. Aquella Joy se había convertido en una estrella para los entrenadores que trabajan con criaturas acuáticas a pesar de su mal genio, pues no soporta a ninguno a menos que lleve puesto el traje de inmersión.

De camino a Ciudad Loza, Ash, Millo, Iris y sus Pokémon se separaron en dos grupos por culpa de la estampida de una manada de Bouffalant. Iris y sus amigos se encontraron con la Enfermera Joy y Audino, que llevaban unas curiosas pelucas rizadas. Joy les informó de que se habían adentrado en el territorio de los Bouffalant y que deberían ponerse esas pelucas si no querían meterse en problemas. Dicho y hecho: nada más hacerlo, vieron cómo aquellas criaturas los dejaban tranquilos. Poco después, Ash y Millo hicieron lo mismo mientras Iris intentaba ayudar a un Bouffalant herido. El Pokémon le agradeció la ayuda y habló con los suyos para evitar que los atacasen. Poco después, Ash, Iris, Millo y el resto se reunieron de nuevo y, tras despedirse de Joy y Audino, retomaron el viaje.

Enfermera, juez y jurado

En los Concursos Pokémon, se valora tanto la fuerza como la belleza de los competidores. Por lo general, se invita a una Enfermera Joy a que forme parte del jurado.

LA AGENTE MARA

¿Qué sería del mundo Pokémon sin la Agente Mara? Al igual que la Enfermera Joy, no es un personaje único, sino un montón de mujeres idénticas que poseen el mismo nombre (solo Brock, siempre tan enamoradizo, puede distinguirlas) y que viven para proteger a los Pokémon.

UN COMPAÑERO PERFECTO

Al igual que Chansey, Blissey o Audino en el caso de la Enfermera Joy, la Agente Mara necesita un Pokémon que la ayude. Y no puede ser uno cualquiera. En Teselia, por ejemplo, cuenta con el leal, obediente y siempre atento Herdier. Como puedes imaginar, en cada lugar hay una agente distinta con un Pokémon distinto (a veces, la verás en compañía de un Growlithe).

Aunque Mara hace lo que puede para que se cumpla la ley, no siempre lo consigue por falta de personal. Si hubiera más como ella, seguro que el Equipo Galaxia, el Team Aqua, el Team Magma y el Team Rocket estarían más tranquilitos...

Como en el caso de la Enfermera Joy, la gorra te permitirá distinguir a una Agente de otra. El símbolo es distinto según la religión.

EL ESCUADRÓN SQUIRTLE

Aunque al principio no fue más que una fuente de problemas, la Agente Mara supo poner a aquellos Pokémon en vereda y convertirlos en un equipo de bomberos muy eficaz.

MARA AL RESCATE

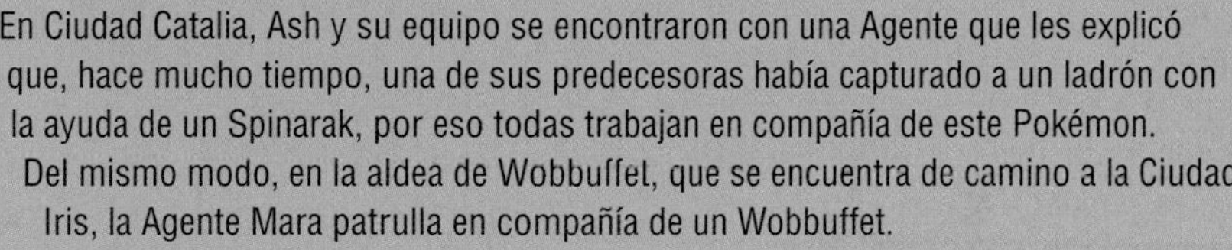

Growlithe no es el único agente Pokémon que ayuda a Mara. Según el lugar donde se encuentre, podremos verla acompañada de otros ayudantes.

En Ciudad Catalia, Ash y su equipo se encontraron con una Agente que les explicó que, hace mucho tiempo, una de sus predecesoras había capturado a un ladrón con la ayuda de un Spinarak, por eso todas trabajan en compañía de este Pokémon. Del mismo modo, en la aldea de Wobbuffet, que se encuentra de camino a la Ciudad Iris, la Agente Mara patrulla en compañía de un Wobbuffet.

Sin embargo, en algunas ocasiones, las agentes deben recurrir a otros Pokémon. Por ejemplo, los poderes mentales de los Gastly resultan muy útiles para capturar a ciertos malhechores que vuelven a los Pokémon en contra de sus entrenadores. Y Pidgeot ayudó a otra a encontrar el rastro del Team Rocket y del Pikachu de Ash. Ah, y en Ciudad Vetusta, en Sinnoh, Stunky logró detener los malvados planes del Team Rocket, dispuesto a utilizar gas venenoso.

Además, algunos "clones" –en realidad, familiares–. de la Agente Mara están especializados. En el episodio *¡Beheeyem, Duosion y el ladrón de sueños!*, aparece una que trabaja en la División de Delitos Psíquicos junto con Duosion, el Pokémon Mitosis.

Como puedes ver, la Agente Mara es importantísima. En el episodio *¡Robando conversación!*, no solo aparece a lomos de una motocicleta muy mona, sino que además se hace llamar Mara Terminator y trabaja con un Chatot.

POKÉMON SOBRENATURALES

No es raro encontrarse un Pokémon detrás de muchos acontecimientos inexplicables e inquietantes. Al fin y al cabo, en este mundo puede suceder cualquier cosa –y, tenlo por seguro, sucede con bastante frecuencia–. Incluso hay humanos que poseen un poder mental espeluznante.

EL HECHIZO DEL NINETALES

Perdidos en una profunda niebla, Ash y sus amigos se encontraron con una chica llamada Lokoko a la que acompañaba su fiel Ninetales. Lokoko los invitó a quedarse en su casa, un palacio completamente deshabitado. El propietario lo había abandonado mucho tiempo atrás, y todo el personal, excepto Lokoko, hizo lo mismo.

Brock se sentía como en casa, gracias al cariño y la hospitalidad que les brindaban Lokoko y Ninetales. De hecho, cuando la joven le propuso que se quedase, nuestro amigo estuvo a punto de aceptarlo. Sin embargo, Ash y Misty comenzaron a inquietarse cuando descubrieron que la joven no se reflejaba en los espejos. Sus temores se confirmaron al comprobar que carecía de una naturaleza corpórea. A Brock no parecía importarle y ni siquiera reparó en el hecho de que Lokoko cambió de vestimenta de manera imprevista. La clave del misterio se hallaba en una vieja Poké Ball, así como en la fotografía de un hombre cuyo aspecto recordaba mucho al de Brock y que había sido el dueño de aquel palacio hace más de doscientos años.

La verdad no tardó en saberse: durante más de un siglo y medio, Ninetales había estado esperado a su amo. Durante todo aquel tiempo, desarrolló el poder de crear una imagen de Lokoko. Aunque el Pokémon solía ser bastante solitario, deseaba que alguien le hiciese compañía y embrujó a Brock para que se quedase. Por suerte, Brock rompió la bola, se liberó del Ninetales, y todos pudieron abandonar el lugar.

PÁNICO EN LA MANSIÓN DE LOS LITWICK

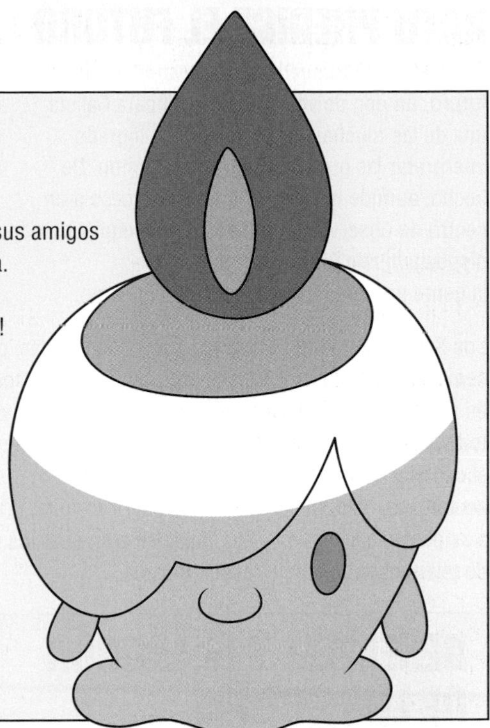

De camino al Gimnasio de Pueblo Mayólica, Ash y sus amigos pasaron la noche en una mansión un tanto apartada. De pronto, vieron cómo los muebles comenzaban a comportarse como si estuviesen vivos. ¡Qué miedo! Por suerte, nuestros amigos descubrieron que se trataba de una trampa que les había tendido un Litwick, el Pokémon Vela. Pese a su aspecto, estas criaturas son bastante peligrosas, ya que pueden absorber la energía de otros Pokémon así como de sus entrenadores, e incluso llevárselos al mundo de los fantasmas, por lo que conviene plantarles cara y derrotarlos antes de que sea demasiado tarde.

EL FANTASMA DE MAYDEN'S PEAK

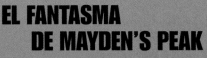

Hace más de 2.000 años, una doncella se enamoró de un joven que hubo de partir para la guerra. Prometió esperarlo, pero su amor nunca volvió. Con el paso del tiempo, la muchacha se convirtió en una roca a la que se llamó El Pico de la Doncella. Tal es la leyenda que circula por algunas ciudades de la costa de Kanto. Su retrato puede verse en un santuario que se halla cerca de allí. Para mantener vivo su recuerdo, un Gastly del lugar decidió hacerse pasar por su espíritu.

Brock y James, atraídos por el relato, acabaron por obsesionarse con la doncella. Gastly, al ver la situación, decidió disfrazarse de anciana y se acercó a Ash y sus amigos con la intención de venderles unos trozos de papel en los que había escrito varios conjuros que, les aseguró, mantendrían el espectro a raya.

Cuando Jessie decidió enfrentarse al fantasma de la Doncella, Gastly recurrió a sus poderes para desencadenar un enjambre de apariciones aterradoras. Por fortuna, el Pokémon no podía soportar la luz del sol y se alejó al amanecer, aunque juró que regresaría para el festival de verano del próximo año.

XATU PREDICE EL FUTURO

Se dice que Xatu puede contemplar el pasado y el futuro, un don de vital importancia para Calista, una de las muchas personas que ha logrado interpretar las profecías de este Pokémon. De hecho, aunque nuestra amiga tiene acceso a un centro de observación meteorológica equipado con dispositivos de última tecnología, la gente prefiere que Xatu prediga el tiempo.

Los Xatu se comunican alzando y bajando las alas, como si de un semáforo se tratase, y Calista interpreta estos gestos. Este Xatu en particular predijo hace mucho una inundación que lo arrasaría todo a su paso. Y así fue: un torrente irrumpió con violencia en el cañón y descendió hasta el anfiteatro donde todos solían acudir para contemplar al Pokémon. Por fortuna, gracias a su profecía, así como a su habilidad para usar los poderes de teletransporte, nadie resultó dañado.

BEHEEYEM Y EL LADRÓN DE LOS SUEÑOS

Cuando hay que influir en alguien, nadie lo hace mejor que Darkrai. Sin embargo, conviene andar con cuidado, ya que este Pokémon se halla al servicio del Ladrón de Sueños y es capaz de invadir los sueños del más pintado. Y si no, que se lo pregunten a Ash y a sus amigos.

VIDAS SECRETAS

Los científicos apenas han comenzado a rascar la superficie del misterioso mundo Pokémon. Su evolución, sus patrones migratorios, sus sistemas de comunicación o sus estructuras sociales son solo algunas de las cuestiones que continúan intrigándonos.

EL JARDÍN MISTERIOSO DE BULBASAUR

Todo Entrenador sabe que los Pokémon pasan de un nivel a otro a medida que superan varios combates. Sin embargo, para estas criaturas, y en especial las salvajes, la evolución forma parte de un ciclo natural.

En un momento determinado del año, los Bulbasaur de todo el mundo se reúnen en un lugar apartado de Kanto conocido como el Jardín Misterioso. Cuando acuden, se encuentran listos para evolucionar y hacen que florezcan las plantas que se encuentran a su alrededor.

El Venusaur que vive en el Jardín dirige la ceremonia de Evolución, que comienza con las llamadas del Venusaur y las respuestas de los Bulbasaur que acuden. En el momento justo, todos evolucionan a la vez salvo, como en el caso del que acompaña a Ash, los que rehúsan seguir al grupo y se niegan a convertirse en Ivysaur.

Al parecer, el Jardín Misterioso es un erial con un árbol seco en el centro que se convierte en un vergel gracias a la presencia de estos Pokémon. Dentro de ese árbol vive un Venusaur que dirige la ceremonia de Evolución.

EL RITUAL DE LA LUNA LLENA DEL QUAGSIRE

En la localidad de Ciudad Cerezo, situada en Johto, está prohibido enfrentarse a un Quagsire y menos capturarlo, pues su presencia indica a los humanos dónde se hallan las masas de agua más limpia. Una vez al año, en las noches de luna llena, los Quagsire nadan por el río que va desde la Cascada de Luna Llenal hasta la ciudad. Durante su viaje, atrapan cualquier objeto esférico que encuentran y se lo llevan de vuelta. Los habitantes del lugar les dejan que se los lleven porque, al día siguiente, podrán recuperarlos, algo que, por otra parte, se considera un signo de buen presagio y más cuando una persona recoge el último objeto que vaya aguas abajo.

Nadie de Ciudad Cerezo sabe qué hacen los Quagsire con todos esos objetos esféricos. Sin embargo, Ash, May y Brock lo presenciaron con sus propios ojos. Esos Pokémon los cogen durante su viaje de vuelta aguas arriba y, una vez en la cabecera del río, se reúnen todos y contemplan la luna hasta que, en un momento dado, los lanzan al cielo mientras expulsan grandes chorros de agua. Al parecer, compiten por ver quién alcanza una mayor altura.

EXTRATERRESTRES ENTRE NOSOTROS

¿Avistamientos de ovnis? ¿Qué se oculta en el Área 28? Algo huele a quemado… Y nadie hay más desconfiado que Millo. Tras algunas pesquisas, nuestros amigos entraron en contacto con el misterioso Profesor Ícaro, cuyas investigaciones sobre extraterrestres eran bien conocidas por Millo. Durante el encuentro, pudieron ver al Elgyem y descubrir que era un Pokémon. El Team Rocket, decidido a capturarlo, urdió un plan que estuvo a punto de arrasar el laboratorio del Profesor. Por suerte, Ash y sus compañeros pudieron escapar a bordo de una nave espacial, derrotar una vez más al Team Rocket y liberar a Elgyem.

LOS SAWSBUCK Y EL CAMBIO ESTACIONAL

Ash y sus amigos conocen a un joven fotógrafo Pokémon llamado Roberto que les mostró una foto que tomó su abuelo. Iris y Millo quedaron sorprendidos al ver una foto de cuatro Sawsbuck juntos… ¡y cada uno con un aspecto estacional distinto! Robert se había propuesto encontrar el sitio donde se captó aquella imagen y nuestros amigos decidieron acompañarlo.
De camino, se encontraron con un Deerling. Roberto sabía que el Pokémon los llevaría a un Sawsbuck. Sin embargo, se levantó una niebla muy espesa, Ash y Roberto se separaron de este grupo y perdieron la pista del Deerling. Perdidos, optaron por acampar para pasar la noche. Al cabo de unas horas, mientras dormían, el Deerling se les acercó y los despertó. Quería que lo siguieran.

Pero ocurrió algo imprevisto: Roberto cayó enfermo después de que un Amoonguss venenoso lo mordiese. Ash le prometió que lo sacaría de allí, aunque la niebla era muy espesa. De pronto, el Deerling apareció de nuevo, esta vez en compañía de un Sawsbuck. Ambos llevaron a Ash y a Roberto al lugar exacto donde se había tomado la foto. La cálida luz que bañaba el prado curó al pobre Roberto, quien obtuvo otra instantánea de los cuatro Sawsbuck.

Poco después, Ash y Robert se encontraron con Iris y Millo, quienes se sorprendieron cuando sus amigos les relataron la historia, ya que, según les demostraron, solo habían pasado diez minutos desde que se hubiesen separado.

NUEVOS DESCUBRIMIENTOS ACERCA

TIPOS HADA

Gracias a un trabajo incansable, los científicos han descubierto un nuevo tipo de Pokémon, el decimoctavo: el Pokémon Hada. Por el momento, se sabe que son muy eficaces cuando hay que enfrentarse a ciertos dragones como Salamence y Haxorus, aunque todavía queda mucho por conocer, sobre todo por lo que respecta a sus poderes y habilidades.

Las investigaciones han arrojado nuevos datos sobre los Pokémon, algunos tan importantes que han llevado a reclasificar a ciertos Pokémon e incluso asignarlos a dos tipos distintos.

TOGEPI

Algunos Pokémon pueden pasar de manera temporal al tipo Hada durante la Megaevolución.

Otros, en cambio, en especial los que pertenecen al doble tipo, mantienen su aspecto y mejoran su fuerza de combate, por lo que un Entrenador avispado tomará nota y se asegurará de tener la Pokédex siempre a su alcance para identificarlos.

A continuación, te presentamos los Pokémon de doble tipo:

AZURILL - NORMAL/HADA
IGGLYBUFF - NORMAL/HADA
JIGGLYPUFF - NORMAL/HADA
WIGGLYTUFF - NORMAL/HADA
GARDEVOIR - PSÍQUICO/HADA
MIME JR. - PSÍQUICO/HADA
MR. MIME - PSÍQUICO/HADA
RALTS - PSÍQUICO/HADA
COTTONEE - PLANTA/HADA
WHIMSICOTT - PLANTA/HADA
TOGEKISS - VOLADOR/HADA
TOGETIC - VOLADOR/HADA
AZUMARILL - AGUA/HADA
MARILL - AGUA/HADA
KIRLIA - PSÍQUICO/HADA
MAWILE - ACERO/HADA
MEGA GARDEVOIR - PSÍQUICO/HADA
MEGA ALTARIA - DRAGÓN/HADA
MEGA AUDINO - NORMAL/HADA
MEGA MAWILE - ACERO/HADA

S POKÉMON

Estos Pokémon se consideran también dentro del tipo Hada.

En su viaje por Kalos, Ash descubrió nuevos Pokémon Hada desconocidos hasta entonces, como Flabébé, Spritzee y Dedenne, además de Xerneas y Diancie, los primeros Pokémon Legendario y Pokémon Singular de este tipo.

FLABÉBÉ
FLOETTE
FLORGES
SPRITZEE
AROMATISSE
SWIRLIX
SLURPUFF
SYLVEON
DEDENNE - ELÉCTRICO/HADA
CARBINK - ROCA/HADA
KLEFKI - ACERO/HADA
XERNEAS
DIANCIE
MEGA-DIANCIE

EEVEE Y SUS EVOLUCIONES

No es de extrañar que a Eevee se le llame el Pokémon Evolución. Los científicos han descubierto que no pasa por una ni dos ni tres, sino por ocho fases distintas. ¡Cambia más de aspecto que algunas estrellas pop en el escenario! Sus genes son sensibles a la radiación que emiten ciertas piedras, pero también a los cambios que pueden darse en ciertos momentos del día o incluso a las emociones de su Entrenador. Así pues, en función del entorno, Eevee podrá cambiar de forma, de tamaño e incluso de tipo.

VAPOREON: EL POKÉMON BURBUJA

Este Pokémon puede moverse y respirar a gran profundidad gracias a las aletas y las branquias que obtiene en esta fase evolutiva, a la que Eevee llega al entrar en contacto con una Piedra agua.

Altura: 3'03" (1,0 m)
Peso: 63,9 lbs (29 kg)

AGUA

EEVEE: EL POKÉMON EVOLUCIÓN

Altura: 1'00" (0,3 m)
Peso: 14,3 lbs (6,5 kg)

NORMAL

Altura: 2'07" (0,79 m)
Peso: 54 lbs (24,5 kg)

ELÉCTRICO

JOLTEON: EL POKÉMON RELÁMPAGO

El hecho de que Jolteon tenga el pelo erizado se debe a las corrientes eléctricas que atraviesan su cuerpo y que se originan en sus células y se liberan en forma de tremendas descargas. Eevee se convierte en Jolteon al entrar en contacto con una Piedra trueno.

FLAREON: EL POKÉMON LLAMA

Aunque el pelaje sirve para mantener el calor, en este caso le mantiene fresco. El Pokémon Llama puede alcanzar temperaturas de hasta 900 °C y sus crines le permiten liberar el calor extra. Eevee evoluciona a esta fase al entrar en contacto con una Piedra fuego.

Altura: 2'11" (0,9 m)
Peso: 55,1 lbs (25 kg)

FUEGO

UMBREON: EL POKÉMON DE LA LUZ LUNAR

Cuando Eevee se somete al influjo de la luna, se convierte en Umbreon. El Pokémon de la Luz Lunar se halla tan en sintonía con el satélite de la Tierra que los anillos de su pelaje brillan de manera muy intensa.

Altura: 3'03" (1,0 m)
Peso: 59,5 lbs (27 kg)

SINIESTRO

Altura: 3'03" (1,0 m)
Peso: 56,2 lbs (25,5 kg)

PLANTA

LEAFEON: EL POKÉMON VERDOR

Al igual que un árbol, Leafeon recurre a la fotosíntesis para limpiar el aire, por lo que conviene exponerlo a la luz del sol de vez en cuando. Eevee solo se convertirá en Leafeon cuando se adentra en los bosques y se lo expone a una Roca musgo.

ESPEON: EL POKÉMON SOL

Cuando la luz del sol baña a Eevee, puede convertirse en Espeon. El Pokémon Sol posee un carácter muy leal que lo liga de una manera tan profunda a su Entrenador e incluso puede presentir cuándo este se encuentra en peligro.

Altura: 2'11" (0,9 m)
Peso: 58,4 lbs (26,5 kg)

PSÍQUICO

GLACEON: EL POKÉMON NIEVE FRESCA

Este Pokémon puede lograr que la temperatura descienda con gran rapidez helando el aire y desencadenando tremendas tormentas de nieve. Eevee se convierte en Glaceon al entrar en contacto con una Roca hielo.

Altura: 2'07" (0,79 m)
Peso: 57,1 lbs (25,9 kg)

HIELO

SYLVEON: EL POKÉMON VÍNCULO

Este Pokémon tan sensible prefiere el amor a la guerra. Sus apéndices sensitivos generan un aura que puede calmar cualquier enfado. Los elementos que desencadenan la evolución de un Eevee a un Sylveon no se hallan en el entorno o en el firmamento, sino en el Entrenador. Para que este Pokémon cambie, el Entrenador debe proporcionarle mucho cariño y enseñarle a alcanzar el tipo Hada. Solo así Eevee podrá convertirse en un Sylveon.

Altura: 3'03" (1,0 m)
Peso: 51,8 lbs (23,5 kg)

HADA

ESTRELLAS

Cuando Meowth vio *Ese dichoso Meowth*, quedó tan encantado que se dirigió hacia el oeste en busca de la maravillosa comida que había visto en la película. Sin embargo, no era el único Pokémon que había alcanzado el estrellato. Ash y sus amigos han tenido la oportunidad de codearse con grandes figuras del espectáculo y los medios de comunicación.

CAMILA

Todo el mundo está loco por esta elegante y maravillosa supermodelo que, además, dirige el Gimnasio de Ciudad Mayólica. Como se dice ahora, marca tendencia en toda Teselia: no solo participa en un montón de desfiles de moda, sino también en las competiciones Pokémon, donde se ha revelado como una excepcional luchadora. Tras un combate particularmente duro, Ash recibió la Medalla Voltio de manos de esta gran belleza.

El entusiasta productor de Pokétalk Radio, además de seguir las retransmisiones desde el mismo estudio, se encarga de traer a los invitados, sobre todo si han ganado la fantástica Medalla Planicie, por lo que no nos extraña que se haya mostrado tan insistente para que Ash acceda a ponerse ante el micrófono.

BRAD VAN DARN

Más guay que Articuno y más guapo que Moltres, así suele describirse a este actor, protagonista de películas de acción tan trepidantes como *Ultra Maximum.* Sin embargo, tras su imagen de tipo duro es un hombre sensible que adora a su Smoochum, para mayor mosqueo de su representante. Al fin y al cabo, ¿qué pensarían sus admiradoras si lo viesen haciendo mimitos a un pequeño Pokémon?

En una ocasión, Brad se dio cuenta de que no tenía tiempo para ocuparse de su "Smoochito", a pesar de que el Pokémon lo apoyó desde los lejanos tiempos en que trabajaba fregando platos para pagarse las lecciones de baile. Sin embargo, los fans se volvieron locos cuando vieron cómo el actor arriesgaba su vida para liberar a su amigo de las garras del Team Rocket y, desde entonces, su popularidad ha ido en aumento e incluso participan juntos en grandes producciones.

ROSA ROSA

La célebre locutora de Torre Radio de Ciudad Trigal es una gran profesional que sabe cómo sacar lo mejor de sus invitados, además de colaborar con el Profesor Oak en su propio programa, para el que han preparado retransmisiones en directo desde diversas ciudades de la región.

Fiorello Cappucino

La estrella cinematográfica no solo copresenta el Concurso del Festival de la Princesa, sino que también es el premio: la ganadora, junto con un lote de muñecas muy preciadas, puede hacerse una foto con Fiorello. No hay mejor reclamo para este certamen, ya que todas las chicas se mueren por estar a su lado.

KLIEBAN SPIELBUNK

Ganador del Growlithe de Oro al Mejor Director, Spielbunk es un artista muy propenso al melodrama. Se tomó un respiro en su larga carrera para hacerse cargo de *Pokémon enamorado*, un culebrón protagonizado por la gran diva Wigglytuff y el inigualable Psyduck de Misty.

Spielbunk también dirigió *Sé lo que comiste el pasado martes*, que le encantó a Brock pero fracasó en taquilla.

JUEGOS Y DEPORTES

Los deportes siempre han sido muy populares en este mundo, incluso cuando son los Pokémon, y no los humanos, quienes participan. Aunque por lo general estas criaturas suelen quedarse fuera de las competiciones deportivas, siempre puede hacerse una excepción.

BÉISBOL

Este gran deporte levanta auténticas pasiones. Basta con ver a Casey, la gran amiga de Ash, para darse cuenta.

Ciertos equipos de béisbol cuentan con Pokémon como Starmie, que juega en Ciudad Celeste, y Magikarp, al que su nombre no hace justicia.

SURF

En algunos lugares como las Islas Espuma de Kanto o en la isla Azuliza en Hoenn, el mar propicia grandes olas para mayor placer de los surfistas. Aunque se lo considera un deporte eminentemente humano, algunos Pokémon se han aficionado mucho: Marcial, el jefe del gimnasio Azuliza, enseñó a surfear a Makuhita y a Pooka, el Pikachu de ojos azules, le encanta montar en su tabla junto con su amigo Víctor.

Isla Espuma y Humunga-dunga

Cada veinte años, una ola gigantesca llamada Humungadunga rompe contra las playas de la Isla Espuma, un acontecimiento que los surfistas esperan con emoción. En medio de alta mar, se erige una enorme roca a la que peregrinan los aficionados a bordo de sus tablas para plantar sus banderas.

POKÉATHLON

Por raro que nos parezca, también existe. La competición, que se celebró por primera vez en Johto, se compone de diez pruebas, tres de las cuales se eligen al azar (en Sinnoh, por ejemplo, se incluyó la captura de disco, un espectáculo a modo de intermedio y una carrera de obstáculos). De acuerdo con el reglamento, los entrenadores solo pueden elegir a un Pokémon que participe en todas las pruebas.

SUMO POKÉMON

¿Qué es el sumo Pokémon? Al igual que en el caso de los humanos, se trata de una competición en la que un Pokémon se enfrenta a otro recurriendo tan solo a la fuerza física. Esta disciplina nació en un pequeño pueblo de Johto en el que viven algunos entrenadores muy aficionados al sumo convencional que decidieron preparar a sus Pokémon para estos combates. (No obstante, conviene tener en cuenta que, para participar, estas criaturas deben pesar al menos 80 kg).

Esa ciudad dispone de su propia Competición de Sumo Pokémon y, desde hace treinta y cinco años, celebra un gran campeonato mundial. El campeón recibe una Roca del Rey además de comida para Pokémon durante un año.

POKÉMON EXTREMO

Estas carreras se han convertido en el deporte más popular de Eggseter, una pequeña ciudad de Johto, en la que participa un humano sobre un monopatín del que tira un Pokémon.

Cada año se celebra una gran competición en aquel lugar. Al ganador se le entrega una Poké Ball de oro. La carrera parte de la ciudad y prosigue por las afueras hasta llegar al rancho de Shellby, donde los participantes deben coger un huevo de Pokémon falso y llevarlo hasta el punto de salida siguiendo la ruta que deseen.

KANTO

Bienvenidos al hogar de Ash. Nuestro amigo nació en Pueblo Paleta, donde también vive el Profesor Oak, aunque su carácter inquieto lo llevó a recorrer toda la región, desde el Monte Luna, al norte, hasta la Meseta Añil, en el este.

Desde el núcleo turístico de Isla Canela, al sur de Ciudad Plateada, hasta Ciudad Celeste en el norte, Kanto ofrece toda clase de paisajes. Ciudad Azafrán, la gran metrópolis de Kanto, se halla en el centro de la región, entre Ciudad Azulona y Pueblo Lavanda.

Quizá su monumento más importante sea el puente que cruza el golfo de Ciudad Carmín y por el que puede transitarse a pie, en coche o en bicicleta.

EL PROFESOR OAK

El Profesor Oak es el gran mentor y amigo de Ash, además de un personaje muy importante en el mundo Pokémon. En casos de duda, siempre tiene un consejo o unos cuantos versos para su discípulo.

A SU MAYOR GLORIA

El Profesor Oak es el primero de una estirpe de científicos que puebla todo el mundo Pokémon. Todos suelen tener nombres de árboles o plantas (pensemos, por ejemplo, en los profesores Abedul, Encina, Ciprés o Serbal).

Ante todo, el Profesor Oak es un experto en Pokémon que ha dedicado toda su vida a estudiar su comportamiento y sus relaciones con los humanos. Su bibliografía pesa cerca de una tonelada y se ha convertido en la fuente de información principal con la que ha creado su mayor invento, la Pokédex.

Aunque posee un gran intelecto y una enorme sabiduría, también sabe algo sobre los combates. Por eso ha elegido a un Dragonite extremadamente poderoso.

POESÍA

El Profesor Oak es un experto en poesía Pokémon, que se expresa en *haikus*, unas estrofas de 15 a 17 sílabas, y que describen ciertos aspectos y rasgos de estas criaturas, además de aportar ciertas lecciones vitales cuyo significado profundo a veces pasa desapercibido al oyente. Pensemos, por ejemplo, en “Blastoise, / lucha o huye, / ya combatirás en otro momento” o “Sandlash, / rueda en tu bola, / tres comidas al día y devóralos”.

Wobbuffet

Cuando la vida es un misterio,
ahí está la respuesta.

HOGAR, DULCE HOGAR

El laboratorio del Profesor Oak –y debe de ser enorme, ya que custodia a cientos de Pokémon– se encuentra en Pueblo Paleta, donde nació Ash. Gracias a nuestro amigo conocemos un poco las instalaciones. Allí acuden los entrenadores que desean depositar algunos Pokémon cuando su equipo resulta demasiado numeroso. Se halla en la misma calle donde vive Delia Ketchum, la madre de Ash. El profesor trabaja con su ayudante, Tracey Sketchit, quien comparte sus mismos intereses por los Pokémon y el arte, y a veces debe soportar a su nieto, el arrogante y un tanto descarado Gary.

Cuando un Entrenador joven llama a la puerta del laboratorio, el Profesor le ofrece tres Pokémon distintos: un Bulbasaur (Planta), un Charmander (Fuego) o un Squirtle (Agua). En el caso de Ash, fue algo distinto: nuestro amigo se quedó dormido y, cuando llegó al reparto, se habían terminado los Pokémon, por lo que el Profesor se vio obligado a darle el único que le quedaba: ¡un Pikachu!

MISTY

Es poco paciente, irritable y muy emocional; también tiene un lado tierno cuando cuida a Togepi. Pero lo que Misty posee, que otros no tienen, es la determinación de ser la mejor, alimentada por la rivalidad entre hermanos.

AGUA, AGUA, EN TODAS PARTES

Misty adora a los Pokémon de Agua, y quién mejor que ella para llevar el gimnasio de Ciudad Celeste. Pero su encuentro casual con Ash trae consigo una serie de eventos que ponen su vida del revés.

Misty y sus tres hermanas mayores, Daisy, Violet y Lily, llevan el Gimnasio de Ciudad Celeste. Para ser valorada por ella misma, Misty abandona el gimnasio con la intención de convertirse en la mejor Entrenadora de Pokémon de Agua. Finalmente, su sentido de la responsabilidad le hace regresar al gimnasio, y consigue hacerse un nombre como la líder del mismo, superando a sus hermanas.

Pokémon de Misty

STARYU

Un Pokémon original para Misty. Este modesto Pokémon acumula un gran número de victorias.

STARMIE

Este también es uno de los Pokémon originales de Misty, aunque rara vez se le ve en acción. Lo usó con Ash en su combate en el gimnasio por la Medalla Cascada.

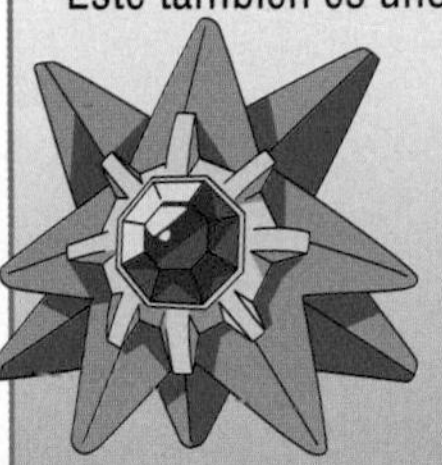

HORSEA

Después de que Misty se hiciera amigo de Horsea, fue transferido de vuelta al Gimnasio de Ciudad Celeste para fortalecerse aún más.

GOLDEEN

Uno de los Pokémon con los que Misty empezó a desarrollarse. Solo puede ser utilizado en el agua.

PSYDUCK

Misty obtuvo a Psyduck por accidente. Durante sus viajes se le cayeron unas Poké Balls, y Psyduck saltó dentro de una de ellas.

CORSOLA

Corsola fue capturado después de que Misty lo encontrara asustando a otro Corsola en la Isla Remolino. Lo ha utilizado en muchos combates, en los que ha demostrado ser un admirable luchador.

POLIWAG

Misty y Poliwag se hicieron amigos después de que Vileplume usara Paralizador contra Ash y Tracey. A pesar de no usarlo tanto, evoluciona a un poderoso Poliwhirl y más tarde a un Politoed.

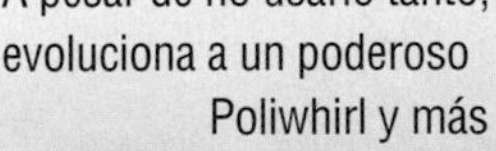

TOGEPI

Togepi empezó como Huevo y pasó a ser el centro de una batalla entre todos los involucrados. Ash encontró el Huevo, Brock lo cuidó y Meowth lo hizo crecer. Pero cuando Togepi nació, conectó con Misty. Más tarde evolucionó a Togetic.

AZURILL

El Entrenador Pokémon, Tracey Sketchit le dio a Misty un Huevo de su Marill, que después se convirtió en Azurril.

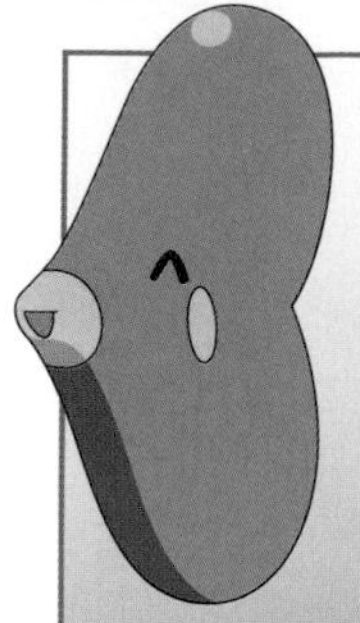

CASERIN

Misty lo adquirió en Kanto, Después de intentar sin éxito una relación romántica con otro Luvdisc. Pelea por librarse de los problemas y gana el afecto de su objetivo.

DRAMA TRAUMA

Misty teme a varios Pokémon, especialmente los de tipo Bicho. Ni siquiera quiso ser amiga de los Pokémon de este tipo que Ash capturó, incluso los considera una de las tres cosas más asquerosas del mundo, junto a las zanahorias y los pimientos. Una vez tuvo miedo de un Gyarados, que trató de comerla cuando era un bebé. Sin embargo, tiempo después, ella lo venció después de calmarlo y ganarse su confianza en el Gimnasio de Ciudad Celeste.

¡ESA ES MI BICI!

Entonces, ¿cómo se conocieron Ash y Misty? Pikachu huía de una bandada de Spearow y Ash estaba en la persecución. Después de que Ash y Pikachu se engancharan en la caña de pescar de Misty, golpearon el manillar de la bicicleta "prestada".

Más tarde, cuando Pikachu se enfrenta valientamente a la bandada, con su movimiento Rayo lo achicharra todo, incluyendo la bicicleta de Misty. La bicicleta fue reparada y se la devolvió mediante la Enfermera Joy de Ciudad Verde.

LAS HERMANAS SENSACIONA

Las hermanas de Misty realizan un baile sincronizado de natación llamado "las tres hermanas sensacionales". Pero al parecer, ellas no creen que Misty sea lo suficientemente "sensacional" como para participar en su baile y la llaman "pequeñaja". Sin embargo, fue ella y no sus hermanas quien batalló contra Ash por una Medalla Cascada en el Gimnasio de Ciudad Celeste.

BROCK

Firme como un Pokémon tipo Roca, Brock es un talentoso Criador de Pokémon con una gran debilidad: las chicas guapas. La mayor parte del tiempo Brock se preocupa por sus amigos, dándoles consejos y cerciorándose de que cada Pokémon sea alimentado. Pero cuando Brock se fija en una chica, son sus amigos quienes tienen que controlarlo a él.

Brock es un cuidador nato, un experto en el cuidado de sus nueve hermanos pequeños y de todos los tipos de Pokémon. Es especialista en cocinar platos deliciosos para sus compañeros y comida para los Pokémon; tiene un don para las tareas del hogar, desde coser hasta barrer el suelo. Disfruta mucho con estas tareas, pero las obligaciones lo mantuvieron atado al Gimnasio hasta que su padre, Flint, regresó para hacerse cargo.

Brock el Líder del Gimnasio

Antes de que Ash y Brock fueran amigos, Ash fue otro de los entrenadores habituales que acudían al desafío del Gimnasio. A Brock no le impresionó la habilidad de Ash para hacer evolucionar su Pokémon y enseñarle tantas cosas; por entonces, estaba más preocupado por ser Criador Pokémon que los combates.

Brock pensó que había encontrado el paraíso en la Isla Naranja ayudando a la Profesora Ivy, pero regresó desanimado. Durante un tiempo se recuperó en la casa de Ash y se peleó con el Mr. Mime por el privilegio de hacer las tareas.

Brock siempre lleva encima un libro donde lo consulta todo y un cuaderno en el que toma notas cuando se enfrenta a una nueva situación. También tiene una agenda para seguir la pista de todas las chicas guapas. Y en su bloc de notas apunta las instrucciones de todas sus tareas. Pero no todo es cocinar y lavar; otro de sus quehaceres habituales es pulir con arena y un cepillo a su Pokémon de tipo Arena. Después de unirse a Ash y Misty, Brock descansó del exigente trabajo que supone liderar un Gimnasio. Brock no solo ha demostrado estar loco por las chicas; también es el “hombre” al que sus compañeros recurren cuando se trata de buscar información, crear estrategias de combate y gestionar las relaciones entre Pokémon y entrenadores.

TODO EN FAMILIA

Para entender a Brock, es esencial entender a su familia. Los padres de Brock, Flint y Lola, se conocieron en un Combate Pokémon. Hoy en día, aún mantienen vivo su romance, pero Flint tiene dificultades para adaptarse a la vida de hombre de familia: cuando las cosas se ponen difíciles huye a Ciudad Plateada. donde se refugia. La primera vez fue porque nunca pudo ser el Entrenador Pokémon que quiso ser y no podía soportar decírselo a su familia. La segunda vez, simplemente no pudo soportar a su querida esposa Lola.

Lola, la madre de Brock, es adorable pero caprichosa, siempre ocupada con sus nuevos pasatiempos. Le gusta pintar y decorar su casa... y el Gimnasio de Ciudad Plateada, a menos que Brock la pare. Flint es severo solo en apariencia, y no le quedó más opción que dejar que Lola convirtiera el Gimnasio de la Ciudad Plateada en un gimnasio de agua.

En cuanto a los hermanos de Brock, los nueve (Forrest, Salvadore, Yolanda, Tommy, Cindy, Suzie, Timmy, y los gemelos Tilly y Billy) lo buscan para mantener unida la familia.

LOS POKÉMON DE BROCK

MUDKIP

Mudkip dejó otras tareas para unirse al equipo de Brock. Con el tiempo, evolucionó en un responsable Marshtomp que compartía el instinto de cuidador de Brock y que sufría la misma espinita en el amor que su Entrenador.

HAPPINY

Happiny nació de un Huevo que Brock ganó cuando inscribió a Croagunk en un Concurso de Disfraces Pokémon. Después de rescatar a Happiny del Team Rocket, Brock fue capaz de aliarse con él. Más adelante, mientras ayudaba a Brock a no ponerse enfermo, Happiny evolucionó a Chansey y fue capaz de utilizar Amor Líquido para curarlo.

CHANSEY

PINECO

Mientras estaba en Johto, Brock salvó a Pineco del Team Rocket. Pineco tiene la costumbre de autodestruirse en los momentos más inconvenientes, pero una vez evolucionado a Forretress, se convierte en un fiable miembro del equipo de Brock.

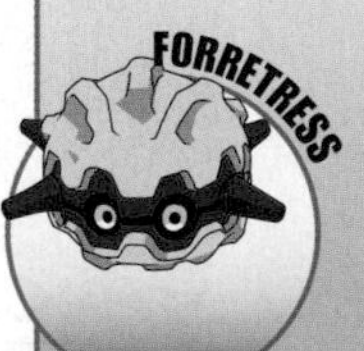

BONSLY

Brock ha cuidado con amor a Bonsly desde que era un bebé y lo encontró frecuentando una escuela ninja. Como Bonsly era muy joven para comer comida sólida, Brock lo hizo evolucionar a Sudowoodo, un Pokémon que imita a cualquier cosa a su alrededor.

Los amores de Brock

Brock profesa su amor a cada chica guapa que ve, pero el destino nunca está a su favor, incluso cuando es él quien resulta atractivo para una chica.

De vez en cuando, la atracción de Brock hacia las chicas guapas resulta útil. Por ejemplo, es capaz de distinguir a la Enfermera Joy y a la Agente Mara, por su olor o, a veces, por su aura. O, incluso si los ojos pueden ser engañados, el corazón de Brock no. Como si fuera una Pokédex, identifica correctamente a Meowth incluso cuando está disfrazado. Brock no siente nada por Jessie si se disfraza de Enfermera Joy, o por Brodie, el ladrón fantasma disfrazado de una encantadora investigadora.

Fortunia

La audaz As del Frente Batalla es tranquila, casi tímida en persona, pero se sonroja cuando Brock trata de enamorarla, y parece que tiene un interés real por él.

Temacu

Ella lo ama, ella no lo ama… Por primera vez Brock no está interesado cuando una chica se enamora de él, aunque acaba sintiendo algo por Temacu, finalmente. Pero ya es demasiado tarde: Temacu pasa completamente de Brock y se muere por los huesos del doctor local.

GEODUDE

Como el original Onix de Brock, Geodude fue el pilar de su grupo de combate en el Gimnasio de Ciudad Plateada. Ahora ha regresado al gimnasio bajo el cuidado de Forrest.

ONIX

STEELIX

Cuando Steelix fue un Onix, estuvo grandioso cuando Pikachu trató de escabullirse en el combate del gimnasio. Brock dejó a Onix con su hermano Forrest, quien lo ayudó a evolucionar a Steelix.

ZUBAT

CROBAT

GOLBAT

A Zubat le llevó mucho tiempo evolucionar a Golbar. Finalmente, lo hizo en un combate con el Team Rocket. Llegó a su etapa final obteniendo un elegante Crobat al tratar de perseguir al Team Rocket en cohete, entre otros medios de locomoción.

CROAGUNK

Brock y Croagunk comparten una conexión que solo puede ser descrita como “especial”. Croagunk actúa taciturno, pero siempre busca a Brock a su manera, golpeándolo con una Puya Nociva cuando este trata de cortejar a una hermosa dama.

LOTAD

LUDICOLO

LOMBRE

El tímido y serio Lotad de Brock evolucionó en un Lobre tras caer en un pozo seco. Lobre tenía un pobre historial romántico, pero se ganó el corazón de otro Entrenador de Mawile cuando evolucionó a un bullicioso y extrovertido Ludicolo después de entrar en contacto con Piedra agua.

TODD SNAP

Una vez, el Team Rocket contrató a Todd Snap para capturar a Pikachu. Lo que no tuvieron en cuenta es que Todd solo sabe capturar Pokémon de una forma, y es con una cámara: ¡es por algo que se hace llamar a sí mismo el fotógrafo número uno!

Todd vive y respira fotografía Pokémon. No tiene Pokémon propios, pero los ha grabado muchas veces en vídeo y pretende conseguir la mejor colección de fotos de Pokémon de tipo Planta. Cuando Todd y Ash coincidieron por primera vez en Kanto no congeniaron de inmediato, a pesar de que quedó claro que comparten una conexión especial: Todd hizo la famosa foto de Aerodactyl llevándose a Ash.

Su obsesión por fotografiar un Articuno finalmente fue recompensada y, actualmente, una copia de su foto está expuesto en el Centro Pokémon Pico de Nieve, en Johto. Todd decidió quedarse un tiempo allí y continuar fotografiando los Pokémon que viven en las montañas.

El amor por los Pokémon pronto unió a Todd y Ash, y Todd acompañó a la pandilla en los viajes a Kanto y Johto. Ahora, Todd es más humilde y tiene menos arrebatos de ego, pero continúa obsesionado con la fotografía, y arriesgaría su vida para conseguir el encuadre perfecto.

RICHIE

Al igual que Ash, Richie ha ido madurando con la edad y es experto tanto resolviendo problemas como saltando y activando un ascensor defectuoso. Ese es Richie: incluso tiene un Pikachu al que le gusta pasear sobre sus hombros.

Richie y Ash se encontraron por primera vez en la Liga Meseta Añil, donde se aliaron para detener una emboscada del Team Rocket. Richie fue rechazado por el imprudente Ash, pero empezaron a ser amigos cuando descubrieron que, en realidad, eran muy parecidos. Para su sorpresa, se enfrentaron el uno contra el otro en la quinta ronda de la Liga Meseta Añil; aunque en su día Ash casi no le mostró agradecimiento por aquel episodio con el Team Rocket, Richie creyó en su nuevo amigo y desoyó la llamada del arbitro para empezar el combate hasta que Ash llegara.

Richie puede volverse loco con los Pokémon, al igual que Ash, pero normalmente él es quien pierde más la cabeza por estas criaturas. Aunque perdió la Liga Meseta Añil, no pierde su autoestima. Solo decidió hacerlo mejor la próxima vez, en una muestra de madurez que impresionó a Ash.

Los Pokémon de Richie

"SPARKY" (PIKACHU)

"ZIPPO" (CHARMELEON)

"ROSE" (TAILLOW)

"CRUISE" (PUPITAR)

"HAPPY" (BUTTERFREE)

PUEBLO PALETA

A pesar de todos los viajes de Ash, Pueblo Paleta sigue siendo el centro de sus aventuras. Parece ser que no hay mucha emoción en este pequeño pueblo, pero ahí hay todo lo que un Entrenador necesita para que se sienta como en casa: una cama caliente, comida casera y las caras conocidas de familiares y amigos.

Pueblo Paleta es un pueblo tranquilo rodeado de suaves colinas y campos, no muy lejos de un río, montañas e, incluso, un valle rocoso. La mayor parte de el pueblo es agrícola, e incluso el centro es pequeño y tranquilo. Delia Ketchum ama su jardín, y lleva muchas veces a Ash a visitar el cercano Invernadero Xanadu en busca de víveres. Repleto de plantas de arriba a abajo, Xanadu se parece más a un jardín botánico que a un invernadero. Pese a lo encantador que es, los visitantes deben tener cuidado ya que algunas plantas son venenosas.

EL LABORATORIO DEL PROFESOR OAK

El Profesor Oak y su asistente Tracey viven y trabajan en un complejo en la parte alta de una colina, justo en la orilla de un pequeño río. Detrás de su casa y laboratorio hay un extenso rancho con amplias habitaciones para que muchos Pokémon puedan corretear.

Los entrenadores acuden al Profesor Oak para recibir su Primer Compañero Pokémon o consultar su experiencia, mientras que los investigadores contactan con él para temas científicos.

Aparte de los ordenadores y el equipamiento científico, el laboratorio tiene un área de almacenamiento lleno de Poké Balls que los entrenadores de viaje dejan a buen recaudo.

LA CASA DE ASH

Ubicada en un camino de tierra en un vecindario tranquilo, la casa de Ash está tan llena de paz como parece. Durante la ausencia de su hijo, la madre de Ash, Delia, se mantiene ocupada en su jardín y con las visitas del Profesor Oak; Mr. Mime la ayuda con las tareas de casa.

La parte alta de la casa tiene un espacio de trabajo donde Delia cose la ropa de Ash.

GARY OAK

Todo héroe tiene un rival: alguien que le hace sacar lo mejor de sí mismo. Rivales a día de hoy, Gary y Ash parecen estar destinados a picarse el uno al otro. Pero, al mismo tiempo, su pasión por ser siempre los mejores les conduce a la excelencia.

Su épica rivalidad empezó muy pronto: cuando un día de pesca Ash y Gary capturaron al mismo Pokémon. Después de algunos insultos, los dos se lanzaron desde lados opuestos del río hacia su premio. Resultó ser una Poké Ball; cuando la Poké Ball se partió por la mitad, cada uno la reclamó como propia. A día de hoy, cada uno guarda una mitad de la bola como símbolo de su rivalidad.

ANIMADORAS

Gary está convendico de que tiene su propio equipo de animadoras. Desgraciadamente, esas supuestas fans producen un efecto negativo sobre Brock, quien se emociona con ellas en las finales, lo cual no le permite mantenerse concentrado en los combates de su amigo Ash.

UNA REPUTACIÓN QUE MANTENER

Gary Oak necesita ser Gary Oak: es decir, necesita defender el buen nombre de la familia Oak. Su abuelo es, después de todo, el famoso y mundialmente reconocido Profesor Samuel Oak, y esto puede resultar una gran carga sobre sus hombros. Por desgaracia, el Profesor no le ha mostrado mucho favoritismo, y su forma de ser arrogante y descarada podría ser parte del problema. Su exceso de seguridad y su actitud empiezan a cambiar a medida que gana experiencias por el mundo.

En una furiosa batalla 6 contra 6 en la Final del Congreso Plata de la Liga Johto, Ash golpea a Gary. Arrogante al principio, Gary finalmente admite frente a Ash que podrían ser mejores amigos que rivales. Poco después decide que quiere ser un investigador Pokémon, como su abuelo.

SCIZOR

Después de algunas idas y venidas entre Ash y Gary en el Congreso Plata de la Liga Johto, el combate regresa con Snorlax y Scizor. Scizor vence a este último.

BLASTOISE

Squirtle fue la primera elección de Gary; y también pudo haber sido la de Ash. Después evolucionó a Wartortle y luego a Blastoise.

"Al menos tienes la oportunidad de conocerme... Mr. Gary para ti. Muéstrame un poco de respeto".

Los Pokémon de Gary

NIDOKING

Gary Oak va a por la Medalla Tierra en el Gimnasio de la Ciudad Verde en un combate épico con Giovanni. Pero el líder pelea duro y rápido… (continúa con Arcanine)

ARCANINE

(continuación de Nidoking) …trayendo a Mewtwo, que liquida todo lo que se abalanza contra él, incluyendo dos de los Pokémon de Gary, Nidoking y Arcanine.

NIDOQUEEN

Cuando el laboratorio de Oak cae bajo el ataque del Team Rocket, un extraño misterioso, que resultar ser Gary, salva la situación con su Nidoqueen.

DODUO

Aunque solo hace una breve aparición cuando Gary retorna al laboratorio del Profesor Oak, este Pokémon termina evolucionando en Dodrio y jugando un papel más importante más adelante.

EEVEE

Eevee es uno de esos raros Pokémon que pueden evolucionar de varias formas: la hora del día, el oponente y sus sentimientos por el Entrenador, son factores de evolución. Así que no es de extrañar que el Eevee de Gary evolucione en Umbreon, pero no sin antes vencer a Ash y a Pikachu.

ELECTIVIRE

Mayor que Pikachu, Electvire lo ganó la única vez que se enfrentaron.

GOLEM

Golem entra en combate contra Charizad, lo que parece sería un mal partido para Charizard, pero por supuesto Ash piensa algo insospechado y encuentra una forma única de vencerlo.

MAGMAR

Magmar es el segundo Pokémon que Gary usó combatiendo contra Ash en las finales. Luego, fue vencido por el Heracross de Ash.

¿Buscáis problemas?
Pues escuchad nuestro lema.
Para proteger el mundo de la devastación.
Para unir a todos los pueblos en una sola nación.
Para denunciar a los enemigos de la verdad y el amor.
Para extender nuestro poder más allá del espacio exterior.
¡Jessie!
¡James!
¡El Team Rocket despega a la velocidad de la luz!
¡Rendíos ahora o preparaos para luchar!
¡Meowth!
¡Bien dicho!

JESSIE

¿Cómo un trío de ineficientes criminales podría hacer posible cientos de aventuras y miles de pifias que han pasado a formar parte de los anales de Pokémon? Tendrías que ser tan malo en tu trabajo que la gente lo notaría. Y con estos antecedentes, te presentamos al Team Rocket.

HUMILDES COMIENZOS

Tanto Jessie como James tienen historias tan duras que realmente se les coge cariño. Jessie tuvo una infancia problemática: era increíblemente pobre, hasta tuvo que comer nieve para sobrevivir. Más adelante, intentó estudiar enfermería por un tiempo, pero lo dejó y finalmente conoció a James.

EKANS

Ekans fue un Pokémon obediente que Jessie utilizó a menudo. Evolucionó a un Arbok en *¡Aplasta a esos diglett!* Luego Jessie lo liberó para que pudiera ayudar a un grupo de Ekans que fueron atacados por cazadores furtivos.

WOBBUFFET

El Team Rocket obtuvo a Wobbuffet en Johto. Wobbufet fue obtenido erróneamente cuando la Poké Ball de Jessie cayó accidentalmente dentro de una Máquina de Intercambio. Ella no era consciente de que estaba intercambiando un Lickitung hasta más tarde, en el combate contra "los mocosos".

FRILLISH

Cuidado con este Pokémon porque puede paralizar a otros Pokémon con su veneno. A pesar de que es de tipo Fantasma–Agua y se encuentra habitualmente unas cinco millas mar adentro, Jessie le pidió a su amiga que volara por encima de las Ruinas Blancas para defender a Ash y compañía con una explosiva Bola Sombra.

YANMEGA

YANMA

El Team Rocket obtuvo a Yanmega en la región Sinnoh, Capturado como Yanma, el Yanmega de Jessie evolucionó muy rápido.

WURMPLE

CASCOON

El Team Rocket consiguió tarde a Wurmple, en la región de Hoenn. Completamente convencida de que su Wurmple, que ha evolucionado a Cascoon, evolucionaría a Beautifly, Jessie se decepciona al principio cuando, finalmente, evoluciona a Dustox después de un combate con Aura. Pero pronto pasa a adorarlo y solo lo libera para que pueda fusionarse.

DUSTOX

SEVIPER

En la misma región de Hoenn, el Team Rocket obtuvo poco después a Seviper. Seviper es un robusto combatiente en el equipo de Jessie, pero mantiene una larga rivalidad con Zangoose. Aunque la obedece, nunca retrocederá en una lucha con este Pokémon. Este fue el Pokémon favorito de Jessie durante algún tiempo.

PUMPKABOO

Durante un Festival de Gourgeist, Jessie trató de engañar al príncipe local en un intercambio (obtener para ella el Pikachu de Ash y a cambio entregarle el Pumpkaboo). Pero el trato se rompió cuando Pumpkaboo evolucionó a Gourgeist y el príncipe perdió el interés.

GOURGEIST

WOOBAT

Al Pokémon Vampiro es típico encontrarle en cuevas. Usando su olfato, puede captar ondas de sonido en la más absoluta oscuridad. Pokémon amigo de Jessie, se le ve más veces en combate que explorando. Este Woobat es tan fuerte que mandó directo al cielo a un amigo Pokémon de Ash con un solo golpe.

JAMES

James nació en una familia adinerada y siempre disfrutó de su estatus y riqueza. Entonces, ¿por qué querría cambiarlo todo por una vida dedicada al crimen? Después de asistir al Tecnológico Pokémon (una escuela para educación Pokémon), James se aburrió de su estilo de vida y se escapó, dejando a Growlie en casa. Tras un breve período en la Banda de las Bicis del Puente, James se puso el listón más alto y decidió unirse al sindicato del Team Rocket.

VICTREEBEL

A pesar de que Weepinbell fue uno de los primeros Pokémon de James, lo dejó en una guardería del centro, donde evolucionó a Victreebel. James lo perdió en un intercambio Pokémon.

WEEPINBELL

CARNIVINE

En los primeros tiempos en Sinnoh, el Team Rocket se encamina hacia otra derrota. Aparecen por la vieja mansión donde James pasó sus veranos, y en el interior de la habitación de juegos, James encuentra un amado, aunque olvidado, Pokémon de su infancia: Carnivine.

INKAY

La expresión "un ladrón atrapa a otro ladrón" funcionó para James en Kalos. James conoció a Inkay cuando este le robó su desayuno y almuerzo. Impresionado con su poder para robar, decidió capturar a su alma gemela.

CHIMECHO

Más tarde, el Team Rocket obtuvo a Chimecho en la región de Hoenn. James llama a Chimecho su "primer amor". Pero después de casi ser engañado para comprar un Hoppip, un Chimecho real aceptó ser uno de sus Pokémon. Después de que cayera con fiebre, James lo deja con sus abuelos, pero promete volver a por él cuando sane.

KOFFING

WEEZING

Vemos a Koffing cuando conocemos por primera vez al Team Rocket y se demuestra que es un formidable combatiente. Eventualmente, evoluciona a un Weezing junto al Ekans de Jessie, que evoluciona a Arbok. Es liberado junto a un Arbok de Jessie.

YAMASK

Este Pokémon de tipo Fantasma encarna el espíritu de un ancestro humano y aún puede recordar cosas sobre su vida pasada. Cuando el Team Rocket descubre a este Espíritu Pokémon en un almacén, Jessie quiere usar su Woobat para capturarlo. Pero James sabía que la forma de llegar al corazón de este Pokémon era ¡a través de su estómago! Después de ofrecerle comida, James le dio su amistad y los dos han estado juntos desde entonces.

FOONGUS

El Pokémon Seta es conocido por agitar sus capas con un baile tentador para aturdir a sus enemigos. El Amoonguss de James tiene además un Golpe cuerpo tan fuerte que dejó seco al camarada de Ash, Pikachu, al instante.

GROWLITHE

Growlithe o "Growlie" como James lo llama, fue uno de sus primeros Pokémon. Apreciaba a su mascota, pero cuando James escapó de casa, dejó a Growlie atrás. Cuando James se encuentra de nuevo con él, deja a Growlie como vigilante de sus misteriosos padres.

MEOWTH

Meowth va de decepción en decepción, pero no cesa en su empeño: suplantar a Persian, la mascota Pokémon favorita de Giovanni. Casi todos los planes de Meowth funcionan, pero siempre termina pagando por las torpes payasadas de Jessie y James.

MIME JR.

El Team Rocket obtiene a Mime Jr. en la región de Sinnoh. Los abuelos de James están ayudándole a sanar a su paciente Chimecho. Mime Jr. salta dentro de una Poké Ball vacía que cae al suelo, y voluntariamente, se convierte en su nuevo Pokémon.

CIUDAD CELESTE

La Ciudad Celeste de Kanto, el hogar de Misty, es una ciudad moderna situada cerca del océano. En consonancia con su localización, una de sus atracciones más características es el Gimnasio Acuático Celeste, pero esta ciudad también alberga otras atracciones de temática oceánica. El faro de Ciudad Celeste sobresale en una zona rodeada de árboles.

EL GIMNASIO DE CIUDAD CELESTE

Un vistazo al Gimnasio Celeste deja claro qué tipo de gimnasio es. Pero es más que un gimnasio; las hermanas de Misty adoran presentar espectáculos de ballet en el agua con la piscina central como escenario.

Para los combates, el tanque se encaja en el suelo como una piscina normal... pero también puede alzarse para eventos especiales y espectáculos.

A pesar de que Daisy, la hermana de Misty, ansía verla a ella y a Tracey vestidos con un traje de ballet acuático y dentro de la piscina, Misty está feliz en ceder el protagonismo a Lily y a Violet, su hermana escritora. Misty ya interpretó a una sirena en espectáculos bajo el agua, y no está interesada en repetir esas actuaciones. Sus Pokémon, incluyendo Goldeen, Starmie, Corsola, Horsea y Staryu, continúan apareciendo en los espectáculos acuáticos, mientras que Caserin y Luverin, dos Luvdisc recientemente adquiridos por el gimnasio, también pueden ayudar con sus efectos especiales.

El techo de encima de la piscina cuenta con muchas ventanas para dejar entrar la luz, y también se pueden abrir o cerrar. En el sótano del gimnasio hay un cuarto del acuario lleno de tanques adicionales.

Haciendo las Medallas Cascada

Las Medallas Cascada del Gimnasio Celeste no son solo para el espectáculo; son obras de arte hechas a mano. Cuando se agotan las existencias, Misty, Sakura y Tracey hacen una visita al artista, el Sr. Kinzo, que vive en Villa Rifure. Mediante la práctica, allí aprenden que hacer una medalla es un proceso laborioso

que implica herrería, limadura, soldadura y una mano ligera con el pincel.

Ganando las Medallas Cascada

A pesar del trabajo que supone hacerlas, las hermanas de Misty tienden a ser poco exigentes con los requisitos para ganar una Medalla Cascada. Siempre que Misty no está cerca, no es raro ver como prácticamente regalan las medallas del gimnasio. Un entrenador, Jimmy, "ganó" su Medalla Cascada ayudando a Daisy a limpiar la piscina; aunque Tracey también hizo lo mismo, todavía no ha recibido una medalla por sus esfuerzos.

LA LIGA DE LA MESETA AÑIL

La Liga de la Meseta Añil, en Kanto, es el primer gran torneo de Ash y el motivo por el que ha estado entrenando tanto; además de que Gary también competirá allí. Las ocho medallas de los gimnasios de Kanto permiten competir en la Liga, la cual se estructura en rondas de eliminación.

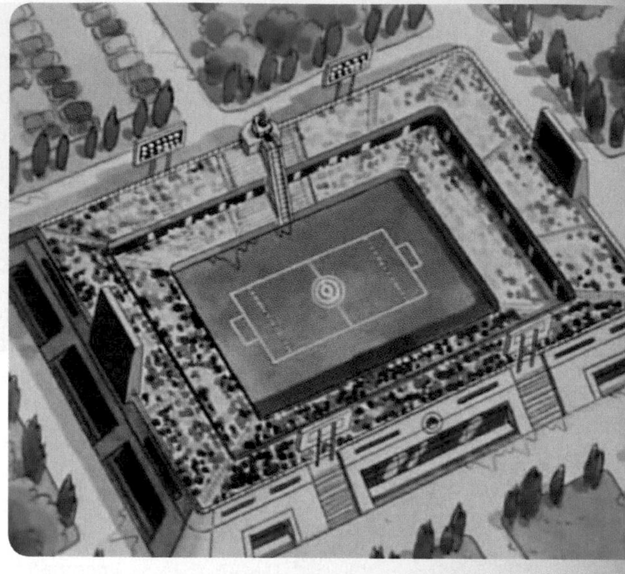

El evento tiene lugar en la Meseta Añil. Situado cerca de un lago centelleante, el Estadio Añil es donde tienen lugar los torneos principales, pero las primeras cuatro rondas se celebran en estadios de alrededor.

El presidente Goodshow, miembro del Comité de la Antorcha de la Liga Pokémon, preside la ceremonia de apertura. Hay un acto solemne de liberación de una bandada de Pidgey, y un desfile de todos los entrenadores que compiten. Acto seguido, se ilumina la antorcha central del estadio.

Los competidores pueden disfrutar de alojamiento en la Villa de la Liga Pokémon y de comida gratis en los restaurantes de la zona; desfiles y otros eventos especiales se suman a la atmósfera festiva para entrenadores y espectadores.

ESTRUCTURA DEL TORNEO

Las primeras cuatro rondas son de combates de 3 en 3 en estadios separados, uno contra otro en cuatro diferentes campos de batalla. Roca, Planta, Agua y Hielo; cada competidor debe ganar combates en todos los cuatro tipos, y los competidores son asignados a los campos aleatoriamente.

Una vez que un competidor avanza más allá de las primeras cuatro rondas y entra en el top 16, lucha en un campo estándar en el Estadio Añil. A partir de la fase de cuartos de final, las batallas son de 6 contra 6, en lugar de 3 contra 3. Para el top 16, los grupos se determinan por el número de capturas de Magikarp. Ash debe luchar contra Richie.

RICHIE DERROTA A ASH

Varios de los Pokémon de Ash están agotados después de una lucha para escapar del Team Rocket y llegar al estadio a tiempo, por lo que las opciones de Ash son limitadas. Charizard es su último Pokémon, pero cuando se niega a presentar batalla, Ash pierde la ronda y su puntuación final es de 16 por defecto.

CEREMONIA DE CLAUSURA

Todos ganan *algo* en la Liga de la Meseta Añil, por así decirlo. En las ceremonias de clausura, el ganador recibe un trofeo y el resto de los competidores desfila por el Estadio Añil y recibe una medalla conmemorativa. A continuación, disfrutan de lun espectacular despliegue de fuegos artificiales.

ASSUNTA DERROTA A RICHIE

La andadura de Richie termina aquí. Su participación se reduce a un combate entre Sparky y el Ivysaur de Assunta. Sparky es eliminado.

COMBATES DE GIMNASIO DE KANTO

En su camino para llegar a ser un Maestro Pokémon, Ash primero debe encontrar y vencer a los líderes de Gimnasio de cada región. Ash empieza en Kanto, donde el primer gimnasio se encuentra muy lejos de su pueblo, dejando abierta la posibilidad de interminables aventuras.

GIMNASIO DE CIUDAD PLATEADA

LÍDER DEL GIMNASIO: BROCK

BROCK **ASH**

Pidgeotto utiliza Tornado con encanto, un encanto muy, muy malo. Los movimientos de tipo Volador son débiles contra los Pokémon de Roca.

BROCK **ASH**

Geodude no es rival para el fortalecido Pikachu. Brock retira a Geodude.

BROCK **ASH**

VS.

Pikachu parece ser mejor contra Onix, pero al final Brock detiene el combate cuando parece que hiere a Pikachu. La suerte está de su lado, sin embargo: un pequeño incendio dispara el sistema de aspersores y debilita al Pokémon de tipo Roca de Brock.

Ash se encuentra con su primer Líder de Gimnasio, Brock, en Ciudad Plateada. Brock dirige el Gimnasio de Ciudad Plateada. Además de ser Líder, Brock también ejerce de padre de sus hermanos abandonados. A Ash le sabe mal derrotar a Brock delante de sus hermanos y hermanas, y su caballerosidad es recompensada cuando Brock se une a su equipo y le concede la Medalla Roca.

GIMNASIO DE CIUDAD CELESTE

LÍDER DEL GIMNASIO: MISTY

MISTY **ASH**

 VS. 

Ash va confiado contra Misty, y en el intercambio de descargas el Paralizador de Butterfree deja seco a Staryu. Staryu recibe un duro golpe, y Ash lo tiene todo a su favor.

MISTY **ASH**

 VS. 

Al darse cuenta de que Staryu probablemente no podría dar mucho más, Misty lo retira y envía a Starmie. Los ataques Ala y Tornado dan a Pidgeotto la ventaja, pero antes de que alguien pueda terminar el combate, el Team Rocket llega y aparecen los problemas.

Las Hermanas Sensacionales (las hermanas de Misty) están a punto de entregar la Medalla Cascada a Ash cuando Misty interviene: quiere un combate contra Ash por la medalla, y hace un trabajo admirable. Por desgracia para Ash, Pikachu no quiere pelear contra su nueva amiga, Misty. Cuando el Team Rocket detiene la dura batalla, Pikachu se ofrece y se lanza contra ellos. Las Hermanas Sensacionales premian a Ash con la medalla por salvar el gimnasio.

GIMNASIO DE CIUDAD CARMÍN

LÍDER DEL GIMNASIO: LT. SURGE (TENIENTE SURGE)

Lt Surge (el Teniente Surge), un feroz Líder de Gimnasio, utiliza la evolución de Pikachu, Raichu. Raichu es más poderoso y conoce más movimientos que Pikachu, así que su primer encuentro es desastroso. Mientras Pikachu está recuperándose en el Centro Pokémon, la Enfermera Joy le ofrece a Ash una Piedra trueno, la cual debería evolucionar a Pikachu en Raichu, pero Pikachu la rechaza. En vez de eso, opta por retar a Lt. Surge y sus Pokémon en sus propios términos. Pikachu usa su agilidad como ventaja, y al final gana el combate y Ash, la Medalla Trueno.

LT. SURGE **ASH**

VS.

El primer combate finalizó con bastante rapidez, como predijo el Teniente Surge. Pikachu intentó usar Ataque Trueno, pero Raichu lo absorbió fácilmente, usando un Ataque Trueno que era mucho más poderoso. Para cuando Raichu estaba preparando su Mega Puño, el combate ya había terminado.

LT. SURGE **ASH**

VS.

Pikachu estaba envalentonado por su promesa de proteger su honor y por no incrementar su nivel con la Piedra trueno. Raichu tenía listo el Golpe cuerpo, pero la Agilidad de Pikachu lo superó.

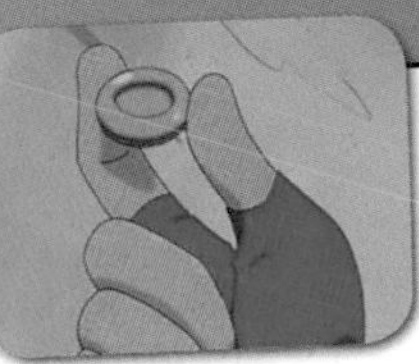

GIMNASIO DE CIUDAD AZAFRÁN

LÍDER DEL GIMNASIO: SABRINA

SABRINA **ASH**

VS.

Pikachu está confundido por la indiferencia de Abra, que posee la habilidad de la telequinesis. Abra evoluciona al más poderoso Kadabra, y luego le da un repaso a Pikachu usando sus movimientos Psíquico y Confusión.

SABRINA **ASH**

VS.

Usando Psicorrayo Kadabra espera ganar fácilmente, pero luego aparece Haunter y hace reír a Sabrina. Esto inmoviliza a su Kadabra y Ash gana la Medalla Pantano.

GIMNASIO DE CIUDAD AZULONA

LÍDER DE GIMNASIO: ERIKA

A su llegada a la Ciudad Azulona, Misty y Brock van a la perfumería de la localidad, pero Ash es grosero y despectivo, lo que irrita a la dueña de la tienda... y Líder del Gimnasio de la ciudad, Erika. Así que ahora Ash debe encontrar otra forma de entrar al gimnasio, y lo consigue con la ayuda del Team Rocket, colándose como "Ashley". Pikachu descubre su engaño, y Erika, que está bastante enojada, lo reta a un combate por la Medalla Arcoíris.

ERIKA **ASH**

VS.

Bulbasaur prueba un Látigo Cepa para atacar a Tangela desde la distancia, pero Tangela cuenta con Estrujón. Tangela usa después un efectivo Paralizador contra Bulbasur, y Ash saca su Pokémon tipo Planta.

ERIKA **ASH**

VS.

Weepinbell usa Hoja Afilada, pero el Lanzallamas de Charmander quema fácilmente a este Pokémon tipo Planta. Ash finaliza con un Cabezudo, y Erika retira a Weepinbell del combate.

ERIKA **ASH**

VS.

Erika llama a Gloom contra Charmander, y debido a que tiene un vínculo tan estrecho con su Pokémon, machaca fácilmente a Charmander.

Durante el combate, de pronto Team Rocket se cuela en el recinto con la intención de robar la fórmula secreta del perfume de renombre mundial del gimnasio, y prende fuego al local. Ash deja de lado su combate para salvar a los Pokémon, y especialmente al Gloom de Erika, por lo que ella le recompensa con la Medalla Arcoíris.

GIMNASIO DE CIUDAD FUCSIA
LÍDER DEL GIMNASIO: KOGA

Después de sobrevivir a extrañas trampas, muros invisibles y a un explosivo Voltorb, Ash y sus amigos pueden finalmente retar a Koga por la Medalla Alma.

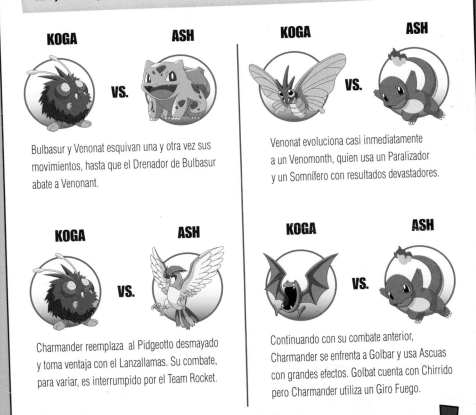

KOGA **ASH**

VS.

Bulbasur y Venonat esquivan una y otra vez sus movimientos, hasta que el Drenador de Bulbasur abate a Venonant.

KOGA **ASH**

VS.

Charmander reemplaza al Pidgeotto desmayado y toma ventaja con el Lanzallamas. Su combate, para variar, es interrumpido por el Team Rocket.

KOGA **ASH**

VS.

Venonat evoluciona casi inmediatamente a un Venomonth, quien usa un Paralizador y un Somnífero con resultados devastadores.

KOGA **ASH**

VS.

Continuando con su combate anterior, Charmander se enfrenta a Golbar y usa Ascuas con grandes efectos. Golbat cuenta con Chirrido pero Charmander utiliza un Giro Fuego.

GIMNASIO DE ISLA CANELA

LIDER DEL GIMNASIO: BLAINE

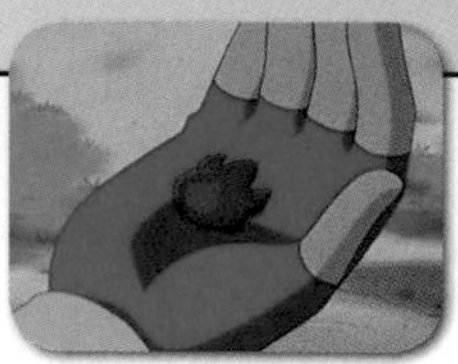

BLAINE **ASH**

VS.

Parece que Squirtle es la opción obvia para un combate en el Gimnasio Lava, pero Ninetales usa Giro Fuego, el movimiento más poderoso de su repertorio, y Squirtle queda fuera del combate.

BLAINE **ASH**

VS.

Charizard está prácticamente dormido durante toda el combate, y lo pierde. Ash se avergüenza y abandona a regañadientes la arena.

BLAINE **ASH**

VS.

Pikachu tiene que reemplazar a Charizard y como el cuerno de Rhydon hace de pararrayos, eso facilita la victoria de Ash.

BLAINE **ASH**

VS.

No hay color. Pikachu se ve tan superado que Ash se retira del combate para salvarlo.

BLAINE **ASH**

VS.

El final del volcánico combate con Blaine es épico. Un movimiento Giro de Fuego resulta inservible, y por eso Magmar usa Llamarada, el movimiento más poderoso que conoce. Charizard lo desvía y finalmente gana el combate con su Movimiento Sísmico. Ash gana la Medalla Volcán.

GIMNASIO DE CIUDAD VERDE

LÍDER DE GIMNASIO: GIOVANNI

Además del Líder del Gimnasio de Ciudad Verde, Giovanni es el líder del Team Rocket. Cuenta con un Pokémon superpoderoso en su bando, un Pokémon que aniquiló a todos los Pokémon de Gary: Mewtwo. Giovanni no está cuando Ash llega, y entonces le toca vencer a Jessie y a James.

GIOVANNI **ASH**

VS.

Machamp trata a Squirtle como el chiquillo que es y termina hiriendo a Ash en el proceso.

GIOVANNI **ASH**

VS.

El Látigo Cepa de Bulbasaur no tiene ningún efecto ante el Endurecimiento de Kingler. Cuando este golpea a Bulbasaur con un movimiento Burbuja, la derrota se cierne sobre Ash.

GIOVANNI **ASH**

VS.

Una combinación de Ataque Rápido y Doble Filo pone las cosas en orden para Ash.

GIOVANNI **ASH**

VS.

Pikachu toma ventaja con un poderoso Rayo que elimina a sus rivales del torneo.

El Team Rocket ha manipulado el campo de batalla para que los entrenadores sientan el dolor de sus Pokémon. Pero lo que no han tenido en cuenta es que han aplicado esa táctica a ambos lados del campo. Cuando Ash usa el Rayo de Pikachu, el Team Rocket sale disparado, y él gana la octava y última medalla, la Medalla Tierra.

EXTRAÑO GLOBO DE MEOWTH FLOTANDO SOBRE SINNOH

Historia en página 74

¡LO CREAS O NO!

SINIESTRO HUNTER J. BUSCADO POR MÚLTIPLES CASOS DE ROBO

Historia en página 129

Un planeta lleno de Pokémon es un fantástico lugar para empezar, pero el mundo Pokémon está lleno de otros inusuales espectáculos. ¿Magia? ¿Reinos místicos? ¿Pokémon gigantes? Ash y sus amigos encuentran todo esto y más.

Lombre, ¿el Señor del Agua?

LOS HABITANTES LOCALES ADORAN A LOMBRE

Poderosos Pokémon como Dialga y Palkia han sido reverenciados por su poder, pero... ¿Lombre? Existe un pueblo en Hoenn donde los nativos han dedicado un santuario a Lombre, su Señor del Agua, que se dice vive en un manantial en la parte alta del pueblo. El Señor del Agua es honrado con música y bailes con la esperanza de que mantenga el pueblo abastecido de agua. Pero después de un fatídico encuentro con Ash, el Lombre de Brock, y un Solrock, los aldeanos veneran al Solrock en su lugar.

¡Un Claydol gigante visto en la Isla Izabe!

¿ES EL GIGANTE CLAYDOL UN POKÉMON REAL?

Según la leyenda, una doncella lo creó con el lodo del Lago Izabe, y él la buscó después de que fuera liberado. Así es como Ash y el Team Rocket atraen al Claydol hacia la Poké Ball de piedra en el acantilado; Wobbuffet tiene cierto parecido con la doncella original.

En la Isla Izabe de Hoenn se encuentra el Valle de la Destrucción, donde una vez la Poké Ball de Piedra Gigante estaba encaramada en lo alto de un acantilado. El valle adquirió su explícito nombre en el Tiempo de la Destrucción, cuando el "Gran Destructor" fue liberado de la Poké Ball de Piedra. Este Gran Destructor era un enorme Claydol, veinte veces más grande del tamaño habitual, ¡y un Claydol normal ya tiene 1,50 m de altura! Claydol campó por la isla durante siete días y noches hasta que un Sabio Blanco conjuró una Poké Ball gigante y la usó para encerrar a Claydol en el Lago Izabe.

El Claydol permaneció en el lago durante mil años hasta que el Team Rocket lo dejó salir, y en el proceso la Poké Ball de Piedra se perdió.

Afortunadamente, la Poké Ball original de Claydol todavía se encontraba en el acantilado del valle. Después, Claydol fue encerrado en la Poké Ball y rodó hasta el lago, restaurándose el equilibrio.

¿Fuera de este mundo?

¡Los extraterrestres están entre nosotros! ¿O no son ellos? Extraños Pokémon pueden confundirse con un montón de cosas pero, ¿con extraterrestres? En *¡Un ovni para Elgyem!*, Ash y compañía piensan que han descubierto un alienígena, pero lo que realmente han descubierto es un Pokémon único conocido como Elgyem.

¡Gyarados rojo asusta a los lugareños!

Especialmente feroces, se rumorea que los Gyarados rojo son mucho más agresivos y territoriales que los Gyarados normales. A menudo se encuentran en las cuevas submarinas aisladas o en los lagos subterráneos ocultos. Los Gyarados rojos son ligeramente más grandes, pero por lo demás son idénticos. Aunque muchos creen que son un mito, el Team Rocket ha visto y ha sido abatido por un Gyarados Rojo.

¡Togepi de otro mundo!

A los residentes de Hoenn no les gusta que el Reino Espejismo se pueda encontrar en ninguna guía. Para llegar a él, los visitantes deben utilizar un dirigible para cruzar un desierto y el anillo de picos rocosos que esconde al Reino de los ojos de extraños. Eso es singular, pero lo que hace al Reino Espejismo inusual es su vinculación desde hace siglos con Togepi, su guardián de la paz y la libertad.

El palacio y el templo cercano incorporan elementos de diseño de Togepi como los que lucen en la indumentaria de la familia real.

Debido a que los Togepi son sensibles a la bondad –o a la falta de ella– que habita en los corazones humanos, las condiciones en el Paraíso Togepi están estrechamente vinculadas a las del Reino Espejismo. Es por eso que la princesa Sara, quien (después de un poco de ayuda de Misty y sus amigos), gobierna ahora el Reino Espejismo, ha jurado proteger el Paraíso Togepi. El Togepi de Misty, ahora convertido en Togetic, es también un leal guardián del Paraíso.

Trajes de armadura, un sarcófago fantasmagórico y artefactos antiguos: todos estos elementos harán que el Entrenador más fuerte se estremezca como un Gastrodon en una salina. En *¡Una Noche en el Museo de Ciudad Esmalte!*, Ash y sus amigos encuentran todo esto y más, incluyendo el Pokémon Yamask y Cofagrigus.

¡La magia de Pokémon convierte a un chico en Pikachu!

La ciencia es como el esoterismo: el arte de desaparecer de la magia extrae su poder de poderes Pokémon, y muchos de sus secretos se pueden encontrar en un libro antiguo que lleva Lily, el Mago Pokémon. Heredado por generaciones de su familia, el libro está escrito en un lenguaje secreto y describe cómo funciona la magia Pokémon; pero hay que tener en cuenta que esta "magia" no siempre funciona como uno espera. Un hechizo que vuelve tersa y suave la piel de una chica puede implicar pedir a Spinarak que muestre el capullo blanco del hechizo de seda. O usar un hechizo que permita que una persona lea los pensamientos de un Pokémon... bueno, el texto completo del hechizo está emborronado, por lo que convierte temporalmente a Ash en un Pikachu que habla.

Las páginas del libro de Lily describen los ingredientes del hechizo de comunicación Pokémon: la cura secreta de Shuckle, los cuernos de Stantler en polvo, yogur hecho con leche de Miltank y un pétalo de flor marcado con un beso de Jynx. Pero eso no es todo: se requieren unas lágrimas de Aipom y paralizador de Parasect. Y hay algo más antes de terminar: hay que usar el Rayo de Pikachu para activar el hechizo. La garra sucia de un Meowth es otro de los ingredientes, y Lily, el Mago Pokémon, no duda en acudir al Team Rocket para conseguirlo.

¡El centro devastado por el ataque de un Pokémon gigante!

El Profesor Jacuzzi es un experto en Gulpin que tiene un plan para salvar al pueblo de la plaga anual de Gulpin. Uno de sus inventos es la "Rayo Mach 3", que absorbe a Gulpin usando una partícula subatómica y lo expulsa de la ciudad. Pero cuando el artefacto se malogra, esto causa que un Gulpin y un Treecko de Ash crezcan a un tamaño gigantesco.

Como los dos combates tienen lugar en el centro de la ciudad, el esfuerzo hace volver a Treecko a su tamaño normal, pero Gulpin continúa siendo un gigante. El Profesor Jacuzzi captura a Gulpin con una Peso Ball y está decidido a reconvertirlo a su tamaño normal, tarde o temprano...

¡Pokémon gigante volador!

¿Podría un pequeño caramelo volver gigante a un Pokémon? El artilugio del Dr. Gordon "Caramelo Completo" fue inventado por accidente, pero no por eso es un fracaso. Uno de estos caramelos azules eleva a Caterpie a las alturas. Y pronto es lo suficientemente grande como para topar con la parte más alta de una torre de metal, y cuando se convierte en Metapod y luego en Butterfree, puede cargar gente en su lomo.

El Team Rocket usa algunos de esos caramelos, robados, para convertir a Cacnea y Dustox en Pokémon gigantes, propiciando un gigantesco combate aéreo con Butterfree. Afortunadamente, los efectos de los caramelos son temporales.

POKÉMON LEGENDARIOS DE KANTO

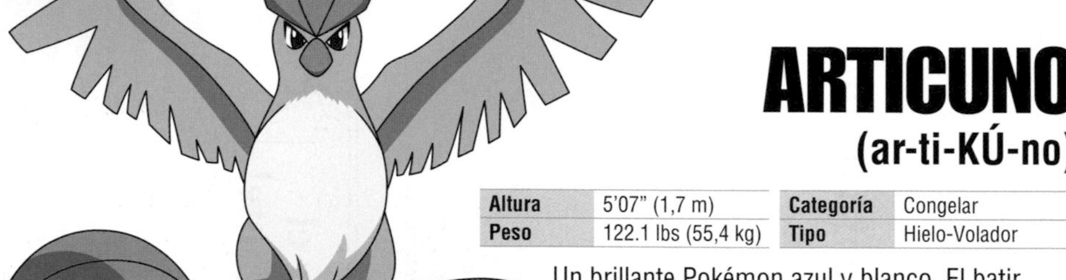

ARTICUNO

(ar-ti-KÚ-no)

Altura	5'07" (1,7 m)	Categoría	Congelar
Peso	122.1 lbs (55,4 kg)	Tipo	Hielo-Volador

Un brillante Pokémon azul y blanco. El batir de las alas de Articuno enfría el aire y provoca que la nieve caiga sobre cualquiera que esté por debajo. Articuno, una de las Tres Aves Legendarias, representa el elemento Hielo.

Extremadamente ágil, el punto fuerte de Articuno es su larga y ondulante cola. Como una cinta de gimnasia rítmica, su cola ondea y serpentea mientras Articuno vuela, acentuando la majestuosa estela que deja en el aire durante su vuelo.

MEWTWO • (MIÚ-tu)

Altura	6'07" (2,0 m)	Categoría	Genético
Peso	269,0 lbs (122,0 kg)	Tipo	Psíquico

Mewtwo es único en el mundo. No es un Pokémon natural: fue creado por científicos humanos mediante la manipulación genética. Lo generaron con un poder impresionante, pero fallaron en dotarlo con un corazón compasivo.

MOLTRES • (MÓL-tres)

Altura	6'07" (2,0 m)	Categoría	Llama
Peso	132,3 lbs (60,0 kg)	Tipo	Fuego-Volador

Aterrador pero hermoso, Moltres se desplaza sin esfuerzo por los aires con sus ardientes alas, despertando tanto miedo como admiración. Moltres es el último de las Tres Aves Legendarias. Se siente como en casa con el fuego y, si resulta dañado, Moltres baña su cuerpo en magma fundido para cauterizar las heridas y así curarse. El calor que desprenden las alas de Moltres dificulta ver el gran Pokémon que es cuando está en tierra.

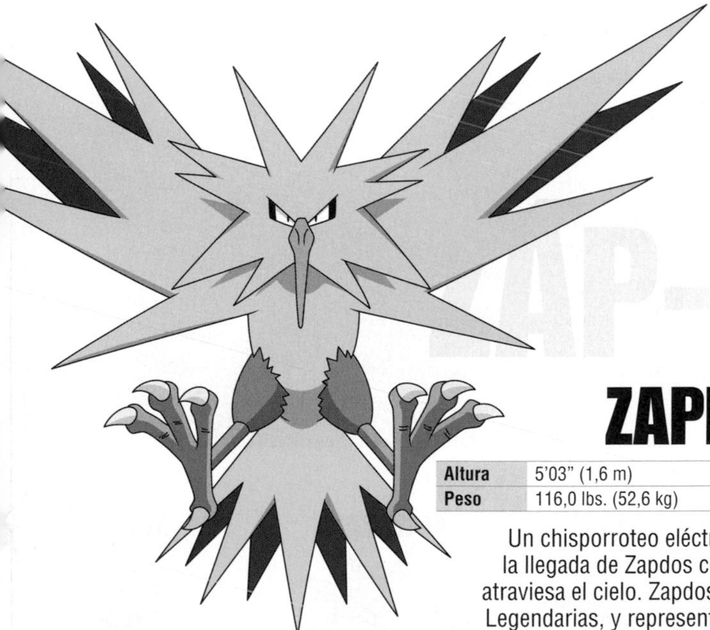

ZAPDOS • (ZÁP-dos)

Altura	5'03" (1,6 m)	Categoría	Eléctrico
Peso	116,0 lbs. (52,6 kg)	Tipo	Eléctrico-Volador

Un chisporroteo eléctrico en amarillo y negro anuncia la llegada de Zapdos como una descarga de rayos que atraviesa el cielo. Zapdos es el segundo de las Tres Aves Legendarias, y representa el elemento de la electricidad. Zapdos incrementa su poder cuando es irradiado con luz. De gran fuerza, Zapdos es un contrincante formidable e intimidador y sus movimientos eléctricos sobrecogen por su poder destructivo.

POKÉMON SINGULARES DE KANTO

MEW • (MIÚ)

Altura	1'04" (0,4 m)	Categoría	Nueva Especie
Peso	8,8 lbs (4,0 kg)	Tipo	Psíquico

Divertido e inocente, Mew inspira lo mejor en la gente y en los Pokémon. Capaz de transformarse en cualquier Pokémon, dicen que Mew posee el mapa genético de todos ellos.

Mew parece tener una conexión con el mundo Pokémon mayor que cualquier otra criatura. Sensible a los desequilibrios en el ambiente, la vida de Mew ha corrido peligro en más de una ocasión.

POKÉMON DE KANTO

Esta es la región donde empezó todo: el hogar de Ash (Pueblo Paleta), ¡y el inicio de grandes aventuras! Encontrarás Pokémon de todo tipo en Kanto, incluido el favorito de todos, ¡Pikachu! También es el hogar de Articuno, Zapdos, Moltres, Mew y Mewtwo.

ABRA

Altura: 2'11" (0,9 m)
Peso: 43,0 lbs. (19,5 kg)

PSÍQUICO

AERODACTYL

Altura: 5'11" (1,8 m)
Peso: 130,1 lbs. (59,0 kg)

ROCA | VOLADOR

ALAKAZAM

Altura: 4'11" (1,5 m)
Peso: 105,8 lbs. (48,0 kg)

PSÍQUICO

ARBOK

Altura: 11'06" (3,5 m)
Peso: 143,3 lbs. (65,0 kg)

VENENO

ARCANINE

Altura: 6'03" (1,9 m)
Peso: 341,7 lbs. (155,0 kg)

FUEGO

ARTICUNO

Altura: 5'07" (1,7 m)
Peso: 122,1 lbs. (55,4 kg)

HIELO VOLADOR

BEEDRILL

Altura: 3'03" (1,0 m)
Peso: 65,0 lbs. (29,5 kg)

BICHO VENENO

BELLSPROUT

Altura: 2'04" (0,7 m)
Peso: 8,8 lbs. (4,0 kg)

PLANTA VENENO

BLASTOISE

Altura: 5'03" (1,6 m)
Peso: 188,5 lbs. (85,5 kg)

AGUA

BULBASAUR

Altura: 2'04" (0,7 m)
Peso: 15,2 lbs. (6,9 kg)

PLANTA VENENO

BUTTERFREE

Altura: 3'07" (1,1 m)
Peso: 70,5 lbs. (32,0 kg)

BICHO VOLADOR

CATERPIE

Altura: 1'00" (0,3 m)
Peso: 6,4 lbs. (2,9 kg)

BICHO

CHANSEY

Altura: 3'07" (1,1 m)
Peso: 76,3 lbs. (34,6 kg)

NORMAL

CHARIZARD

Altura: 5'07" (1,7 m)
Peso: 199,5 lbs. (90,5 kg)

FUEGO VOLADOR

CHARMANDER

Altura: 2'00" (0,6 m)
Peso: 18,7 lbs. (8,5 kg)

FUEGO

CHARMELEON

Altura: 3'07" (1,1 m)
Peso: 41,9 lbs. (19,0 kg)

FUEGO

CLEFABLE

Altura: 4'03" (1,3 m)
Peso: 88,2 lbs. (40,0 kg)

HADA

CLEFAIRY

Altura: 2'00" (0,6 m)
Peso: 16,5 lbs. (7,5 kg)

HADA

CLOYSTER

Altura: 4'11" (1,5 m)
Peso: 292,1 lbs. (132,5 kg)

AGUA HIELO

CUBONE

Altura: 1'04" (0,4 m)
Peso: 14,3 lbs. (6,5 kg)

TIERRA

DEWGONG

Altura: 5'07" (1,7 m)
Peso: 264,6 lbs. (120,0 kg)

AGUA HIELO

DIGLETT

Altura: 0'08" (0,2 m)
Peso: 1,8 lbs. (0,8 kg)

TIERRA

DITTO

Altura: 1'00" (0,3 m)
Peso: 8,8 lbs. (4,0 kg)

NORMAL

DODRIO

Altura: 5'11" (1,8 m)
Peso: 187,8 lbs. (85,2 kg)

NORMAL VOLADOR

DODUO

Altura: 4'07" (1,4 m)
Peso: 86,4 lbs. (39,2 kg)

NORMAL | VOLADOR

DRAGONAIR

Altura: 13'01" (4,0 m)
Peso: 36,4 lbs. (16,5 kg)

DRAGÓN

DRAGONITE

Altura: 7'03" (2,2 m)
Peso: 463,0 lbs. (210,0 kg)

DRAGÓN | VOLADOR

DRATINI
Altura: 5'11" (1,8 m)
Peso: 7,3 lbs. (3,3 kg)

DRAGÓN

DROWZEE

Altura: 3'03" (1,0 m)
Peso: 71,4 lbs. (32,4 kg)

PSÍQUICO

DUGTRIO

Altura: 2'04" (0,7 m)
Peso: 73,4 lbs. (33,3 kg)

TIERRA

EEVEE
Altura: 1'00" (0,3 m)
Peso: 14,3 lbs. (6,5 kg)

NORMAL

EKANS

Altura: 6'07" (2,0 m)
Peso: 15,2 lbs. (6,9 kg)

VENENO

ELECTABUZZ

Altura: 3'07" (1,1 m)
Peso: 66,1 lbs. (30,0 kg)

ELÉCTRICO

ELECTRODE

Altura: 3'11" (1,2 m)
Peso: 146,8 lbs. (66,6 kg)

ELÉCTRICO

EXEGGCUTE

Altura: 1'04" (0,4 m)
Peso: 5,5 lbs. (2,5 kg)

PLANTA | PSÍQUICO

EXEGGUTOR

Altura: 6'07" (2,0 m)
Peso: 264,6 lbs. (120,0 kg)

PLANTA | PSÍQUICO

FARFETCH'D

Altura: 2'07" (0,8 m)
Peso: 33,1 lbs. (15,0 kg)

NORMAL | VOLADOR

FEAROW

Altura: 3'11" (1,2 m)
Peso: 83,8 lbs. (38,0 kg)

NORMAL | VOLADOR

FLAREON

Altura: 2'11" (0,9 m)
Peso: 55,1 lbs. (25,0 kg)

FUEGO

GASTLY

Altura: 4'03" (1,3 m)
Peso: 0,2 lbs. (0,1 kg)

FANTASMA | VENENO

GENGAR

Altura: 4'11" (1,5 m)
Peso: 89,3 lbs. (40,5 kg)

FANTASMA | VENENO

GEODUDE

Altura: 1'04" (0,4 m)
Peso: 44,1 lbs. (20,0 kg)

ROCA | TIERRA

GLOOM

Altura: 2'07" (0,8 m)
Peso: 19,0 lbs. (8,6 kg)

PLANTA | VENENO

GOLBAT

Altura: 5'03" (1,6 m)
Peso: 121,3 lbs. (55,0 kg)

VENENO | VOLADOR

GOLDEEN

Altura: 2'00" (0,6 m)
Peso: 33,1 lbs. (15,0 kg)

AGUA

GOLDUCK

Altura: 5'07" (1,7 m)
Peso: 168,9 lbs. (76,6 kg)

AGUA

GOLEM

Altura: 4'07" (1,4 m)
Peso: 661,4 lbs. (300,0 kg)

ROCA TIERRA

GRAVELER

Altura: 3'03" (1,0 m)
Peso: 231,5 lbs. (105,0 kg)

ROCA TIERRA

GRIMER

Altura: 2'11" (0,9 m)
Peso: 66,1 lbs. (30,0 kg)

VENENO

GROWLITHE

Altura: 2'04" (0,7 m)
Peso: 41,9 lbs. (19,0 kg)

FUEGO

GYARADOS

Altura: 21'04" (6,5 m)
Peso: 518,1 lbs. (235,0 kg)

AGUA VOLADOR

HAUNTER

Altura: 5'03" (1,6 M)
Peso: 0,2 lbs. (0,1 kg)

FANTASMA VENENO

HITMONCHAN

Altura: 4'07" (1,4 m)
Peso: 110,7 lbs. (50,2 kg)

LUCHA

HITMONLEE

Altura: 4'11" (1,5 m)
Peso: 109,8 lbs. (49,8 kg)

LUCHA

HORSEA

Altura: 1'04" (0,4 m)
Peso: 17,6 lbs. (8,0 kg)

AGUA

HYPNO

Altura: 5'03" (1,6 m)
Peso: 166,7 lbs. (75,6 kg)

PSÍQUICO

IVYSAUR

Altura: 3'03" (1,0 m)
Peso: 28,7 lbs. (13,0 kg)

PLANTA VENENO

JIGGLYPUFF

Altura: 1'08" (0,5 m)
Peso: 12,1 lbs. (5,5 kg)

NORMAL HADA

JOLTEON

Altura: 2'07" (0,8 m)
Peso: 54,0 lbs. (24,5 kg)

ELÉCTRICO

JYNX

Altura: 4'07" (1,4 m)
Peso: 89,5 lbs. (40,6 kg)

HIELO PSÍQUICO

KABUTO

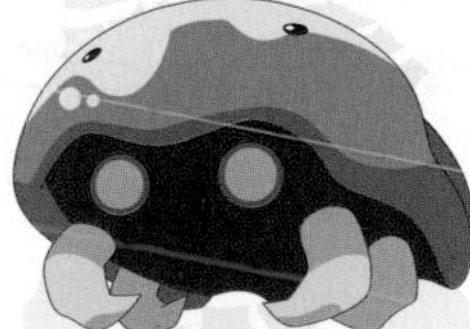

Altura: 1'08" (0,5 m)
Peso: 25,4 lbs. (11,5 kg)

ROCA AGUA

KABUTOPS

Altura: 4'03" (1,3 m)
Peso: 89,3 lbs. (40,5 kg)

ROCA AGUA

KADABRA

Altura: 4'03" (1,3 m)
Peso: 124,6 lbs. (56,5 kg)

PSÍQUICO

KAKUNA

Altura: 2'00" (0,6 m)
Peso: 22,0 lbs. (10,0 kg)

BICHO VENENO

KANGASKHAN

Altura: 7'03" (2,2 m)
Peso: 176,4 lbs. (80,0 kg)

NORMAL

KINGLER

Altura: 4'03" (1,3 m)
Peso: 132,3 lbs. (60,0 kg)

AGUA

KOFFING

Altura: 2'00" (0,6 m)
Peso: 2,2 lbs. (1,0 kg)

VENENO

KRABBY

Altura: 1'04" (0,4 m)
Peso: 14,3 lbs. (6,5 kg)

AGUA

LAPRAS

Altura: 8'02" (2,5 m)
Peso: 485,0 lbs. (220,0 kg)

AGUA | HIELO

LICKITUNG

Altura: 3'11" (1,2 m)
Peso: 144,4 lbs. (65,5 kg)

NORMAL

MACHAMP

Altura: 5'03" (1,6 m)
Peso: 286,6 lbs. (130,0 kg)

LUCHA

MACHOKE

Altura: 4'11" (1,5 m)
Peso: 155,4 lbs. (70,5 kg)

LUCHA

MACHOP

Altura: 2'07" (0,8 m)
Peso: 43,0 lbs. (19,5 kg)

LUCHA

MAGIKARP

Altura: 2'11" (0,9 m)
Peso: 22,0 lbs. (10,0 kg)

AGUA

MAGMAR

Altura: 4'03" (1,3 m)
Peso: 98,1 lbs. (44,5 kg)

FUEGO

MAGNEMITE

Altura: 1'00" (0,3 m)
Peso: 13,2 lbs. (6,0 kg)

ELÉCTRICO | ACERO

MAGNETON

Altura: 3'03" (1,0 m)
Peso: 132,3 lbs. (60,0 kg)

ELÉCTRICO | ACERO

MANKEY

Altura: 1'08" (0,5 m)
Peso: 61,7 lbs. (28,0 kg)

LUCHA

MAROWAK

Altura: 3'03" (1,0 m)
Peso: 99,2 lbs. (45,0 kg)

TIERRA

MEOWTH

Altura: 1'04" (0,4 m)
Peso: 9,3 lbs. (4,2 kg)

NORMAL

METAPOD

Altura: 2'04" (0,7 m)
Peso: 21,8 lbs. (9,9 kg)

BICHO

MEW

Altura: 1'04" (0,4 m)
Peso: 8,8 lbs. (4,0 kg)

PSÍQUICO

MEWTWO

Altura: 6'07" (2,0 m)
Peso: 269,0 lbs. (122,0 kg)

PSÍQUICO

MOLTRES

Altura: 6'07" (2,0 m)
Peso: 132,3 lbs. (60,0 kg)

FUEGO | VOLADOR

MR. MIME

Altura: 4'03" (1,3 m)
Peso: 120,1 lbs. (54,5 kg)

PSÍQUICO | HADA

MUK

Altura: 3'11" (1,2 m)
Peso: 66,1 lbs. (30,0 kg)

VENENO

NIDOKING

Altura: 4'07" (1,4 m)
Peso: 136,7 lbs. (62,0 kg)

VENENO | TIERRA

NIDOQUEEN

Altura: 4'03" (1,3 m)
Peso: 132,3 lbs. (60,0 kg)

VENENO | TIERRA

NIDORAN ♀

Altura: 1'04" (0,4 m)
Peso: 15,4 lbs. (7,0 kg)

VENENO

NIDORAN ♂

Altura: 1'08" (0,5 m)
Peso: 19,8 lbs. (9,0 kg)

VENENO

NIDORINA

Altura: 2'07" (0,8 m)
Peso: 44,1 lbs. (20,0 kg)

VENENO

NIDORINO

Altura: 2'11" (0,9 m)
Peso: 43,0 lbs. (19,5 kg)

VENENO

NINETALES

Altura: 3'07" (1,1 m)
Peso: 43,9 lbs. (19,9 kg)

FUEGO

ODDISH

Altura: 1'08" (0,5 m)
Peso: 11,9 lbs. (5,4 kg)

PLANTA | VENENO

OMANYTE

Altura: 1'04" (0,4 m)
Peso: 16,5 lbs. (7,5 kg)

ROCA | AGUA

OMASTAR

Altura: 3'03" (1,0 m)
Peso: 77,2 lbs. (35,0 kg)

ROCA | AGUA

ONIX

Altura: 28'10" (8,8 m)
Peso: 463,0 lbs. (210,0 kg)

ROCA | TIERRA

PARAS

Altura: 1'00" (0,3 m)
Peso: 11,9 lbs. (5,4 kg)

BICHO | PLANTA

PARASECT

Altura: 3'03" (1,0 m)
Peso: 65,0 lbs. (29,5 kg)

BICHO | PLANTA

PERSIAN

Altura: 3'03" (1,0 m)
Peso: 70,5 lbs. (32,0 kg)

NORMAL

PIDGEOT

Altura: 4'11" (1,5 m)
Peso: 87,1 lbs. (39,5 kg)

NORMAL | VOLADOR

PIDGEOTTO

Altura: 3'07" (1,1 m)
Peso: 66,1 lbs. (30,0 kg)

NORMAL | VOLADOR

PIDGEY

Altura: 1'00" (0,3 m)
Peso: 4,0 lbs. (1,8 kg)

NORMAL | VOLADOR

PIKACHU

Altura: 1'04" (0,4 m)
Peso: 13,2 lbs. (6,0 kg)

ELÉCTRICO

PIKACHU ARISTÓCRATA

Altura: 1'04" (0,4 m)
Peso: 13,2 lbs. (6,0 kg)

ELÉCTRICO

PIKACHU ENMASCARADA

Altura: 1'04" (0,4 m)
Peso: 13,2 lbs. (6,0 kg)

ELÉCTRICO

PIKACHU ERUDITA

Altura: 1'04" (0,4 m)
Peso: 13,2 lbs. (6,0 kg)

ELÉCTRICO

PIKACHU SUPERSTAR

Altura: 1'04" (0,4 m)
Peso: 13,2 lbs. (6,0 kg)

ELÉCTRICO

PIKACHU ROQUERA

Altura: 1'04" (0,4 m)
Peso: 13,2 lbs. (6,0 kg)

ELÉCTRICO

PINSIR

Altura: 4'11" (1,5 m)
Peso: 121,3 lbs. (55,0 kg)

BICHO

POLIWAG

Altura: 2'00" (0,6 m)
Peso: 27,3 lbs. (12,4 kg)

AGUA

POLIWHIRL

Altura: 3'03" (1,0 m)
Peso: 44,1 lbs. (20,0 kg)

AGUA

POLIWRATH

Altura: 4'03" (1,3 m)
Peso: 119,0 lbs. (54,0 kg)

AGUA | LUCHA

PONYTA

Altura: 3'03" (1,0 m)
Peso: 66,1 lbs. (30,0 kg)

FUEGO

PORYGON

Altura: 2'07" (0,8 m)
Peso: 80,5 lbs. (36,5 kg)

NORMAL

PRIMEAPE

Altura: 3'03" (1,0 m)
Peso: 70,5 lbs. (32,0 kg)

LUCHA

PSYDUCK

Altura: 2'07" (0,8 m)
Peso: 43,2 lbs. (19,6 kg)

AGUA

RAICHU

Altura: 2'07" (0,8 m)
Peso: 66,1 lbs. (30,0 kg)

ELÉCTRICO

RAPIDASH

Altura: 5'07" (1,7 m)
Peso: 209,4 lbs. (95,0 kg)

FUEGO

RATICATE

Altura: 2'04" (0,7 m)
Peso: 40,8 lbs. (18,5 kg)

NORMAL

RATTATA

Altura: 1'00" (0,3 m)
Peso: 7,7 lbs. (3,5 kg)

NORMAL

RHYDON

Altura: 6'03" (1,9 m)
Peso: 264,6 lbs. (120,0 kg)

TIERRA | ROCA

RHYHORN

Altura: 3'03" (1,0 m)
Peso: 253,5 lbs. (115,0 kg)

TIERRA | ROCA

SANDSHREW

Altura: 2'00" (0,6 m)
Peso: 26,5 lbs. (12,0 kg)

TIERRA

SANDSLASH

Altura: 3'03" (1,0 m)
Peso: 65,0 lbs. (29,5 kg)
TIERRA

SCYTHER

Altura: 4'11" (1,5 m)
Peso: 123,5 lbs. (56,0 kg)
BICHO | VOLADOR

SEADRA

Altura: 3'11" (1,2 m)
Peso: 55,1 lbs. (25,0 kg)
AGUA

SEAKING

Altura: 4'03" (1,3 m)
Peso: 86,0 lbs. (39,0 kg)
AGUA

SEEL

Altura: 3'07" (1,1 m)
Peso: 198,4 lbs. (90,0 kg)
AGUA

SHELLDER
Altura: 1'00" (0,3 m)
Peso: 8,8 lbs. (4,0 kg)
AGUA

SLOWBRO

Altura: 5'03" (1,6 m)
Peso: 173,1 lbs. (78,5 kg)
AGUA | PSÍQUICO

SLOWPOKE

Altura: 3'11" (1,2 m)
Peso: 79,4 lbs. (36,0 kg)
AGUA | PSÍQUICO

SNORLAX

Altura: 6'11" (2,1 m)
Peso: 1014,1 lbs. (460,0 kg)
NORMAL

SPEAROW

Altura: 1'00" (0,3 m)
Peso: 4,4 lbs. (2,0 kg)
NORMAL | VOLADOR

SQUIRTLE
Altura: 1'08" (0,5 m)
Peso: 19,8 lbs. (9,0 kg)
AGUA

STARMIE

Altura: 3'07" (1,1 m)
Peso: 176,4 lbs. (80,0 kg)
AGUA | PSÍQUICO

STARYU

Altura: 2'07" (0,8 m)
Peso: 76,1 lbs. (34,5 kg)
AGUA

TANGELA

Altura: 3'03" (1,0 m)
Peso: 77,2 lbs. (35,0 kg)
PLANTA

TAUROS

Altura: 4'07" (1,4 m)
Peso: 194,9 lbs. (88,4 kg)
NORMAL

TENTACOOL

Altura: 2'11" (0,9 m)
Peso: 100,3 lbs. (45,5 kg)
AGUA | VENENO

TENTACRUEL

Altura: 5'03" (1,6 m)
Peso: 121,3 lbs. (55,0 kg)
AGUA | VENENO

VAPOREON

Altura: 3'03" (1,0 m)
Peso: 63,9 lbs. (29,0 kg)
AGUA

VENOMOTH

Altura: 4'11" (1,5 m)
Peso: 27,6 lbs. (12,5 kg)
BICHO | VENENO

VENONAT

Altura: 3'03" (1,0 m)
Peso: 66,1 lbs. (30,0 kg)
BICHO | VENENO

VENUSAUR

Altura: 6'07" (2,0 m)
Peso: 220,5 lbs. (100,0 kg)

PLANTA VENENO

VICTREEBEL

Altura: 5'07" (1,7 m)
Peso: 34,2 lbs. (15,5 kg)

PLANTA VENENO

VILEPLUME

Altura: 3'11" (1,2 m)
Peso: 41,0 lbs. (18,6 kg)

PLANTA VENENO

VOLTORB

Altura: 1'08" (0,5 m)
Peso: 22,9 lbs. (10,4 kg)

ELÉCTRICO

VULPIX

Altura: 2'00" (0,6 m)
Peso: 21,8 lbs. (9,9 kg)

FUEGO

WARTORTLE

Altura: 3'03" (1,0 m)
Peso: 49,6 lbs. (22,5 kg)

AGUA

WEEDLE

Altura: 1'00" (0,3 m)
Peso: 7,1 lbs. (3,2 kg)

BICHO VENENO

WEEPINBELL

Altura: 3'03" (1,0 m)
Peso: 14,1 lbs. (6,4 kg)

PLANTA VENENO

WEEZING

Altura: 3'11" (1,2 m)
Peso: 20,9 lbs. (9,5 kg)

VENENO

WIGGLYTUFF

Altura: 3'03" (1,0 m)
Peso: 26,5 lbs. (12,0 kg)

NORMAL HADA

ZAPDOS

Altura: 5'03" (1,6 m)
Peso: 116,0 lbs. (52,6 kg)

ELÉCTRICO VOLADOR

ZUBAT

Altura: 2'07" (0,8 m)
Peso: 16,5 lbs. (7,5 kg)

VENENO VOLADOR

ISLAS NARANJA

Todo es diferente en las Islas Naranja: desde los combates de gimnasio a los funcionarios; incluso la Enfermera Joy y la Agente Mara. Este archipiélago es un mundo un poco aparte del continente: lo forman un gran grupo de islas tropicales (alrededor de 24) y la Profesora Ivy trabaja en todas ellas.

Existen muchas islas de interés. En la Isla Kumquat está el que quizá es el complejo más lujoso del archipiélago: hoteles fantásticos, aguas termales naturales y playas vírgenes hacen de esta isla el principal destino para quien quiera descansar y relajarse. Las siete pequeñas islas del Archipiélago Pomelo abastecen de naranjas a casi todo el mundo. La Isla Sunburst es mundialmente famosa por sus obras de arte en vidrio. En la Isla Oro, unos devotos aldeanos confunden al Meowth del Team Rocket con el Meowth de una profecía. La isla más grande es la Isla Mandarina Sur y su localidad más importante es Trobitópolis, un gran puerto en el extremo occidental de la isla.

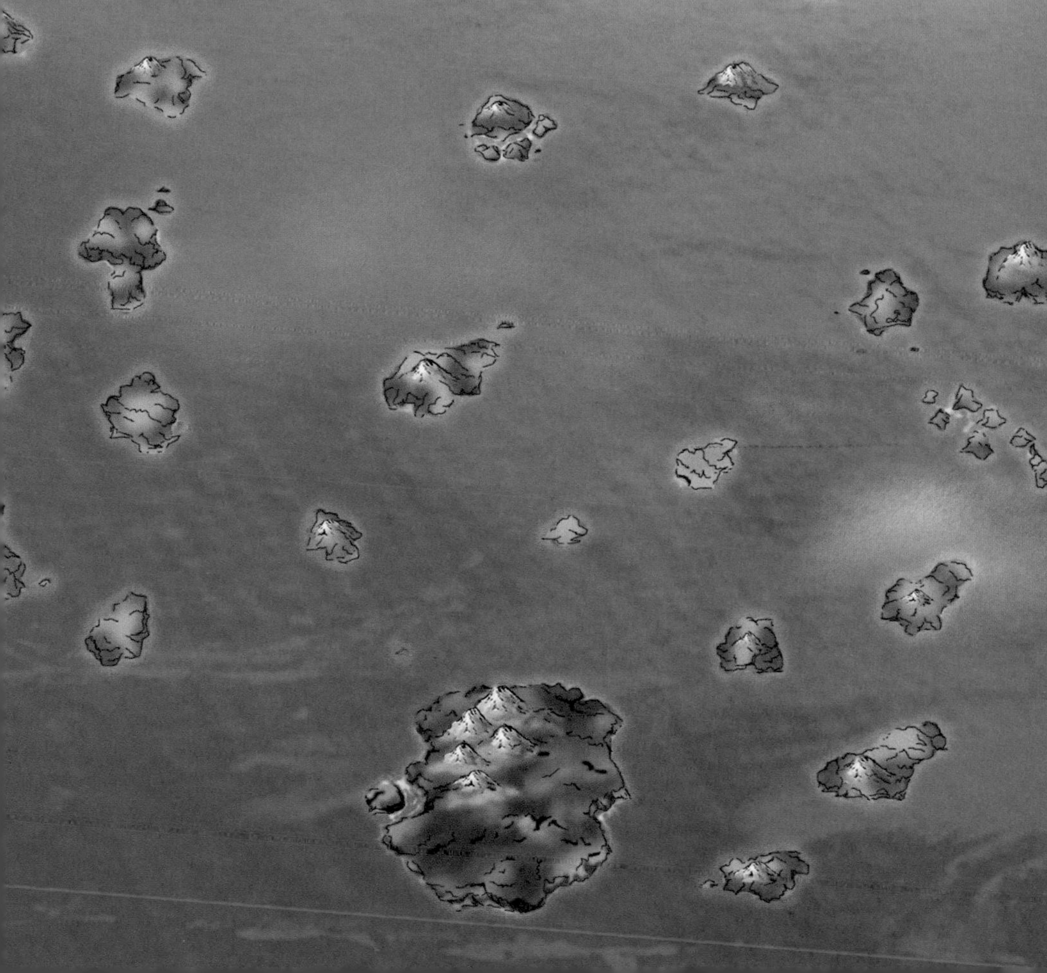

PROFESORA IVY

La Profesora Ivy ciertamente no se parece a los otros profesores Pokémon. Ella es joven y muy elegante. También hace la aparición más breve respecto a los otros profesores. Pero, ¿a qué se dedica Ivy?

LA LIGA IVY

La profesora Felina Ivy es la Profesora residente de las Islas Naranja. Dado que las islas están tan dispersas, su investigación la lleva por territorios distantes entre ellos. Está especializada en las diferencias fisiológicas entre Pokémon de las diversas regiones. Por ejemplo, intenta determinar por qué un Vileplume puede ser diferente en una isla en comparación con otra.

¿PAREJA DE BROCK?

Brock decide que quiere quedarse con la Profesora Ivy durante su estancia en la Isla Naranja, pero regresa a Pueblo Paleta durante una reunión de celebración. Entonces, ¿qué había sucedido entre él e Ivy? Nadie lo sabe, pero Brock responde temblando de miedo cada vez que el nombre de ella es mencionado. ¡“No mencionéis ese nombre!”, es su única respuesta.

La figura la Profesora Ivy vestida en traje de baño y su presentación ante Ash y sus amigos es ciertamente única e inusual. Pero al igual que otras profesoras es muy inteligente y es la autora del erudito: “Variaciones Adaptativas Pokémon como Función en la Distribución Regional”.

Pokémon investigados por la Profesora Ivy

GYARADOS

Ivy monta a lomos de un Gyarados al que parece estar muy unida.

POLIWHIRL

En la primera aparición de la Profesora Ivy, Poliwhirl está en el estanque.

VILEPLUME

El Vileplume de la Isla Valencia tiene algo diferente del Vileplume en la Pokédex de Ash. Este es el campo de estudio de Ivy: las diferencias físicas en los Pokémon en las diferentes regiones.

RATICATE

Ivy trata de salvar a Raticate, que se queda atrapado con el movimiento Paralizador de Vileplume. Por desgracia, Ivy paga el precio y es hospitalizada, pero ambos se recuperan.

MAGIKARP

¿Qué es lo que Ivy está haciendo con Magikarp en su laboratorio? El pobre tiene cables conectados a él en varios lugares.

BUTTERFREE

Butterfree no está comiendo bien, lo que preocupa a la Profesora Ivy. Esta es la oportunidad de Brock para lucirse: prepara un plato de comida para Butterfree... solo para impresionar a la Profesora Ivy.

TRACEY SKETCHIT

Tracey está fascinado por los Pokémon pero, al contrario que muchos entrenadores, su meta no es ganar batallas o capturar muchos Pokémon. Al contrario; él es un observador de Pokémon, dedicado a su estudio y a "capturarlos" y, además, un talentoso dibujante.

Después de que Ash y Misty dejaran a Brock en la Isla Valencia con la Profesora Ivy, al final encontraron un nuevo amigo en Tracey Sketchit. Como Brock, Tracey juega el rol de Experto Pokémon y pacificador en las riñas entre Ash y Misty, pero Tracey es más sociable (aunque eso no garantiza el éxito de su mediación). Su único interés en los Pokémon le hace olvidar, a menudo, todo lo que le rodea: Tracey se dirigió directamente hacia una encarnizada batalla entre Ash y varios entrenadores inconsciente del peligro que suponía, y lo hizo con el fin de estudiar y dibujar sus Pokémon.

Tracey es un típico Observador Pokémon, uno más de las muchas personas con un especial interés en la observación de Pokémon. Porque pasan mucho tiempo estudiándolos, los buenos observadores pueden juzgar su salud y fuerza solo con un vistazo.

Tracey no es Brock, pero también muestra interés por las chicas. Sin embargo, le gusta más dibujar a chicas atractivas como Cissy, la líder del gimnasio de la Isla Mikan, que acercarse a una.

EL ASISTENTE DEL PROFESOR OAK

Tracey tiene idealizado al Profesor Oak; tan pronto como supo que Ash lo conocía al, se autodeclaró el nuevo compañero de viaje de Ash y Misty.

Después de conocer al Profesor en persona, Tracey se pone nervioso acerca de la opinión de este sobre su trabajo y se queda petrificado cuando es aceptado para ser su asistente.

Pero actualmente Tracey es mucho más que un seguidor de la estela del Profesor Oak. No solo le ayuda con la investigación y el cuidado de los Pokémon; además le acompaña para cerciorarse que sigue sus propios consejos... y que come cuando le toca.

VENONAT

El Venonat de Tracy es más útil para él como rastreador que como combatiente. A menudo usa su Ojo Compuesto para localizar cosas.

MARILL

Junto con Venonat, Marill es de gran ayuda para Tracey para localizar lo que esté buscando. Su escucha supersensitiva puede rastrear Pokémon y otras cosas.

SCYTHER

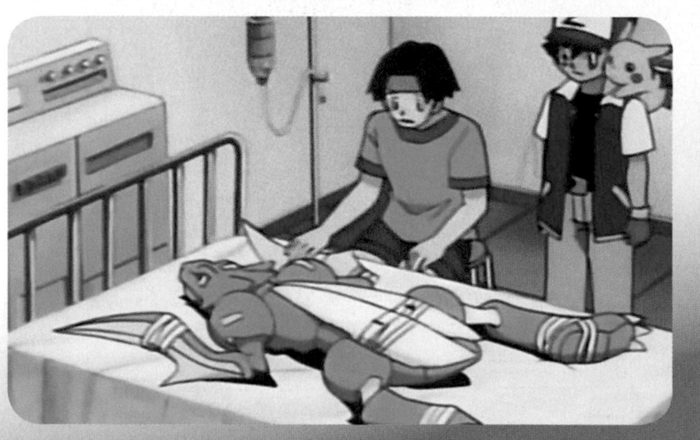

Scyther fue el líder de su equipo hasta que fue despojado del mando en una pugna por el liderazgo. Tracey encontró al viejo Scyther herido y solo, pero a Scyther no le gustó que Tracey lo atrapara, así que lo llevó a un Centro Pokémon. Ahora, aunque se lleva muy bien con Tracey, el orgullo de Scyther sigue herido.

LA LIGA DE LAS ISLAS NARANJA

Las Islas Naranja no estaban destinadas a ser tenidas en cuenta. El Profesor Oak pidió a Ash y a sus amigos que encontraran en ellas la GS Ball, pero ellos encontraron un paraíso tropical completo con nuevos Pokémon, nuevos amigos ¡y nuevas batallas!

El Gimnasio de la Isla Naranja se centra más en concursos de habilidad que en los combates. La filosofía de la LIga Naranja es que los entrenadores Pokémon deben conocer todos los aspectos de sus Pokémon, no solo sus habilidades en el campo de batalla.

GIMNASIO DE ISLA MIKAN

LÍDER DEL GIMNASIO: CISSY

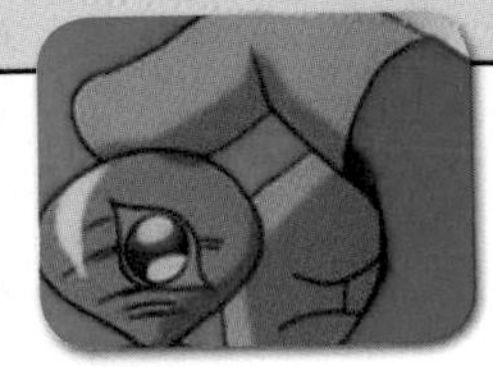

EL RETO DE LA PISTOLA AGUA

Seadra usa Pistola Agua y golpea las latas en el tiro al blanco con facilidad, al igual que al Squirtle de Ash. Cuando pasan a objetivos móviles, ambos Pokémon destacan. El enfrentamiento termina en empate.

POKÉMON CABALGANDO LAS OLAS

Con Cissy usando a Blastoise y Ash usando Lapras, la competición se convierte en una carrera muy disputada hacia la línea de llegada. Ash se vuelve creativo cuando Lapras usa un Rayo Hielo y patina hacia el primer lugar, ganando su Medalla Ojo de Coral.

GIMNASIO DE ISLA NAVEL

LÍDER DEL GIMNASIO: DANNY

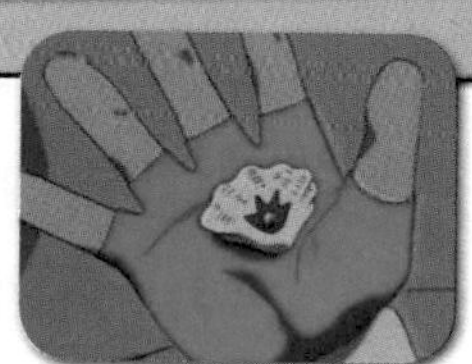

Fuente Congelada: Danny envía a Nidoqueen para competir contra el Lapras de Ash, pero el movimiento de Rayo Hielo que Ash utiliza vence a Nidoqueen.

Escultura de Hielo: Ash llama a Pikachu, Bulbasaur y Charizard para esculpir una escultura de hielo. Charizard empieza dormido de nuevo pero se despierta y con un Lanzallamas esculpe un impresionante trineo de hielo, ganando la contienda.

Carrera: Ash y Danny ahora tienen que correr a la línea de meta desde la cima de la montaña helada hasta la playa, con sus Pokémon como jinetes. Parece que Danny está a punto de ganar cuando de repente Ash y su equipo toman la iniciativa. Ash gana la Medalla Rubí Marino.

GIMNASIO DE ISLA TROBITA

LÍDER DEL GIMNASIO: RUDY

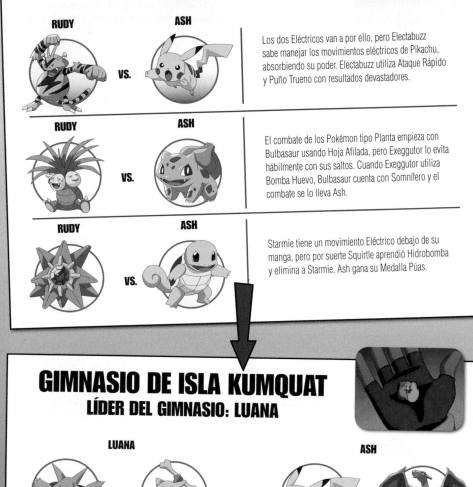

RUDY

VS.

ASH

Los dos Eléctricos van a por ello, pero Electabuzz sabe manejar los movimientos eléctricos de Pikachu, absorbiendo su poder. Electabuzz utiliza Ataque Rápido y Puño Trueno con resultados devastadores.

RUDY

VS.

ASH

El combate de los Pokémon tipo Planta empieza con Bulbasaur usando Hoja Afilada, pero Exeggutor lo evita hábilmente con sus saltos. Cuando Exeggutor utiliza Bomba Huevo, Bulbasaur cuenta con Somnífero y el combate se lo lleva Ash.

RUDY

VS.

ASH

Starmie tiene un movimiento Eléctrico debajo de su manga, pero por suerte Squirtle aprendió Hidrobomba y elimina a Starmie. Ash gana su Medalla Púas.

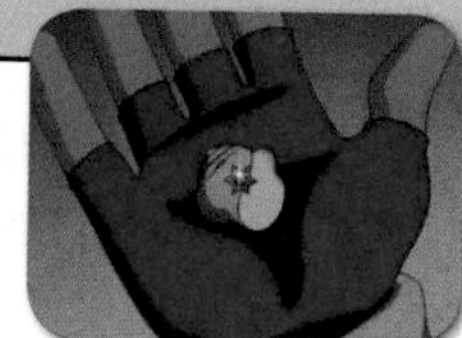

GIMNASIO DE ISLA KUMQUAT

LÍDER DEL GIMNASIO: LUANA

LUANA

VS.

ASH

Tú sabes que las cosas no pintan bien cuando dos compañeros de equipo empiezan friéndose y electrocutándose antes de que comience la batalla. Al principio, Pikachu se niega a ayudar a su compañero de equipo. Sin embargo, Pikachu aparece y salva a Charizard de la derrota absoluta. Marowak intenta lanzar un Golpe Cuerpo a Pikachu, pero Charizard lo captura, salvando a Pikachu. De repente, trabajando como una máquina bien engrasada, Pikachu y Charizard combinan Rayo Trueno y Lanzallamas para derrotar al equipo de Luana, anotándose la Medalla Estrella Jade.

FINALES DE LA LIGA NARANJA

LÍDER DEL GIMNASIO: DRAKE

DRAKE **ASH**

VS.

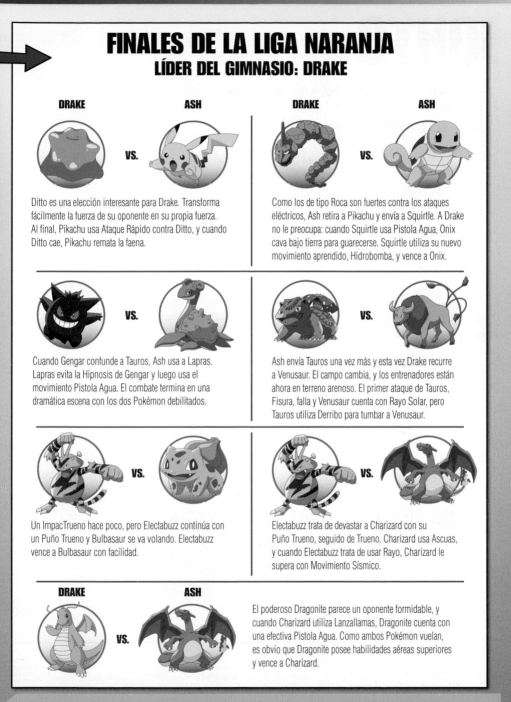

Ditto es una elección interesante para Drake. Transforma fácilmente la fuerza de su oponente en su propia fuerza. Al final, Pikachu usa Ataque Rápido contra Ditto, y cuando Ditto cae, Pikachu remata la faena.

DRAKE **ASH**

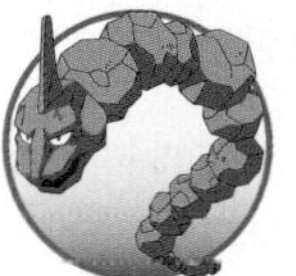

VS.

Como los de tipo Roca son fuertes contra los ataques eléctricos, Ash retira a Pikachu y envía a Squirtle. A Drake no le preocupa: cuando Squirtle usa Pistola Agua, Onix cava bajo tierra para guarecerse. Squirtle utiliza su nuevo movimiento aprendido, Hidrobomba, y vence a Onix.

VS.

Cuando Gengar confunde a Tauros, Ash usa a Lapras. Lapras evita la Hipnosis de Gengar y luego usa el movimiento Pistola Agua. El combate termina en una dramática escena con los dos Pokémon debilitados.

VS.

Ash envía Tauros una vez más y esta vez Drake recurre a Venusaur. El campo cambia, y los entrenadores están ahora en terreno arenoso. El primer ataque de Tauros, Fisura, falla y Venusaur cuenta con Rayo Solar, pero Tauros utiliza Derribo para tumbar a Venusaur.

VS.

Un ImpacTrueno hace poco, pero Electabuzz continúa con un Puño Trueno y Bulbasaur se va volando. Electabuzz vence a Bulbasaur con facilidad.

VS.

Electabuzz trata de devastar a Charizard con su Puño Trueno, seguido de Trueno. Charizard usa Ascuas, y cuando Electabuzz trata de usar Rayo, Charizard le supera con Movimiento Sísmico.

DRAKE **ASH**

VS.

El poderoso Dragonite parece un oponente formidable, y cuando Charizard utiliza Lanzallamas, Dragonite cuenta con una efectiva Pistola Agua. Como ambos Pokémon vuelan, es obvio que Dragonite posee habilidades aéreas superiores y vence a Charizard.

El combate final

Ash usa dos de sus últimos tres Pokémon para derrotar a Dragonite. Después de que Squirtle tratara valientemente de vencer a su rival, Tauros entra y le debilita mucho más. Cuando Tauros se viene abajo, el pequeño Pikachu entra para terminar con el poderoso Pokémon tipo Dragón, y lo hace, con un Rayo bien dirigido a la cabeza. Dragonite cae. ¡Ash es el nuevo campeón de la Liga!

JOHTO

Johto es un área muy grande. Hogar del Profesor Elm, Johto parece más amigable con la ecología que otras regiones; el paisaje de esta región está dominado por extensos bosques.

Johto está conectada a Kanto de dos formas: hay un barco que va desde Ciudad Olivo hasta Ciudad Carmín, y un tren rápido que va desde Ciudad Azafrán hasta la gigantesca Ciudad Trigal. Ciudad Trigal es monstruosamente extensa: una de las urbes más grandes del mundo. Ash, Brock y Misty se perdieron dentro del área urbana, averiguaron que incluso los residentes de la Ciudad Trigal tienen problemas yendo por sus calles, porque muchas de ellas no tienen salida.

Johto tiene otras atracciones: la Copa Remolino de las Islas Remolino, el pueblo del ninja Mahogany, y la antigua historia de la Ciudad Iris. En tiempos pasados, Ho-Oh vivió en una torre de Ciudad Iris, pero llegó la guerra y la torre fue incendiada. Durante su destrucción surgieron Entei, Raikou y Suicune.

PROFESOR ELM

El Profesor Elm es un sabelotodo, una persona tímida que ama el sonido de su propia voz. Aun así, es muy respetado por otros y sus contribuciones a la región de Johto son bienvenidas por todos los entrenadores.

El Profesor Elm quiere ser el número uno de su clase y es el favorito del Profesor Oak. A menudo discuten sobre sus investigaciones, pero Elm mantiene su respeto y gran admiración por Oak.

El laboratorio del Profesor Elm está situado en Pueblo Primavera. El recinto está impecable (a diferencia del de la Profesora Ivy), y Elm pasa tanto tiempo allí que uno se pregunta si también es su vivienda. Es además uno de los laboratorios más grandes que hay, utilizados por varios profesores.

Elm es el autor del libro *Un brillante análisis de las enormes facultades comunicativas de Pokémon*.

COMO UN REMOLINO QUE GIRA

El Profesor Elm va de caza con su amigo Ash y le aporta información histórica sobre las Islas Remolino. Además, él es quien les habla de la Copa Remolino, un torneo de Pokémon tipo Agua, y les entrega a la pandilla un localizador para encontrar a los Corsola.

Los Pokémon del Profesor Elm

CORSOLA

A pesar de que solo se le ve fugazmente en las Islas Remolino, ¡Misty lo ve y quiere uno también!

TOTODILE

El Profesor Elm encontró su primer Pokémon en Johto. Además, nos enteramos que dio un Totodile a Marina, una joven Entrenadora.

CHIKORITA

El Profesor Elm entregó a Chikorita a Vincent, otro joven Entrenador. Es también el Primer Compañero Pokémon que le da a Casey.

CYNDAQUIL

Cyndaquil es el Pokémon que le otorga al joven Entrenador Jimmy.

LA AFICIÓN DE ELM POR LOS HUEVOS

El Profesor Elm tiene como una de sus ocupaciones la dirección del Consejo de Preservación Pokémon, y pide a Ash y a sus amigos que lleven un Huevo a la reserva marina de Monte Plateado. Cuando ese Huevo rompió el cascarón, resultó ser un Larvitar.

CASEY

Cuando Ash y Casey se conocieron por primera vez, Casey era una Entrenadora novata que retó a Ash a un combate después de una discusión sobre béisbol. Un poco sobrado, Ash usó a Charizard para machacarla, y le causó una derrota que la hizo llorar. Pero el equipo de béisbol de Los Electabuzz nunca se rinde... y tampoco sus fans.

Casey es una Entrenadora Pokémon pero ella se considera a sí misma, ante todo, una representante de la tercera generación de fans de Los Electabuzz. Casey atrapa y lanza la Poké Ball como se hace en el béisbol, agita y juega con un bate y habla sin parar sobre este deporte aunque no haya nadie alrededor para escucharla; ¡y es una entusiasta del himno de Los Electabuzz!

La derrota le afecta mucho, pero no lo suficiente para hundirla; su espíritu de lucha Electabuzz le hace recuperarse y volver a la carga. El espíritu competitivo de Casey es su mejor baza, aunque aprendió una dura lección cuando intentó usar a Chikorita para derrotar a Ash en un concurso de Pokémon tipo Bicho.

Su equipo ideal estaría formado por Beedrill, Elekid y Electabuzz, y Pikachu: cuatro Pokémon amarillos con rayas negras, un homenaje a los colores del equipo Electabuzz.

Los Pokémon de Casey

SAKURA

Sakura anhelaba emprender un viaje Pokémon pero sus cuatro hermanas mayores se resistían a darle permiso.

Cuando Ash y sus amigos conocieron a Sakura en Ciudad Iris, era una dulce y tímida jovencita. Era muy duro para ella vivir a la sombra de sus cuatro hermanas: Satsuki, Sumomo, Tamao y Koume, las Chicas Kimono, quienes le dijeron a Sakura que no estaba incluida en el grupo porque no era hermosa.

Sakura y Misty son dos buenas amigas, las dos saben muy bien qué es sentirse invisible mientras tus hermanas mayores captan toda la atención.

A pesar de sus desplantes, las hermanas de Sakura la quieren y no desean que abandone el hogar hasta que esté preparada. Sakura estuvo a punto de irse con Misty y la pandilla, pero decidió quedarse en casa hasta que fuera lo suficientemente fuerte como para viajar sola. La segunda vez que Misty la ve en Ciudad Iris, el Eevee de Sakura es un Espeon y esta pensó que sería suficiente para encargarse del Team Rocket. Está claro lo mucho que Sakura ha crecido, y que le ha llegado la hora de viajar sola.

Los Pokémon de Sakura

ESPEON

BEAUTIFLY

LAS MÁQUINAS DEL TEAM ROCKET

Los villanos pueden ser personas solitarias; algunas veces necesitan una mano amiga para llevar a cabo sus planes cobardes. Por desgracia para ellos, Jessie y James suelen ser incompetentes, ineficientes cabezas de chorlito que no pueden ni atarse los zapatos correctamente. Sin embargo, de alguna forma, han sido capaces en su tiempo libre de crear los artilugios más elaborados y peligrosos. Afortunadamente para ellos, en esto sí que parecen más competentes. Estos son solo algunos de sus locos inventos.

EL GLOBO MEOWTH

Increíblemente inestable y fácilmente destructible, este es el modo de transporte más emblemático del Team Rocket. A menudo lo modifican aportándole más potencia, pero nunca la suficiente para que vaya como un tiro. Normalmente este globo se usa para capturar Pikachu o a otro Pokémon desprevenido mediante una mano extensible o una red a prueba de electricidad. A pesar de que nunca les acaba resultando, el Globo Meowth es un recordatorio, respetuoso con el medio ambiente, de lo persistentes que son Jessie y James.

EL EDIFICIO ROBOT

Una multitud, enfurecida después de uno de los planes del Team Rocket para ganar dinero fácil, rodea el edificio donde se refugian Jessie y James. Pero con solo pulsar un botón, salen del edificio piernas y brazos y este se aleja. Sin embargo, cuando el Team Rocket usa el edificio en un intento de capturar a un Pokémon, unos precisos movimientos de Harrison y Ash lo destruyen.

TANQUE ARBOK

En su interminable búsqueda por mostrar a Giovanni lo inteligentes que son, el Team Rocket tiene una idea brillante: utilizar un tanque de varias toneladas como un coche blindado. Sin embargo, ni siquiera Jessie y James pudieron prever la adquisición de Togepi y Sentret, y su posterior paseíto montados en el tanque.

EL SUBMARINO MAGIKARP

Este submarino es el principal modo de transporte submarino del Team Rocket. Pisándole fuerte, James y Meowth a menudo aprovechan para confabular contra Jessie.

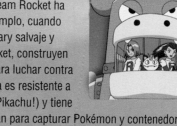

ROBOTS POKÉMON

Con el paso de los años, el Team Rocket ha creado varios robots. Por ejemplo, cuando la pandilla descubre un Buneary salvaje y también lo hace el Team Rocket, construyen un robot que parece eficaz para luchar contra nuestros amigos. La máquina es resistente a la electricidad (¡lo sentimos Pikachu!) y tiene garras extensibles que se usan para capturar Pokémon y contenedores para almacenarlos. Lo que no tiene es garantía y, por supuesto, necesita una.

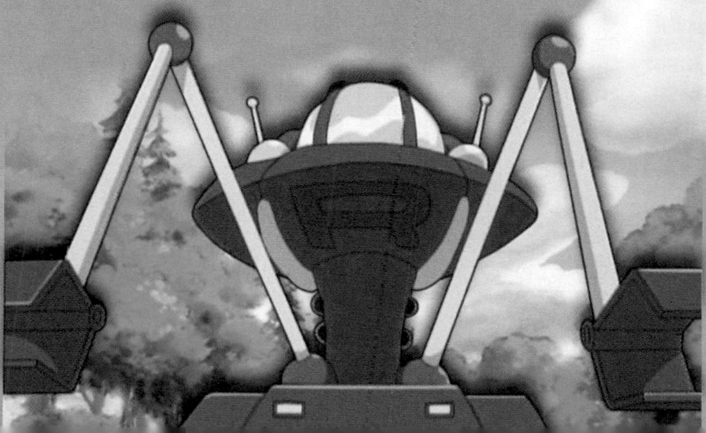

COMBATES DE GIMNASIO DE JOHTO

El viaje a la región de Johto fue largo para Ash y sus amigos. Numerosas aventuras paralelas no disuadieron a Ash de obtener las ocho medallas que necesitaba para competir en el Congreso Plata de la Liga Johto. Con las pilas cargadas desde el triunfo en las Islas Naranja, Ash demuestra una vez más que está en el camino de convertirse en un Maestro Pokémon.

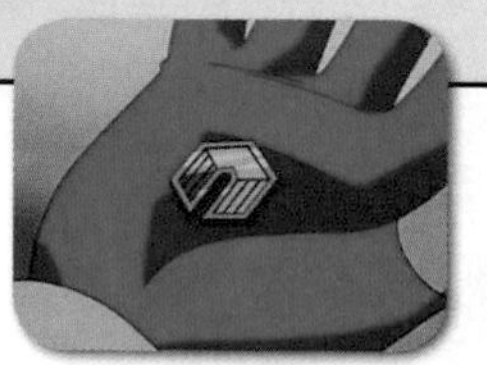

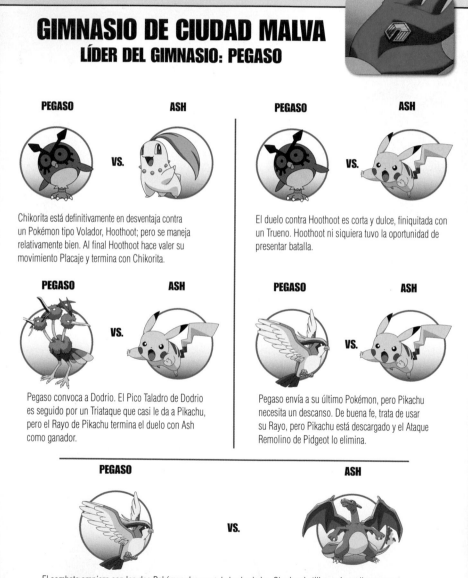

GIMNASIO DE CIUDAD MALVA

LÍDER DEL GIMNASIO: PEGASO

PEGASO **ASH**

VS.

Chikorita está definitivamente en desventaja contra un Pokémon tipo Volador, Hoothoot; pero se maneja relativamente bien. Al final Hoothoot hace valer su movimiento Placaje y termina con Chikorita.

PEGASO **ASH**

VS.

Pegaso convoca a Dodrio. El Pico Taladro de Dodrio es seguido por un Triataque que casi le da a Pikachu, pero el Rayo de Pikachu termina el duelo con Ash como ganador.

PEGASO **ASH**

VS.

El duelo contra Hoothoot es corta y dulce, finiquitada con un Trueno. Hoothoot ni siquiera tuvo la oportunidad de presentar batalla.

PEGASO **ASH**

VS.

Pegaso envía a su último Pokémon, pero Pikachu necesita un descanso. De buena fe, trata de usar su Rayo, pero Pikachu está descargado y el Ataque Remolino de Pidgeot lo elimina.

PEGASO **ASH**

VS.

El combate empieza con los dos Pokémon despegando hacia el aire. Charizard utiliza su Lanzallamas pero Pidgeot utiliza su Remolino para devolverle las llamas. Charizard es lesionado y parece que el combate se acaba, pero Charizard se recupera al final y vence a Pigeot. Ash gana su Medalla Céfiro.

GIMNASIO DE CIUDAD TRIGAL

LÍDER DEL GIMNASIO: BLANCA

BLANCA VS. **ASH**

Cyndaquil utiliza su Placaje, pero es repelido varias veces. Parece que se acerca la derrota de Ash contra Blanca.

BLANCA

VS.

ASH

Totodile excava enormes hoyos en el suelo usando el ataque Pistola Agua. Miltank está confundido y justo cuando Totodile está a punto de darle la estocada final, Ash lo retira.

BLANCA

VS.

ASH

Pikachu se esconde en los hoyos creados por Totodile, y cuando Miltank se bloquea, Pikachu lo golpea en el aire. Un poderoso Rayo arrasa a Miltank y Ash gana su Medalla Planicie.

GIMNASIO DE PUEBLO AZALEA

LÍDER DEL GIMNASIO: ANTÓN

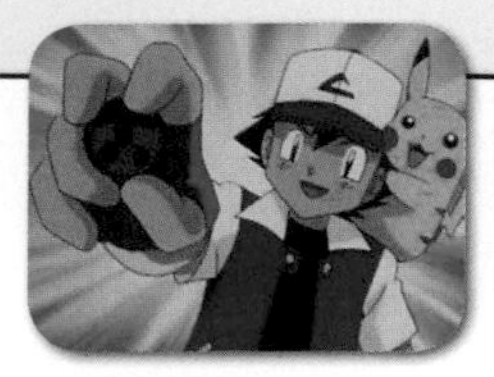

ANTÓN **ASH**

VS.

Cyndaquil, un Pokémon tipo Fuego, debería ganar sin esfuerzo, pero Cyndaquil se queda helado y su fuego no se enciende. Ash se ve forzado a cambiar de táctica y lo retira.

ANTÓN **ASH**

VS.

Pikachu vuelve a la acción. Metapod intenta un Placaje, pero la rapidez y agilidad de Pikachu son demasiado para él. Un Rayo bien calculado hace ganar la ronda a Ash.

ANTÓN **ASH**

VS.

A continuación, Chikorita usa Dulce Aroma combinado con Placaje y derriba a Spinarak.

ANTÓN **ASH**

VS.

Scyther es un rival formidable y la agilidad de Pikachu no es suficiente para la rapidez de Scyther. El Corte Furia de Scythers termina con Pikachu.

ANTÓN **ASH**

VS.

Cyndaquil es la última esperanza de Ash. Scyther trata de rematar el duelo con un Corte Furia pero Cyndaquil lo esquiva y le devuelve el movimiento. Scyther usa Danza Espada, pero Ash está listo para que Cyndaquil haga que Scyther salga volando por los aires. Ash gana su Medalla Colmena.

GIMNASIO DE CIUDAD IRIS

LÍDER DEL GIMNASIO: MORTI

MORTI **ASH**

VS.

Noctowl utiliza su Profecía y continúa con Placaje. Gastly golpea a Noctowl con Lengüetazo, pero Ash retira a Noctwol ahora que Gastly ha mostrado sus cartas.

MORTI **ASH**

VS.

Pikachu usa Ataque Rápido y gana una ligera ventaja, pero después Gastly esquiva su Rayo, utiliza Tinieblas y vence a Pikachu.

MORTI **ASH**

VS.

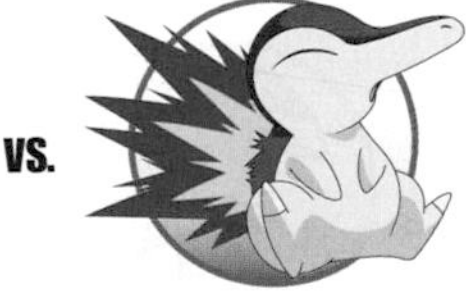

El debilitado Gastly ataca de nuevo con Tiniebla, pero Cyndaquil lo esquiva usando Placaje para vencerlo.

MORTI **ASH**

VS.

Haunter es más rápido que Gastly y usa Mal de Ojo, lo que obliga a Ash a quedarse con Cyndaquil hasta el final del combate. Cyndaquil utiliza Rapidez, después Pantalla Humo y, para contrarrestar, Hipnosis, pero Haunter se libera del humo y finaliza la ronda con Lengüetazo.

MORTI **ASH**

VS.

Noctowl utiliza Hipnosis, pero es golpeado con un Rayo Confuso de Haunter. Noctwol elimina a Haunter con un buen Placaje y, además, aprende Confusión.

MORTI **ASH**

VS.

Gengar es el doble rápido que Haunter. Noctowl utiliza su recién aprendido Confusión, mientras que Gengar utiliza Tinieblas. Ash tiene a Noctowl y usa Confusión por todo el gimnasio para localizar a Gengar y, a continuación, utiliza Placaje para ganar la ronda. Ash gana la Medalla Niebla.

GIMNASIO DE CIUDAD ORQUÍDEA

LÍDER DEL GIMNASIO: ANÍBAL

ANÍBAL | ASH

VS.

La táctica de Ash en este combate es parcialmente correcta: Poliwrath es algo susceptible a los movimientos de tipo Eléctrico. Pero la ronda se tuerce cuando Poliwrath resulta implacable en sus acometidas.

ANÍBAL | ASH

VS.

Poliwrath utiliza Pistola Agua, pero falla. Bayleef contraataca con Hoja Afilada, terminando la ronda con un Látigo Cepa y un Golpe Cuerpo.

ANÍBAL | ASH

VS.

Machoke golpea a Bayleef usando Tajo Cruzado contra su Látigo Cepa. Durante el forcejeo con el Látigo Cepa, Ash decide ir a golpes contra el Pokémon de Aníbal, y la confianza de Ash en Bayleef le proporciona inspiración. Permanece concentrado y abate a Machoke, rematando el duelo con un movimiento de Golpe Cuerpo y Hoja Afilada. Ash gana su Medalla Tormenta.

GIMNASIO DE CIUDAD OLIVO

LÍDER DEL GIMNASIO: YASMINA

YASMINA — **ASH**

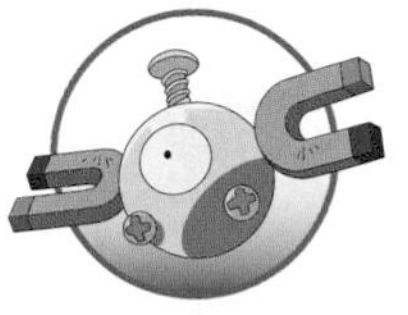

VS.

Pikachu empieza la fiesta con Rayo, que Magnemite esquiva con facilidad. Pikachu recurre entonces a Onda Trueno y, después del impacto, usa Ataque Rápido para eliminar a Magnemite.

YASMINA — **ASH**

VS.

Pikachu es inefectivo contra Steelix. Aunque su rapidez es un problema para su rival, después de un par de minutos, un Pikachu cansado es vencido con una Cola Férrea.

YASMINA — **ASH**

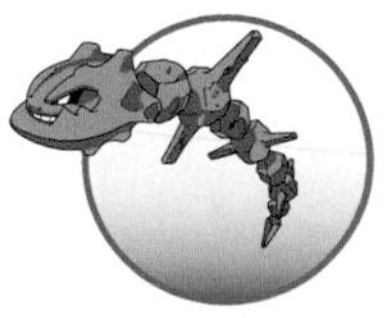

VS.

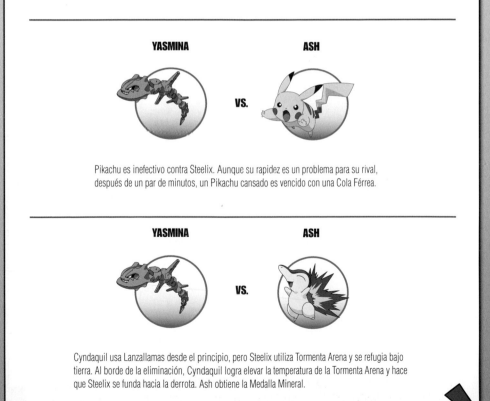

Cyndaquil usa Lanzallamas desde el principio, pero Steelix utiliza Tormenta Arena y se refugia bajo tierra. Al borde de la eliminación, Cyndaquil logra elevar la temperatura de la Tormenta Arena y hace que Steelix se funda hacia la derrota. Ash obtiene la Medalla Mineral.

GIMNASIO DE PUEBLO CAOBA

LÍDER DEL GIMNASIO: FREDO

FREDO **ASH**

VS.

Dewgong trata de congelar a Cyndaquil con un Rayo Hielo, ¡pero la llama de Cyndaquil derrite el hielo! Fredo envía a Dewgong debajo del agua, pero Cyndaquil continúa con Rapidez, luego Lanzallamas... y vence a Dewgong.

FREDO **ASH**

VS.

Cyndaquil ataca con Lanzallamas pero Piloswine usa Ventisca para congelar la piscina de hielo y termina con Cyndaquil con un Derribo.

FREDO **ASH**

VS.

Pikachu es el siguiente, pero la resbalosa superficie es un desafío para él. Ash se da cuenta que el hielo es un problema y cambia de estrategia. Pikachu se desliza debajo de Piloswine y usa un Rayo para debilitarlo. Fredo teme que Piloswine sea lastimado y tira la toalla, dándole a Ash la Medalla Glaciar.

GIMNASIO DE CIUDAD ENDRINO

LÍDER DEL GIMNASIO: DÉBORA

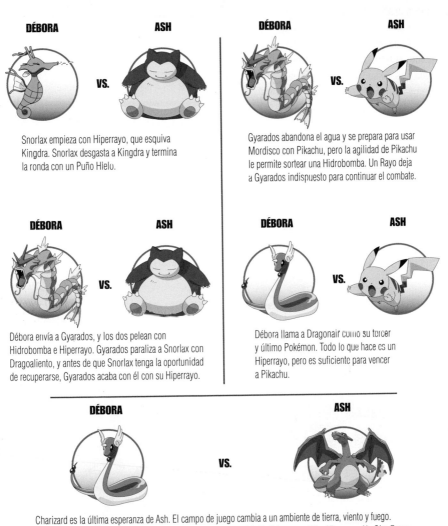

DÉBORA VS. **ASH**

Snorlax empieza con Hiperrayo, que esquiva Kingdra. Snorlax desgasta a Kingdra y termina la ronda con un Puño Hielo.

DÉBORA VS. **ASH**

Gyarados abandona el agua y se prepara para usar Mordisco con Pikachu, pero la agilidad de Pikachu le permite sortear una Hidrobomba. Un Rayo deja a Gyarados indispuesto para continuar el combate.

DÉBORA VS. **ASH**

Débora envía a Gyarados, y los dos pelean con Hidrobomba e Hiperrayo. Gyarados paraliza a Snorlax con Dragoaliento, y antes de que Snorlax tenga la oportunidad de recuperarse, Gyarados acaba con él con su Hiperrayo.

DÉBORA VS. **ASH**

Débora llama a Dragonair como su tercer y último Pokémon. Todo lo que hace es un Hiperrayo, pero es suficiente para vencer a Pikachu.

DÉBORA VS. **ASH**

Charizard es la última esperanza de Ash. El campo de juego cambia a un ambiente de tierra, viento y fuego. Charizard utiliza Lanzallamas, mientras Dragonair se sumerge debajo del agua y utiliza Hiperrayo. Un Giro Fuego evapora todo el agua, dejando la tierra y el cielo como único refugio para Dragonair. Charizard utiliza Movimiento Sísmico y Giro Fuego para vencer a Dragonair, dándole a Ash la victoria y la Medalla Dragón.

LA COPA REMOLINO

Hay otros torneos especializados en un tipo particular de Pokémon, pero la historia de la Copa Remolino la hace algo especial. Se celebra una vez cada tres años y este torneo de Pokémon tipo Agua está considerado una de las tradiciones más arraigadas de las Islas Remolino.

La Copa Remolino dura seis días de intensa competición, y acaba con la coronación de un Entrenador como el Alfa y Omega de los Pokémon de Agua, título que cuenta la leyenda fue instaurado por entrenadores expertos en Pokémon de tipo Agua que vivían bajo el mar. El ganador recibe, además, Agua Mística, que potencia los movimientos de los Pokémon tipo Agua.

Los Pokémon tipo Agua han sido siempre una parte vital en las Islas Remolino. Al comienzo de la Copa Remolino, Maya, la Sacerdotisa del Mar que preside el evento, usa la esfera del Espíritu del Mar, para acumular la energía de todos los Pokémon tipo Agua. También emplea además la Copa Remolino para, a través del Espíritu de Mar, invocar la armonía entre las personas y los Pokémon tipo Agua.

Las Islas Remolino

Las Islas Remolino son una serie de islas situadas en el mar entre la Ciudad Orquídea de Johto y la Ciudad Olivo. De norte a sur, son cuatro islas principales: Isla Roca Plateada, Isla Roca Roja, Isla Roca Amarilla y la más grande, Isla Punto Azul.

El registro para las rondas preliminares se hace en el Centro Pokémon de Ciudad Escarlata, situado en un acantilado fuera de la ciudad. Los competidores pueden también dormir en el Centro Pokémon durante la competición.

Las rondas preliminares tienen lugar en diferentes estadios; aunque la palabra "estadio" puede ser algo inapropiada para describir las instalaciones marinas donde se desarrollan.

El coliseo para las finales está en la costa, un poco más arriba del Centro Pokémon. Da al mar y está al lado de unas ruinas de aspecto clásico. Es una escenario que ejemplifica la historia de las Islas Remolino y sus lazos con el mar. La primera ronda de las finales son batallas de 1 contra 1, mientras que después son rondas de 2 contra 2.

RESULTADOS DE LA COPA REMOLINO

PRIMERA RONDA (COMBATES 1 CONTRA 1)

Ash y Totodile contra Christopher y Kingdra.

Christopher

Es un showman nato: hace su entrada usando una caña de pescar para lanzar su Poké Ball al agua y hacer salir a su Kingdra.

PRIMERA RONDA (COMBATES 1 CONTRA 1)

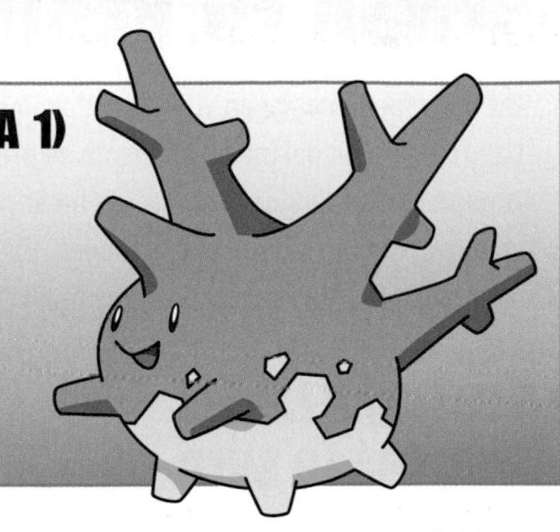

Misty y Corsola contra Harrison y Qwilfish.

Harrison

Es un reconocido Entrenador, pero no sabe qué hacer cuando su Qwilfish se engancha en los cuernos de Corsola durante el combate.

SEGUNDA RONDA (COMBATES 2 CONTRA 2)

Misty usa a Poliwhirl y a Psyduck para vencer al Totodile y al Kingler de Ash.

Misty planea usar a Corsola como su segundo Pokémon, pero Psyduck le hace cambiar de idea. Las cosas parecen ir fatal hasta que Kingler usa Agarre directo a la cabeza de Psyduck, lo que desencadena un movimiento Confusión de Psyduck.

TERCERA RONDA (COMBATES 2 CONTRA 2)

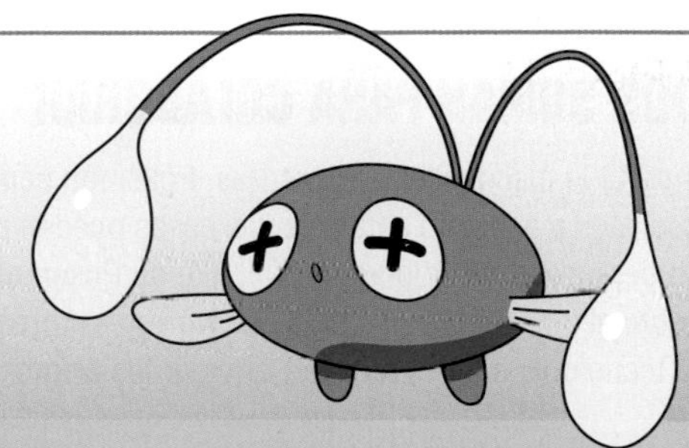

Trinity usa a Gyarados y Chinchou contra el Poliwhirl y el Corsola de Misty.

Trinity

Bien formado y deportista empedernido, el equilibrio y la experiencia de Trinity se ganan la admiración de Misty, así como el combate.

Poliwhirl vence rápidamente a Corsola con dos rivales en la batalla. Golpea a Gyarados, pero no puede esquivar el movimiento del Chinchou de Trinity.

FINALES

Semifinal:
Trinity y Golduck vencen a un oponente desconocido.

Final:
Un Entrenador y su Feraligatr vencen al Golduck de Trinity y ganan la Copa Remolino.

PIENSA EN VERDE

Un tema fundamental en el mundo Pokémon es la naturaleza y, lo más importante, su equilibrio. La preservación del medio ambiente se presenta como algo bueno, pero sin condenar a la humanidad; la gente puede vivir en ciudades, fabricar productos, extraer carbón... siempre y cuando tengan en cuenta el mundo natural que les rodea. Este mensaje subyacente se presenta de varias maneras diferentes, algunas explícitas, otras implícitas.

LA NATURALEZA DEFENDERÁ LO SUYO

El mundo Pokémon tiene un gran salvavidas al que recurrir: los mismos Pokémon. Algunos Pokémon pueden usar sus poderes para proteger o reparar el medio ambiente; Celebi puede utilizar las uvas para apagar un incendio forestal, mientras que Suicune puede purificar el agua. Sin embargo, también hay momentos en los que un Pokémon hace justicia con sus propias manos y ataca lo que esté amenazando su hábitat.

TODOS SUMAN PARA COLABORAR

No importa lo mal que vayan las cosas, Pokémon tiene un mensaje de esperanza: a través del trabajo duro y la dedicación al medio ambiente, las cosas pueden cambiar. Este mensaje transmite un énfasis en la acción personal directa, porque en el mundo Pokémon la protección ambiental es una tarea que a menudo cae sobre el individuo, en lugar del Gobierno –en gran parte invisible–, o en cualquier expectativa de que la tecnología futura acabe por arreglar los errores de la humanidad.

CASO DE ESTUDIO: LAGO CRISTALINO

El Lago Cristalino de Johto, una masa de agua transparente rodeada de árboles, es un paraíso para los Pokémon tipo Agua. Pero el Lago Cristalino no siempre estuvo así: la contaminación devastó el lago y llevó décadas de esfuerzo y dedicación restaurar el buen estado del medio ambiente.

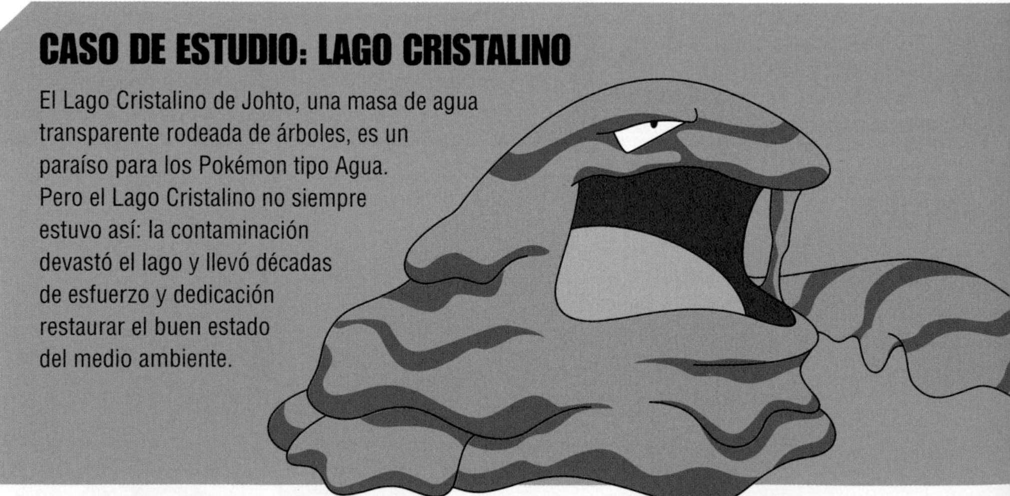

MOSTRANDO LAS MARAVILLAS DE LA NATURALEZA

Un mensaje ecológico debe ser algo más que un solo recordatorio para la preservación del medio ambiente: es importante que las personas entiendan por qué la naturaleza debe ser preservada. No debería sorprender, entonces, que los Pokémon muestrenel mundo natural y sus maravillas como un aprecio digno y sincero.

Cuando Ash conoció a su amigo Pokémon Treecko, este luchaba por salvar el árbol donde vivía. Ash y Pikachu inmediatamente le ayudaron, pero el árbol estaba más allá de ser salvado. Aunque el árbol ya no podía ser salvado, dejó una semilla para el futuro y un recuerdo especial para Ash y Treecko, una vivencia elocuente que muestra los ciclos de la naturaleza y recuerda al espectador que incluso la vida de un árbol tiene importancia.

El Lago Cristalino en aquel entonces: **Hace aproximadamente 50 años el lago era un cúmulo de sustancias tóxicas lleno de la contaminación de las fábricas y de las ciudades próximas. Cuando la Enfermera Joy estudió el lago, no usó una máscara de gas y uniforme solo por un tema de apariencia: ¡estaba tan sucio que ni Muk viviría allí!**

El Lago Cristalino hoy en día: **Con el agua limpia y clara, es un refugio para recuperar Pokémon tipo Agua y el Lago Cristalino está irreconocible; ya no es el desierto que era hace unos 50 años. Ahora bien, aún hoy en día está protegido por una enfermera vigilante, nieta de la primera Enfermera Joy que trabajó para salvar el lago.**

CONGRESO PLATA DE LA LIGA JOHTO

Esto es en lo que cada Entrenador de Johto sueña: el Congreso Plata de la Liga Johto. Para llegar aquí, un Entrenador debe ganar ocho medallas de los gimnasios de Johto, pero incluso eso no garantiza un puesto en el torneo del Congreso Plata.

El Estadio Plata se encuentra en el corazón de Pueblo Plateado, que no está muy lejos del Monte Plateado. Los competidores se alojan en la villa de los atletas, donde las habitaciones cuentan con vistas al lago y terminales de ordenador con información sobre todos los entrenadores participantes.

REGLAS DEL CONGRESO PLATA DE LA LIGA JOHTO

- PARA CADA COMBATE, UN ORDENADOR DETERMINA ALEATORIAMENTE QUÉ ENTRENADOR O ENTRENADORA ENVIARÁ A SU POKÉMON PRIMERO.
- AUNQUE EL ENTRENAMIENTO ESTÁ PERMITIDO, EL ENTRENADOR PUEDE PERDER PUNTOS O SER DESCALIFICADO SI UN POKÉMON ES VISTO COMBATIENDO MIENTRAS DURE EL TORNEO.
- EL CONGRESO PLATA CONSTA DE LAS SIGUIENTES TRES FASES:
  - RONDA DE SELECCIÓN DEL ATLETA. BATALLAS 1 VS. 1.
  - LIGUILLA. COMBATES DE 3 VS. 3.
  - TORNEO DE LA VICTORIA. COMBATES DE 6 VS. 6.

RONDA DE SELECCIÓN DE LOS ATLETAS

Antes de que cualquier Entrenador pueda pisar un estadio real, él o ella deben pasar las rondas de selección de los atletas. Estas se llevan a cabo en pequeños campos donde los entrenadores compiten en 3 combates de 1 contra 1. Una sola derrota no descalifica automáticamente a un Entrenador para pasar ronda, pero la competencia es dura y en esta fase se reduce el número de entrenadores de más de 200 a solo 48.

CEREMONIAS DE APERTURA

Después de la ronda de selección de los atletas, los 48 entrenadores restantes entran en el Estadio Plata para la Ceremonia de Apertura, que también marca el final de la carrera de la antorcha, en la que se lleva la Llama Sagrada Ho-Oh del Santuario Ho-Oh a Pueblo Plateado.

El portador de la antorcha es herido en un enfrentamiento con el Team Rocket justo cuando entra en el Estadio Plata y Ash lleva la antorcha en su lugar. ¡La llama es el símbolo del Congreso Plata y nada puede ponerse en marcha hasta que la llama principal del estadio esté encendida!

LIGUILLA SEMIFINAL

Los 48 entrenadores que pasan la prueba inicial son organizados en grupos de tres para una serie de combates de 3 contra 3. Cada Entrenador luchará contra los otros entrenadores en su grupo una vez. y solo el Entrenador con el mayor número de puntos pasará ronda. Un triunfo vale 3 puntos, un empate 1 punto, y una derrota 0 puntos. Después de la finalización de las semifinales, hay un día de vacaciones para permitir que los Entrenadores se preparen para el Torneo de la Victoria.

TORNEO DE LA VICTORIA

El Torneo de la Victoria se decide entre los 16 Entrenadores vencedores y está repleto de combates de 6 contra 6 disputados en un estadio lleno. El campo de batalla pueden rotar entre cuatro tipos diferentes (Planta, Roca, Agua y Hielo) y un ordenador selecciona al azar el “tipo” al principio de cada combate.

TORNEO DE LA VICTORIA, 16 FINALISTAS

Ash vence Gary en el Campo de Roca.

El combate entre Ash y Gary desemboca en el enfrentamiento de Charizard contra Blastoise.

Blastoise utiliza Giro Rápido para desviar el Lanzallamas de Charizard. Al final, Charizard abate a Blastoise gracias a su mayor poderío físico.

TORNEO DE LA VICTORIA, 8 FINALISTAS

Harrison vence a Ash en el Campo de Planta.

El poderoso Charizard de Ash se encarga del igualmente difícil Blaziken de Harrison, un Pokémon nuevo en este torneo. Blaziken logra aguantar un poco más que Charizard, otorgando la victoria a Harrison.

Harrison

Harrison, de Villa Raíz, en Hoenn, es un buen Entrenador y uno de los rivales más amables de Ash. Incluso ayudó a cubrir a Ash después de que Squirtle y Bulbasaur fueran pillados peleando fuera de un combate del torneo, un gran error en la competición del Congreso Plata.

Los dos entrenadores se conocieron por primera vez en el Santuario de Ho-Oh, donde Harrison atrapó a un Sneasel que estaba bloqueando el acceso a la Llama Sagrada de Ho-Oh. Después de que terminara su andadura en el Congreso Plata, Harrison le contó a Ash sobre Hoenn y sobre el inspirador Profesor Abedul, preparando el escenario para el próximo gran viaje Pokémon de Ash.

POKÉMON DE ASH	POKÉMON DE GARY
Tauros	Nidoqueen
Heracross	Magmar
Muk	Blastoise
Bayleef	Arcanine
Snorlax	Scizor
Charizard	Golem

POKÉMON DE ASH	POKÉMON DE HARRISON
Pikachu	Kecleon
Totodile	Sneasel
Snorlax	Hypno
Noctowl	Steelix
Bayleef	Houndoom
Charizard	Blaziken

TORNEO DE LA VICTORIA, EL COMBATE FINAL

Jon Dickson de Ciudad Cerezo derrota a Harrison y gana el Congreso Plata.

Jon Dickson termina la racha ganadora de Harrison, pero Jon pudo haber jugado con ventaja en el momento que Harrison eligió no usar su Blaziken. Harrison probablemente decidió dar a Blaziken un descanso después del agotador combate que mantuvo con el Charizard de Ash.

POKÉMON LEGENDARIOS DE JOHTO

ENTEI • (ÉN-tei)

Altura	6'11" (2,1 m)
Peso	436,5 lbs (198 kg)
Categoría	Volcán
Tipo	Fuego

Entei encarna la pasión del magma, y se cree que nació de la erupción de un volcán. Integrante de los Tres Perros Legendarios, Entei tiene una presencia intimidante y poderosa.

Es físicamente muy fuerte; su armazón rojo ardiente humea constantemente, añadiendo otra capa a su poblada melena. Sus movimientos tipo Fuego son respetados y temidos; sus llamas son más calientes que el magma de un volcán.

HO-OH • (JÓ-o)

Altura	12'06" (3,8 m)
Peso	438,7 lbs (199 kg)
Categoría	Arcoíris
Tipo	Fuego-Volador

Las plumas de este misterioso y magnífico pájaro, que traen felicidad, son un impresionante repertorio de siete colores distintos que varían dependiendo del ángulo en el que la luz se refleja en ellos. Este plumaje singular tiene un efecto añadido: un arcoíris sigue a Ho-Oh cuando vuela.

Uno de los Pokémon Legendarios más raros, se especula que Ho-Oh es un Pokémon singular que ha existido desde hace generaciones. Considerado el guardián del cielo, posee grandes poderes ancestrales.

LUGIA
• (LÚ-yia)

Altura	17'01" (5,2 m)
Peso	476,2 lbs (216 kg)
Categoría	Buceo
Tipo	Psíquico-Volador

Gran guardián del mar, la presencia de Lugia consigue equilibrar el clima. Ligado al Trío de Aves Legendarias, puede crear y calmar tormentas a voluntad. Las alas de Lugia tienen un poder devastador: la luz que surge de ellas puede hacer saltar las casas por los aires.

Capaz de comunicarse telepáticamente, Lugia es amable e inteligente. Permanece aislado de la humanidad, no porque la tema, sino porque teme dañarlos. Este temor está bien fundado, ya que Lugia posee un increíble poder sobre los vientos y el clima que podría fácilmente devastar la civilización humana. A diferencia de la mayoría de los Pokémon Legendarios, Lugia ha sido visto con sus descendientes.

RAIKOU • (RRÁI-ku)

Altura	6'03" (1,9 m)	**Categoría**	Trueno
Peso	392,4 lbs (178 kg)	**Tipo**	Eléctrico

Veloz como un rayo y representante del elemento de la electricidad, Raikou es un miembro de los Tres Perros Legendarios. Capaz de moverse sobre casi cualquier terreno con su asombrosa agilidad y capacidad de salto, Raikou encarna la velocidad.

Al igual que algunos Pokémon de tipo eléctrico, el escudo de Raikou es amarillo y negro. Su melena cae por su espalda y tiene la apariencia de una tormenta de nubes. Orgulloso y fuerte, su rugido envía ondas de choque a través del aire, y es visto con mayor frecuencia durante las tormentas eléctricas.

SUICUNE • (SÚI-kun)

Altura	6'07" (2,0 m)
Peso	412,3 lbs (187 kg)
Categoría	Aurora
Tipo	Agua

El primero de los Tres Perros Legendarios, Suicune representa el elemento agua. Tiene además incomparables poderes regeneradores; se dice que las lágrimas de un Suicune tienen la habilidad de purificar cualquier agua.

Como el resto de los Tres Perros Legendarios, Suicune vive una vida apartada. Posee una compasión tierna, y a menudo ayuda a aquellos en extrema necesidad. Acompañado del viento del norte, los rasgos propios de Suicune son los dos apéndices similares a serpentinas que tiene a ambos laterales de su cuerpo.

POKÉMON SINGULARES DE JOHTO

CELEBI • (ZÉ-le-bi)

Altura	2'00" (0,6 m)	**Categoría**	Viajetiempo
Peso	11,0 lbs (5,0 kg)	**Tipo**	Psíquico-Planta

Celebi es el espíritu del bosque. Protector de la naturaleza y el medio ambiente, Celebi vino del futuro a través del tiempo. Desde el momento en que apareció, nos espera un futuro nítido y resplandeciente.

Muy buscado por los cazadores por su habilidad de manipular el tiempo, la habilidad temporal de Celebi está en el meollo de la extraña relación entre el Profesor Oak y Ash Ketchum.

POKÉMON DE JOHTO

Esta región está repleta de sorprendentes nuevos personajes y algunos muy fieros, como Tyranitar, Ursaring y Lugia.

AIPOM

Altura: 2'07" (0,8 m)
Peso: 25,4 lbs. (11,5 kg)

NORMAL

AMPHAROS

Altura: 4'07" (1,4 m)
Peso: 135,6 lbs. (61,5 kg)

ELÉCTRICO

ARIADOS

Altura: 3'07" (1,1 m)
Peso: 73,9 lbs. (33,5 kg)

BICHO | VENENO

AZUMARILL

Altura: 2'07" (0,8 m)
Peso: 62,8 lbs. (28,5 kg)

AGUA | HADA

BAYLEEF

Altura: 3'11" (1,2 m)
Peso: 34,8 lbs. (15,8 kg)

PLANTA

BELLOSSOM

Altura: 1'04" (0,4 m)
Peso: 12,8 lbs. (5,8 kg)

PLANTA

BLISSEY

Altura: 4'11" (1,5 m)
Peso: 103,2 lbs. (46,8 kg)

NORMAL

CELEBI

Altura: 2'00" (0,6 m)
Peso: 11,0 lbs. (5,0 kg)

PSÍQUICO | PLANTA

CHIKORITA

Altura: 2'11" (0,9 m)
Peso: 14,1 lbs. (6,4 kg)

PLANTA

CHINCHOU

Altura: 1'08" (0,5 m)
Peso: 26,5 lbs. (12,0 kg)

AGUA | ELÉCTRICO

CLEFFA

Altura: 1'00" (0,3 m)
Peso: 6,6 lbs. (3,0 kg)

HADA

CORSOLA

Altura: 2'00" (0,6 m)
Peso: 11,0 lbs. (5,0 kg)

AGUA | ROCA

CROBAT

Altura: 5'11" (1,8 m)
Peso: 165,3 lbs. (75,0 kg)

VENENO | VOLADOR

CROCONAW

Altura: 3'07" (1,1 m)
Peso: 55,1 lbs. (25,0 kg)

AGUA

CYNDAQUIL

Altura: 1'08" (0,5 m)
Peso: 17,4 lbs. (7,9 kg)

FUEGO

DELIBIRD

Altura: 2'11" (0.9 m)
Peso: 35,3 lbs. (16,0 kg)

HIELO | VOLADOR

DONPHAN

Altura: 3'07" (1,1 m)
Peso: 264,6 lbs. (120,0 kg)

TIERRA

DUNSPARCE

Altura: 4'11" (1,5 m)
Peso: 30,9 lbs. (14,0 kg)

NORMAL

ELEKID

Altura: 2'00" (0,6 m)
Peso: 51,8 lbs. (23,5 kg)

ELÉCTRICO

ENTEI

Altura: 6'11" (2,1 m)
Peso: 436,5 lbs (198,0 kg)

FUEGO

ESPEON

Altura: 2'11" (0,9 m)
Peso: 58,4 lbs. (26,5 kg)

PSÍQUICO

FERALIGATR

Altura: 7'07" (2,3 m)
Peso: 195,8 lbs. (88,8 kg)

AGUA

FLAAFFY

Altura: 2'07" (0,8 m)
Peso: 29,3 lbs. (13,3 kg)

ELÉCTRICO

FORRETRESS

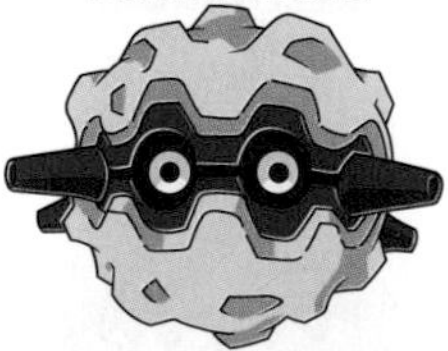

Altura: 3'11" (1,2 m)
Peso: 277,3 lbs. (125,8 kg)

BICHO | ACERO

FURRET

Altura: 5'11" (1,8 m)
Peso: 71,6 lbs. (32,5 kg)

NORMAL

GIRAFARIG

Altura: 4'11" (1,5 m)
Peso: 91,5 lbs. (41,5 kg)

NORMAL | PSÍQUICO

GLIGAR

Altura: 3'07" (1,1 m)
Peso: 142,9 lbs. (64,8 kg)

TIERRA | VOLADOR

GRANBULL

Altura: 4'07" (1,4 m)
Peso: 107,4 lbs. (48,7 kg)

HADA

HERACROSS

Altura: 4'11" (1,5 m)
Peso: 119,0 lbs. (54,0 kg)

BICHO | LUCHA

HITMONTOP

Altura: 4'07" (1,4 m)
Peso: 105,8 lbs. (48,0 kg)

LUCHA

HO-OH

Altura: 12'06" (3,8 m)
Peso: 438,7 lbs. (199,0 kg)

FUEGO | VOLADOR

HOOTHOOT

Altura: 2'04" (0,7 m)
Peso: 46,7 lbs. (21,2 kg)

NORMAL | VOLADOR

HOPPIP

Altura: 1'04" (0,4 m)
Peso: 1,1 lbs. (0,5 kg)

PLANTA | VOLADOR

HOUNDOOM

Altura: 4'07" (1,4 m)
Peso: 77,2 lbs. (35,0 kg)

SINIESTRO | FUEGO

HOUNDOUR

Altura: 2'00" (0,6 m)
Peso: 23,8 lbs. (10,8 kg)

SINIESTRO | FUEGO

IGGLYBUFF

Altura: 1'00" (0,3 m)
Peso: 2,2 lbs. (1,0 kg)

NORMAL | HADA

JUMPLUFF

Altura: 2'07" (0,8 m)
Peso: 6,6 lbs. (3,0 kg)

PLANTA | VOLADOR

KINGDRA

Altura: 5'11" (1,8 m)
Peso: 335,1 lbs. (152,0 kg)

AGUA | DRAGÓN

LANTURN

Altura: 3'11" (1,2 m)
Peso: 49,6 lbs. (22,5 kg)

AGUA | ELÉCTRICO

LARVITAR

Altura: 2'00" (0,6 m)
Peso: 158,7 lbs. (72,0 kg)

ROCA | TIERRA

LEDIAN

Altura: 4'07" (1,4 m)
Peso: 78,5 lbs. (35,6 kg)

BICHO | VOLADOR

LEDYBA

Altura: 3'03" (1,0 m)
Peso: 23,8 lbs. (10,8 kg)

BICHO | VOLADOR

LUGIA

Altura: 17'01" (5,2 m)
Peso: 476,2 lbs. (216,0 kg)

PSÍQUICO | VOLADOR

MAGBY

Altura: 2'04" (0,7 m)
Peso: 47,2 lbs. (21,4 kg)

FUEGO

MAGCARGO

Altura: 2'07" (0,8 m)
Peso: 121,3 lbs. (55,0 kg)

FUEGO | ROCA

MANTINE

Altura: 6'11" (2,1 m)
Peso: 485,0 lbs. (220,0 kg)

AGUA | VOLADOR

MAREEP

Altura: 2'00" (0,6 m)
Peso: 17,2 lbs. (7,8 kg)

ELÉCTRICO

MARILL

Altura: 1'04" (0,4 m)
Peso: 18,7 lbs. (8,5 kg)

AGUA | HADA

MEGANIUM

Altura: 5'11" (1,8 m)
Peso: 221,6 lbs. (100,5 kg)

PLANTA

MILTANK

Altura: 3'11" (1,2 m)
Peso: 166,4 lbs. (75,5 kg)

NORMAL

MISDREAVUS

Altura: 2'04" (0,7 m)
Peso: 2,2 lbs. (1,0 kg)

FANTASMA

MURKROW

Altura: 1'08" (0,5 m)
Peso: 4,6 lbs. (2,1 kg)

SINIESTRO | VOLADOR

NATU

Altura: 0'08" (0,2 m)
Peso: 4,4 lbs. (2,0 kg)

PSÍQUICO | VOLADOR

NOCTOWL

Altura: 5'03" (1,6 m)
Peso: 89,9 lbs. (40,8 kg)

NORMAL | VOLADOR

OCTILLERY

Altura: 2'11" (0,9 m)
Peso: 62,8 lbs. (28,5 kg)

AGUA

PHANPY

Altura: 1'08" (0,5 m)
Peso: 73,9 lbs. (33,5 kg)

TIERRA

PICHU

Altura: 1'00" (0,3 m)
Peso: 4,4 lbs. (2,0 kg)

ELÉCTRICO

PILOSWINE

Altura: 3'07" (1,1 m)
Peso: 123,0 lbs. (55,8 kg)

HIELO | TIERRA

PINECO

Altura: 2'00" (0,6 m)
Peso: 15,9 lbs. (7,2 kg)

BICHO

POLITOED

Altura: 3’07” (1,1 m)
Peso: 74,7 lbs. (33,9 kg)

AGUA

PORYGON2

Altura: 2’00” (0,6 m)
Peso: 71,6 lbs. (32,5 kg)

NORMAL

PUPITAR

Altura: 3’11” (1,2 m)
Peso: 335,1 lbs. (152,0 kg)

ROCA | TIERRA

QUAGSIRE

Altura: 4’07” (1,4 m)
Peso: 165,3 lbs. (75,0 kg)

AGUA | TIERRA

QUILAVA

Altura: 2’11” (0,9 m)
Peso: 41,9 lbs. (19,0 kg)

FUEGO

QWILFISH

Altura: 1’08” (0,5 m)
Peso: 8,6 lbs. (3,9 kg)

AGUA | VENENO

RAIKOU

Altura: 6’03” (1,9 m)
Peso: 392,4 lbs. (178,0 kg)

ELÉCTRICO

REMORAID

Altura: 2’00” (0,6 m)
Peso: 26,5 lbs. (12,0 kg)

AGUA

SCIZOR

Altura: 5’11” (1,8 m)
Peso: 260,1 lbs. (118,0 kg)

BICHO | ACERO

SENTRET

Altura: 2’07” (0,8 m)
Peso: 13,2 lbs. (6,0 kg)

NORMAL

SHUCKLE

Altura: 2’00” (0,6 m)
Peso: 45,2 lbs. (20,5 kg)

BICHO | ROCA

SKARMORY

Altura: 5’07” (1,7 m)
Peso: 111,3 lbs. (50,5 kg)

ACERO | VOLADOR

SKIPLOOM

Altura: 2’00” (0,6 m)
Peso: 2,2 lbs. (1,0 kg)

PLANTA | VOLADOR

SLOWKING

Altura: 6’07” (2,0 m)
Peso: 175,3 lbs. (79,5 kg)

AGUA | PSÍQUICO

SLUGMA

Altura: 2’04” (0,7 m)
Peso: 77,2 lbs. (35,0 kg)

FUEGO

SMEARGLE

Altura: 3’11” (1,2 m)
Peso: 127,9 lbs. (58,0 kg)

NORMAL

SMOOCHUM

Altura: 1’04” (0,4 m)
Peso: 13,2 lbs. (6,0 kg)

HIELO | PSÍQUICO

SNEASEL

Altura: 2'11" (0,9 m)
Peso: 61,7 lbs. (28,0 kg)

SINIESTRO HIELO

SNUBBULL

Altura: 2'00" (0,6 m)
Peso: 17,2 lbs. (7,8 kg)

HADA

SPINARAK

Altura: 1'08" (0,5 m)
Peso: 18,7 lbs. (8,5 kg)

BICHO VENENO

STANTLER

Altura: 4'07" (1,4 m)
Peso: 157,0 lbs. (71,2 kg)

NORMAL

STEELIX

Altura: 30'02" (9,2 m)
Peso: 881,8 lbs. (400,0 kg)

ACERO TIERRA

SUDOWOODO

Altura: 3'11" (1,2 m)
Peso: 83,8 lbs. (38,0 kg)

ROCA

SUICUNE

Altura: 6'07" (2,0 m)
Peso: 412,3 lbs. (187,0 kg)

AGUA

SUNFLORA

Altura: 2'07" (0,8 m)
Peso: 18,7 lbs. (8,5 kg)

PLANTA

SUNKERN

Altura: 1'00" (0,3 m)
Peso: 4,0 lbs. (1,8 kg)

PLANTA

SWINUB

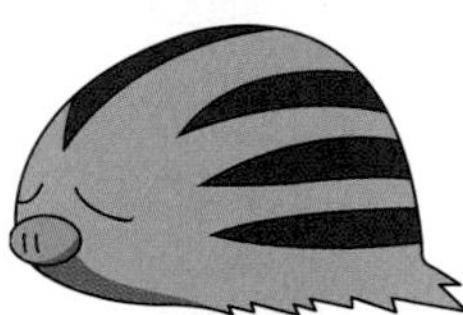

Altura: 1'04" (0,4 m)
Peso: 14,3 lbs. (6,5 kg)

HIELO TIERRA

TEDDIURSA

Altura: 2'00" (0,6 m)
Peso: 19,4 lbs. (8,8 kg)

NORMAL

TOGEPI

Altura: 1'00" (0,3 m)
Peso: 3,3 lbs. (1,5 kg)

HADA

TOGETIC

Altura: 2'00" (0,6 m)
Peso: 7,1 lbs. (3,2 kg)

VOLADOR | HADA

TOTODILE

Altura: 2'00" (0,6 m)
Peso: 20,9 lbs. (9,5 kg)

AGUA

TYPHLOSION

Altura: 5'07" (1,7 m)
Peso: 175,3 lbs. (79,5 kg)

FUEGO

TYRANITAR

Altura: 6'07" (2,0 m)
Peso: 445,3 lbs. (202,0 kg)

ROCA | SINIESTRO

TYROGUE

Altura: 2'04" (0,7 m)
Peso: 46,3 lbs. (21,0 kg)

LUCHA

UMBREON

Altura: 3'03" (1,0 m)
Peso: 59,5 lbs. (27,0 kg)

SINIESTRO

UNOWN

Altura: 1'08" (0,5 m)
Peso: 11,0 lbs. (5,0 kg)

PSÍQUICO

URSARING

Altura: 5'11" (1,8 m)
Peso: 277,3 lbs. (125,8 kg)

NORMAL

WOBBUFFET

Altura: 4'03" (1,3 m)
Peso: 62,8 lbs. (28,5 kg)

PSÍQUICO

WOOPER

Altura: 1'04" (0,4 m)
Peso: 18,7 lbs. (8,5 kg)

AGUA | TIERRA

XATU

Altura: 4'11" (1,5 m)
Peso: 33,1 lbs. (15,0 kg)

PSÍQUICO | VOLADOR

YANMA

Altura: 3'11" (1,2 m)
Peso: 83,8 lbs. (38,0 kg)

BICHO | VOLADOR

HOENN

Hogar del Profesor Abedul de Villa Raíz, Hoenn ofrece a los visitantes en un solo lugar diferentes entornos espectaculares. Desde las costas soleadas hasta los bosques llenos de vida, Hoenn es, en muchos aspectos, un compendio de todas las experiencias de las regiones continentales. Hoenn es también hogar de los amigos de Ash, Aura y Max; su padre, el Líder de Gimnasio Norman, vive en Ciudad Petalia. Ciudad Portual es un puerto muy transitado en el sur de la región.

Dos características dominan el paisaje de Hoenn. En primer lugar, en el volcán activo, el Monte Cenizo, hay muchos baños termales. Situado en el centro de Hoenn, el Monte Cenizo siempre está echando humo, al borde de la erupción. En segundo lugar, en una isla, la ciudad cráter de Arrecípolis, que se halla en el interior de un volcán submarino inactivo. Arrecípolis es una increíble ciudad a la que se llega solo por mar y que se caracteriza por sus viviendas adosadas, a las que se accede a través de escaleras.

AURA

Aunque Aura es la hija de Norman, el famoso Líder del Gimnasio de Ciudad Petalia, nunca quiso ser una Entrenadora Pokémon o Coordinadora; lo que realmente quería era ver el mundo. Durante sus viajes, desarrolló un interés en los Concursos Pokémon y se dio cuenta de que tenía las habilidades de una gran Coordinadora.

Aura se convirtió en Entrenadora Pokémon cuando tenía 10 años, pero ni siquiera estaba interesada en los Pokémon; las comidas y los viajes siempre han sido sus dos grandes pasiones. Sin saber mucho de Pokémon, eligió a Torchic como su Primer Compañero porque parecía amistoso. Las cosas cambiaron una vez que se unió a Ash en sus viajes y conoció a Janet, una Coordinadora Pokémon; interesada por los Concursos Pokémon, Aura decidió convertirse en Coordinadora.

Aura no sería una Coordinadora talentosa si no tuviera cierto espíritu competitivo, pero también es una chica de corazón frágil que a veces es demasiado fácil de dominar. Después de todo, ella se convirtió en Coordinadora, en parte, por casualidad más que por elección, e incluso a medida que crece en experiencia lucha por desarrollar la confianza en sus propias habilidades. Pero una vez que se da cuenta de que podría ser una Coordinadora mejor solo si trabaja duro, no hay marcha atrás para la niña que un día será conocida como la Princesa de Hoenn.

Hubo un tiempo en el que Aura se lo creía todo, desde los superficiales consejos de Harley hasta las promesas del Team Rocket sobre el falso Pokécubo, pero ahora ha aprendido la lección con la ayuda de sus verdaderos amigos y su rival, Drew.

UN MUNDO PARA PROBAR OSTRAS, PAN DE MELÓN Y SOPA DE FIDEOS Y POLLO

Aura ama viajar y la aventura, pero es definitivamente una chica urbanita. Por un lado, le gusta ir de compras, pero lo más relevante es que ¡le encanta comer! Dondequiera que vaya, se asegura de obtener consejos de guías sobre los mejores lugares para comer, incluso cuando las especialidades locales suenan extrañas en lugar de sabrosas.

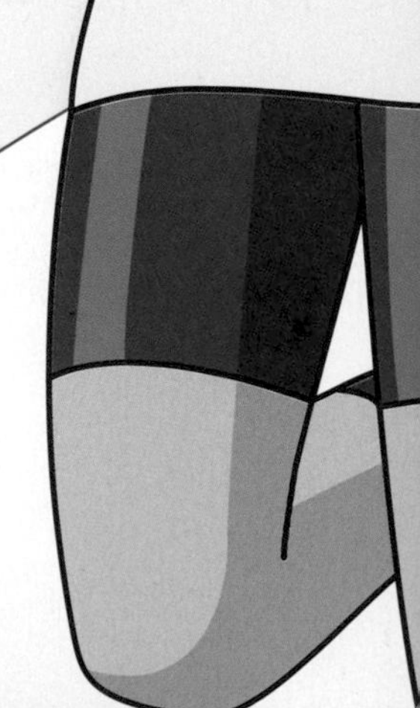

Ante la elección de encontrar a su hermano perdido o abordar el último barco par acudir al último torneo antes del Gran Festival, Aura decide regresar e ir a buscar a Max. Aunque Ash se ofrece para ir él a buscarlo y que así ella pueda zarpar, Aura sabe que tiene que hacer lo correcto, aunque le cueste su sueño. Siempre habrá otro Gran Festival, ¡pero ella solo tiene un hermano!

¡AURA Y MAX, JUNTOS EN EL CAMINO!

Antes de salir de casa, Aura le prometió a su madre y a su padre, Norman, que cuidaría de su hermanito. Max piensa que es el más inteligente de los dos, y eso es cierto si se trata de responder un cuestionario Pokémon. Él odia cuando Aura lo trata como un niño, pero la responsabilidad de una hermana mayor nunca termina. Sin embargo, a pesar de sus disputas fraternales, el vínculo genuino entre ellos siempre está ahí. Después de que sus viajes a Hoenn y Kanto terminen, Aura se va a Johto, mientras que Max ayuda a su padre en el Gimnasio.

NORMAN

VOLANDO SOLA

Después del Gran Festival de Kanto, Aura decide dirigirse a Johto por su cuenta. Eso significa que no hay que cuidar a Max, pero también que tendrá que confiar en sí misma sin Ash y Brock para ayudarla. Es el siguiente paso en su crecimiento como Coordinadora y como persona; cuando vuelve a visitar a sus viejos amigos en Sinnoh, en la Copa Plubio, les dice que lo pasó mal tratando de vencer a Harley y a Drew, pero ya ganó tres Cintas y es lo suficientemente fuerte para mantener a Munchlax, incluso en los tiempos difíciles.

Los Pokémon de Aura

TORCHIC

El Primer Compañero Pokémon de Aura, Torchic, era amistoso, pero a menudo acababa metiéndose en apuros con otros Pokémon.
A medida que evolucionó de Torchic a Combusken y de Combusken a Blaziken, moderó un poco de su carácter, pero sigue siendo un luchador duro y experimentado.

SKITTY

Skitty es cariñosa pero hiperactiva, y Aura ha logrado dar a su energía un buen uso en los torneos. En particular, su movimiento Ayuda la ha salvado en más de un combate en las competiciones.

MUNCHLAX

Munchlax fue una captura inusual: fue atrapado después de que se tragase una Poké Ball de Aura. Cuando la temporada de torneos se acerca, a Munchlax no le cuesta nada ponerse las pilas.

WURMPLE

Wurmple ha tenido una vida interesante; después de evolucionar en un Silcoon, fue intercambiado accidentalmente con el Casoon de Jessie. Finalmente, después de numerosas discusiones, Silcoon regresó con Aura y evolucionó a Beautifly.

BULBASAUR

Atrapada en el Bosque Prohibido de Hoenn, Aura descubrió por primera vez a Bulbasaur mientras estaba recogiendo flores. Desde entonces se ha convertido en un Ivysaur, y luego en un poderoso Venusaur.

IVYSAUR

VENUSAUR

SQUIRTLE

Al igual que el Profesor Oak, Squirtle se enamora de Aura. Aunque intentó ser su Primer Compañero Pokémon, Squirtle fue el otorgado a Aura, y desde entonces se ha vuelto muy seguro en los combates. Ha evolucionado en Wartortle.

WARTORTLE

EEVEE

Aura recibió un Huevo durante sus aventuras en Kanto. Empolló en un Eevee que pronto fue introducido en torneos; justo antes de la Copa Plubio, hizo un viaje especial a Ciudad Puntaneva para que evolucionara a Glaceon.

GLACEON

MAX

Sabelotodo. Eso es Max en pocas palabras. Si miras más allá de las gafotas y de su voz chillona, encontrarás todo el deseo, el compromiso y la dedicación que hace que un Entrenador Pokémon esté por encima de todos los demás. Es importante saber que un día Max será un Entrenador, y uno formidable.

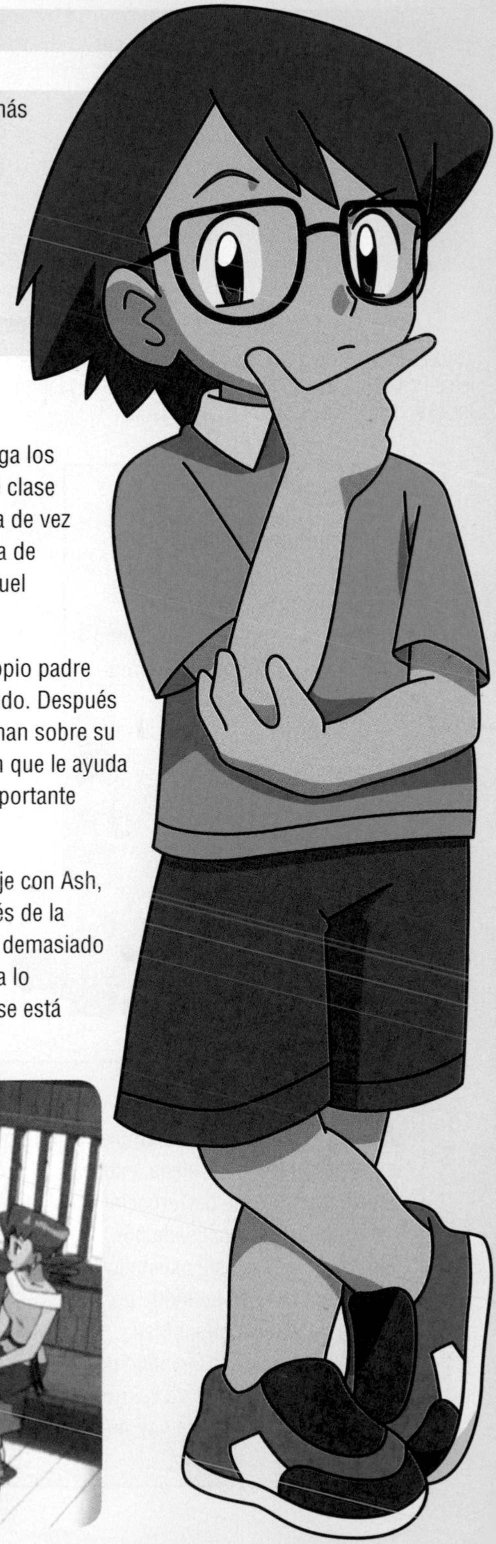

ASUNTOS FAMILIARES

Aunque Max y Aura son hermanos, no significa que tenga los mejores sentimientos hacia ella. Después de todo, ¿qué clase de hermanito sería si no la fastidiara o se quejara de ella de vez en cuando? ¡Es él quien cuenta una historia embarazosa de Aura sobre cómo se confundió identificando un Tentacruel en su quinto Concurso de Cinta contra Harley!

Max tuvo un momento desgarrador cuando vio a su propio padre perder contra Ash en un combate de gimnasio muy reñido. Después de huir con la Medalla Equilibrio, Max sermonea a Norman sobre su derrota frente a Ash. Para Max, esto supone una lección que le ayuda a crecer: su padre le explica que perder es una parte importante de ser un Líder de Gimnasio.

Los padres de Max, Caroline y Norman, quieren que viaje con Ash, Aura y Brock para aprender más sobre Pokémon a través de la observación. Ellos están preocupados porque Max está demasiado abstraído en los libros sobre Pokémon y no se involucra lo suficiente en el entrenamiento de campo. ¿Tal vez Max se está preparando para ser Profesor?

ADIÓS Y BUENA SUERTE

Al final de su viaje a Kanto, Aura decide que quiere viajar sola por Johto, pero se compromete a acompañar a Max de vuelta al Gimnasio de Petalia. Max está furioso, no solo por la idea de ser abandonado, sino también porque se ha vuelto algo celoso del éxito de su hermana. Pero cuando Ash acepta luchar contra él cuando se convierta en un Entrenador, Max se tranquiliza. Luego regresa al gimnasio para ayudar a su padre a entrenar y cuidar el Gimnasio Pokémon de Petalia.

Los Pokémon de Max

¿Cuáles son los Pokémon de Max? Esta es una especie de pregunta trampa, ya que a Max, por su edad, no se le permite tener Pokémon. Eso no significa que Max no haya formado algunos vínculos significativos con ciertos Pokémon, incluyendo algunos Pokémon Legendarios.

POOCHYENA

Max va a por una Poochyena que no evoluciona, aunque sí cuenta con otras muchas cualidades. La entrena para subir de nivel, pero el Team Rocket interviene. Durante el combate, finalmente evoluciona hacia Mightyena.

RALTS

Max encuentra a Ralts enfermo en el Bosque Izabe, por lo que Ash y su equipo lo llevan al Centro Pokémon más cercano. El Team Rocket interviene y, en la fuga, un Gardevoir y un Kirlia luchan contra Max por el Ralts enfermo. Max hace todo lo que esté a su alcance para proteger a Ralts, y finalmente llega al Centro Pokémon. Max promete regresar una vez que sea Entrenador.

DEOXYS

Cuando todo lo mecánico empieza a fallar, la Pokémon Ranger Selena, explica que se trata de una perturbación electromagnética, causada por... ¡Deoxys! Deoxys está asustado y se siente solo en su huida por el espacio y secuestra a Max y Meowth. Haciéndose amigo de Deoxys, Max es capaz de calmarlo, dándole la esperanza de que nunca más volverá a estar solo.

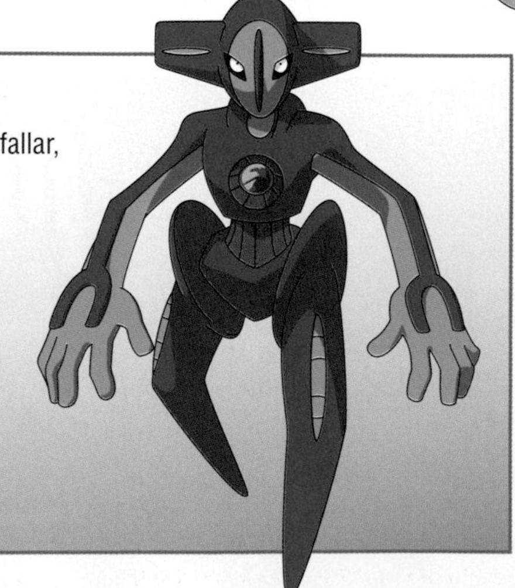

PROFESOR ABEDUL

Mientras Ash y sus amigos se trasladan de región en región en busca de más medallas, torneos y batallas, se encuentran con el Profesor Pokémon residente en cada área. Al comienzo de sus aventuras en Hoenn, Ash se encuentra con uno de los Profesores Pokémon más sociables, el Profesor Abedul.

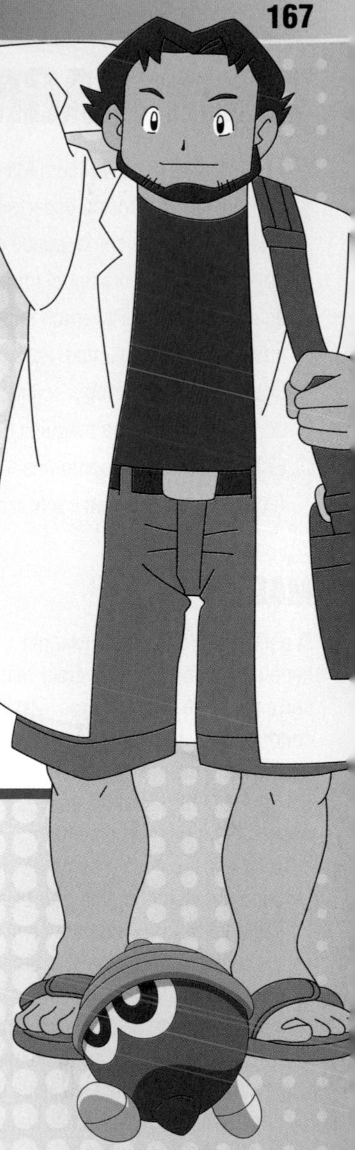

HOENN

Abedul es responsable de entregar el Primer Compañero Pokémon a los entrenadores que vienen por su laboratorio. Él tiene a Torchic, Treecko, y Mudkip bajo su cuidado. También tiene un Poochyena a mano para ayudar en cualquier problema que surja.

Él sabe lo que hace, Parte 1

Ya sea rodando en el suelo con un grupo de Seedot o tratando de ayudar a los entrenadores a identificar Pokémon, Abedul es el Profesor Pokémon más práctico en comparación con los demás. Trata desesperadamente de decirle a Jessie que su Silcoon es en realidad Cascoon, pero antes de que pueda aprender de su sabiduría, evoluciona a Dustox.

El Profesor Abedul se ha hecho conocido porque "no quiere quedarse encerrado en su laboratorio." Estar al aire libre genera la oportunidad de cruzarse con frecuencia con Ash y sus amigos.

Su especialidad en la investigación Pokémon gira en torno a los hábitos de Pokémon salvajes, lo que significa que debe estar más cerca de los Pokémon que el Profesor Oak. Con ese objetivo, conduce una camioneta alrededor de Hoenn, pero con poco cuidado. También es muy amigo de Norman, el Líder del Gimnasio de Ciudad Petalia y padre de Aura y Max.

ESCALANDO NUEVAS ALTURAS

El Profesor Abedul no es perezoso cuando se trata del trabajo de campo. De hecho, nuestros amigos lo pillaron escalando los acantilados en Pueblo Azuliza en busca de un nido de Wingull. Además, descubre muchos misterios mientras trabaja, como cuando descubrió al Team Aqua por primera vez mientras investigaba la base secreta de Keanu.

TRABAJO DE CAMPO

A diferencia de los otros profesores Pokémon, donde más cómodo está Abedul es en el campo. Peina los diversos bosques, montañas y pueblos de Hoenn investigando Pokémon en la naturaleza. Sin embargo, su base y laboratorio de investigación está en Villa Raíz, que se halla entre Pueblo Azuliza y Ciudad Portual.

Él sabe lo que hace, Parte 2

Abedul es uno de los profesores Pokémon que Ash más tiene en cuenta, sobre todo para evoluciones extrañas. Por ejemplo, Abedul explica que un Diente Marino es necesario para que Clamperl evolucione en Huntail, mientras que una Escama Marina evoluciona a Clamperl en Gorebyss.

TEAM MAGMA

Amante de la tierra, el Team Magma siempre quiere ganar terreno. Como su nombre indica, prestan especial atención a los volcanes; saben que cuando la lava caliente se enfría, puede convertirse en un terreno habitable. Su objetivo final es dominar el mundo y crear más territorio. Sin embargo, primero deben capturar el Pokémon Legendario de Magma, Groudon, y a la Esfera Azul que controla su voluntad. Para completar su misión, el Team Magma ha creado un arsenal de tecnología sofisticada: un láser de meteorito, un enorme barco, un submarino, y una máquina que puede hundirse en las sólidas montañas. El Team Magma es como una fuerza de la naturaleza, y sus enemigos, el Team Aqua, también quieren controlar el planeta a través de otro elemento natural.

MAGNO

El pelirrojo jefe del Team Magma tiene una cosa en mente: crear más tierra para que él la gobierne. Magno conduce a su equipo a capturar al legendario Pokémon Kyogre y la Esfera Azul. Pero cuando trata de negociar con sus archienemigos, el Team Aqua, estuvo a punto de perder a su equipo en una trampa. Lo bastante tonto como para confiar en sus enemigos, Magno es su propio peor enemigo. De todos modos, mientras el mundo se deshace con la destrucción de un poderoso Pokémon Legendario que él planeó sin éxito, ve los errores de sus malos actos. Nunca más se supo de él en Hoenn.

TATIANO

La mano derecha de Magno, el Comandante Tatiano, está siempre listo para lo que necesite el Team Magma, también para combatir a sus enemigos del Team Aqua. Tatiano lidera misiones difíciles y se encarga del trabajo sucio de Magno. Aunque el fin es malo, sus intenciones son buenas. El fiable Tatiano es un verdadero líder, que antepone la seguridad de su equipo.

LOS CUATRO CARA A CARA DE MAGMA CONTRA AQUA

EXCAVA, QUE ALGO QUEDA

Tatiano, junto con su Team Magma, planeó abrir un túnel a través de una montaña, pasando por un lugar de entrenamiento Pokémon secreto, hacia la Cueva Ancestral. Un grupo de miembros del Team Aqua, encabezados por Silvina, tenían puesto el ojo en el mismo objetivo, pero recorrieron su camino a través de las profundidades marinas para llegar a ese lugar sagrado. Aunque ambos encontraron el santuario escondido, había un problema con sus planes: estaban en el lugar equivocado. La esfera que buscaban no estaba allí porque no localizaron con precisión la Cueva Ancestral y salieron de allí con las manos vacías. Pero como ambos estaban cara a cara con sus rivales, decidieron que podrían enfrascarse en un combate. Ash y sus amigos estaban advertidos: dondequiera que estén el Team Aqua y el Team Magma, hay problemas.

AMENAZANDO AL MONTE CENIZO

El Profesor Cozmo, un investigador espacial, localizó un meteorito en la cima del Monte Cenizo. No estuvo por mucho tiempo en sus capaces manos; el Team Magma y el Team Aqua pugnaron para robarlo. Mientras Magma y Aqua luchaban, Ash trató de ayudar al Profesor Cozmo a frustrar sus malvados planes. El meteorito terminó en manos equivocadas, o mejor dicho, en el láser equivocado: era la fuente de energía que faltaba para el láser detonador de volcanes del Team Magma. El Profesor Cozmo salvó la situación empujando la máquina entera al interior del volcán, donde el poder del meteorito no podía ser explotado.

PARA TU INFORMACIÓN

Ash, Max, Brock, y Aura intervinieron para salvar al Instituto del Clima de Silvina de unos matones del Team Aqua. Pero accidentalmente se asociaron con un investigador en el laboratorio: Brodie, del Team Magma, disfrazado de operaria. Aunque Silvina y el Team Rocket acabaron descubriéndolo, Brodie escapó de sus manos con los datos del laboratorio sobre el Pokémon Legendario.

ENFRENTAMIENTO LEGENDARIO

Todo iba de acuerdo al malvado plan del Team Magma. Habían capturado el legendario Pokémon Kyogre y la mítica Esfera Azul que controla a Groudon, así como a Ash, Max, Aura y Brock. Magno informó a los chicos que estaba a punto de negociar con sus archienemigos, el Team Aqua; les daría la Esfera Azul a cambio de la Esfera Roja que controla a Kyogre. Los dos equipos se reunirían en la isla de Monsu y ambos tenían ases bajo la manga; Magno no sabía que el Team Aqua ya había capturado a Groudon. Cuando el poder de las esferas que controlan a los Pokémon Legendarios superó a Pikachu y Aquiles, un explosivo combate entre Kyogre y Groudon casi destrozó toda la isla. Afortunadamente, Ash y sus amigos obtuvieron ayuda de Lance, miembro del Alto Mando, e incluso alguna ayuda accidental del Team Rocket. La paz fue restaurada. Además, toda la lava que se enfrió en las inundaciones durante la lucha formó un nuevo mundo. Lance señaló que la profecía dice que Groudon y Kyogre, los dos Pokémon Legendarios, encarnan a la Madre Naturaleza. Nada puede destruir su orden, no importa cuánto traten de fastidiar los codiciosos Aqua y Magma.

TEAM AQUA

Con poder sobre el agua, el Team Aqua sueña con dominar el mundo, al igual que el Team Magma. Como es fácil imaginar por su nombre, el Team Aqua pretende ganar suficiente poder como para que el mar conquiste la tierra. Pero para ello deben capturar al Pokémon Legendario Kyogre y la Esfera Roja. Ash y sus amigos se encuentran con un miembro del Team Aqua durante una visita al laboratorio de la Devon S.A. Dicho miembro se infiltra en la sala de investigación para robar las cápsulas de la creación de la Máquina de revivir fósiles.

Pese a que el Team Aqua viaja sigilosa por Hoenn en su submarino o su nave para reunir todo lo que pretende, sus malvados y torpes planes suelen acabar en agua de borrajas. Mientras Ash y su equipo, así como el Team Magma, estén cerca pueden correr... pero no pueden esconderse.

Los miembros del Team Aqua siempre escogen Walrein y Crawdaunt.

AQUILES

El líder del Team Aqua, tiene una barbita tan fina y artificial como sus intenciones. Su palabra no vale nada si lo que hay en juego es hacerse con el poder: mentirá en la cara de cualquiera, incluso a su equipo, si eso puede hacerle más fuerte. Cuando finalmente usa la Esfera Roja para controlar a Kyogre, no le importa si sus movimientos destruyen a su propio equipo. Cuando está al mando, espera que su equipo sea "todos para uno", pero él está solo para sí mismo. Aunque Aquiles parece cambiar su actitud cuando Groudon calma a Kyogre, no hay que confiar en el líder del Team Aqua.

SILVINA

La Comandante del Team Aqua puede meterte en líos tan liosos como los de su cabello rizado. Es lo suficientemente astuta como para infiltrarse solita en el Team Magma y liberar al Kyogre. Inteligente y sigilosa, Silvina no retrocede ante nada. Cuando la Esfera Roja convierte a Aquiles en supervillano, se da cuenta de que debe ser detenido, pero luego es compasiva con él cuando los Pokémon Legendarios toman de nuevo el control de la situación.

TRES SON MULTITUD

Donde hay un problema, nace otro... o un tercero, en este caso. Hay un tercer equipo que se une a la fiesta: ¡el Team Rocket! O más bien, esperan en el banquillo para atacar y robar lo que sea por lo que el Team Aqua y el Team Magma están luchando. Debe ser algo muy valioso por el ímpetu que ponen y vale la pena hacerse con ello... Bueno, eso es si pueden echar mano a algo antes que los machaquen.

BRODIE

El camaleónico Brodie es tan escurridizo como su Pokémon, Ditto. Es un buen actor y hace creer al gerente del Instituto del Clima, Bart, que es su nueva empleada, una mujer llamada Millie. Incluso engaña a Ash y a su equipo, que también se lo creen y sin querer ¡le ayudan a completar su misión! Brodie es un farsante fantástico y logra robar todos los datos sobre el Pokémon Legendario.

DREW

A veces amigo de Aura y a veces su rival, Drew ha crecido viendo a Aura como competencia directa suya, en vez de ser solo una novata más. Drew fue un Coordinador novato al igual que todos los demás: estuvo a punto de llorar después de haber sido machacado por Solidad en su debut en el torneo. Sin embargo, ahora es Coordinador de Ciudad LaRousse y una figura conocida en el circuito de torneos.

Aunque las críticas de Drew sobre Aura suelen ser útiles a su manera, la ha bloqueado en algunas ocasiones. Al principio, se sintió frustrado por la forma en que la falta de confianza de Aura la llevó a creer las constantes mentiras de Harley. Pero en el Gran Festival de Kanto, Drew ataca tanto a Aura como a Absol, porque la presencia de ambos le pone bajo presión para avanzar en su formación. Para Drew no es importante quedar segundo; incluso, después del Gran Festival en Hoenn, se saltó la celebración posterior para seguir entrenando.

Aura describió una vez a Drew como un tipo que le gustaba burlarse de ella, no un amigo. Pero su relación va más allá de esos desencuentros; incluso se salvaron el uno al otro cuando estaban varados en Isla Espejismo.

Drew tiene la costumbre de regalar rosas, lo que contribuye a la imagen de su encanto distante, pero en realidad se pon nervioso frente a su adorado público. Y aunque Drew es un perfeccionista, no le molesta pasar inadvertido en los torneos porque quiere que el único centro de atención sea su Pokémon, no él.

Los Pokémon de Drew

BUTTERFREE

FLYGON

ABSOL

MASQUERAIN

ROSERADE

HARLEY

El comportamiento de Harley emana dulzura, pero quien moleste a este Coordinador de Ciudad Portual, de alguna manera revelará su verdadera naturaleza.

Algunos coordinadores tratan de impresionar a la multitud con la belleza, pero Harley prefiere dar miedo a la audiencia. Por supuesto, piensa que sus intimidantes Pokémon son absolutamente adorables.

Aura cometió el error involuntario de no reconocer a su Cacturne y decirle que sus galletas "no están mal", lo que enfureció a Harley tanto que le tomó una foto instantánea para su lista de venganzas pendientes. Desde entonces, está decidido a vencerla por cualquier medio, ya sea justo o no. Una y otra vez, Harley usó trucos sucios contra Aura y luego hizo un numerito disculpándose... para poder engañarla de nuevo.

EL GRAN FESTIVAL DE HOENN

Ciudad Portual organiza el Gran Festival, el Concurso Pokémon anual de alto nivel de Hoenn, donde los coordinadores y los Pokémon presentan espectáculos de belleza y poder para ver quién es realmente digno de la Copa Cinta.

Para participar en el Gran Festival, los coordinadores deben entregar su pase del Concurso Hoenn y sus cinco cintas de premio. Una vez que las cintas se escanean y la inscripción se completa, cada concursante recibe una guía con las reglas del Gran Festival, mapas del estadio e incluso de lugares donde comer. Los concursantes también pueden alojarse en cómodas habitaciones con vistas al mar.

RONDA PRELIMINAR

Los sorteos preliminares se llevan a cabo en escenarios del torneo al aire libre, y se califican en una escala de 1 a 100; solo los 64 mejores coordinadores avanzan a la competición principal. Eso deja pocas probabilidades para muchos, teniendo en cuenta que hay 247 inscripciones en la ronda preliminar en el año que Aura compite. Las rondas son juzgadas por jueces auxiliares, en lugar de la combinación habitual del Sr. Raúl Contesta, el Sr. Sukizo y la Enfermera Joy.

COMPETICIÓN PRINCIPAL

Los concursantes ocupan el escenario de las rondas eliminatorias en el orden inverso de su clasificación preliminar. Se asignan tres minutos para cada contienda y cada juez anota en una escala de 1 a 20 puntos. Las puntuaciones individuales de los jueces se suman y los 32 mejores concursantes avanzan a la siguiente ronda. Para los siguientes días, en combates de cinco minutos por ronda, se emparejará a los 32 mejores según sus puntuaciones en las rondas eliminatorias.

AURA DERROTA A HARLEY

Harley hace el primer movimiento, pero Aura entra con rápidas combinaciones como Látigo Cepa y Viento Plata, da la vuelta al combate y obtiene la victoria con claridad.

DREW DERROTA A AURA

Drew saca un Flygon que él mismo crió para este torneo y, a pesar de las estrategias creativas de Aura, el poder de su Ala de Acero junto con el Paralizador de Roselia son demasiado para Combusken y Skitty.

AURA CONTRA ANTHONY

Aunque los Pokémon de Anthony se defienden contra Bulbasaur y Combusken, cuando el tiempo se agota con ambas partes todavía en pie, Aura se lleva la victoria debido a su ligera ventaja en los puntos.

Anthony

Un Coordinador tímido pero trabajador, Anthony tuvo la suerte de llegar a la competición principal después de que el Team Rocket le robara las cintas y el pase del torneo. Sin sus cintas, no tenía ánimos de competir, pero Ash y la Agente Mara le ayudaron a recuperarlas del Team Rocket y, al final, Anthony pudo competir. Anthony hizo una buena actuación con su Swalot, que había criado desde que era un Gulpin.

ROBERTO DERROTA A DREW

Roberto

Roberto y su Milotic han hecho varias apariciones a lo largo de la temporada de torneos de Hoenn; y él es sin duda un Coordinador con clase. El Team Rocket intenta robar su identidad secuestrándoles, pero el intento es interrumpido por Ash y su Snorunt. A pesar de que Roberto gana el Gran Festival, ni siquiera se queda a la fiesta de la ceremonia de clausura, ya que está entrenando para la próxima competición.

CONCURSOS Y COORDINADORES POKÉMON

En Hoenn, los concursos se introdujeron como una nueva forma de lucha. Los concursantes, conocidos como Coordinadores del Concurso en lugar de Entrenadores, muestran las habilidades de sus Pokémon en competiciones de belleza y estilo. En lugar de luchar por las medallas, los Coordinadores compiten por las cintas.

COORDINADORES PRINCIPALES

MAYA

SINNOH

Piplup, Buneary, Pachirisu, Ambipom, Swinub

Maya, al igual que Aura, quiere competir y ganar cintas para que ser la mejor Coordinadora del Concurso de todos los tiempos. Sin embargo, hay diferencias entre las dos: Maya es más agresiva y más segura que Aura. Ella no se pregunta qué debe hacer, ni tampoco confía en la suerte o el destino. En cambio, entrena y entra en cada combate con conocimiento y previsión.

ZOEY

SINNOH

Glameow, Misdreavus, Shellos, Finneon

Zoey es rival de Maya, al igual que Drew lo es de Aura. Ella es un poco más sociable que otros en Sinnoh y mucho más servicial. Fue ella quien sugirió y facilitó el intercambio de Aipom y Buizel entre Ash y Maya cuando observó que Buizel estaba más acostumbrado a luchar. También ha expresado su disgusto por quienes buscan a la vez las medallas de gimnasio y las cintas de Coordinadora.

NANDO

SINNOH

Roselia, Sunflora, Kricketune

Nando es un trovador vagabundo, que toca un arpa en forma de Mew donde quiera que vaya. En consonancia con su estilo de vida errante, Nando tiene problemas para tomar una decisión firme. En última instancia, decide convertirse en Entrenador y Coordinador.

JESSIE

SINNOH Y HOENN | **Dustox, Aipom (prestado), Wobbuffet, Seviper, Yanmega**

Jessie tiene un profundo deseo de ganar los Concursos de Coordinador, pero rara vez lo hace de manera honesta, y suele competir enmascarada. Le dedica más esfuerzo a sus disfraces (Jessabella, Jessalina, El Bufón) que a su entrenamiento. Ella ha ganado dos cintas, una en un enfrentamiento no oficial usando el Aipom de Ash y otra victoria legítima en Pueblo Sosiego usando su Dustox.

KENNY

SINNOH | **Prinplup, Alakazam, Breloom**

Kenny es un Coordinador que tiene una historia previa con Maya. Los dos eran amigos de la infancia y él incluso se refiere a ella cariñosamente como "Dee-Dee." Kenny también eligió a Piplup como su Primer Compañero Pokémon, aunque él había comenzado la búsqueda de las cintas antes que ella. Cuando Kenny se enfrentó a Maya en Pueblo Aromaflor, perdió en un combate muy reñido.

DREW

HOENN | **Roserade, Masquerain, Flygon, Absol, Butterfree**

Drew es para Aura lo que Gary Oak es para Ash, competidor, amigo y rival hasta el final. Y al igual que Gary Oak, Drew sigue inspirando y ayudando a Aura, aunque su naturaleza competitiva se dispara de vez en cuando. Drew tiene su propia rival y amiga de mucho tiempo, Solidad, otra Coordinadora.

AURA | HOENN

Blaziken, Beautifly, Wartortle, Glaceon, Venusaur, Munchlax, Skitty

Aura anunció pronto en Hoenn que ella no tenía ningún deseo de convertirse en Entrenadora. Sin embargo, después de ver un Concurso Pokémon se dio cuenta de su verdadera vocación. Aunque superada en casi todos los eventos, se entrenó diligentemente y ganó cinco de sus cintas con estilo.

SOLIDAD | HOENN

Slowbro, Lapras, Pidgeot, Butterfree

Solidad es una Coordinadora Pokémon de Ciudad Plateada (y parece que conocida de Brock) que compitió contra Aura en el Gran Festival de Kanto, que ganó. Solidad también es una vieja amistad de Drew y Harley; siempre está dispuesta a ayudar u ofrecer consejo.

HARLEY | HOENN

Cacturne, Banette, Ariados, Octillery, Wigglytuff

Harley es un Coordinador engreído y que se ofende con facilidad. Sus problemas con Aura provienen del hecho de que ella no alabó las galletas que le hizo en su primer encuentro. Además, ¡ella ni siquiera sabía lo que era un Cacturne! Desde entonces, Harley tiene una misión en la vida: contradecir, avergonzar y humillar a Aura de cualquier manera posible.

RAÚL CONTESTA

No se sabe mucho sobre el señor Contesta, pero él es el Director del Concurso Pokémon y cabeza del comité de jurados.

SR. SUKIZO

Otro juez en el concurso es el Señor Sukizo, el presidente de Club de Fanáticos Pokémon. Se unió a Raúl Contesta y a la Enfermera Joy como parte del jurado, pero dice muy poco. Su lema es: “Notable”.

ENFERMERA JOY

Una Enfermera Joy del pueblo en el cual se lleva a cabo el concurso pide hacer de juez de la competición.

REGLAS DEL CONCURSO

- CADA CONCURSANTE USARÁ UN POKÉMON POR RONDA A MENOS QUE SEA UNA DOBLE PARTICIPACIÓN. UN COORDINADOR PUEDE CAMBIAR DE POKÉMON ENTRE RONDAS.
- EL POKÉMON DEBERÁ SUPERAR UNA RONDA CLASIFICATORIA.
- LAS PUNTUACIONES MÁS ALTAS EN LA RONDA DE CLASIFICACIÓN DETERMINAN EL ORDEN EN LAS SEMIFINALES.
- DURANTE UN COMBATE, LOS POKÉMON SON JUZGADOS EN HABILIDAD, GRACIA Y DESEMPEÑO.
- LOS POKÉMON PUEDEN UTILIZAR MOVIMIENTOS DE COMBINACIÓN SIMPLE, DOBLE O TRIPLE PARA BAJAR LA PUNTUACIÓN DE UN OPONENTE.
- HAY UN LÍMITE DE TIEMPO DE CINCO MINUTOS.
- DESPUÉS DE CINCO MINUTOS, EL COORDINADOR CON LA PUNTUACIÓN MÁS ALTA ES DECLARADO GANADOR.

COMBATES DE GIMNASIO DE HOENN

Cuando Ash se dirige a Hoenn no sabe qué le espera. Los gimnasios en Hoenn son atendidos por expertos guerreros, especializados, entre otros, en Pokémon tipo Eléctrico, Lucha y Fuego.

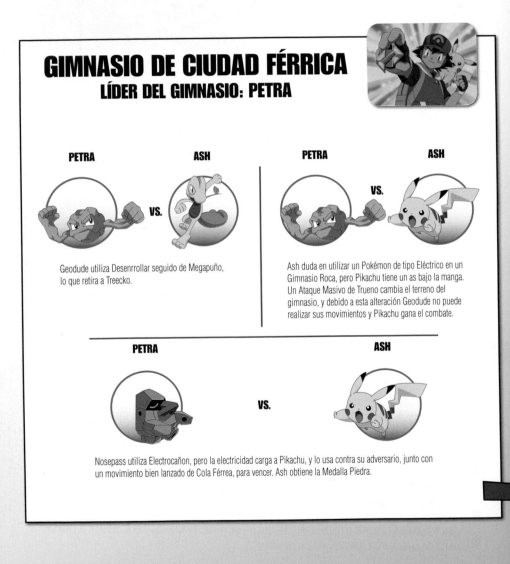

GIMNASIO DE CIUDAD FÉRRICA

LÍDER DEL GIMNASIO: PETRA

PETRA ASH

Geodude utiliza Desenrrollar seguido de Megapuño, lo que retira a Treecko.

PETRA ASH

Ash duda en utilizar un Pokémon de tipo Eléctrico en un Gimnasio Roca, pero Pikachu tiene un as bajo la manga. Un Ataque Masivo de Trueno cambia el terreno del gimnasio, y debido a esta alteración Geodude no puede realizar sus movimientos y Pikachu gana el combate.

PETRA ASH

VS.

Nosepass utiliza Electrocañon, pero la electricidad carga a Pikachu, y lo usa contra su adversario, junto con un movimiento bien lanzado de Cola Férrea, para vencer. Ash obtiene la Medalla Piedra.

GIMNASIO DE PUEBLO AZULIZA

LÍDER DEL GIMNASIO: MARCIAL

MARCIAL **ASH**

VS.

Machop comienza con Golpe Karate, pero Treecko lo esquiva. Treecko utiliza la infraestructura del gimnasio y Ash se defiende contra otros dos Golpe Karate. Preocupado por los géiseres que hay en el gimnasio, Ash retira a Treecko justo a tiempo.

MARCIAL **ASH**

VS.

Corphish sale balanceándose, usando Rayo Búrbuja, y luego Martillazo. Machop trata de bloquearlo con Golpe Karate, pero un Martillazo posterior pone fin a la participación de Machop.

MARCIAL **ASH**

VS.

Corphish sucumbe a la embestida de Hariyama, que es expulsado del agua, y luego finaliza con un Movimiento Sísmico.

MARCIAL **ASH**

VS.

Hariyama comienza con Empujón, que Treecko esquiva hábilmente. Treecko usa un movimiento Destructor contra las piernas de Hariyama, que lo debilitan. Finalmente gana Treecko. Ash obtiene la Medalla Puño.

GIMNASIO DE CIUDAD MALVALONA

LÍDER DEL GIMNASIO: ERICO

ERICO **ASH**

VS.

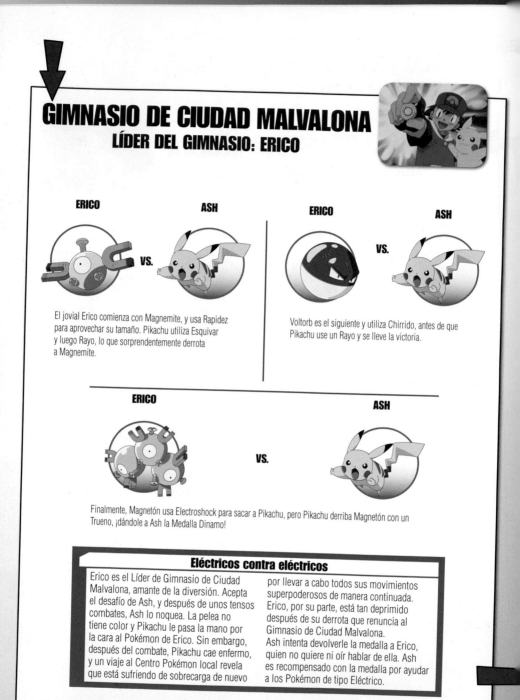

El jovial Erico comienza con Magnemite, y usa Rapidez para aprovechar su tamaño. Pikachu utiliza Esquivar y luego Rayo, lo que sorprendentemente derrota a Magnemite.

ERICO **ASH**

VS.

Voltorb es el siguiente y utiliza Chirrido, antes de que Pikachu use un Rayo y se lleve la victoria.

ERICO **ASH**

VS.

Finalmente, Magnetón usa Electroshock para sacar a Pikachu, pero Pikachu derriba Magnetón con un Trueno, ¡dándole a Ash la Medalla Dinamo!

Eléctricos contra eléctricos

Erico es el Líder de Gimnasio de Ciudad Malvalona, amante de la diversión. Acepta el desafío de Ash, y después de unos tensos combates, Ash lo noquea. La pelea no tiene color y Pikachu le pasa la mano por la cara al Pokémon de Erico. Sin embargo, después del combate, Pikachu cae enfermo, y un viaje al Centro Pokémon local revela que está sufriendo de sobrecarga de nuevo por llevar a cabo todos sus movimientos superpoderosos de manera continuada. Erico, por su parte, está tan deprimido después de su derrota que renuncia al Gimnasio de Ciudad Malvalona.
Ash intenta devolverle la medalla a Erico, quien no quiere ni oír hablar de ella. Ash es recompensado con la medalla por ayudar a los Pokémon de tipo Eléctrico.

GIMNASIO DE PUEBLO LAVACALDA

LÍDER DEL GIMNASIO: CANDELA

CANDELA

ASH

VS.

La inexperta Candela parece un objetivo fácil para Ash, pero la facilidad se convierte en inquietud una vez Candela se afianza y utiliza Reflejo para reducir el Agarre de Corphish a la mitad. Un Martillazo de Corphish elimina a Magcargo, ¡menos mal!

CANDELA

ASH

VS.

Sorprendentemente, Ash elige al Pokémon tipo Planta Treecko, contra uno tipo Fuego, lo cual es una desventaja. El combate va y viene, pero cuando Slugma quema a Treecko, Ash lo retira.

CANDELA **ASH**

VS.

Cuando Corphish carga a Slugma con su Agarre ¡es golpeado con un Bostezo, poniéndolo a dormir! Ash se ve obligado a elegir otro Pokémon.

CANDELA **ASH**

VS.

Cuando Slugma intenta usar Polución nuevamente, Pikachu utiliza Rayo, cargando la nube, y luego responde a su Bostezo con un Ataque Rápido, antes de aplicar Trueno para llevarse la victoria.

CANDELA **ASH**

VS.

Candela elige Torkoal, su último Pokémon, y logra eliminar a Pikachu con una combinación de Defensa Férrea y Lanzallamas.

CANDELA **ASH**

VS.

Ash saca a Treecko, el cual es eliminado por Sofoco en el momento en que abandona la Poké Ball.

CANDELA **ASH**

VS.

El único Pokémon de Ash que le queda es Corphish. Torkoal comienza con Sofoco, luego sigue con Lanzallamas. Esta vez Corphish lo esquiva con un Defensa Férrea, dándole un revolcón a Torkoal con Agarre y luego Rayo Burbuja ¡El combate cae a favor de Ash, que gana la Medalla Calor!

GIMNASIO DE CIUDAD PETALIA

LÍDER DE GIMNASIO: NORMAN

Enfrentarse a la habitual arrogancia de los líderes de gimnasio no suele ser un problema para Ash... pero nunca se había enfrentado al padre de uno de sus amigos. A pesar de la cálida bienvenida de toda Ciudad Petalia, Ash todavía tiene que enfrentarse al padre de Aura, Norman, quien justo antes evitó un combate aún mayor sorprendiendo a su esposa con un regalo de aniversario.

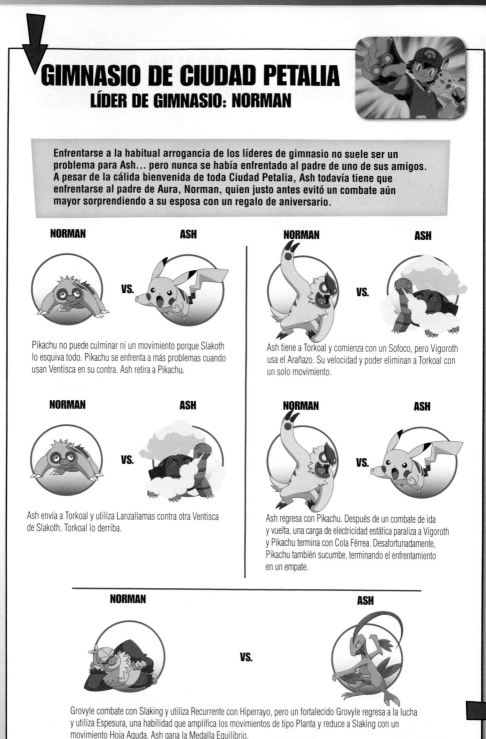

NORMAN **ASH**

VS.

Pikachu no puede culminar ni un movimiento porque Slakoth lo esquiva todo. Pikachu se enfrenta a más problemas cuando usan Ventisca en su contra. Ash retira a Pikachu.

NORMAN **ASH**

VS.

Ash envía a Torkoal y utiliza Lanzallamas contra otra Ventisca de Slakoth. Torkoal lo derriba.

NORMAN **ASH**

VS.

Ash tiene a Torkoal y comienza con un Sofoco, pero Vigoroth usa el Arañazo. Su velocidad y poder eliminan a Torkoal con un solo movimiento.

NORMAN **ASH**

VS.

Ash regresa con Pikachu. Después de un combate de ida y vuelta, una carga de electricidad estática paraliza a Vigoroth y Pikachu termina con Cola Férrea. Desafortunadamente, Pikachu también sucumbe, terminando el enfrentamiento en un empate.

NORMAN **ASH**

VS.

Grovyle combate con Slaking y utiliza Recurrente con Hiperrayo, pero un fortalecido Grovyle regresa a la lucha y utiliza Espesura, una habilidad que amplifica los movimientos de tipo Planta y reduce a Slaking con un movimiento Hoja Aguda. Ash gana la Medalla Equilibrio.

GIMNASIO DE CIUDAD ARBORADA

LÍDER DEL GIMNASIO: ALANA

ALANA

ASH

VS.

Ash una vez más va contracorriente y utiliza un Pokémon en desventaja como Grovyle, que es débil contra los Pokémon tipo Volador como Altaria. ¡Al final funciona, ya que Grovyle usa Hoja Aguda para ganar!

ALANA

ASH

VS.

Pikachu va con un Ataque Rápido mientras que Pelipper intenta mantener su distancia con Hidrobomba. Pikachu entonces electrifica la Hidrobomba, eliminando a Pelipper.

ALANA

ASH

VS.

Alana envía a Swellow como su último Pokémon, mientras que Ash elige a Grovyle, pensando que su velocidad es una ventaja. Pero todos los saltos de Grovyle no son suficientes para Swellow. Grovyle es golpeado con un Golpe Aéreo, un movimiento casi inevitable, que lo retira del combate.

ALANA

ASH

VS.

Después de un titánico choque en el aire, Ash decide que su Swellow use Ataque Ala en el suelo polvoriento, cegando al Pokémon de Alana, lo que le permite obtener la Medalla Pluma.

GIMNASIO DE CIUDAD ALGARIA

LÍDERES DEL GIMNASIO: VITO Y LETI

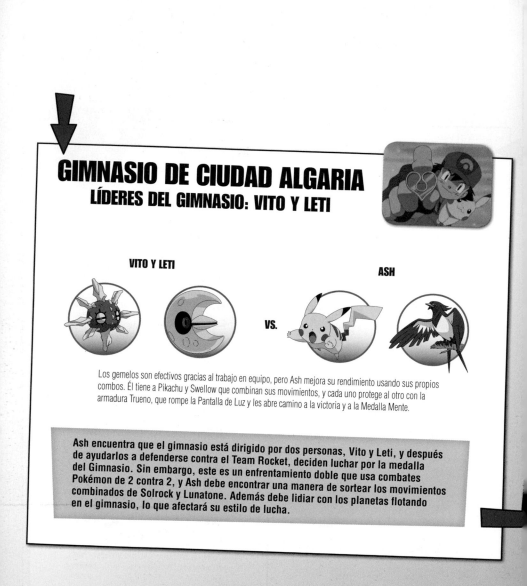

VITO Y LETI

ASH

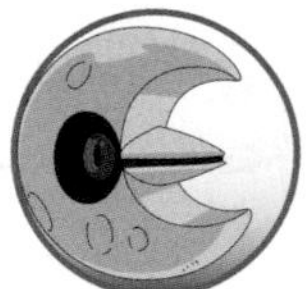

VS.

Los gemelos son efectivos gracias al trabajo en equipo, pero Ash mejora su rendimiento usando sus propios combos. Él tiene a Pikachu y Swellow que combinan sus movimientos, y cada uno protege al otro con la armadura Trueno, que rompe la Pantalla de Luz y les abre camino a la victoria y a la Medalla Mente.

Ash encuentra que el gimnasio está dirigido por dos personas, Vito y Leti, y después de ayudarlos a defenderse contra el Team Rocket, deciden luchar por la medalla del Gimnasio. Sin embargo, este es un enfrentamiento doble que usa combates Pokémon de 2 contra 2, y Ash debe encontrar una manera de sortear los movimientos combinados de Solrock y Lunatone. Además debe lidiar con los planetas flotando en el gimnasio, lo que afectará su estilo de lucha.

GIMNASIO DE CIUDAD ARRECÍFOLIS

LÍDER DEL GIMNASIO: GALANO

La lucha en el Gimnasio de Ciudad Arrecípolis necesita de mucha fuerza y tenacidad. No solo hay un combate doble que superar en la que se debe derrotar a los dos reconocidos Pokémon de tus oponentes para avanzar, sino que también hay un combate de 3 contra 3 donde usas cualquiera de tus Pokémon supervivientes de las rondas anteriores para encargarte de Galano.

GALANO **VS.** **ASH**

Pikachu y Snorunt usan el Hielo para combatir a los Pokémon de Galano. Parece que funciona, pero la Cola Férrea de Pikachu y el Cabezazo de Snorunt no pueden igualar el Rayo Aurora de Sealeo y el Hiperrayo de Seaking. Snorunt es incapaz de luchar.

GALANO **VS.** **ASH**

Ash llama a Corphish para ayudar a Pikachu. La Cola Férrea de Pikachu elimina a Seaking, dejando solo a Sealeo. Cuando Galano usa Bola Hielo por tercera vez, ¡el Trueno de Pikachu rompe la bola, permitiendo que Corphish acabe con Sealeo con Martillazo!

GALANO **VS.** **ASH**

El combate cambia a un mano a mano. Cuando Grovyle usa Hoja Aguda, Luvdisc contrataca con un Beso Dulce que confunde a Grovyle, quien es golpeado con Pistola Agua y es eliminado.

GALANO **VS.** **ASH**

Corphish utiliza un Martillazo en la parte superior del agua y sigue con Agarre. Termina con Luvdisc de un Martillazo, que resulta superefectivo.

GALANO **VS.** **ASH**

Con solo dos Pokémon disponibles, Galano elige ir con Whiscash, que elimina a Corphish con un único Golpe Roca.

GALANO **VS.** **ASH**

Whiscash utiliza Hiperrayo y el combate parece perdido. De repente, ¡Swellow regresa con un Golpe Aéreo y sigue con Whiscash en el agua! Swellow sigue con Golpe Aéreo para terminar la contienda.

GALANO **VS.** **ASH**

La Hidrobomba de Milotic contra el Golpe Aéreo de Swellow no le da a Ash los resultados que quería. El siguiente movimiento de Milotic, Ciclón, noquea a Swellow.

GALANO **VS.** **ASH**

Con ambos combatientes enfrentando sus últimos Pokémon, todo depende de Pikachu. Trueno parece hacer daño a Milotic, pero Milotic usa Recuperación. Pikachu lanza a Milotic dentro del agua, donde termina con él con un Trueno. Ash obtiene la Medalla Lluvia.

CAMPEONATO DE LA LIGA HOENN

El Campeonato de la Liga Hoenn es el acontecimiento estrella de Ciudad Colosalia y provoca el brillo en los ojos de los entrenadores de Hoenn. Como de costumbre, un Entrenador necesita ganar ocho medallas para poder acceder a la competición.

Las instalaciones del Campeonato de la Liga Hoenn son admirables: un estadio principal rodeado de más estadios, una Villa de entrenadores, y el Centro Pokémon del Campeonato de la Liga Hoenn.

CEREMONIA DE APERTURA

Para empezar, un corredor lleva la antorcha de Moltres al estadio de la ciudad Colosalia, donde permanecerá hasta la inauguración. En esa ceremonia hay globos de colores, la antorcha, y asisten los 256 competidores. La clasificación no comienza hasta después de que las rondas preliminares hayan terminado.

PRESIDENTE GOODSHOW Y EL COMITÉ DE LA LLAMA

El Profesor Charles Goodshow, Presidente del Comité de la Llama de la Liga Pokémon, es un jovial viejo que realmente ama su trabajo. Su deber es controlar que el relevo de la llama y la iluminación se realice sin problemas para cada torneo; para asegurarse de que nada se descarrile, incluso si la antorcha es robada o extinguida, se sabe que lleva un depósito especial con otra llama de Moltres ardiendo en su interior.

ESTRUCTURA DEL TORNEO

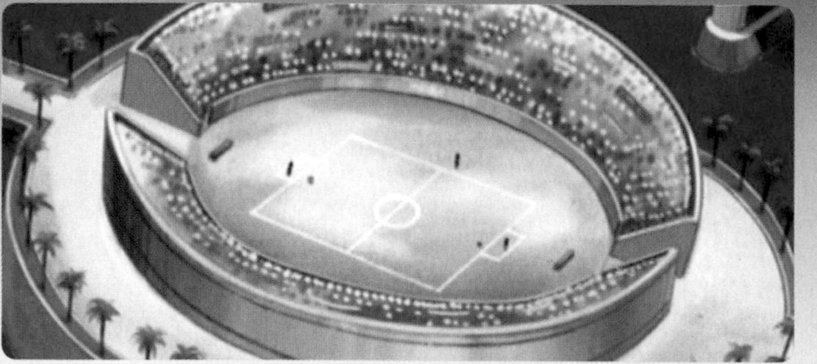

El límite para apuntarse al torneo son las 17:00 pm del día anterior a las rondas preliminares. Con un campo de más de 600 participantes, la lista de entrada inicial del Campeonato de la Liga de Hoenn será acortada a la mitad, antes de que el torneo comience realmente. Las rondas preliminares reducen el campo a 256 competidores a través de batallas 1 contra 1 donde los competidores registran los Pokémon que planean usar.

Después de las rondas preliminares, los entrenadores deben ganar las tres rondas de combates dobles del Torneo de Clasificación para unirse a los 32 competidores que avanzan al Torneo de la Victoria. Hay un día libre después de la finalización del Torneo de Clasificación, lo que permite a los competidores descansar y que, algunos, aprovechen para un último entrenamiento.

El Torneo de la Victoria lleva a los competidores a un estadio principal con batallas de 6 contra 6 en un escenario que puede rotar entre campos de Planta, Roca, Agua y Hielo.

Tyson es el corredor de la antorcha, pero Ash es seleccionado para encender en el estadio por evitar que Team Rocket la robara.

El tipo de campo se selecci al azar al principio de cada combate; cuando quedan eliminados tres Pokémon d un mismo Entrenador, se ha un descanso de cinco minut y el tipo de campo cambia d nuevo antes de que el comb se reanude.

ASH VENCE A KATIE

Katie es una Entrenadora de Ciudad Calagua con mentalidad estratégica que pronto toma una ventaja contra Ash. Pero la suerte comienza a volverse en su contra cuando Corphish derrota a su Golduck, a pesar de estar aturdido. Ash vence, aunque Katie le hace sudar la gota gorada para ganar.

ASH VENCE A MORRISON

Morrison está devastado al saber que va a ser emparejado contra su nuevo compañero y casi pierde el combate por ausencia y apenas puede reclamar a su Pokémon. Una rápida charla con Ash hace que Morrison regrese; aunque Ash gana, el combate por lo menos termina en una lucha justa.

Morrison

Morrison es un joven Entrenador de Pueblo Verdegal que se puede equiparar a Ash en su competitividad. Los dos se conocieron antes del Campeonato de la Liga Hoenn y les encanta retarse y superarse el uno al otro. Al igual que Ash, su mente está ausente cuando se trata de cualquier cosa que no involucre Pokémon y combates, y Morrison no tiene la ventaja de que Brock y Max le echen un ojo. Morrison lucha por diversión, ganar o perder, y Ash es el primer amigo de verdad con el que ha luchado.

TYSON VENCE A ASH

En otro reñido combate entre rivales amigos, incluso el poderoso Metagross de Tyson es abatido por la rápida estrategia de Ash. Tyson obtiene una victoria cuando tanto su Meowth como el Pikachu de Ash están demasiado agotados para luchar. Aunque el Meowth de Tyson está a punto de caer es Pikachu quien se desmaya primero.

Tyson

Proveniente de la Ciudad Malvalona, Tyson es un tranquilo y amistoso Entrenador apasionado de la comida. Al igual que su personalidad, la estrategia de combate de Tyson es cuidadosamente equilibrada, con una mezcla de táctica ofensiva y defensiva.

POKÉMON LEGENDARIOS DE HOENN

GROUDON • (GRÓU-don)

Altura	11'06" (3,5 m)	Categoría	Continente
Peso	2094,4 lbs (950,0 kg)	Tipo	Tierra

El poderoso Rey del Magma, Groudon, pesa casi 950 kilos, lo que lo convierte en el Pokémon Legendario más pesado que existe. Extremadamente poderoso, Groudon se enfurece con la fuerza ardiente de la tierra recién formada. Adorado por su poder por el nefasto Team Magma, Groudon puede crear tierra y es un salvador de las víctimas de las inundaciones debido a su capacidad de evaporar el agua y crear tierra. Groudon es lo contrario del majestuoso Kyogre, y los dos han luchado incesantemente sin que ninguno haya logrado aún la victoria.

KYOGRE • (kai-Ó-ger)

Altura	14'09" (4,5 m)	Categoría	Cuenca Mar
Peso	776,0 lbs (352,0 kg)	Tipo	Agua

Majestuoso sirviente del mar, Kyogre es el Pokémon Legendario que amplió los mares cubriendo las tierras con lluvia. Enorme, Kyogre se asemeja a una orca y sus características más dominantes son sus aletas.

Muy buscado por el Team Aqua, Kyogre puede expandir los océanos. Aunque sea grande, es ágil entre las olas de su hábitat natural, el mar.

LATIAS

• (LÁ-tias)

Altura	4'07" (1,4 m)
Peso	88,2 lbs (40,0 kg)
Categoría	Eón
Tipo	Dragón–Psíquico

Rojo con un cuello blanco, Latias es un Pokémon muy inteligente que se aparece raramente a los seres humanos. El cuerpo de Latias está hecho de vidrio, que refleja la luz para alterar su apariencia.

Para aprovechar la velocidad del aire y minimizar la fricción, Latias puede doblar los brazos y las piernas tan cerca del cuerpo que parece que no los tuviera. Latias se comunica telepáticamente con los demás. Es también el único Pokémon conocido que aprende Bola Neblina.

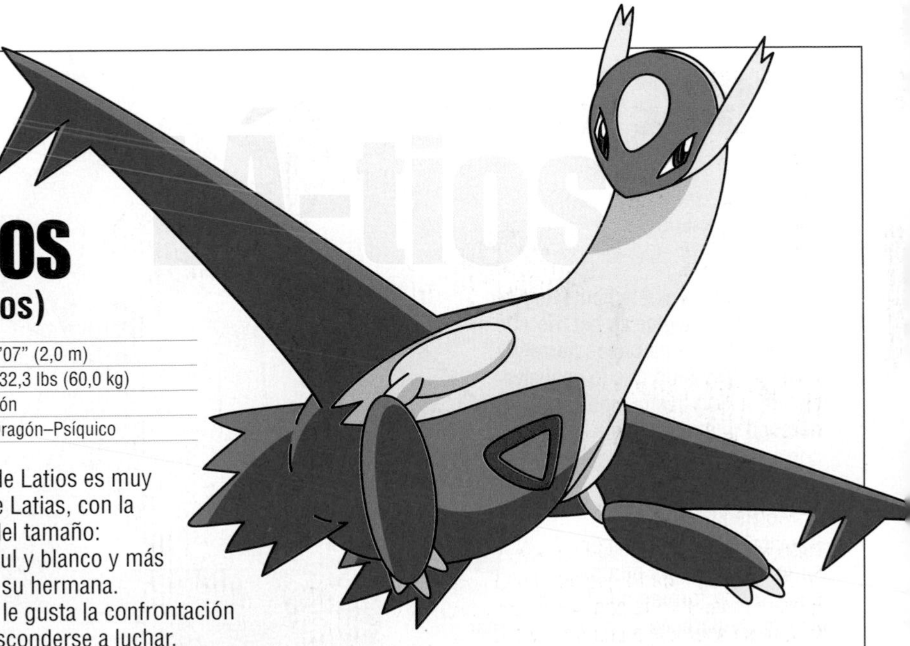

LATIOS

• (LÁ-tios)

Altura	6'07" (2,0 m)
Peso	132,3 lbs (60,0 kg)
Categoría	Eón
Tipo	Dragón–Psíquico

El aspecto de Latios es muy similar al de Latias, con la excepción del tamaño: Latios es azul y blanco y más grande que su hermana. A Latios no le gusta la confrontación y prefiere esconderse a luchar. Sin embargo, Latios le abrirá su corazón a un Entrenador compasivo.

Utilizando una forma de telepatía, Latios puede mostrar imágenes de amigos como si estuvieran mirando a través de sus propios ojos. Si es impulsado a luchar, Latios usará su grito agudo para intimidar a un enemigo. Tanto Latias como Latios son extremadamente compasivos y dispuestos a sacrificarse por la seguridad de otros Pokémon y humanos.

RAYQUAZA

• (rrei-KUÁ-za)

Altura	23'00"(7,0 m)	Categoría	Cielo
Peso	455,2 lbs (206,5 kg)	Tipo	Dragón-Volador

Rayquaza ha vivido cientos de millones de años en la capa de ozono. Este dragón de tipo Volador, nunca ha tocado el suelo. Su constante movilidad ha impedido su descubrimiento hasta hace poco.

Muy agresivo, Rayquaza es un poderoso Pokémon. Grande y elegante, carece de alas u otra propulsión, pero aun así, vuela. Tiene aletas, parecidas a un timón, que aparecen intermitentes por su largo cuerpo de serpiente verde.
No tiene piernas, pero tiene garras cortas con tres dedos y una boca grande para expulsar su impresionante Hiperrayo.

REGICE **• (rre-YÁIS)**

Altura	5'11" (1,8 m)
Peso	385,8 lbs (175,0 kg)
Categoría	Iceberg
Tipo	Hielo

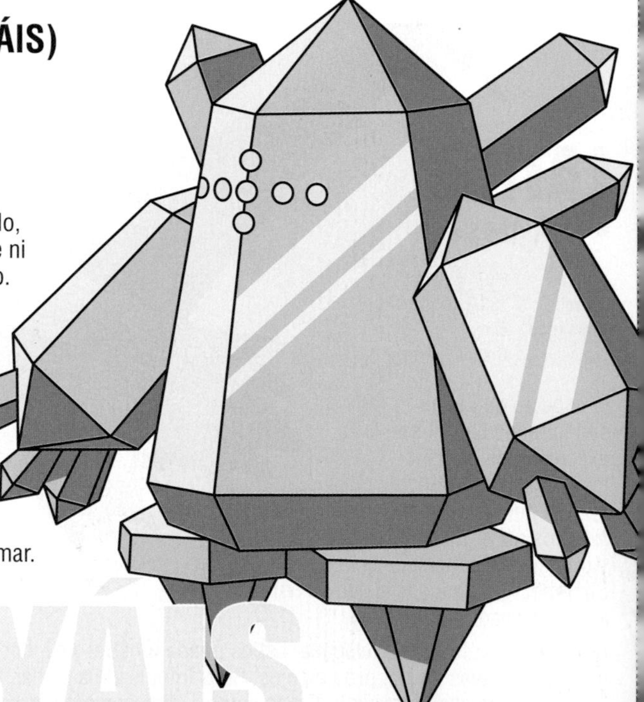

Compuesto completamente de hielo, el cuerpo de Regice es tan frío que ni siquiera el magma puede derretirlo. El aire refrigerado que lo envuelve es tan helado que cualquier persona que se acerca a él corre un alto riesgo de ser congelado.

Como Regirock y Registeel, Regice tiene una serie de pequeños puntos en su cara que forman una figura; en Regice parecen un signo de sumar.

REGIROCK

• (rre-yi-RRÓK)

Altura	5'07" (1,7 m)
Peso	507,1 lbs (230,0 kg)
Categoría	Pico Roca
Tipo	Roca

Regirock está, vaya sorpresa, hecho de rocas grandes y pequeñas. Si se hace daño en la batalla, Regirock usará las rocas que estén cerca para repararse. Debido a esto, Regirock puede reconstruirse. Los puntos de su cara se asemejan a una "H" mayúscula.

REGISTEEL

• (rre-yis-TÍL)

Altura	6'03" (1,9 m)
Peso	451,9 lbs (205,0 kg)
Categoría	Hierro
Tipo	Acero

Lustroso y esférico, el cuerpo de Registeel sigue siendo flexible a pesar de estar hecho de metal. La cara de Registeel presenta una serie de puntos organizados como un hexágono con un punto en el centro.

DEOXYS • (de-Ó-ksis)

Altura	5'07" (1,7 m)	Categoría	ADN
Peso	134,0 lbs (60,8 kg)	Tipo	Psíquico

Formado en un meteorito mientras caía a la atmósfera, Deoxys es un virus mutado. Totalmente anómalo, este Pokémon de tipo Psíquico puede utilizar cualquiera de estas cuatro formas: Forma Normal, Forma Ataque, Forma Defensa, y Forma Velocidad.

Muy versátil, Deoxys puede adaptar su forma a cualquier situación. Cada uno de sus tres Formas modificadas cambian su apariencia. En Forma Ataque, los tentáculos del brazo de Deoxys forman una punta afilada, al igual que su cabeza. En Forma Defensa, su cabeza y cuerpo se funden, casi como si fuera una tortuga que mete su cabeza dentro de su caparazón. En Forma Velocidad es más delgado y la parte posterior de su cabeza se afina hasta un punto para reducir la resistencia al viento y mejorar su aerodinámica.

FORMA ATAQUE

FORMA DEFENSA

FORMA VELOCIDAD

FORMA NORMAL

POKÉMON SINGULARES DE HOENN

JIRACHI • (yi-RÁ-chi)

Altura	1'00" (0,3 m)
Peso	2,4 lbs (1,1 kg)
Categoría	Deseo
Tipo	Acero–Psíquico

Jirachi está dormido la mayor parte del tiempo: solo se despertará de su sueño si se canta con una voz pura. Es un pequeño Pokémon de Acero y de tipo Psíquico.

Jirachi flota la mayor parte del tiempo y tiene patas pequeñas. Es el único Pokémon conocido que puede aprender Deseo Oculto. Jirachi normalmente huye cuando está en problemas, pero si se ve obligado a luchar, puede usar este poderoso movimiento.

POKÉMON DE HOENN

Después de viajar a través de las regiones de Kanto y Johto, harás en Hoenn tu próxima parada; ¡es el hogar de los poderosos Kyogre y Groudon!

ABSOL

Altura: 3'11" (1,2 m)
Peso: 103,6 lbs. (47,0 kg)

SINIESTRO

AGGRON

Altura: 6'11" (2,1 m)
Peso: 793,7 lbs. (360,0 kg)

ACERO | ROCA

ALTARIA

Altura: 3'07" (1,1 m)
Peso: 45,4 lbs. (20,6 kg)

DRAGÓN | VOLADOR

ANORITH

Altura: 2'04" (0,7 m)
Peso: 27,6 lbs. (12,5 kg)

ROCA | BICHO

ARMALDO

Altura: 4'11" (1,5 m)
Peso: 150,4 lbs. (68,2 kg)

ROCA | BICHO

ARON

Altura: 1'04" (0,4 m)
Peso: 132,3 lbs. (60,0 kg)

ACERO | ROCA

AZURILL

Altura: 0'08" (0,2 m)
Peso: 4,4 lbs. (2,0 kg)

NORMAL | HADA

BAGON

Altura: 2'00" (0,6 m)
Peso: 92,8 lbs. (42,1 kg)

DRAGÓN

BALTOY

Altura: 1'08" (0,5 m)
Peso: 47,4 lbs. (21,5 kg)

TIERRA | PSÍQUICO

BANETTE

Altura: 3'07" (1,1 m)
Peso: 27,6 lbs. (12,5 kg)

FANTASMA

BARBOACH

Altura: 1'04" (0,4 m)
Peso: 4,2 lbs. (1,9 kg)

AGUA | TIERRA

BEAUTIFLY

Altura: 3'03" (1,0 m)
Peso: 62,6 lbs. (28,4 kg)

BICHO | VOLADOR

BELDUM

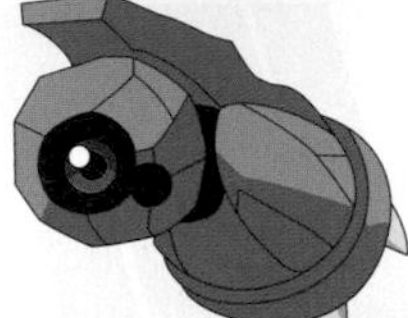

Altura: 2'00" (0,6 m)
Peso: 209,9 lbs. (95,2 kg)

ACERO | PSÍQUICO

BLAZIKEN

Altura: 6'03" (1,9 m)
Peso: 114,6 lbs. (52,0 kg)

FUEGO | LUCHA

BRELOOM

Altura: 3'11" (1,2 m)
Peso: 86,4 lbs. (39,2 kg)

PLANTA | LUCHA

CACNEA

Altura: 1'04" (0,4 m)
Peso: 113,1 lbs. (51,3 kg)

PLANTA

CACTURNE

Altura: 4'03" (1,3 m)
Peso: 170,6 lbs. (77,4 kg)

PLANTA | SINIESTRO

CAMERUPT

Altura: 6'03" (1,9 m)
Peso: 485,0 lbs. (220,0 kg)

FUEGO | TIERRA

CARVANHA

Altura: 2'07" (0,8 m)
Peso: 45,9 lbs. (20,8 kg)

AGUA | SINIESTRO

CASCOON

Altura: 2'04" (0,7 m)
Peso: 25,4 lbs. (11,5 kg)

BICHO

CASTFORM

Altura: 1'00" (0,3 m)
Peso: 1,8 lbs. (0,8 kg)

NORMAL

CHIMECHO

Altura: 2'00" (0,6 m)
Peso: 2,2 lbs. (1,0 kg)

PSÍQUICO

CLAMPERL

Altura: 1'04" (0,4 m)
Peso: 115,7 lbs. (52,5 kg)

AGUA

CLAYDOL

Altura: 4'11" (1,5 m)
Peso: 238,1 lbs. (108,0 kg)

TIERRA | PSÍQUICO

COMBUSKEN

Altura: 2'11" (0,9 m)
Peso: 43,0 lbs. (19,5 kg)

FUEGO | LUCHA

CORPHISH

Altura: 2'00" (0,6 m)
Peso: 25,4 lbs. (11,5 kg)
AGUA

CRADILY

Altura: 4'11" (1,5 m)
Peso: 133,2 lbs. (60,4 kg)
ROCA PLANTA

CRAWDAUNT

Altura: 3'07" (1,1 m)
Peso: 72,3 lbs. (32,8 kg)
AGUA SINIESTRO

DELCATTY

Altura: 3'07" (1,1 m)
Peso: 71,9 lbs. (32,6 kg)
NORMAL

DEOXYS

Altura: 5'07" (1,7 m)
Peso: 134,0 lbs. (60,8 kg)
PSÍQUICO

DUSCLOPS
Altura: 5'03" (1,6 m)
Peso: 67,5 lbs. (30,6 kg)
FANTASMA

DUSKULL

Altura: 2'07" (0,8 m)
Peso: 33,1 lbs. (15,0 kg)
FANTASMA

DUSTOX

Altura: 3'11" (1,2 m)
Peso: 69,7 lbs. (31,6 kg)
BICHO VENENO

ELECTRIKE
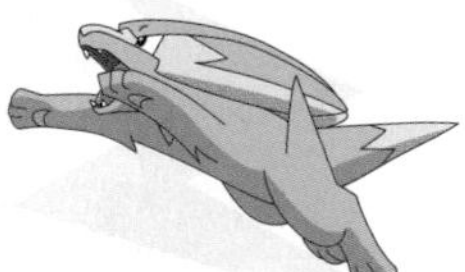
Altura: 2'00" (0,6 m)
Peso: 33,5 lbs. (15,2 kg)
ELÉCTRICO

EXPLOUD
Altura: 4'11" (1,5 m)
Peso: 185,2 lbs. (84,0 kg)
NORMAL

FEEBAS

Altura: 2'00" (0,6 m)
Peso: 16,3 lbs. (7,4 kg)
AGUA

FLYGON

Altura: 6'07" (2,0 m)
Peso: 180,8 lbs. (82,0 kg)
TIERRA DRAGÓN

GARDEVOIR

Altura: 5'03" (1,6 m)
Peso: 106,7 lbs. (48,4 kg)
PSÍQUICO HADA

GLALIE

Altura: 4'11" (1,5 m)
Peso: 565,5 lbs. (256,5 kg)
HIELO

GOREBYSS

Altura: 5'11" (1,8 m)
Peso: 49,8 lbs. (22,6 kg)
AGUA

GROUDON
Altura: 11'06" (3,5 m)
Peso: 2094,4 lbs. (950,0 kg)
TIERRA

GROVYLE

Altura: 2'11" (0,9 m)
Peso: 47,6 lbs. (21,6 kg)
PLANTA

GRUMPIG

Altura: 2'11" (0,9 m)
Peso: 157,6 lbs. (71,5 kg)

PSÍQUICO

GULPIN

Altura: 1'04" (0,4 m)
Peso: 22,7 lbs. (10,3 kg)

VENENO

HARIYAMA

Altura: 7'07" (2,3 m)
Peso: 559,5 lbs. (253,8 kg)

LUCHA

HUNTAIL

Altura: 5'07" (1,7 m)
Peso: 59,5 lbs. (27,0 kg)

AGUA

ILLUMISE

Altura: 2'00" (0,6 m)
Peso: 39,0 lbs. (17,7 kg)

BICHO

JIRACHI

Altura: 1'00" (0,3 m)
Peso: 2,4 lbs. (1,1 kg)

ACERO | PSÍQUICO

KECLEON

Altura: 3'03" (1,0 m)
Peso: 48,5 lbs. (22,0 kg)

NORMAL

KIRLIA

Altura: 2'07" (0,8 m)
Peso: 44,5 lbs. (20,2 kg)

PSÍQUICO | HADA

KYOGRE

Altura: 14'09" (4,5 m)
Peso: 776,0 lbs. (352,0 kg)

AGUA

LAIRON

Altura: 2'11" (0,9 m)
Peso: 264,6 lbs. (120,0 kg)

ACERO | ROCA

LATIAS

Altura: 4'07" (1,4 m)
Peso: 88,2 lbs. (40,0 kg)

DRAGÓN | PSÍQUICO

LATIOS

Altura: 6'07" (2,0 m)
Peso: 132,3 lbs. (60,0 kg)

DRAGÓN | PSÍQUICO

LILEEP

Altura: 3'03" (1,0 m)
Peso: 52,5 lbs. (23,8 kg)

ROCA | PLANTA

LINOONE

Altura: 1'08" (0,5 m)
Peso: 71,6 lbs. (32,5 kg)

NORMAL

LOMBRE

Altura: 3'11" (1,2 m)
Peso: 71,6 lbs. (32,5 kg)

AGUA | PLANTA

LOTAD

Altura: 1'08" (0,5 m)
Peso: 5,7 lbs. (2,6 kg)

AGUA | PLANTA

LOUDRED

Altura: 3'03" (1,0 m)
Peso: 89,3 lbs. (40,5 kg)

NORMAL

LUDICOLO

Altura: 4'11" (1,5 m)
Peso: 121,3 lbs. (55,0 kg)
AGUA PLANTA

LUNATONE
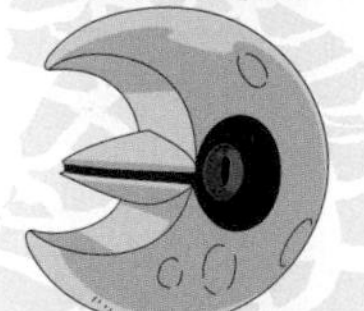
Altura: 3'03" (1,0 m)
Peso: 370,4 lbs. (168,0 kg)
ROCA PSÍQUICO

LUVDISC

Altura: 2'00" (0,6 m)
Peso: 19,2 lbs. (8,7 kg)
AGUA

MAKUHITA

Altura: 3'03" (1,0 m)
Peso: 190,5 lbs. (86,4 kg)
LUCHA

MANECTRIC

Altura: 4'11" (1,5 m)
Peso: 88,6 lbs. (40,2 kg)
ELÉCTRICO

MARSHTOMP

Altura: 2'04" (0,7 m)
Peso: 61,7 lbs. (28,0 kg)
AGUA TIERRA

MASQUERAIN

Altura: 2'07" (0,8 m)
Peso: 7,9 lbs. (3,6 kg)
BICHO VOLADOR

MAWILE

Altura: 2'00" (0,6 m)
Peso: 25,4 lbs. (11,5 kg)
ACERO HADA

MEDICHAM

Altura: 4'03" (1,3 m)
Peso: 69,4 lbs. (31,5 kg)
LUCHA PSÍQUICO

MEDITITE

Altura: 2'00" (0,6 m)
Peso: 24,7 lbs. (11,2 kg)
LUCHA PSÍQUICO

METAGROSS

Altura: 5'03" (1,6 m)
Peso: 1212,5 lbs. (550,0 kg)
ACERO PSÍQUICO

METANG

Altura: 3'11" (1,2 m)
Peso: 446,4 lbs. (202,5 kg)
ACERO PSÍQUICO

MIGHTYENA

Altura: 3'03" (1,0 m)
Peso: 81,6 lbs. (37,0 kg)
SINIESTRO

MILOTIC

Altura: 20'04" (6,2 m)
Peso: 357,1 lbs. (162,0 kg)
AGUA

MINUN

Altura: 1'04" (0,4 m)
Peso: 9,3 lbs. (4,2 kg)
ELEC

MUDKIP
Altura: 1'04" (0,4 m)
Peso: 16,8 lbs. (7,6 kg)
AGUA

NINCADA

Altura: 1'08" (0,5 m)
Peso: 12,1 lbs. (5,5 kg)
BICHO TIERRA

NINJASK

Altura: 2'07" (0,8 m)
Peso: 26,5 lbs. (12,0 kg)

BICHO | VOLADOR

NOSEPASS

Altura: 3'03" (1,0 m)
Peso: 213,8 lbs. (97,0 kg)

ROCA

NUMEL

Altura: 2'04" (0,7 m)
Peso: 52,9 lbs. (24,0 kg)

FUEGO | TIERRA

NUZLEAF

Altura: 3'03" (1,0 m)
Peso: 61,7 lbs. (28,0 kg)

PLANTA | SINIESTRO

PELIPPER

Altura: 3'11" (1,2 m)
Peso: 61,7 lbs. (28,0 kg)

AGUA | VOLADOR

PLUSLE

Altura: 1'04" (0,4 m)
Peso: 9,3 lbs. (4,2 kg)

ELECO

POOCHYENA

Altura: 1'08" (0,5 m)
Peso: 30,0 lbs. (13,6 kg)

SINIESTRO

RALTS

Altura: 1'04" (0,4 m)
Peso: 14,6 lbs. (6,6 kg)

PSÍQUICO | HADA

RAYQUAZA

Altura: 23'00" (7,0 m)
Peso: 455,2 lbs. (206,5 kg)

DRAGÓN | VOLADOR

REGICE

Altura: 5'11" (1,8 m)
Peso: 385,8 lbs. (175,0 kg)

HIELO

REGIROCK

Altura: 5'07" (1,7 m)
Peso: 507,1 lbs. (230,0 kg)

ROCA

REGISTEEL

Altura: 6'03" (1,9 m)
Peso: 451,9 lbs. (205,0 kg)

ACERO

RELICANTH

Altura: 3'03" (1,0 m)
Peso: 51,6 lbs. (23,4 kg)

AGUA | ROCA

ROSELIA

Altura: 1'00" (0,3 m)
Peso: 4,4 lbs. (2,0 kg)

PLANTA | VENENO

SABLEYE

Altura: 1'08" (0,5 m)
Peso: 24,3 lbs. (11,0 kg)

SINIESTRO | FANTASMA

SALAMENCE

Altura: 4'11" (1,5 m)
Peso: 226,2 lbs. (102,6 kg)

DRAGÓN | VOLADOR

SCEPTILE

Altura: 5'07" (1,7 m)
Peso: 115,1 lbs. (52,2 kg)

PLANTA

SEALEO

Altura: 3'07" (1,1 m)
Peso: 193,1 lbs. (87,6 kg)

HIELO | AGUA

SEEDOT

Altura: 1'08" (0,5 m)
Peso: 8,8 lbs. (4,0 kg)

PLANTA

SEVIPER

Altura: 8'10" (2,7 m)
Peso: 115,7 lbs. (52,5 kg)

VENENO

SHARPEDO

Altura: 5'11" (1,8 m)
Peso: 195,8 lbs. (88,8 kg)

AGUA | SINIESTRO

SHEDINJA

Altura: 2'07" (0,8 m)
Peso: 2,6 lbs. (1,2 kg)

BICHO | FANTASMA

SHELGON

Altura: 3'07" (1,1 m)
Peso: 243,6 lbs. (110,5 kg)

DRAGÓN

SHIFTRY

Altura: 4'03" (1,3 m)
Peso: 131,4 lbs. (59,6 kg)

PLANTA | SINIESTRO

SHROOMISH

Altura: 1'04" (0,4 m)
Peso: 9,9 lbs. (4,5 kg)

PLANTA

SHUPPET

Altura: 2'00" (0,6 m)
Peso: 5,1 lbs. (2,3 kg)

FANTASMA

SILCOON

Altura: 2'00" (0,6 m)
Peso: 22,0 lbs. (10,0 kg)

BICHO

SKITTY

Altura: 2'00" (0,6 m)
Peso: 24,3 lbs. (11,0 kg)

NORMAL

SLAKING

Altura: 6'07" (2,0 m)
Peso: 287,7 lbs. (130,5 kg)

NORMAL

SLAKOTH

Altura: 2'07" (0,8 m)
Peso: 52,9 lbs. (24,0 kg)

NORMAL

SNORUNT

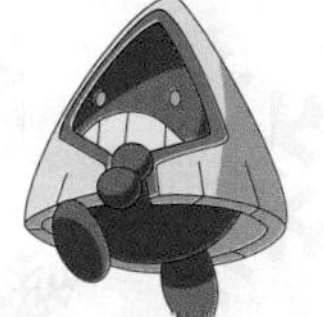

Altura: 2'04" (0,7 m)
Peso: 37,0 lbs. (16,8 kg)

HIELO

SOLROCA

Altura: 3'11" (1,2 m)
Peso: 339,5 lbs. (154,0 kg)

ROCA | PSÍQUICO

SPHEAL

Altura: 2'07" (0,8 m)
Peso: 87,1 lbs. (39,5 kg)

HIELO | AGUA

SPINDA

Altura: 3'07" (1,1 m)
Peso: 11,0 lbs. (5,0 kg)

NORMAL

SPOINK

Altura: 2'04" (0,7 m)
Peso: 67,5 lbs. (30,6 kg)

PSÍQUICO

SURSKIT

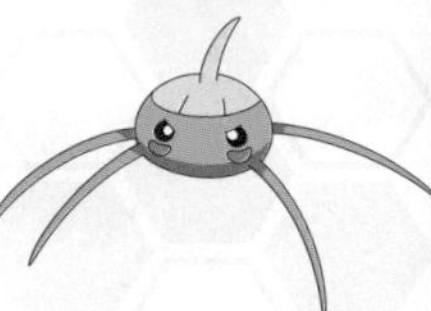

Altura: 1'08" (0,5 m)
Peso: 3,7 lbs. (1,7 kg)

BICHO | AGUA

SWABLU

Altura: 1'04" (0,4 m)
Peso: 2,6 lbs. (1,2 kg)

NORMAL | VOLADOR

SWALOT

Altura: 5'07" (1,7 m)
Peso: 176,4 lbs. (80,0 kg)

VENENO

SWAMPERT

Altura: 4'11" (1,5 m)
Peso: 180,6 lbs. (81,9 kg)

AGUA | TIERRA

SWELLOW

Altura: 2'04" (0,7 m)
Peso: 43,7 lbs. (19,8 kg)

NORMAL | VOLADOR

TAILLOW

Altura: 1'00" (0,3 m)
Peso: 5,1 lbs. (2,3 kg)

NORMAL | VOLADOR

TORCHIC

Altura: 1'04" (0,4 m)
Peso: 5,5 lbs. (2,5 kg)

FUEGO

TORKOAL

Altura: 1'08" (0,5 m)
Peso: 177,2 lbs. (80,4 kg)

FUEGO

TRAPINCH

Altura: 2'04" (0,7 m)
Peso: 33,1 lbs. (15,0 kg)

TIERRA

TREECKO

Altura: 1'08" (0,5 m)
Peso: 11,0 lbs. (5,0 kg)

PLANTA

TROPIUS

Altura: 6'07" (2,0 m)
Peso: 220,5 lbs. (100,0 kg)

PLANTA | VOLADOR

VIBRAVA

Altura: 3'07" (1,1 m)
Peso: 33,7 lbs. (15,3 kg)

TIERRA | DRAGÓN

VIGOROTH

Altura: 4'07" (1,4 m)
Peso: 102,5 lbs. (46,5 kg)

NORMAL

VOLBEAT

Altura: 2'04" (0,7 m)
Peso: 39,0 lbs. (17,7 kg)

BICHO

WAILMER

Altura: 6'07" (2,0 m)
Peso: 286,6 lbs. (130,0 kg)

AGUA

WAILORD

Altura: 47'07" (14,5 m)
Peso: 877,4 lbs. (398,0 kg)

AGUA

WALREIN

Altura: 4'07" (1,4 m)
Peso: 332,0 lbs. (150,6 kg)

HIELO | AGUA

WHISCASH

Altura: 2'11" (0,9 m)
Peso: 52,0 lbs. (23,6 kg)

AGUA | TIERRA

WHISMUR

Altura: 2'00" (0,6 m)
Peso: 35,9 lbs. (16,3 kg)

NORMAL

WINGULL

Altura: 2'00" (0,6 m)
Peso: 20,9 lbs. (9,5 kg)

AGUA | VOLADOR

WURMPLE

Altura: 1'00" (0,3 m)
Peso: 7,9 lbs. (3,6 kg)

BICHO

WYNAUT

Altura: 2'00" (0,6 m)
Peso: 30,9 lbs. (14,0 kg)

PSÍQUICO

ZANGOOSE

Altura: 4'03" (1,3 m)
Peso: 88,8 lbs. (40,3 kg)

NORMAL

ZIGZAGOON

Altura: 1'04" (0,4 m)
Peso: 38,6 lbs. (17,5 kg)

NORMAL

SINNOH

Sinnoh es una vasta región dividida en dos por el Monte Corona. El Profesor Serbal es el Profesor Pokémon residente, procedente de Pueblo Arena. Sinnoh es un lugar increíble, y cuando Ash llega a ella por primera vez, es la única región que visita que tiene una amplia zona cubierta de nieve.

Aunque la gran mayoría de Sinnoh es tierra, los lagos de agua dulce predominan en el interior de la región. Tres lagos bastante importantes son Veraz en el oeste, Agudeza en el norte, y Valor en el este. Los tres lagos son el hogar de Mesprit, Uxie y Azelf, respectivamente. El noroeste entero de la región es dominado por el Bosque Vetusto. Muchos entrenadores, entre ellos Ash, se han perdido en este enorme bosque.

Jubileo es la ciudad más grande de Sinnoh, y es muy moderna. Ciudad Corazón es una ciudad activa, con muchas cosas que hacer. Gente de todo el mundo Pokémon viene a Ciudad Corazón para probar su habilidad en el Torneo Corazón.

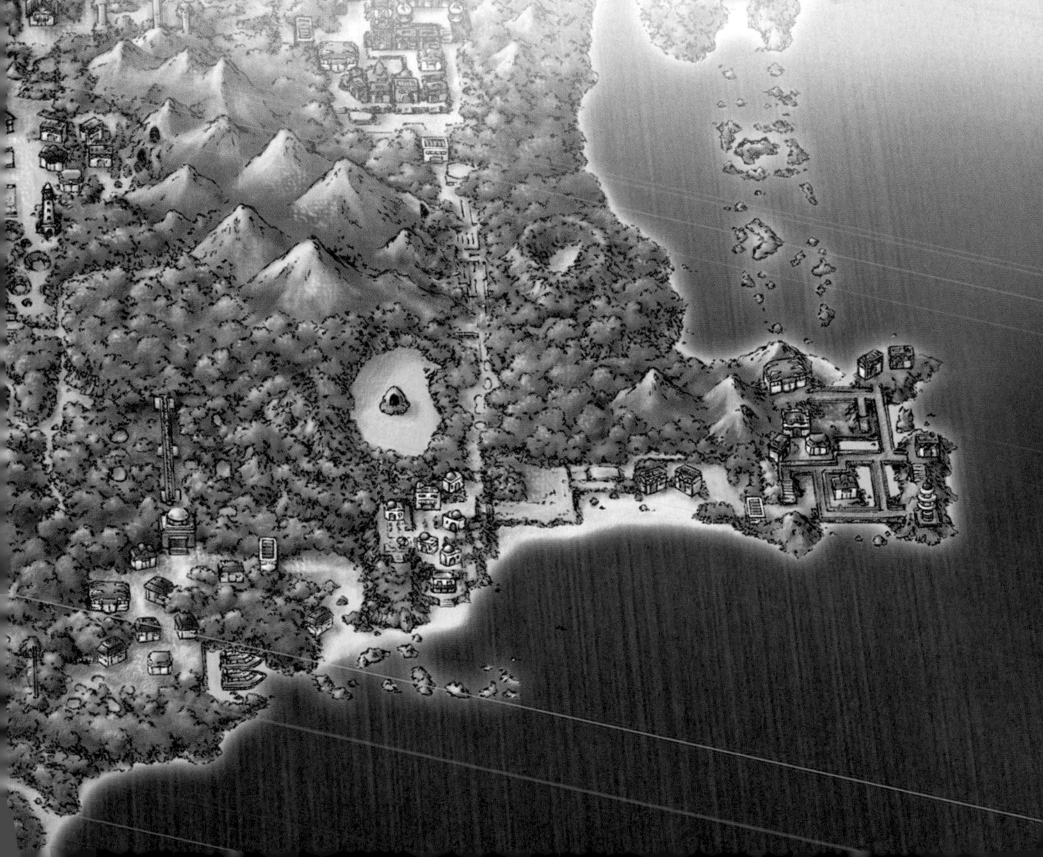

MAYA

Después de su décimo cumpleaños, esta joven aventurera dejó su hogar en Pueblo Hoja Verde de Sinnoh para ver mundo y para convertirse en una gran Coordinadora Pokémon. Conoció a Ash después de que ella y su Piplup ayudasen a salvar a Pikachu, y desde entonces viajó con Ash y Brock en sus aventuras por Sinnoh, compitiendo en Concursos Pokémon a lo largo del camino.

POKÉ-RELOJ

Maya se ganó su Poké-reloj después de ayudar a detener al Team Rocket cuando este distribuía Poké-relojes falsos. Una de las aplicaciones actuales del Poké-reloj es Lanzamonedas, que Maya usa como ayuda para decidir qué camino seguir, ¡o saber a quién llama primero en un combate Pokémon!

LA SORPRENDENTE VOZ DE LA RAZÓN

Maya no ha vivido tantas aventuras como Ash y Brock, pero eso a menudo puede ser una ventaja. Por un lado, Maya no ha tenido tanta experiencia con el Team Rocket y sus diversos planes. Así que cuando el Team Rocket sugiere que los "mocosos" los ayuden a entrenar a Cacnea, Ash y Brock aceptan alegremente, mientras que Maya es abiertamente escéptica de participar en cualquier plan que ayude a que los villanos sean aún más fuertes.

CON ESTILO

A Maya le gusta vestirse bien, ¡tanto que su madre tuvo que pararle los pies para que no cargarla la maleta exceso para su viaje! Ser Coordinadora implica lucir bien en el escenario, pero Maya está decidida a mantenerse elegante en todo momento, incluso si eso significa que Piplup use Rayo Burbuja para ayudarla a ordenar su cabellera alborotada.

UNA CRISIS DE CONFIANZA

Normalmente Maya es optimista y alegre: su lema es "¡no hay necesidad de preocuparse!" Pero después de dos concursos seguidos donde no logra avanzar más allá de la primera ronda, comienza a dudar si debería seguir compitiendo en concursos. Incluso el consejo y el aliento de sus rivales Zoey y Kenny no son suficientes para mantener su ánimo, aunque Maya trata de ocultar su crisis de confianza detrás de su habitual aspecto feliz. En Ciudad Rocavelo, Maya conoce a Brega, una Líder de Gimnasio que sufre una crisis similar de confianza, y Maya la desafía a un combate en el gimnasio. Maya pierde el combate, pero ella y Brega recuperan su espíritu de lucha.

EL GRAN SECRETO DE MAYA

Los amigos de la infancia de Maya le llaman "Di-Di", y ella está decidida a mantener el motivo en secreto. Pero cuando el dúo de Úrsula, Plusle y Minun, la reconoce en un combate Pokémon en Pueblo Amanecer, Maya no tuvo más remedio que enfrentarse a su pasado y a la peliaguda historia detrás de su apodo. Cuando Maya era niña, abrazó a sus compañeros de clase Plusle y Minun con tanta fuerza que estos la electrizaron para soltarse. La carga cubrió el cabello de Dawn con chispas, y un niño bromeó diciendo que parecía que tenía "un diluvio de caspa de diamantes". Los compañeros comenzaron a llamarla Diva Diamante,"Di-Di" para abreviar. Cada vez que escucha este nombre rídiculo, le vienen ganas de raparse el pelo.

UN LEGADO QUE MANTENER

La madre de Maya, Casilda, fue una premiada Coordinadora, y Maya sueña con seguir sus pasos. Como amuleto de la buena suerte, Maya lleva con ella en sus viajes, la primera Cinta de Concurso ganada por su madre.

Los Pokémon de Maya

PIPLUP

Piplup, el Primer Compañero Pokémon de Maya, es orgulloso, descarado y no siempre sigue sus instrucciones. Maya se reunió con Piplup después de que escapase del Centro de Investigación del Profesor Serbal, y aunque no se llevaron bien, tuvieron que trabajar juntos para escapar de algunos Ariados salvajes.

PACHIRISU

Pachirisu fue tan dulce que Maya solo tuvo que cogerlo después de detectarlo en la naturaleza. Pero después de una agotadora persecución y captura, Maya descubrió que Pachirisu era demasiado hiperactivo para seguir cualquiera de sus órdenes, y la liberó a regañadientes. Por suerte, ella y Pachirisu se volvieron a unir, y este Pokémon de tipo Eléctrico sigue siendo tan enérgico como siempre, aunque su falta de control sobre su movimiento de Descarga sigue siendo desconcertante.

BUIZEL

Aunque el obstinado Buizel comenzó su viaje con Maya, a lo largo del camino encontró un verdadero amigo en Ash, por lo que hicieron un negocio perfecto. Buizel lucha a su paso a través de las competiciones con Ash; a cambio, el amigo de Ash, Aipom, se unió al equipo de Concursos de Maya.

Una heroína completa

Además de ser una nueva Entrenadora que se une a Ash en sus viajes después de que él llegue a la región de Sinnoh, Maya representa un nuevo punto de vista en el mundo Pokémon. Ash vive para convertirse en un Maestro Pokémon, y aunque hemos conocido a su madre Delia, poco más se sabe sobre su pasado. Ash va acompañado por Brock y Misty, dos personajes que tienen familias y que han de hacer frente a las responsabilidades de Líder de Gimnasio. Con Aura, Ash se unió a un personaje nuevo y más matizado: no solo tenía un padre Líder de Gimnasio con el que lidiar, sino que ella también tenía que asumir la responsabilidad de cuidar a su hermano pequeño Max.

Maya es un personaje plenamente realizado, tal vez más que otros de los compañeros de viaje de Ash. Como Brock, Misty y Aura, Maya tiene familia –como su madre, Casilda– que tiene siempre muy presente. Al igual que con Aura, también vemos fragmentos de la historia de Maya en escenas pasadas, que incluyen momentos embarazosos de su infancia. Pero lo que diferencia a Maya es que también vemos a sus amigos de la infancia, incluyendo a Leona, su amiga desde la guardería.

BUNEARY

Buneary fue la primera captura Pokémon de Maya y, ciertamente, no fue fácil. Pero él está más que feliz de viajar con Maya y sus amigos, ya que parece estar enamorada del Pikachu de Ash.

AIPOM

Después de que Ash se diera cuenta de que su Aipom amaba estar en Concursos, se lo cambió a Maya por su Buizel. Aipom evolucionó a Ambipom y debutó con Maya en el Concurso de Pueblo Sosiego, pero la pareja no pasó la primera ronda.

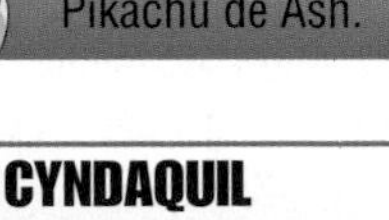

CYNDAQUIL

No esperarías que el tímido Cyndaquil incendiara un combate. Pero, cuando se disparó, las llamas también lo hicieron en su espalda. Cuando Cyndaquil evolucionó a Quilava, Maya sintió que también había crecido como Coordinadora.

TOGEKISS

Al gracioso Togekiss le gusta jugar a ser pacificador y aprecia a quienes comparten su amor por la armonía. Maya tuvo que abrir su corazón y repensar su estrategia para que este Pokémon tipo Volador y Hada pudiera crecerse en los concursos.

SWINUB

Este Pokémon apunta su nariz a tierra por una buena razón: puede husmear la comida deliciosa o el frescor primaveral aunque esté rodeado de suciedad. Maya ha entrenado con Swinub tanto que evolucionó no solo una primera vez, en Piloswine, sino también una segunda, en Mamoswine.

PROFESOR SERBAL

La región de Sinnoh puede parecer intimidante hasta que te das cuenta de que el hombre que lleva las investigaciones es el Profesor Serbal. A pesar de que puede parecer amenazante y contundente, en realidad es uno de los investigadores más sabios, solo después de Oak.

Serbal se especializa en los procesos evolutivos y hábitos Pokémon. Trata de demostrar que los Pokémon pueden ser unidos entre sí a través de la Evolución.

El Profesor Serbal es el responsable de entregar los Pokémon a los jóvenes y nuevos entrenadores en la región de Sinnoh. Lo hace desde su laboratorio, justo a las afueras de Pueblo Arena. No obstante, él también proporciona una Pokédex a Maya, que es bastante exclusiva porque ¡es rosa!

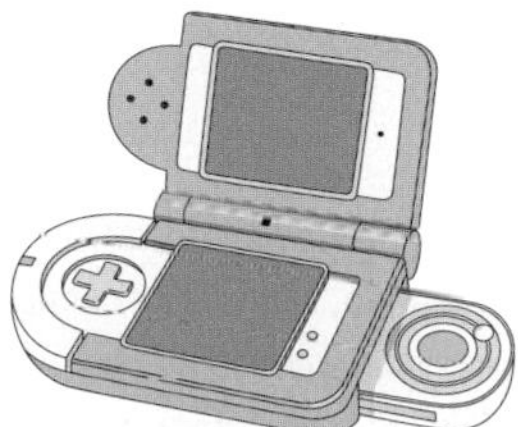

¿*HAIKU*?... ¿Y ESO QUÉ ES?

Maya reconoce al Profesor Oak como un autor de poemas de Pokémon y de algunas obras originales. El Profesor Serbal, sin embargo, se burla de Oak por dedicar más tiempo a su poesía que a su investigación. Al parecer, tienen una historia que se remonta atrás y el Profesor Serbal parece ser el investigador más capaz de los dos.

El Profesor Serbal y el Profesor Oak comparten un laboratorio que ejemplifica su compromiso con un mundo Pokémon ambientalmente saludable: ¡ambos laboratorios tienen aerogeneradores!

Los Pokémon del Profesor Serbal

STARLY Y STARAPTOR

Starly es uno de los Pokémon examinados en el laboratorio de Serbal. Los investigadores de Serbal están llevando a cabo el estudio de la evolución en Starly y Staraptor antes de que Serbal regrese. Por otra parte, es Staraptor el que trae a Chimchar de vuelta.

Serbal le da a Ash la Poké Ball de Aipom, que recibió del Profesor Oak, y le entrega un paquete de Delia Ketchum que contiene ropa nueva.

ZOEY

Coordinadora de Ciudad Puntaneva es amiga de Maya y, a la vez, su rival, Zoey conoció por primera vez a Maya por casualidad en el Concurso Jubileo. Zoey, que ya tenía una Cinta en ese momento, rápidamente se asignó el rol de la amiga mayor de Maya (aunque se desconoce la edad exacta de Zoey). No tiene miedo de defenderse a sí misma o a Maya. Cuando Jessie desafía a Maya a un combate doble con la esperanza de obtener una victoria fácil sobre una novata, Zoey detecta la trampa de Jessie y es ella la que acepta el reto.

Aunque Zoey siempre parece estar muy segura, admite que se pone nerviosa durante los concursos o se enfada cuando pierde. No mide su rendimiento estrictamente en términos de Cintas, sin embargo, no deja, ni a ella misma ni a sus amigos, que le venzan una segunda vez después de haber perdido la primera. Así que después de la decepcionante actuación de Maya en el Concurso de Sosiego, Zoey se dirige a consolar a Maya y a guiarla en el camino correcto.

Zoey toma en serio los concursos y ella espera que los demás muestren la misma dedicación. No cree que sea posible sobresalir de la misma forma en los Concursos como en los Combates de Gimnasio. Pero después de que Nando la derrota en un Concurso, se da cuenta de que incluso un Coordinador puede aprender de un Combate de Gimnasio. Es ella quien sugiere el intercambio del Aipom de Ash, a quien gustan los concursos, por Buizel, el adorable combatiente de Maya.

Dos grados de separación

Antes del Concurso Jubileo, tanto Zoey como Kenny compitieron en un Concurso donde Zoey venció a Kenny y salió ganadora, y así es como Zoey ganó su primera Cinta. Los dos coordinadores no se conocían antes del Concurso; y aunque Zoey y Kenny tienen a Maya en común, hasta ahora Maya no ha estado con los dos al mismo tiempo.

Los Pokémon de Zoey

GLAMEOW

Al igual que lo tenía el otro modelo de Maya, su madre Casilda, Zoey también tiene un Glameow. Su Glameow puede desenrollar su cola y usarla para atacar, un movimiento que atrapa a los rivales por sorpresa.

SHELLOS

Después de que Maya cogió su Buizel, Zoey se quedó para atrapar algo más y se le apareció este Shellos. Ella lo usó como un efectivo compañero de Concurso de Glameow. Más tarde evolucionó en Gastrodon.

GASTRODON OESTE

MISDREAVUS

Zoey ha utilizado a Misdreavus en el Concurso Jubileo y en la Copa Plubio. Lo usa durante la ronda de repesca, con su muy eficaz movimiento Onda Voltio. Más tarde evolucionó en un Mismagius.

LEAFEON

Este Pokémon tipo Planta puede absorber la energía del sol para la fotosíntesis. Zoey se enfrentó con valentía a su compañero Leafeon contra el experto Nando y su valentía afloró. Leafeon la condujo a la ronda final del Gran Festival.

FINNEON

Zoey usa a Finneon en la Copa Plubio y después evoluciona a Lumineon.

KIRLIA

Cuando este Pokémon tipo Psíquico y Hada obtiene vibraciones positivas de su Entrenador, se arranca con movimientos de danza. Con Zoey, Kirlia consiguió tantos logros en Concursos que evolucionó en Gallade antes del Gran Festival.

KENNY

Un chico normal de Pueblo Hojaverde, Kenny es un Coordinador Pokémon que conoce a Maya desde sus días de escuela en la guardería, y disfruta de la oportunidad de revelar los momentos embarazosos de la infancia de Maya a sus nuevos amigos.

A pesar de que a Kenny le encanta burlarse de Maya y de vez en cuando se pone en una actitud arrogante, es un muchacho que no siempre es tan duro como aparenta. Cuando está atrapado en las Ruinas Sosiego, junto con Ash y Brock, está aterrorizado por lo extraño que es el lugar hasta que Ash le recuerda que ha de poner cara de valiente para animar a su Pokémon.

Los Pokémon de Kenny

ALAKAZAM
Kenny lo usa en la ronda de repesca del Concurso Aromaflor.

BRELOOM
Después de que el Breelom de Kenny use Energibola en una batalla amistosa contra Ash, este le pide a Kenny que le enseñe el movimiento a su Turtwig.

PRINPLUP
Prinplup se lleva bien con su Entrenador, pero es un Pokémon orgulloso y no siempre amistoso con los demás. Posteriormente se convirtió en Empoleon.

MACHOKE

Ninguna tarea es demasiado pequeña y ningún peso es demasiado grande para los músculos de Machoke. Este Pokémon tipo Lucha siempre está allí para prestarle una mano a Kenny y levantar cualquier objeto pesado. Machoke simplemente considera que el trabajo duro es el entrenamiento perfecto.

FLOATZEL

Es la forma evolucionada de Buizel. Es visto a menudo nadando en los puertos. Como un buen salvavidas, si ve a alguien ahogarse, Floatzel se pone en acción para salvarlo. ¡Kenny puede contar con su amigo Floatzel dentro o fuera del agua!

NANDO

Este autodenominado Trovador Pokémon añade un toque musical a todo lo que hace, desde conversaciones a concursos. Es muy considerado y educado; incluso en los combates, da a sus Pokémon amables peticiones en lugar de órdenes.

A pesar de su comportamiento suave, fue un duro un rival de Ash y Maya; incapaz de decidir entre ir a por los concursos Pokémon o los combates de Gimnasio, luchó con ambos entrenadores y estuvo inspirado tanto en Concursos como en Gimnasios. El plan de Nando dio sus frutos, ya que venció en el Gimnasio de Ciudad Vetusta y ganó dos Cintas: la segunda, al derrotar a Zoe en la final del Concurso Pokémon de Corazón.

Los Pokémon de Nando

ROSELIA

La Roselia de Nando evolucionó de un Budew durante una batalla con el Pikachu de Ash. Más tarde evoluciona a Roserade.

ROSERADE

LOPUNNY

El amigo perfecto para quien entra en los Concursos y Torneos Pokémon, Lopunny tiene unas hermosas y largas piernas hechas para el ballet y para dar patadas. Lopunny compite contra Zoey en las semifinales del Gran Festival.

ALTARIA

La forma evolucionada de Swablu, el Pokémon Cantor, envuelve sus alas esponjosas alrededor de los amigos y zumba una melodía acogedora. No es de extrañar que Altaria encontrara una profunda conexión con un poeta sensible como Nando.

ARMALDO

La forma evolucionada de Anorith. Este Pokémon está completamente cubierto por una dura armadura. Fue uno de los Pokémon de Nando llamados a luchar contra Ash en la ronda de apertura de la Liga Sinnoh.

SUNFLORA

Nando y su Sunflora son erróneamente incriminados por el robo de la Diamansfera del Museo Histórico de Sinnoh, pero Sunflora ayudó a localizar a los verdaderos ladrones: el Team Rocket.

KRICKETOT

Este Pokémon tipo Bicho puede recrear el dulce sonido de un xilófono cuando hace sonar sus antenas. Junto a Altaria, Nando demuestra sus increíbles habilidades musicales en el Gran Festival.

KRICKETUNE

Cuando hace equipo con el Silbato de Sunflora, Kricketune puede usar Canto para iniciar la actuación musical que sorprende a la audiencia del Concurso.

POLO

Dentro y fuera del campo de batalla, los entrenadores Pokémon rivales son a menudo también amigos, o al menos comprensivos con el otro. Incluso el primer rival serio de Ash, Gary Oak, es también su amigo y aliado. Pero Polo, un Entrenador que trata a los Pokémon más como un juego que como una cuestión de seres vivientes y sensibles, no está aquí para ser amable con nadie, y menos con Ash. Polo está aquí para ganar.

CUANDO UNA VIDA SE PARECE A OTRA...

Cintia, la mejor Entrenadora en Sinnoh, conoce el comportamiento de Polo de primera mano. Pero, a diferencia de Ash, ella no reacciona con indignación. Ella ve a su yo más joven en Polo, un Entrenador cuyo único pensamiento es ser más fuerte, y con delicadeza le insta a pensar en sus Pokémon no como herramientas, sino como seres, cada uno con su propia personalidad. Aunque Ash y sus amigos recuerdan a Polo la lección de Cintia, queda por ver si sus palabras tendrán algún efecto.

Proveniente de Ciudad Rocavelo, Polo es un Entrenador pragmático, de corazón frío que cree en la fuerza, la victoria y no mucho más. No es un tramposo, pero para él, una victoria es una victoria independientemente de si fue ganada por la bondad o la crueldad. Y la bondad no está en el vocabulario de Polo: espera un rendimiento del 100% de sus Pokémon en todo momento, y no duda en criticar o retirar a un Pokémon que no cumpla con las expectativas. Incluso en el momento de la captura, Polo solo piensa en el poder que un Pokémon tiene para ofrecer, usando su Pokédex para comprobar el Pokémon que captura y manteniendo solo los que cumplan con sus requisitos. No hay lugar para la debilidad en su equipo.

La mayoría de los entrenadores quieren que sus Pokémon eviten ser lastimados. Pero si él puede obtener una ventaja a pesar de ello, Polo ordena a su Pokémon recibir el daño durante el combate; es una de sus estrategias más despiadadas pero eficaces.

Ash está decidido a vencer a Polo y demostrar que la amistad y la cooperación son las mejores maneras de entrenar a los Pokémon, pero para su disgusto, sus mejores resultados contra Polo son solo empates. Ash apenas puede conseguir la atención de Polo, lo que provoca su frustración. Pero, en cierto modo, Polo ha estado prestando atención a Ash, es decir, a los Pokémon de Ash. En realidad, no podrían importarle menos los discursos de Ash sobre la confianza y la amistad; pero está muy interesado en el Placaje Eléctrico de Pikachu.

MURKROW

Polo atrapó a su Murkrow durante sus viajes fuera de la región de Sinnoh. Evoluciona en Honchkrow en un combate con la Líder del Gimnasio Brega, en Ciudad Rocavelo.

HACE ALGO NUEVO?

El Electabuzz de Polo parece asemejarse a él; incluso cuando era un Elekid, No se lleva bien con Pikachu. Pero en Ciudad Rocavelo, Electabuzz tuvo la oportunidad de presenciar la devoción de Ash hacia sus Pokémon. Y en cuanto a Chimchar, el apoyo y la amabilidad de Ash no han borrado los recuerdos de sus tiempos brutales con Polo. Chimchar todavía tiene algunos asuntos pendientes que resolver con su Entrenador anterior.

FROSSLASS

Después de que Ninjask fuera eliminado de los cuartos de final de la Liga Sinnoh, Froslass fue llevado al campo de batalla. Ash eligió enviar a Pikachu. Aunque Froslass es una fuerza a tener en cuenta, no fue rival para el Pokémon Ratón.

WEAVILE

Este Weavile es otro Pokémon que Polo capturó durante sus viajes en la región de Sinnoh.

Los Pokémon de Polo

NINJASK

Polo atrapó a Ninjask antes que a Chimchar. Pero con el entrenamiento de Ash, la siguiente vez que Ninjask vio a Chimchar se había convertido en Infernape. Aunque Ninjask es conocido por su velocidad, no fue rival para el Pokémon tipo Fuego en los cuartos de final de la Liga Sinnoh.

DRAPION

Este espinoso Pokémon acabó con los amigos de Ash, Buizel, Staraptor y Torterra, con Púas Tóxicas durante los cuartos de final de la Liga Sinnoh.

LAIRON

Después de ayudar a Lairon a crecer en su evolución final, Aggron, el Pokémon de Acero y Roca fue la primera elección de Polo en el Combate Total con Ash y Pikachu en los cuartos de final de la Liga Sinnoh.

GLISCOR

En la ruta de vuelta a Ciudad Rocavelo, Polo oyó hablar de un duro Gliscor y decidió atraparlo.

AGGRON

GASTRODON ESTE

El Gastrodon de Polo, del Mar del Este, es un rival duro. Polo lo eligió como su segundo Pokémon en los cuartos de final de la Liga Sinnoh, pero la estrategia creativa de Ash lo eliminó.

ELEKID

Criado por Polo desde que era un Elekid, Electabuzz tiene una actitud igual que la de su Entrenador y una pelea continua con Pikachu. Más tarde evoluciona a Electivire.

ELECTIVIRE

TORTERRA

TURTWIG

El primer Pokémon de Polo fue un Turtwig. Ha llegado a su forma final evolucionada: un enorme Torterra.

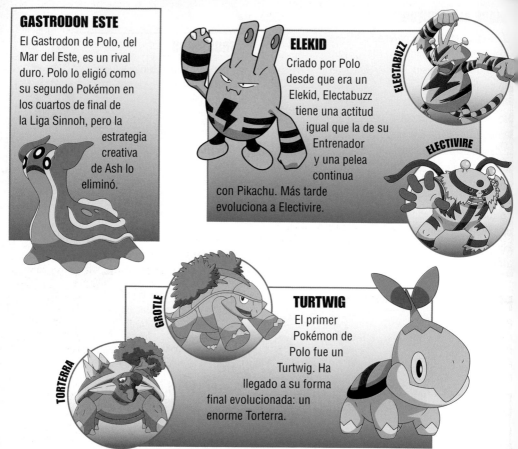

MAGMAR

Este Magmar parece haber reemplazado a Chimchar. Polo lo usó en su Combate en el Gimnasio de Ciudad Rocavelo, explotando la ventaja del tipo de Magmar contra el Lucario de la Líder del Gimnasio, Brega. Más tarde evolucionó en un Magmortar.

MAGMORTAR

URSARING

Atrapado en el Bosque Perplejo, Ursaring tiene un poderoso Hiperrayo. Se enfrenta a su excompañero de equipo, Chimchar, en un combate tan brutal, que traumatiza a Chimchar en la liberación de su verdadero poder.

Chimchar

¿Es este el que Polo dejó escapar? Polo sabía que su Chimchar tenía un potencial asombroso; cuando lo vio por primera vez en su estado salvaje, desató un poder casi incontrolable para derrotar a una bandada de Zangoose que le había acorralado y asustado. Pensando en que este poder sería útil para la Liga Pokémon, Polo le pidió a Chimchar que viniera con él. Chimchar creyó que podría ser fuerte de esta forma, pero los duros métodos de entrenamiento de Polo –muy por encima de los que utilizó en sus otros Pokémon– nunca lograron despertar ese poder en Chimchar.

Durante el combate por la Medalla de Ciudad Corazón, Chimchar se quedó bloqueado cuando nuevamente se enfrentó a un Zangoose, así que Polo, disgustado, dio la espalda a propósito a su propio Pokémon. Por suerte para Chimchar, después del combate encontró un Entrenador nuevo y más gentil: Ash. Polo ha visto a Ash desbloquear el poder verdadero de Chimchar, aunque sigue siendo incontrolable y peligroso.

PENSANDO A SU MANERA

Polo puede ser malo, pero no es lo suficientemente malo como para pensar que puede tratar a todo el mundo de esa manera. Cuando se trata de la Enfermera Joy y otras figuras con autoridad, como Roco, el Líder del Gimnasio, Polo hasta da las gracias. Y aunque puede haber sido arrogante al desafiar a Cintia, la campeona de Sinnoh, él nunca le demostró su actitud hostil. Después de que ella lo derrotase en combate, le hizo unas sugerencias, que él siguió a regañadientes.

Por otro lado, Polo a veces se convierte en alguien irrespetuoso, incluso para un Líder de Gimnasio. Después de una fácil victoria sobre Brega, la Líder del Gimnasio Rocavelo, Polo no vaciló en insultarla en su cara.

La conversación más sincera de Polo hasta la fecha no fue con Ash, sino con Brock. Cuando Brock se le acercó porque estaba seriamente preocupado por la salud de Chimchar, Polo explicó cómo conoció a Chimchar y por qué presionó a Chimchar hasta ese extremo.

Reggie

Reggie es lo completamente opuesto a su hermano menor, Polo. Reggie es un Criador Pokémon que recientemente ha regresado a Ciudad Rocavelo. Como su hermano Polo, Reggie viajó a otras regiones antes de volver a Sinnoh.

Las vitrinas llenas de medallas no pertenecen a Polo... ¡son de Reggie! Kanto, Johto, Hoenn, Sinnoh y el Frente Batalla: Reggie ha visto el mundo y ha luchado en todas partes.

Polo puede dejar a Reggie algunos de sus Pokémon y luego llamarle para que le envíe aquel que necesite para un combate. Polo no es más abierto con su hermano que con cualquier otra persona, pero sí le habló sobre el Placaje Eléctrico del Pikachu de Ash.

EQUIPO GALAXIA

Apártate, Team Rocket. Hay un nuevo equipo en la ciudad, y se dedican a negocios, serios y desagradables.

¿QUIÉNES SON ESTAS PERSONAS?

¿Qué es el Equipo Galaxia? No se sabe hasta casi el final, cuando quizás es demasiado tarde. Los entrenadores Pokémon deben estar atentos a este equipo. Por lo que sabemos, son responsables de actos tan atroces como el robo de la Diamansfera y Lustresfera, arrasando hasta con Unown para obtener la Llave Giro, destrozando las vías del tren hacia el Lago Agudeza y otras maldades en general. Pero, ¿qué quieren? ¿Podría ser algo que tenga relación con Dialga y Palkia? ¿O simplemente les gustan los nombres geniales asociados con los planetas?

COMANDANTE HELIO

Detrás de cada gran organización hay un jefe malvado. Helio se muestra como un hombre de negocios exitoso que ha construido la mayoría de los edificios en la región de Sinnoh. Pero, en realidad, está dirigiendo toda la organización del Equipo Galaxia. Quiere capturar al Trío del Lago, e incluso emplea a la Cazadora Pokémon J para conseguirlos. Pero cuando finalmente realiza su sueño de desbloquear el portal espacio-tiempo, este es destruido y Helio desaparece.

Pokémon conocidos

AZELF

MESPRIT

UXIE

DIALGA

PALKIA

COMANDANTE SATURNO

Recibimos el primer olorcillo de maldad cuando el Comandante Saturno ordena al Team Rocket que robe la Diamansfera del Museo Vetusta. Luego, Saturno inicia una tormenta cuando usa Tabla Draco, Tabla Acero y Tabla Linfa para desbloquear una extraña llave en forma de cubo que transforma el espacio-tiempo en realidad. Él es quien desata un Rayo Confuso de su Bronzor sobre Unown y causa terribles daños.

Pokémon conocidos

TOXICROAK

BRONZOR

COMANDANTE VENUS

La atractiva Comandante Venus es algo más que una cara bonita, ella es la encarnación del mal. Ella y Saturno tratan de robar la Lustresfera de Pueblo Caelestis. Más tarde, viaja a la Isla Acero con la Llave Giro para encontrar la ubicación exacta de la Columna Lanza en el Monte Corona. Sin embargo, Quinoa y Lucario frustraron sus planes.

Pokémon conocidos

PURUGLY

BRONZOR

COMANDANTE CERES

A Ceres se le asigna el papel de protector y guardián en la organización del Equipo Galaxia. Protege a Plutón con Forja Fuego mientras trabaja en el proyecto de la Cadena Roja. También se le dijo que cuidara de la captura del Trío del Lago. Aunque se las arregla para capturar a Handsome, está molesta porque Azelf, Mesprit, y Uxie decidan estar de lado de los buenos... quizá sea por los trajes.

Pokémon conocido

SKUNTANK

PLUTÓN

Plutón es como el técnico del Equipo Galaxia. Se asegura de que sus diabólicos planes sigan los organigramas y los horarios que se establecen sobre el papel. No es tan difícil sin un protector de bolsillo, ¿o sí, Plutón?

Pokémon conocidos: ninguno

EL TEAM ROCKET Y LOS "MOCOSOS"

El Team Rocket ha acosado a Ash y sus amigos desde el principio, pero estos ladrones Pokémon pueden renunciar a sus instintos criminales y trabajar con los "mocosos" cuando es necesario. Especialmente James y Meowth, que son más bondadosos de lo que parecen. Aunque el Team Rocket normalmente no da tregua, han cooperado con Ash y sus amigos más veces de lo que uno pensaría.

UN ENEMIGO COMÚN

Poco después de que Ash y sus amigos aterricen en Isla Mandarina, en las Islas Naranja, Pikachu y Togepi atacan a Ash y Misty. Meowth, extrañamente, también huye del Team Rocket; Butch y Cassidy están usando un Drowzee para controlar a todos los Pokémon. Jessie y James tratan de vencerlos y hacer que Meowth vuelva, en vano. Ash y sus amigos ayudan a Jessie y James, y les convencen para aliarse contra Butch y Cassidy. Después de que Butch y Cassidy sean anulados, el Team Rocket podría haber recibido la gratitud de los lugareños, pero eso hubiera sido malo para su reputación, así que la rechazan.

CUANDO NO HAY OPCIÓN

Cuando un enfado de Ursaring fuerza a los dos héroes y al Team Rocket a dispersarse y reagruparse, Jessie se encuentra con Brock y Ash, mientras que James y Meowth terminan con Misty. Todo el mundo tiene que pedir una tregua temporal si quieren salir del bosque, y aunque los miembros del Team Rocket no pueden dejar de lado sus tendencias criminales, ven lo que esa parte de su personalidad causa, y eso les hace reflexionar sobre sus propias vidas.

El Team Rocket está impresionado por la deliciosa cocina de Brock, y Jessie también se sorprende por su generosidad cuando su grupo acampa por la noche.

A VECES ES LO CORRECTO

Cuando Brock ayuda a Jaco, el Criador Pokémon, a trabajar con su Electrike, su dedicación enternece a James y Meowth. Los dos miembros del Team Rocket incluso detienen a Jessie en el intento de robar a Electrike, negándose a dejar que destruya el creciente vínculo entre Electrike y Jaco. James y Meowth incluso se ofrecen voluntarios para ayudar a Jaco y Electrike a entrenar; experimentados en ser machacados por Pikachu, están felices de ofrecerse como blancos para los ataques Trueno de Electrike. Aun así, no pueden resistirse a intentar robar a Pikachu; pero cuando Electrike evoluciona a Manectric y les dispara con Trueno, están contentos de que por fin haya dominado su movimiento eléctrico.

ESTAMOS AQUÍ PARA DAR APOYO MORAL

Cuando Ash y Pikachu conocieron al Teniente Surge en el Gimnasio de Ciudad Carmín, Pikachu recibió una sonada derrota a manos de su Raichu y se empeñó en derrotarlo con su propio poder. Esta valentía conmovió al Team Rocket, que animaba a Pikachu para que ganara la revancha. El Team Rocket retiró a Chimchar en el Combate Corazón; habían visto cuán severamente Polo trataba a su Chimchar, y era difícil de tolerar, incluso para ellos. Más tarde, Meowth ve a Chimchar esforzarse y, en sintonía con la amabilidad de Ash, tiene una amistosa conversación con el Pokémon tipo Fuego.

¿Puedes guardar un secreto?

A veces el Team Rocket es absolutamente sincero pidiendo ayuda. Cuando el Chimecho de James cae enfermo, lo lleva a Tata y Papa para que lo sanen. No puede soportar decirle a la amable pareja lo que hace para ganarse la vida, por lo que se hace pasar por el presidente de una compañía. Pero Munchlax, paciente de Aura, también se está recuperando bajo el cuidado de Tata y Papa, así que James le ruega a "los mocosos" que le ayuden a mantener su farsa.

PELIGROSA

SE BUSCA
LA MÁS BUSCADA DE SINNOH

El Equipo Galaxia y el Team Rocket no son las únicas amenazas de la paz en Sinnoh. Hay más criminales, tanto grandes como pequeños, pero uno de los más grandes de todos ellos es la despiadada mercenaria conocida como la Cazadora Pokémon J.

J, LA CAZADORA POKÉMON

Los esfuerzos combinados de la Agente Mara y los Pokémon Rangers no han logrado aún detener a la Cazadora Pokémon J y su negocio despiadado. Nadie conoce su verdadera identidad, pero ellos saben cuál es su trabajo: es una Cazadora Pokémon, una mercenaria que captura Pokémon con la única intención de venderlos a compradores dispuestos. Tampoco encuentra impedimento en capturar Pokémon salvajes; si ve un Pokémon que necesita o piensa que puede vender a un buen precio, lo capturará y lo agregará a su catálogo de ventas, independientemente de si ya tiene dueño.

Lo que hace particularmente peligrosa a J es que es una profesional en lo que hace. Tiene el mismo enfoque de negocio con sus clientes que con sus objetivos. Nunca mima a un cliente y no dudará en cortar con aquellos que rompan un acuerdo. En cuanto a sus objetivos, ella trata a los valiosos Pokémon con cuidado, pero no muestra misericordia hacia nada si no es que tiene un valor de reventa. Ser miembro de su equipo tampoco es garantía de fiabilidad; una vez se deshizo del hangar entero de su barco, junto con toda la tripulación a bordo.

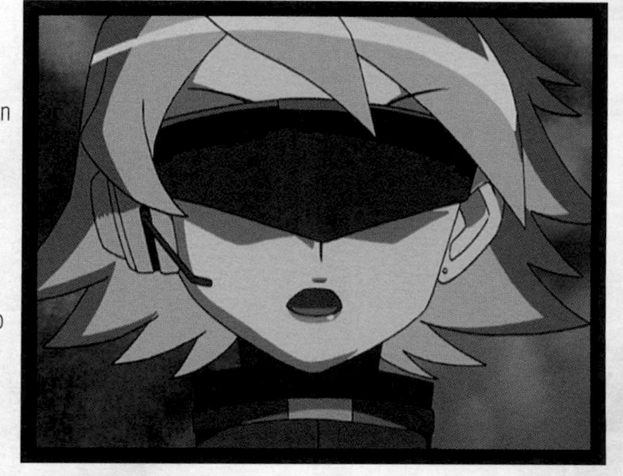

El bien contra el mal

Ash y sus amigos se han topado con J más veces de lo que les gustaría. Primero, capturó a Pikachu y tuvieron que recuperarlo junto con el Gardevoir robado de un Entrenador. Después ella vino a por un grupo de Shieldon que Gary estaba estudiando, así que tuvieron que ayudarlo. Finalmente, fue contratada para robar un Riolu, y eso hizo que el Ranger Primo tuviera que ayudar a Ash y sus amigos a conseguir que Riolu regresara. Por suerte, aunque no han logrado detenerla todavía, Ash y sus

El operativo de la Cazadora Pokémon J incluye una flota de vehículos y una aeronave gigante que puede ocultarse para evitar la detección, pero no todo su equipo es tan grande.

Lo cierto es que J no hace todo el trabajo sucio por sí sola: tiene una amplia tripulación de subordinados que la ayudan a manejar el barco y a capturar Pokémon. Estos subordinados también tienen un Golbat.

Su visera se duplica como una pantalla de datos, permitiéndole ver mapas e información en vivo que ayudan a rastrear sus objetivos.

El guantelete en su muñeca izquierda dispara un rayo que puede congelar Pokémon y lo convierte en datos. Una vez que un Pokémon está congelado, se puede transferir a un estuche para facilitar el transporte y el almacenamiento.

Pokémon de la Cazadora J

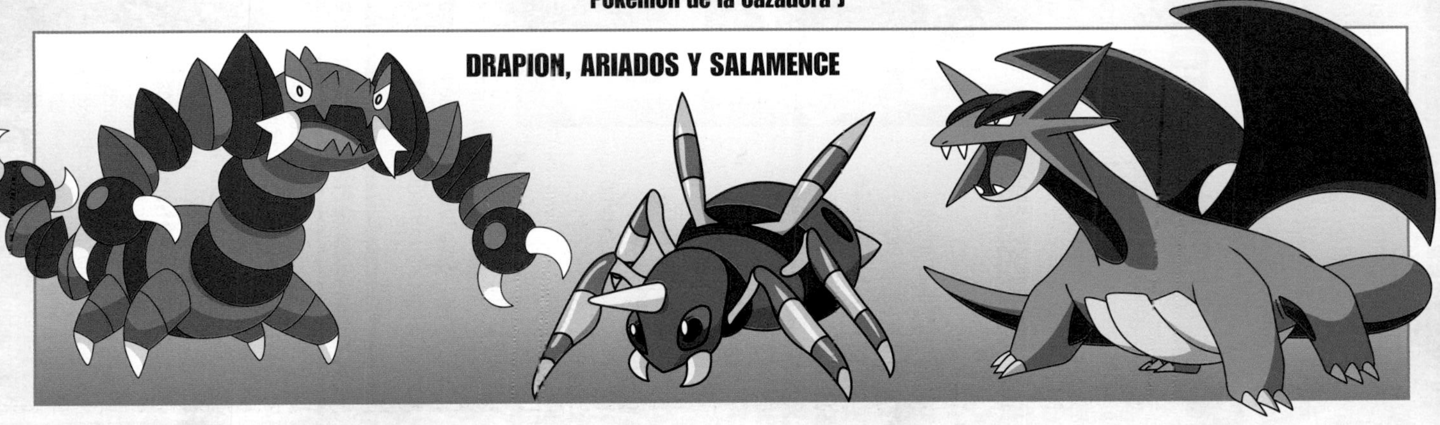

DRAPION, ARIADOS Y SALAMENCE

LA LIGA POKÉMON, DESDE DENTRO

La Liga Pokémon no suele ser objeto de atención por parte de un Entrenador Pokémon, pero consiste en el grupo organizador detrás del sistema de gimnasios y torneos de la región que cada Entrenador aspira a disputar. Además, la Liga también está involucrada en el proceso de captación de Pokémon para distribuir a los entrenadores novatos.

ORGANIZACIÓN DEL TORNEO

Los torneos de la Liga Pokémon representan lo máximo para los entrenadores en todas partes, y es importante asegurarse de que todo salga sin problemas. La Liga está involucrada en todos los aspectos, desde la promulgación de reglas y selección de árbitros hasta el relevo de la llama que inicia un torneo.

JURADOS POKÉMON

Ser un árbitro para las batallas Pokémon implica algo más que agitar algunas banderas, y la Isla Bamba de Hoenn es donde los jueces de combate aprenden lo que se necesita. Allí, en la Escuela de Entrenamiento de Jurado de Combate Pokémon los árbitros se dedican a formarse en un currículo riguroso; saber cómo llevar un partido requiere un conocimiento experto de los tipos de Pokémon, movimientos y otras características, lo que permite a un juez medir si un Pokémon está fuera de combate. Solo los mejores de los mejores serán calificados y seleccionados para arbitrar los actuales torneos de la Liga Pokémon.

¿De dónde viene el Primer Compañero Pokémon?

Los nuevos entrenadores comienzan sus aventuras con uno de los tres primeros compañeros Pokémon de su región. Pero, ¿de dónde vienen estos primeros compañeros Pokémon, y por qué tienen todos la misma fuerza? Normalmente es un secreto bien guardado, pero la Liga Pokémon distribuye Huevos a personas que los crían como Primer Compañero Pokémon. Una de esas personas es el señor Pantani, quien cría huevos Mudkip en una zona apartada de Hoenn.

CERTIFICACIÓN DE LA LIGA POKÉMON

En la Ciudad Tenebrosa de Kanto, dos gimnasios no oficiales –el Gimnasio de Yas y el Gimnasio Kaz– lucharon por la supremacía creyendo que el Gimnasio ganador recibiría certificación oficial y obtendría beneficios. Sus actividades dieron a todos los entrenadores Pokémon una mala reputación en la ciudad, ya que los gimnasios no se contentaron en reclutar entrenadores; propusieron que los entrenadores de Gimnasios y Pokémon pelearían en las calles, un comportamiento inaceptable para cualquier Gimnasio respetable.

Una Enfermera Joy disfrazada era uno de los inspectores oficiales de la Liga Pokémon, por lo que no había ninguna posibilidad de que aprobara los gimnasios Yas y Kaz. Sin embargo, les dio la oportunidad de enmendarse: si unían fuerzas para reparar todo el daño que habían causado y aprendían a ser responsables de entrenadores, podrían tener la oportunidad de comenzar el trámite de certificación de Gimnasio de nuevo.

INSPECCIÓN Y CERTIFICACIÓN DE GIMNASIO

Para llegar a un Torneo de la Liga Pokémon, un Entrenador necesita medallas. Y para conseguirlas, necesita ganar desafíos en un Gimnasio oficial. Eso significa que la Liga tiene que supervisar las aprobaciones y certificaciones del Gimnasio para asegurarse de que el proceso se ejecute sin problemas.

INSPECCIÓN DE GIMNASIO

Una vez que un Gimnasio está certificado y operativo, todavía tiene que hacer frente a la Agencia de Inspección Pokémon, PIA. La PIA tiene el poder de cerrar Gimnasios que sean sucios, inseguros, o simplemente que no estén a la altura de sus estándares.

COMBATES DE GIMNASIO DE SINNOH

Las reglas de los combates de los Gimnasios de Sinnoh no son muy distintas a las reglas de cualquier otros; el combate estándar es de 3 contra 3, donde solamente el retador puede sustituir a un Pokémon. Si ganas medallas de ocho Gimnasios, puedes competir en la Liga Sinnoh. Ash está decidido a conseguir esas medallas y estos son los gimnasios que ha visitado hasta ahora.

GIMNASIO DE CIUDAD PIRITA

LÍDER DEL GIMNASIO: ROCO

ROCO  **VS.** **ASH** 

Pikachu utiliza su velocidad y Cola Férrea para frustrar a Onix hasta que Onix usa Tumba Rocas para aprisionar a Pikachu. Este no se rinde y Ash utiliza Rayo para escapar y Cola Férrea para finalizar.

ROCO  **VS.** **ASH** 

El combate está bastante igualado, con Geodude usando Desenrrollar y Aipom usando Rapidez. Al final, Aipom lo hace mejor que Geodude, sorprendiendo a Roco.

Rampardos fue en origen un tipo especial de Cranidos, el primer fósil Pokémon revivido con la Máquina para Revivir Fósiles, y es de Roco desde que este era niño.

ROCO  **VS.** **ASH** 

Rampardos hace el trabajo rápido ante un ya cansado Aipom. Un golpe y Aipom le deja incapacitado para luchar.

ROCO  **VS.** **ASH** 

Pikachu y Rampardos se pusieron a prueba, chocando en medio del ring con un Placaje Eléctrico y Golpe Cabeza. Al final, Rampardos fue demasiado fuerte, lanzando a Pikachu contra el terreno rocoso del gimnasio y obteniendo la victoria.

ROCO  **VS.** **ASH** 

El conocimiento de Rampardos de los movimientos de tipo Fuego pone a Turtwig en desventaja, pero Turwig está bien entrenado y es fuerte. Utiliza Hoja Afilada para asegurar la victoria y la primera medalla de Ash en la región de Sinnoh.

Líderes de Gimnasio 101

Ser un Líder de Gimnasio es algo más que enseñar a los entrenadores en el campo de batalla. Ash quiere ganar contra Roco para demostrar que los métodos de Polo están equivocados, y se enfrenta a la revancha del Gimnasio de Ciudad Pirita con esto en mente. Sintiendo algo raro, Roco se acerca a Ash durante una sesión de entrenamiento y le recuerda que se concentre en el combate de gimnasio, no en su batalla para probar que Polo está equivocado.

GIMNASIO DE CIUDAD VETUSTA

LÍDER DEL GIMNASIO: GARDENIA

GARDENIA VS. **ASH**

El techo abierto del gimnasio es fundamental para que el sol proporcione a Cherubi más poder.

GARDENIA VS. **ASH**

Staravia esquiva Hoja Afilada de Cherubi y utiliza un Golpe Aéreo ultrarrápido para enviar a Cherubi a hacer las maletas.

GARDENIA VS. **ASH**

Ash sabe que el Turtwig de Gardenia es tan rápido como su Staravia. Sin embargo, Staravia se encuentra del lado perdedor ante un Drenador.

GARDENIA VS. **ASH**

Este enfrentamiento pone a prueba la dureza del Turtwig de Ash. Lucha con Drenador para ganar el combate.

GARDENIA VS. **ASH**

Todavía reponiéndose del movimiento Drenador de la batalla anterior, Turtwig sucumbe ante un golpe de Roserade.

GARDENIA VS. **ASH**

Aipom aplica el estilo de un Concurso Pokémon, y lo respalda con un Rapidez para obtener la victoria.

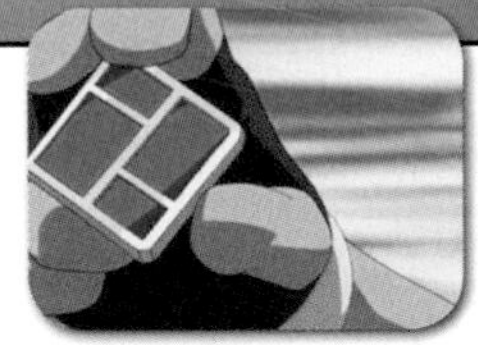

GIMNASIO DE CIUDAD ROCAVELO

LÍDER DEL GIMNASIO: BREGA

Líderes de gimnasio 101

Los Líderes de Gimnasio y los retadores tienen algo que aprender los unos de los otros. Brega se sintió inquieta por que ganar o perder un combate de Gimnasio puede tener un efecto enorme en un retador. Para Brega, el efecto acumulativo de todos esos combates y sus lecciones es importante. En su opinión, los retadores ayudan al Líder de Gimnasio a convertirse en alguien mejor.

BREGA VS. **ASH**

Staravia regresa del borde de la derrota con Golpe Aéreo para derrotar a Machoke.

BREGA VS. **ASH**

Meditite esquiva todo lo que Staravia lanza, y Staravia tiene que retirarse cuando está demasiado confundido para continuar.

BREGA VS. **ASH**

Chimchar sufre el mismo destino que Staravia, pero Ash logra recuperarlo también.

BREGA VS. **ASH**

Despejado de su Confusión, Staravia vence a Meditite con un movimiento de Pájaro Osado.

BREGA VS. **ASH**

Staravia intenta Pájaro Osado de nuevo, pero Lucario está listo. Su Garra Metal envía a Staravia de vuelta a la Poké Ball.

BREGA VS. **ASH**

Ataque Óseo y Palmeo de Lucario hacen rápidamente su efecto con contra el vigoroso Chimchar.

BREGA VS. **ASH**

Lucario y Buizel dan un espectáculo memorable. Hacen saltar por los aires el techo del Gimnasio de Ciudad Rocavelo y quedan incapaciados para luchar. El combate termina en empate, pero Brega otorga la Medalla Adoquín a Ash por el esfuerzo de su Pokémon.

GIMNASIO DE CIUDAD PRADERA

LÍDER DEL GIMNASIO: MANANTI, EL DESTRUCTOR

Si Ash quiere llegar a la final, tendrá que superar a Mananti, El Destructor, y su Gimnasio tipo Agua. Pero primero, Pikachu y Buizel deben dejar de lado sus rencillas.

MANANTI, EL DESTRUCTOR **ASH**

 **VS.** 

A pesar de la limitación de los movimientos de tipo Eléctrico, Pikachu comienza lento contra Gyarados. Pero eso cambia cuando Pikachu emplea Placaje Eléctrico para ganar.

MANANTI, EL DESTRUCTOR **ASH**

 **VS.** 

Buizel devuelve el Rayo Hielo de Quagsire y lanza un helado Acua Jet dejando estupefacto al Pokémon. Quagsire es derrotado rápidamente.

MANANTI, EL DESTRUCTOR **ASH**

 **VS.** 

Usando una mezcla de movimientos de tipo Eléctrico, Pikachu está cerca de perder. Pero por desgracia para Mananti, no tan cerca. Floatzel daña a Pikachu, por lo que Ash envía a Buizel para que finalice el combate.

MANANTI, EL DESTRUCTOR **ASH**

 **VS.** 

Sabiendo que Quagsire es fuerte contra los movimientos de tipo Eléctrico, Ash saca a Turtwig, que es golpeado por Bomba Lodo y debe retirarse.

MANANTI, EL DESTRUCTOR **ASH**

 **VS.** 

Floatzel, la forma evolucionada de Buizel, aleja fácilmente el Acua Jet de Buizel. Después de usar Corpulencia para elevar su poder, Floatzel esquiva a Buizel hasta que es eliminado.

MANANTI, EL DESTRUCTOR **ASH**

 **VS.** 

El Acua Jet de Buizel y el Colmillo Hielo de Floatzel chocan cuando Buizel aprende a utilizar la cubierta de la piscina una vez más para golpear a Floatzel. Ash gana la Medalla Ciénaga.

GIMNASIO DE CIUDAD CANAL

LÍDER DEL GIMNASIO: ACERÓN

Ahora le toca a Ash enfrentarse a Acerón por la Medalla Mina. Pero la férrea defensa de Acerón no se lo pondrá fácil.

ACERÓN VS. **ASH**

La habilidad a prueba de calor de Bronzor anula los movimientos de Fuego de Chimchar. Chimchar usa Excavar y Lanzallamas en respuesta a la Danza Lluvia de Bronzor. Después de usar la Rueda Fuego, Chimchar vence.

ACERÓN VS. **ASH**

Buizel debería tener ventaja: usa Pistola Agua contra el Chirrido de Steelix, pero el Chirrido lo inmoviliza. Esto posibilita un combo de Atadura y Cola Férrea que termina en Buizel.

ACERÓN VS. **ASH**

Chimchar intenta usar Excavar, pero la Cola Férrea de Steelix sacude la tierra y hace que Steelix caiga por las lagunas creadas por Excavar en el campo de batalla. La Rueda Fuego de Chimchar abate a Steelix.

ACERÓN VS. **ASH**

Bastiodon es poderoso, y Chimchar se está quedando sin energía, por lo que este combate parece bastante desequilibrado desde el principio. Cuando Chimchar es eliminado, Ash llama a Gliscor.

ACERÓN VS. **ASH**

El novato Gliscor se siente campeón pero se viene abajo en el último enfrentamiento. El Foco Resplandor de Bastiodon contra el Ataque Arena y Colmilo Ígneo de Gliscor, decide la contienda. Gliscor vence, ¡y Ash gana la Medalla Mina!

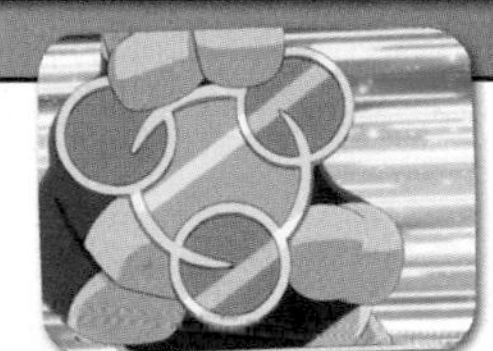

GIMNASIO DE CIUDAD CORAZÓN

LÍDER DEL GIMNASIO: FANTINA

La habilidad de Fantina con Hipnosis ya fue un problema para Ash antes... y ahora la sufrirá con una medalla en juego.

FANTINA VS. **ASH**

Ash no había luchado antes contra Gengar. Cuando Gengar usa Hipnosis, Buizel lo para con Pistola Agua. Gengar recurre a Tinieblas, pero el Hidropulso de Buizel se impone.

FANTINA VS. **ASH**

Drifblim, el mejor pegador de Fantina, usa Psíquico y Fuego Fatuo para crear un escudo. La peor pesadilla de Ash, Hipnosis, combinada con Viento Aciago, acaba con Pikachu.

FANTINA VS. **ASH**

Usando Rueda Fuego y Lanzallamas como protección contra Onda mental y Pulso Umbrío, Chimchar abate al segundo Pokémon de Fantina.

FANTINA VS. **ASH**

Buizel lanza un Acua Jet para contrarrestar la protección del Fuego Fatuo, pero Fantina cuenta con Viento Aciago. De nuevo, usa Hipnosis combinada con Psíquico para vencer a Buizel.

FANTINA VS. **ASH**

Chimchar usa Lanzallamas para combatir Fuego Fatuo y romper el escudo. Cuando Fantina recurre a Hipnosis, Chimchar tiene a punto el Lanzallamas y abate a Drifblim para la victoria. Ash obtiene la Medalla Reliquia.

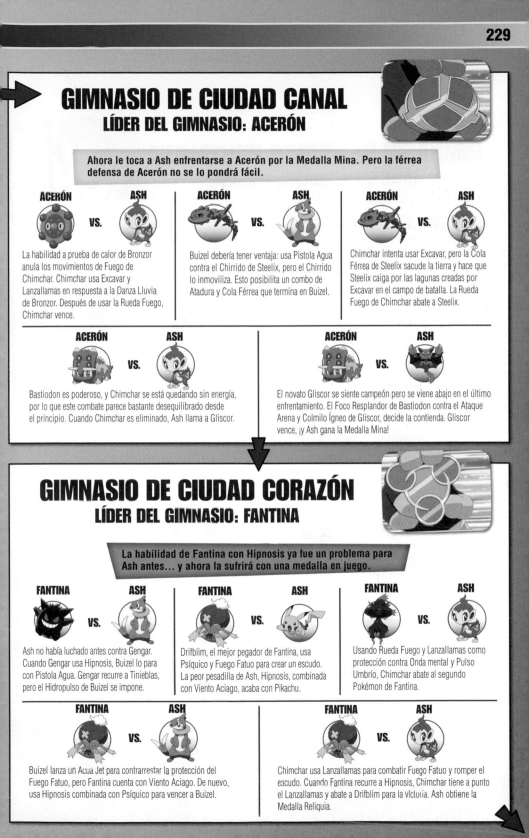

GIMNASIO DE CIUDAD PUNTANEVA

LÍDER DEL GIMNASIO: INVERNA

En un combate de cuatro contra cuatro, Ash utiliza un Pokémon de tipo Planta contra el Pokémon tipo Hielo del Gimnasio. Esto pone a Ash en desventaja, pero es que esconde algo bajo la manga...

INVERNA VS. **ASH**

Sneasel patina sobre el hielo para evitar la Energibola de Grotle. Después de usar Viento Hielo, Grotle revela su estrategia: usar Treparrocas para derrotar a Sneasel en el aire.

INVERNA VS. **ASH**

¿Ha olvidado Ash que Medicham es de los de tipo Psíquico, que pueden con los Pokémon de tipo Volador? Pues resulta que el Puño Fuego de Medicham no es rival para el Pájaro-Osado de Staraptor.

INVERNA VS. **ASH**

El Colmillo Ígneo de Gliscor que derrite la nieve es muy efectivo. Por desgracia, el Rayo Hielo de Snover también lo es, y aniquila a Gliscor. Varios movimientos después, Gliscor es eliminado.

INVERNA VS. **ASH**

Inverna usa movimientos nevados para contrarrestar a los ardientes, creando un manto de niebla en el campo de batalla. Cuando el humo desaparece, Snover está fuera, y Chimchar gana la ronda.

INVERNA VS. **ASH**

Chimchar lo intenta con un movimiento tipo Fuego, pero Abomasnow desvía fácilmente el Lanzallamas con Ventisca. Ash retira a Chimchar y envía a Staraptor...

INVERNA VS. **ASH**

La elección de Ash de sacar a Staraptor resultó ser costosa y arrogante, ya que Abomasnow lo derrota en un movimiento. Ash entonces envía a Grotle, esperando que eso le dé una pequeña revancha.

INVERNA VS. **ASH**

Grotle es eliminado también en un movimiento. Ash no tiene más remedio que enviar a Chimchar. Surfeando en un fragmento de hielo, Chimchar devasta a Abomasnow con Lanzallamas, y lo termina con Rueda Fuego. ¡Caramba!, Ash gana la Medalla Carámbano.

GIMNASIO DE CIUDAD MARINA
LÍDER DEL GIMNASIO: LECTRO

Lectro y Ash tuvieron que superar algunos obstáculos antes de poder competir, como derrotar al Team Rocket después de que secuestraran la Torre Marina. Pero ahora, finalmente, pueden tener un buen y tradicional combate Pokémon.

LECTRO **ASH**

VS.

La ventaja de tipo no significa nada cuando un Líder de Gimnasio utiliza movimientos defensivos, lo cual no es un buen augurio para Ash. Torterra se precipita contra Electivire con Treparocas. Sin embargo, Electivire derrota a Torterra con Puño Hielo.

LECTRO **ASH**

VS.

Después de una rápida sucesión de golpes de Fuego y Hielo, parece que Pikachu está acabado... hasta que su Electricidad Estática, que puede paralizar temporalmente a un oponente, entra en acción. Pikachu gana, por suerte.

LECTRO **ASH**

VS.

Jolteon dispara una serie de Bolas Sombra contra Infernape, que las devuelve con Ultra Puño. Finalmente, Infernape elimina a Jolteon con un oportuno puñetazo.

LECTRO **ASH**

VS.

La Cola Férrea de Pikachu parece que tiene contra las cuerdas a Luxray. Pero cuando Luxray utiliza Colmillo Rayo seguido de Onda Voltio, las luces se apagan para Pikachu.

LECTRO **ASH**

VS.

Los combos de Colmillo Rayo y Onda Voltio de Luxray tiran a Infernape como una muñeca de trapo. Justo cuando todo parece perdido, Llamarada le ayuda a derrotar a Luxray. Ash obtiene la Medalla Faro.

COMBATE CORAZÓN

Ciudad Corazón es “la ciudad donde los corazones se conocen” y si se utiliza un torneo por parejas para hacer que los corazones de los entrenadores se conozcan, ¡mucho mejor!

Ciudad Corazón es famosa por el Torneo de Combate Corazón, un torneo de tres días que reúne a los entrenadores en el Estadio Corazón.

El premio para cada ganador es la Campana Alivio, una campana con un sonido hermoso que pone la mente en paz de todo el mundo que la oye.

Cada concursante recibe una tarjeta de registro numerada. Al comienzo del torneo, todos los entrenadores se reúnen en el Estadio Corazón y se muestran los emparejamientos aleatorios para que puedan encontrar a su compañero de torneo. Los combates comienzan después esa misma tarde, dándole a los entrenadores un tiempo para practicar con su pareja.

El presentador del torneo no es otro que el propio alcalde de Ciudad Corazón, Enta.

REGLAS DEL TORNEO:

- CADA ENTRENADOR DE COMBATE TENDRÁ EL MISMO COMPAÑERO DURANTE TODO EL TORNEO.
- EL TORNEO ES UN EVENTO DE COMBATE, Y CADA ENTRENADOR USA UN POKÉMON POR BATALLA.
- NO HAY SUSTITUCIONES NI TIEMPO LÍMITE DURANTE LOS COMBATES.

Ash, Maya y Brock participan en el torneo. Para Ash y Brock, es solo otro evento divertido, pero para Maya, quien entra en él por sugerencia de Zoey, podría ser una forma de quitarse de la cabeza la decepción del Concurso Corazón. Dos de ellos encontrarán nuevas amistades y emoción en el trabajo en equipo de los combates, pero para uno de ellos, este torneo resultará ser una experiencia agridulce.

EL COMPAÑERO DE MAYA: CONWAY

Conway lo sabe todo sobre estadísticas y estrategia: ha analizado cada combate de la Liga para desarrollar una fórmula para la victoria. No confía tanto en las chicas como en los números, pero a pesar de su comportamiento analítico y sabelotodo es un gran socio para Maya. Su Slowking está optimizado con movimientos defensivos como Velo Sagrado y Protección para que Maya pueda concentrarse en atacar mientras que Conway cuida la retaguardia.

LA COMPAÑERA DE BROCK: HOLLY

Holly es una chica mayor genial que le deja claro a Brock que la cosa no irá a más con él. Pero una vez que ella ve que Brock es más que un aprendiz de donjuán, ella empieza a respetarlo como persona y compañero de combates. Después de que el Torterra de Polo trate de derribar a su Farfetch'd de un golpe durante los combates de cuartos de final, Holly está profundamente agradecida con Brock como para dejarlo caer. Holly se marcha del torneo, prometiendo convertirse en una mejor Entrenadora.

EL COMPAÑERO DE ASH: POLO

Polo y Ash ya se conocen mucho, y Polo no está interesado en esforzarse en el torneo. Solo compite para poder entrenar a sus Pokémon, especialmente a Chimchar.

RESULTADOS DEL TORNEO DE COMBATE CORAZÓN

COMBATES DESTACADOS: DÍA UNO

Maya y Conway usan a Piplup y Slowking para derrotar al Scyther de una Entrenadora y al Koffing de un Entrenador.

Brock y Holly usan a Sudowoodo y Wingull para derrotar a los Yanma y Bagon de dos entrenadores.

Ash y Polo usan a Pikachu y Chimchar para derrotar a los Magmar y Rhydon de dos entrenadores.

COMBATES DESTACADOS: DÍA DOS

Ash y Polo usan a Turtwig y Chimchar para derrotar a los Metagroos y Zangoose de dos entrenadores.

Chimchar se quedó paralizado por el miedo cuando se enfrentó a Zangoose. Polo, enfadado, lo retiró por su bien. Después del combate, Ash tomó a Chimchar como uno de sus Pokémon.

COMBATES DE CUARTOS DE FINAL: DÍA TRES

Ash y Polo usan a Staravia y Torterra para derrotar al Croagunk de Brock y Farfetch'd de Holly. Con Farfetch'd vencido casi inmediatamente, todo depende de Brock y Croagunk para ganar el combate. Croagunk se enfrenta por su cuenta a Torterra, pero el poder de este es demasiado.

COMBATE FINAL: DÍA TRES

Ash y Polo utilizan a Chimchar y Elekid para derrotar al Buizel de Maya y al Heracross de Conway, ganando el torneo.

Durante la batalla, Elekid evoluciona a Electabuzz. Ahora que Polo ha renunciado a Chimchar, esta es la única recompensa del torneo que le importa; más tarde incluso lanzó su premio Campana Alivio a Ash, ya que dice que no le sirve para nada.

CONCURSOS POKÉMON DE SINNOH

Los concursos Pokémon comparten la misma estructura básica en todas partes, pero hay algunos detalles adicionales que un Coordinador necesita saber si quiere brillar en la región de Sinnoh.

¿QUÉ ES LO MISMO?

No importa dónde se encuentre, el principio es el mismo: los concursos Pokémon se juzgan por la capacidad de un concursante para mostrar sus Pokémon en combates y actuaciones individuales. Los Entrenadores de otras regiones encontrarán una imagen familiar en el tribunal de jueces de Sinnoh. Los miembros del jurado son: Raúl Contesta, Director del Concurso Pokémon y jefe del comité de jueces; el Sr. Sukizo, Jefe del Club de Fans Pokémon y un "notable" hombre de pocas palabras; y la enfermera Joy de la ciudad donde se celebre el Concurso.

¿QUÉ CAMBIA?

En Sinnoh, quien presenta los concursos es Marian, y lo hace en directo para todo el mundo.

Como siempre, un Coordinador necesita un Pase de Concurso para participar en la competición. Estos pases no se transfieren entre regiones, pero un pase del Concurso Sinnoh puede ser adquirido en cualquier Sala de Concurso de la región. Una vez que se descarga la información de identificación de un Coordinador desde su Pokédex y se imprime el Pase de Concurso, el Coordinador recién registrado también recibe un estuche de cintas, un libro de reglas, una Cápsula y un sobre que contiene sellos de entrada.

Vestirse para impresionar

A los coordinadores de Kanto y Hoenn les parece bien competir con su ropa de diario, pero en Sinnoh, los coordinadores se visten para cada concurso. Algunos coordinadores, como Maya, usan el mismo traje básico para cada concurso y cambian de accesorios, pero Zoey prefiere usar trajes diferentes para cada uno.

Los sellos coloridos se pueden colocar en la Cápsula. Cada sello crea un efecto especial diferente cuando se lanza la Poké Ball usando la Cápsula.

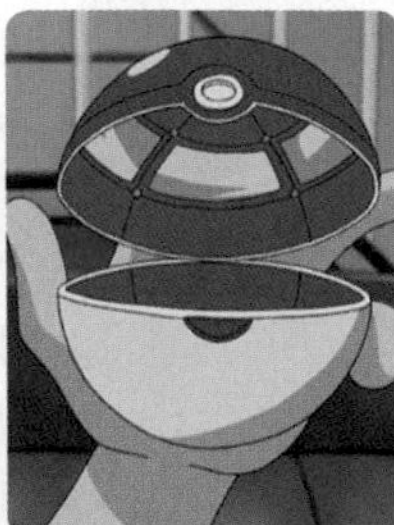

Concursantes no oficiales de Sinnoh

¡Los concursos no son solo para los grandes pueblos y ciudades de Sinnoh! Otras poblaciones también acogen concursos "no oficiales"; en otras palabras, Concursos donde el premio no es una cinta válida para entrar en el Gran Festival. Maya entra en uno de estos Concursos de camino al pueblo Aromaflor; el Concurso forma parte de un festival de la aldea, y el premio es un año de fruta.

Todo lo que se necesita es un camión equipado con equipos de audio y vídeo, algunas gradas al aire libre, dos jueces... ¡y listo: concurso instantáneo!

Jessie entra en el concurso con el Aipom de Ash, que le prestó a regañadientes para el Concurso después de que ella salvó su vida. Aipom ama ser el centro de atención del Concurso y lo está haciendo tan bien con Jessie ¡que Ash tiene miedo de que nunca quiera volver con él!

Después de la primera ronda del Concurso del pueblo se seleccionan dos coordinadores para la ronda final: una batalla estándar de cinco minutos. Jessie y Aipom derrotan fácilmente a Maya y su inexperto Pachirisu.

CONCURSO JUBILEO

Situado en el corazón de Ciudad Jubileo, la sala del Concurso también está convenientemente cerca de un Centro Pokémon.

El Concurso Jubileo supone el debut de Maya en este tipo de eventos, pero es el cuarto Concurso de Zoey. Es también el debut de Ash en un Concurso de Sinnoh, complaciendo el interés de su Aipom por participar y de Jessie, que toma el escenario con su álter ego, la no tan genial Coordinadora Jessilina.

Por una vez en su vida, Jessie juega limpio, solo para ver a Carnivine marchitarse ante la fuerza del Glameow de Zoey y sus movimientos. Zoey gana el combate, consiguiendo así su segunda Cinta.

CONCURSO AROMAFLOR

El pintoresco pueblo Aromaflor es un testimonio de las maravillas del mundo natural. ¿Qué mejor lugar para un evento que muestra la belleza natural Pokémon? Pero las flores son la última cosa en la mente de Kenny, el amigo de la infancia de Maya, que entra en este Concurso para tener la oportunidad de verla de nuevo.

En una batalla que se desarrolla en diferentes fases y que se prolonga hasta la final, el Piplup de Maya derrota al Prinplup Kenny.

Maya es declarada ganadora. Kenny solo tendrá que esperar un poco más para ganar su primera Cinta.

CONCURSO CORAZÓN

En Ciudad Corazón, el formato del concurso se basa en combates dobles. Maya se enfrenta dos veces a sus rivales, ya que tanto Nando como Zoey están en la ciudad para participar en el Concurso. El concurso termina con Zoey y Nando en la final, con una sorprendente victoria de Nando, que gana su segunda Cinta.

CONCURSO SOSIEGO

El Concurso Sosiego atrae a una gran multitud, como si ya no hubiera suficiente presión sobre Maya para demostrar que su derrota en el Concurso Corazón fue solo una casualidad.

James y Meowth están convencidos de que tienen una estrategia secreta que les garantiza la victoria. Jessie se adueña del escenario y gana confianza, sin darse cuenta de que acaba de llevarse su primera Cinta de forma limpia y honesta.

COPA PLUBIO

A diferencia de la mayoría de los concursos, en la Copa Plubio 16 concursantes pasan a la segunda ronda, en lugar de ocho.

Líder del Gimnasio de Ciudad Arrecípolis, Campeón Maestro de Hoenn, Coordinador del Concurso más importante y Maestro de Concurso: Plubio es lo mejor de lo mejor de los coordinadores. En origen procedente de Hoenn, viajó tanto por esta región como por Kanto para promover su evento: el Concurso de la Copa Plubio. Ahora la Copa Plubio ha llegado a las orillas del Lago Valor de Sinnoh, donde Plubio ejercerá de juez especial.

Coordinador 101

La amistad es la clave del éxito. Plubio tiene un recordatorio importante para todos los Entrenadores: para que un Pokémon brille de verdad, la relación entre Entrenador y Pokémon es lo más importante. Parte de la construcción de esa relación está en tomarse tiempo para interactuar con el Pokémon más allá de la formación; ¡el tiempo de juego también es importante!

Las cintas son las mejores amigas de las chicas

Maya todavía tiene la mitad de una Cinta que ganó en Pueblo Terracota en un empate con Ash, y siempre lleva la primera Cinta de su madre con ella. Ambos se inspiran en estas cintas para fortalecerse durante sus competiciones, aunque para Maya, es un recordatorio constante de todo lo que tiene que vivir, y puede ser una fuente de presión, pero también de inspiración.

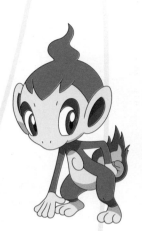

ÚNETE A LA EVOLUCIÓN

A medida que crecemos, viajamos y aprendemos, empezamos a cambiar: a ser más sabios, más fuertes y más capaces. Lo mismo ocurre con los Pokémon. Durante el curso de la vida de un Pokémon, este puede cambiar si lo desea. El cambio es tanto en su aspecto físico como en sus capacidades: algunos incluso alteran su tipo.

El número de etapas y el tipo de Evolución depende de los Pokémon, pero en su mayoría los Pokémon tienen tres etapas. La primera forma de Pokémon es la más temprana. Cuando los profesores entregan al Primer Compañero Pokémon, están siempre en esta etapa. A través de un entrenamiento duro y consistente, un Pokémon de forma inesperada comienza a brillar y cambiar. Cuando esto sucede, crece, se ve más maduro, y posee uno o más movimientos diferentes.

No todas las evoluciones suceden de la misma manera, o por las mismas razones. Algunos Pokémon cambiarán a una forma completamente diferente y varias se basan en la hora del día en que se inicia el proceso de la Evolución. Del mismo modo, si evoluciona en un área u otra podría ser diferente. Algunas piedras hacen que un Pokémon evolucione. No hay forma o tiempo establecido para que un Entrenador lo sepa, solo debe estar listo, atento y conocer a sus Pokémon por dentro y por fuera.

Es importante destacar que no todos los Pokémon evolucionan y no todos los que pueden evolucionar, quieren hacerlo. Pikachu es un buen ejemplo: podría evolucionar en un Raichu, y ha tenido oportunidad, pero no quería. Ash apoyó la decisión de Pikachu.

Algunos Pokémon tienen una forma pre-evolucionada, la forma de bebé. En esta forma, el Pokémon no está listo para entrenar o ser entrenado. El Mime Jr. de James o el Bronsly de Brock son ejemplos de esto. Aún no saben mucho, pero tienen una o dos habilidades seguras: Mimético de Mime Jr. o Llanto Falso de Bonsly. Solo basta llevarlos por el mundo el tiempo suficiente para que evolucionen a su forma adulta normal.

VIENEN DEL ESPACIO EXTERIOR

El mundo de Pokémon está lleno de vida, pero parte de esa vida puede haberse originado más allá del planeta. ¿Podrían haber otros Pokémon aún por descubrir, en alguna parte entre las estrellas?

DEOXYS

Si hay un candidato ideal para formar parte de los Pokémon extraterrestres, Deoxys debe serlo: las apariciones de este raro Pokémon están vinculadas a la actividad de los meteoritos.

Deoxys proporcionó una gran cantidad de información sobre su especie; usando a Meowth como un transmisor le dijo a Max que su largo viaje fue frío, solitario y aterrador.

Incluso después de que el meteorito aterrizase, Deoxys permaneció en él. No emergió completamente hasta que el núcleo del meteorito fue transformado por una combinación de la actividad del viento solar y la propia energía del meteorito. Debido a la dolorosa energía geomagnética que emanaba del meteorito, tuvo que huir de su "cuna" y refugiarse en un espacio extradimensional que creó.

LUNATONE

María y Ken, también conocidos como el Club Pokémon del Misterio, tienen evidencias de que Lunatone es definitivamente un extraterrestre. Cuando un meteorito golpeó la región de Hoenn, estos dos agresivos investigadores rastrearon el sitio del accidente y presenciaron cómo Lunatone emergía de los fragmentos rotos del meteorito.

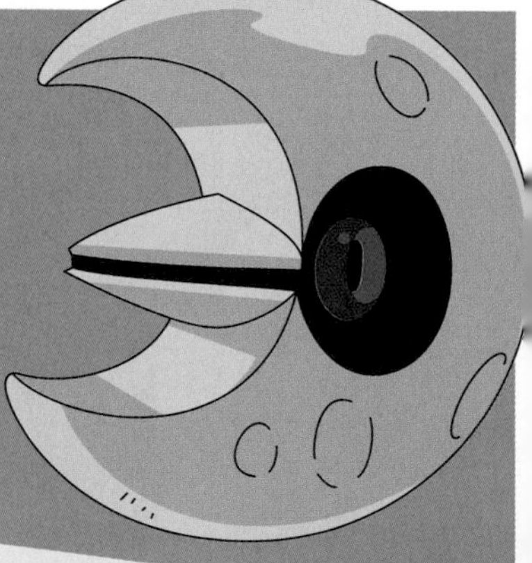

Solrock es otro Pokémon que se rumorea que viene de algún lugar más allá del planeta. No mucho después del impacto de un meteorito, desde un pueblo en Hoenn se avistó a un Solrock por la zona.

Misteriosos meteoritos

Los meteoritos son objetos de particular interés en el mundo Pokémon. En Sinnoh, la ciudad Rocavelo es conocida por sus meteoritos. Sin ellos, la ciudad ¡ni siquiera existiría!: antes de que hubiera una ciudad, había un grupo de meteoritos que eran reconocidos como "guardianes" desde la antigüedad. Ciudad Rocavelo fue creada por la gente que acudió a la zona, atraídos por la curiosidad.

CLEFAIRY

¿Son los Clefairy del espacio exterior? Si no, debe haber una muy buena explicación de por qué el Clefairy tiene una nave espacial que se asemeja a un ovni. Y esa nave espacial no funciona con polvos mágicos; está dotada de un equipo en su interior que deja claro que es una máquina sofisticada.

Las conexiones extraterrestres de Clefairy pueden seguir siendo un misterio para muchos, pero es un secreto a voces que Clefairy puede ser encontrado cerca del Monte Moon. En algún lugar de la montaña hay un enorme meteorito llamado "Piedra Lunar".

En las noches de luna llena, Clefairy y Clefable se reúnen para bailar alrededor de la Piedra Lunar como una forma de oración. Esto puede estar relacionado con los orígenes de la Piedra Lunar en el espacio exterior.

Cleffa, la forma pre-evolucionada de Clefairy, acostumbra a aparecer siempre que hay una lluvia de meteoritos. Algunos dicen que cabalga sobre las estrellas fugaces; además, ¡su cuerpo tiene la forma de una estrella!

HOMBRO CON HOMBRO

Por todo el mundo las personas se han asociado con Pokémon para realizar tareas y trabajos vitales. Además de los Entrenadores, que se centran en las batallas, hay muchos otros que trabajan junto a sus Pokémon ¡en todos los sentidos de la palabra! Desde las escuadras de bomberos Pokémon hasta Machoke, que ayuda con el trabajo manual; desde la Enfermera Joy y Chansey hasta la Agente Mara y Growlithe; hay muchos ejemplos de estas fructíferas asociaciones.

UN SILBIDO MIENTRAS TRABAJAS: LEDYBA

Muchas plantas con flores dependen de otras criaturas para diseminar su polen, y ahí es donde entran Arielle y sus seis Ledyba. Los agricultores pueden pedir a Arielle y a sus Pokémon que polinicen huertos, o un manzanal, para asegurarse de que los árboles den fruto.

Arielle utiliza una mezcla de órdenes verbales y notas de silbato para dirigir sus Ledbya. El silbato se ha transmitido a través de generaciones en su familia, pero no es ese instrumento lo que la hace especial. Arielle crió a su Lebyda desde su infancia, y es esta relación de por vida lo que les permite trabajar juntos tan bien.

UN PUENTE SOBRE AGUAS TURBULENTAS: BIBAREL

Cuando necesites construir un puente de piedra este Bibarel es tu mejor apuesta. Otros Pokémon pueden cortar piedras, pero ningún Pokémon puede hacerlo con la precisión y el conocimiento perfeccionado de Bibarel. Bajo la dirección de Isis, una ingeniera, Bibarel utiliza sus afilados dientes para cortar rápidamente bloques de piedra con las especificaciones exactas. Puede que no tenga un título de ingeniero, pero Bibarel se formó por un maestro antes de trabajar con Isis.

TECNOLOGÍA PUNTA: FARFETCH'D Y MAGMAR

Silvester y su padre están en el negocio de hacer carbón purificante, un combustible que también limpia el aire y el agua. Para ello, se basan en dos cosas: la madera de primera calidad de el Encinar, y la ayuda de Farfetch'd y Magmar.

La madera necesita ser talada, y Farfetch'd puede usar su Corte para transformar un tronco en un perfecto tablón. Luego, Magmar calienta la madera y la carboniza.

LA RESPUESTA ESTÁ EN EL AIRE: HOPPIP

Mariah, la chica del tiempo, utiliza todo tipo de instrumentos científicos, pero sus siete Hoppip son una ayuda especial. Hoppip es tan ligero que un viento fuerte puede arrastrarlos a kilómetros de distancia, y Mariah a veces tiene que mantenerlos en un recinto con redes para que no salgan volando. Pero son algo más que una forma rápida de comprobar la velocidad del viento: también pueden detectar cambios inminentes en él, y Mariah estudia sus patrones de comportamiento con la esperanza de que ayude a los meteorólogos a hacer predicciones.

CORREO AÉREO EXPRESO: PIDGEY

Durante más de 50 años, el mensajero Pidgey de la Mensajería Exprés Pidgey ha entregado el correo en la ciudad y en las islas próximas que carecen del servicio de transbordador.

El Pidgey Exprés representa años de duro trabajo y devoción, desde levantar a los Pidgey y llevarlos en un minidirigible para mostrarles sus rutas, a esperar en las noches de tormenta para asegurarse de que cada uno regrese a casa sano y salvo.

POKÉMON LEGENDARIOS DE SINNOH

AZELF • (Á-zelf)

Altura	1'00" (0,3 m)	Categoría	Voluntad
Peso	0,7 lbs (0,3 kg)	Tipo	Psíquico

Azelf es conocido como "El Ser de la Fuerza de Voluntad". Duerme en el fondo de un lago para mantener al mundo en equilibrio. Es pequeño y azul, con tres pequeñas gemas rojas: dos en sus colas y una en su frente.

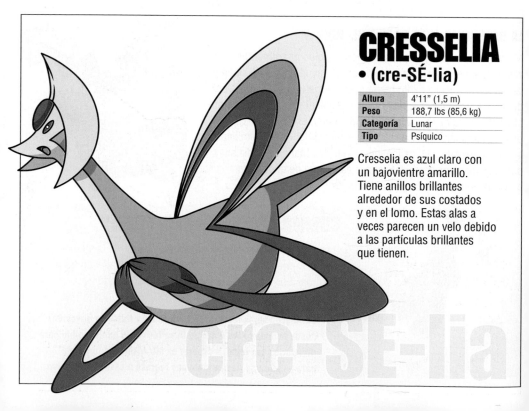

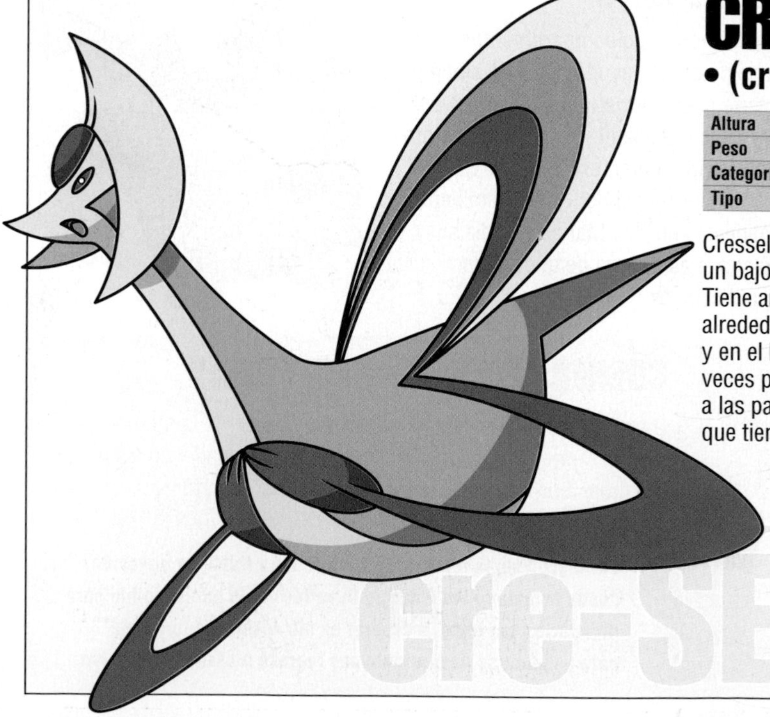

CRESSELIA • (cre-SÉ-lia)

Altura	4'11" (1,5 m)
Peso	188,7 lbs (85,6 kg)
Categoría	Lunar
Tipo	Psíquico

Cresselia es azul claro con un bajovientre amarillo. Tiene anillos brillantes alrededor de sus costados y en el lomo. Estas alas a veces parecen un velo debido a las partículas brillantes que tienen.

DIALGA • (DIÁL-ga)

Altura	17'09" (5,4 m)	Categoría	Temporal
Peso	1505,8 lbs (683,0 kg)	Tipo	Acero-Dragón

La legendaria Dialga tiene el poder de controlar el tiempo. Se dice que el tiempo comenzó a moverse cuando Dialga nació. Dialga, como Palkia, vive en una dimensión paralela, por lo que es muy difícil de estudiar.

Dialga es azul oscuro con toques de color gris metálico. En su pecho reposa lo que parece ser un gigantesco diamante azul. A lo largo de su lomo y cabeza crecen aletas. Uno de los Pokémon más grandes que existen, Dialga posee un movimiento increíblemente potente llamado Distorsión.

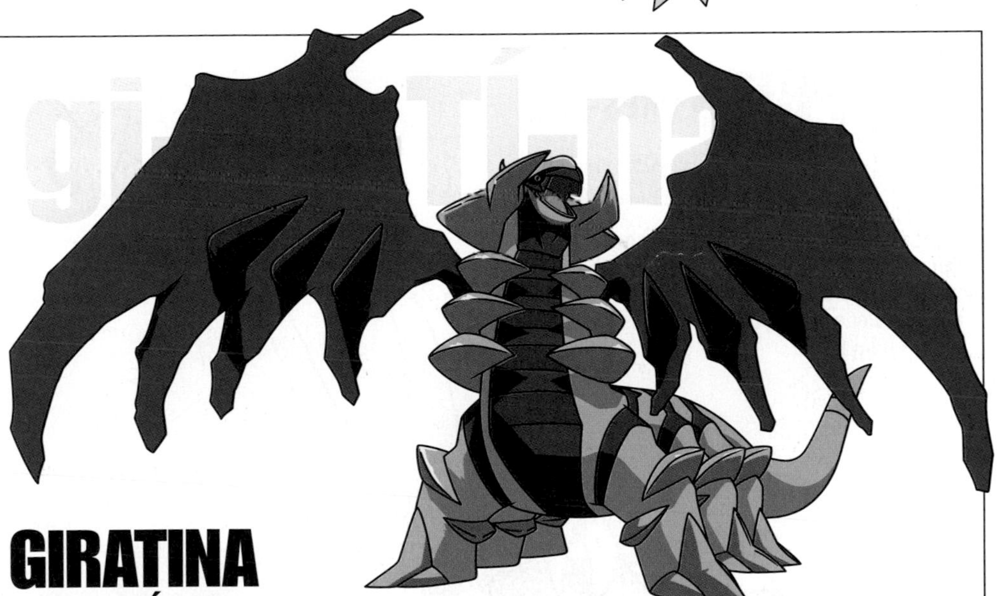

GIRATINA • (gi-ra-TÍ-na)

Altura	14'09" (6,9 m)
Peso	1.653,5 lbs (650,0 kg)
Categoría	Renegado
Tipo	Fantasma-Dragón

Giratina es uno de los Pokémon más enigmáticos de la historia. Incluso su existencia es un misterio; se dice que proviene de un mundo que refleja el nuestro. Su altura impresiona y las alas cornadas lo hacen aterrador. Su cuerpo de seis patas puede aparecerse en cementerios antiguos.

HEATRAN • (JÍ-tran)

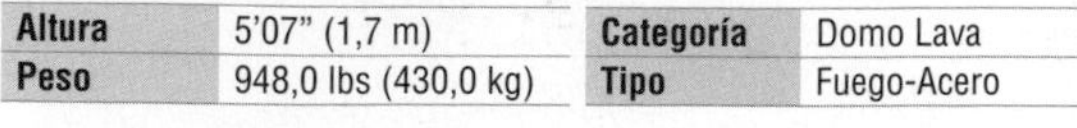

Altura	5'07" (1,7 m)	Categoría	Domo Lava
Peso	948,0 lbs (430,0 kg)	Tipo	Fuego-Acero

Nacido del fuego, a Heatran le encanta excavar en las paredes y cavernas de las cuevas de magma. Tiene garras inmensas y afiladas que salen desde cada uno de sus pies. Heatran es un Pokémon que se ve muy poco. Eso no es de extrañar, ya que vive en los cráteres de los volcanes activos.

MESPRIT • (MÉS-prit)

Altura	1'00" (0,3 m)	Categoría	Sensorio
Peso	0,7 lbs (0,3 kg)	Tipo	Psíquico

Mesprit es conocido como "El Ser de la Emoción". Enseñó a los seres humanos la nobleza de la pena, dolor y alegría. Mesprit también tiene dos joyas rojas en sus colas y una en su frente.

PALKIA

• (PÁL-kia)

Altura	13'09" (4,2 m)
Peso	740,8 lbs (336,0 kg)
Categoría	Espacial
Tipo	Agua-Dragón

Palkia tiene la capacidad de distorsionar el espacio. Se dice que vive en una brecha en la dimensión espacial paralela a la nuestra. Debido a esto, es casi imposible obtener información de facto sobre este Pokémon.

Tiene un cuello largo y una cola formidable. Sobre sus hombros hay dos enormes esferas rosadas que parecen perlas.

REGIGIGAS

• (rre-yi-GÍ-gas)

Altura	12'02" (3,7m)
Peso	925,9 lbs (420,0 kg)
Categoría	Colosal
Tipo	Normal

Atrapado en una estatua, Regigigas despierta cuando Regirock, Regice, y Registeel se reúnen. Regigigas es muy similar a los otros Regis en forma total. Sus lunares son dos líneas paralelas de gemas.

Se rumoreaba que este Legendario Pokémon había remolcado continentes con cuerdas. Ciertamente es un Pokémon fuerte y da mucho miedo.

UXIE

• (ÚK-si)

Altura	1'00" (0,3 m)
Peso	0,7 lbs (0,3 kg)
Categoría	Sabiduría
Tipo	Psíquico

Uxie es conocido como "El Ser del Conocimiento". Se dice que puede borrar la memoria de aquellos que miran a sus ojos. Las dos colas de Uxie tienen dos gemas rojas, y tiene otra gema en su frente.

POKÉMON SINGULARES DE SINNOH

ARCEUS • (ar-KÉ-US)

Altura	10'06" (3,2 m)
Peso	705,5 lbs (320,0 kg)
Categoría	Alfa
Tipo	Normal

Según un antiguo mito Pokémon, Arceus nació de un huevo que fue incubado dentro de un vacío. Este poderoso singular es llamado Pokémon Alfa porque se le atribuye la creación del mundo.

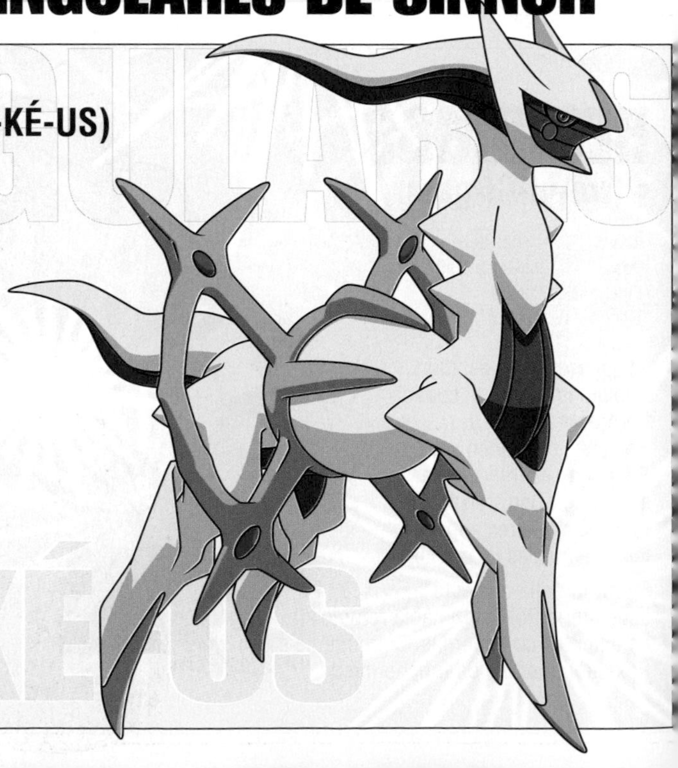

DARKRAI • (DÁRK-rai)

Altura	4'11" (1,5 m)
Peso	111,3 lbs (50,5 kg)
Categoría	Oscuridad
Tipo	Siniestro

Oscuro y tenebroso, hace honor a su aspecto. Las leyendas dicen que en las noches sin luna, Darkrai hace dormir a la gente y les provoca horribles pesadillas.

Hecho de sombras y capaz de viajar muy rápido, puede hablar a los seres humanos. Tiene una serpenteante melena blanca.

MANAPHY • (MÁ-na-fi)

Altura	1'00" (0,3 m)	Categoría	Náutico
Peso	3,1 lbs (1,4 kg)	Tipo	Agua

Manaphy, también conocido como el Príncipe del Mar, actúa como el líder Pokémon del océano. Muy empático, puede cambiar la percepción de las personas a través de su técnica de Cambia Almas, obligando a la gente a mirar las cosas desde otra perspectiva.

PHIONE • (FIÓ-ne)

Altura	1'04" (0,4 m)
Peso	6,8 lbs (3,08 kg)
Categoría	Marino
Tipo	Agua

Este Pokémon marino flota sobre las aguas templadas del océano. Profundamente hogareño, no importa cuán lejos lleven las olas a este pequeño nadador: siempre encontrará el camino de regreso al lugar donde nació.

SHAYMIN • (SHÉI-min)

FORMA TIERRA

FORMA TIERRA

Altura	0'08" (0,2 m)	**Categoría**	Gratitud
Peso	4,6 lbs (2,09 kg)	**Tipo**	Planta

FORMA CIELO

Altura	1'03" (0,38 m)	**Categoría**	Gratitud
Peso	11,4 lbs (5,17 kg)	**Tipo**	Planta-Volador

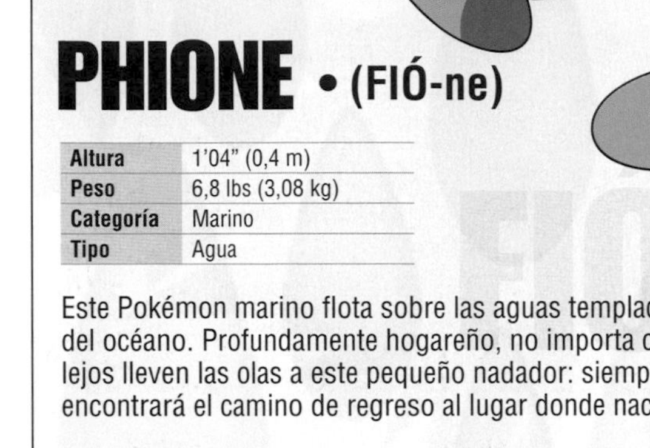

En esta tímida forma, Shaymin se camufla fácilmente en los campos de unas flores de Sinnoh llamadas Gracidia, cuyos brotes se parecen a los apéndices de su lomo. Shaymin posee la increíble habilidad de limpiar el medio ambiente: cuanto más sucio está, más poderoso el Fogonazo de Shaymin. A pesar de que en ambas formas puede disolver toxinas, tienen personalidades distintas: la atrevida Forma Cielo fue una vez una vergonzosa Forma Tierra. Como Shaymin se conoce como el Pokémon Gratitud, es costumbre entre la gente de Sinnoh regalar ramos de Gracidia para dar las gracias.

FORMA CIELO

POKÉMON DE SINNOH

Sinnoh está justo al norte de Kanto y Johto y es el hogar de algunos de los Pokémon más misteriosos que existen: ¡Giratina y Darkrai!

ABOMASNOW

Altura: 7'03" (2,2 m)
Peso: 298,7 lbs. (135,5 kg)

PLANTA | HIELO

AMBIPOM

Altura: 3'11" (1,2 m)
Peso: 44,8 lbs. (20,3 kg)

NORMAL

ARCEUS

Altura: 10'06" (3,2 m)
Peso: 750,5 lbs. (340,42 kg)

NORMAL

AZELF

Altura: 1'00" (0,3 m)
Peso: 0,7 lbs. (0,3 kg)

PSÍQUICO

BASTIODON

Altura: 4'03" (1,3 m)
Peso: 329,6 lbs. (149,5 kg)

ROCA | ACERO

BIBAREL

Altura: 3'03" (1,0 m)
Peso: 69,4 lbs. (31,5 kg)

NORMAL | AGUA

BIDOOF

Altura: 1'08" (0,5 m)
Peso: 44,1 lbs. (20,0 kg)

NORMAL

BONSLY

Altura: 1'08" (0,5 m)
Peso: 33,1 lbs. (15,0 kg)

ROCA

BRONZONG

Altura: 4'03" (1,3 m)
Peso: 412,3 lbs. (187,0 kg)

ACERO | PSÍQUICO

BRONZOR

Altura: 1'08" (0,5 m)
Peso: 133,4 lbs. (60,5 kg)

ACERO | PSÍQUICO

BUDEW

Altura: 0'08" (0,2 m)
Peso: 2,6 lbs. (1,2 kg)

PLANTA | VENENO

BUIZEL

Altura: 2'04" (0,7 m)
Peso: 65,0 lbs. (29,5 kg)

AGUA

BUNEARY

Altura: 1'04" (0,4 m)
Peso: 12,1 lbs. (5,5 kg)

NORMAL

BURMY (TRONCO PLANTA)

Altura: 0'08" (0,2 m)
Peso: 7,5 lbs. (3,4 kg)

BICHO

BURMY (TRONCO ARENA)

Altura: 0'08" (0,2 m)
Peso: 7,5 lbs. (3,4 kg)

BICHO

BURMY (TRONCO BASURA)

Altura: 0'08" (0,2 m)
Peso: 7,5 lbs. (3,4 kg)

BICHO

CARNIVINE

Altura: 4'07" (1,4 m)
Peso: 59,5 lbs. (27,0 kg)

PLANTA

CHATOT

Altura: 1'08" (0,5 m)
Peso: 4,2 lbs. (1,9 kg)

NORMAL | VOLADOR

CHERRIM

Altura: 1'08" (0,5 m)
Peso: 20,5 lbs. (9,3 kg)

PLANTA

CHERUBI

Altura: 1'04" (0,4 m)
Peso: 7,3 lbs. (3,3 kg)

PLANTA

CHIMCHAR

Altura: 1'08" (0,5 m)
Peso: 13,7 lbs. (6,2 kg)

FUEGO

CHINGLING

Altura: 0'08" (0,2 m)
Peso: 1,3 lbs. (0,6 kg)

PSÍQUICO

COMBEE

Altura: 1'00" (0,3 m)
Peso: 12,1 lbs. (5,5 kg)

BICHO | VOLADOR

CRANIDOS

Altura: 2'11" (0,9 m)
Peso: 69,4 lbs. (31,5 kg)

ROCA

CRESSELIA

Altura: 4'11" (1,5 m)
Peso: 188,7 lbs. (85,6 kg)

PSÍQUICO

CROAGUNK

Altura: 2'04" (0,7 m)
Peso: 50,7 lbs. (23,0 kg)

VENENO | LUCHA

DARKRAI

Altura: 4'11" (1,5 m)
Peso: 111,3 lbs. (50,5 kg)

SINIESTRO

DIALGA

Altura: 17'09" (5,4 m)
Peso: 1505,8 lbs. (683,0 kg)

ACERO | DRAGÓN

DRAPION

Altura: 4'03" (1,3 m)
Peso: 135,6 lbs. (61,5 kg)

VENENO | SINIESTRO

DRIFBLIM

Altura: 3'11" (1,2 m)
Peso: 33,1 lbs. (15,0 kg)

FANTASMA | VOLADOR

DRIFLOON

Altura: 1'04" (0,4 m)
Peso: 2,6 lbs. (1,2 kg)

FANTASMA | VOLADOR

DUSKNOIR

Altura: 7'03" (2,2 m)
Peso: 235,0 lbs. (106,6 kg)

FANTASMA

ELECTIVIRE

Altura: 5'11" (1,8 m)
Peso: 305,6 lbs. (138,6 kg)

ELÉCTRICO

EMPOLEON

Altura: 5'07" (1,7 m)
Peso: 186,3 lbs. (84,5 kg)

AGUA | ACERO

FINNEON

Altura: 1'04" (0,4 m)
Peso: 15,4 lbs. (7,0 kg)

AGUA

FLOATZEL

Altura: 3'07" (1,1 m)
Peso: 73,9 lbs. (33,5 kg)

AGUA

FROSLASS

Altura: 4'03" (1,3 m)
Peso: 58,6 lbs. (26,6 kg)

HIELO | FANTASMA

GABITE

Altura: 4'07" (1,4 m)
Peso: 123,5 lbs. (56,0 kg)

DRAGÓN | TIERRA

GALLADE

Altura: 5'03" (1,6 m)
Peso: 114,6 lbs. (52,0 kg)

PSÍQUICO | LUCHA

GARCHOMP

Altura: 6'03" (1,9 m)
Peso: 209,4 lbs. (95,0 kg)

DRAGÓN | TIERRA

GASTRODON (MAR ESTE)

Altura: 2'11" (0,9 m)
Peso: 65,9 lbs. (29,9 kg)

AGUA | TIERRA

GASTRODON (MAR OESTE)

Altura: 2'11" (0,9 m)
Peso: 65,9 lbs. (29,9 kg)

AGUA | TIERRA

GIBLE

Altura: 2'04" (0,7 m)
Peso: 45,2 lbs. (20,5 kg)

DRAGÓN | TIERRA

GIRATINA

Altura: 14'09" (4,5 m)
Peso: 1653,5 lbs. (750,0 kg)

FANTASMA | DRAGÓN

GLACEON

Altura: 2'07" (0,8 m)
Peso: 57,1 lbs. (25,9 kg)

HIELO

GLAMEOW

Altura: 1'08" (0,5 m)
Peso: 8,6 lbs. (3,9 kg)

NORMAL

GLISCOR

Altura: 6'07" (2,0 m)
Peso: 93,7 lbs. (42,5 kg)

TIERRA | VOLADOR

GROTLE

Altura: 3'07" (1,1 m)
Peso: 213,8 lbs. (97,0 kg)

PLANTA

HAPPINY

Altura: 2'00" (0,6 m)
Peso: 53,8 lbs. (24,4 kg)

NORMAL

HEATRAN

Altura: 5'07" (1,7 m)
Peso: 948,0 lbs. (430,0 kg)

FUEGO | ACERO

HIPPOPOTAS

Altura: 2'07" (0,8 m)
Peso: 109,1 lbs. (49,5 kg)

TIERRA

HIPPOWDON

Altura: 6'07" (2,0 m)
Peso: 661,4 lbs. (300,0 kg)

TIERRA

HONCHKROW

Altura: 2'11" (0,9 m)
Peso: 60,2 lbs. (27,3 kg)

SINIESTRO VOLADOR

INFERNAPE

Altura: 3'11" (1,2 m)
Peso: 121,3 lbs. (55,0 kg)

FUEGO LUCHA

KRICKETOT

Altura: 1'00" (0,3 m)
Peso: 4,9 lbs. (2,2 kg)

BICHO

KRICKETUNE

Altura: 3'03" (1,0 m)
Peso: 56,2 lbs. (25,5 kg)

BICHO

LEAFEON

Altura: 3'03" (1,0 m)
Peso: 56,2 lbs. (25,5 kg)

PLANTA

LICKILICKY

Altura: 5'07" (1,7 m)
Peso: 308,6 lbs. (140,0 kg)

NORMAL

LOPUNNY

Altura: 3'11" (1,2 m)
Peso: 73,4 lbs. (33,3 kg)

NORMAL

LUCARIO

Altura: 3'11" (1,2 m)
Peso: 119,0 lbs. (54,0 kg)

LUCHA ACERO

LUMINEON

Altura: 3'11" (1,2 m)
Peso: 52,9 lbs. (24,0 kg)

AGUA

LUXIO

Altura: 2'11" (0,9 m)
Peso: 67,2 lbs. (30,5 kg)

ELÉCTRICO

LUXRAY

Altura: 4'07" (1,4 m)
Peso: 92,6 lbs. (42,0 kg)

ELÉCTRICO

MAGMORTAR

Altura: 5'03" (1,6 m)
Peso: 149,9 lbs. (68,0 kg)

FUEGO

MAGNEZONE

Altura: 3'11" (1,2 m)
Peso: 396,8 lbs. (180,0 kg)

ELÉCTRICO ACERO

MAMOSWINE

Altura: 8'02" (2,5 m)
Peso: 641,5 lbs. (291,0 kg)

HIELO TIERRA

MANAPHY

Altura: 1'00" (0,3 m)
Peso: 3,1 lbs. (1,4 kg)

AGUA

MANTYKE

Altura: 3'03" (1,0 m)
Peso: 143,3 lbs. (65,0 kg)

AGUA VOLADOR

MESPRIT

Altura: 1'00" (0,3 m)
Peso: 0,7 lbs. (0,3 kg)

PSÍQUICO

MIME JR.

Altura: 2'00" (0,6 m)
Peso: 28,7 lbs. (13,0 kg)

PSÍQUICO HADA

MISMAGIUS

Altura: 2'11" (0,9 m)
Peso: 9,7 lbs. (4,4 kg)

FANTASMA

MONFERNO

Altura: 2'11" (0,9 m)
Peso: 48,5 lbs. (22,0 kg)

FUEGO LUCHA

MOTHIM

Altura: 2'11" (0,9 m)
Peso: 51,4 lbs. (23,3 kg)
BICHO | VOLADOR

MUNCHLAX

Altura: 2'00" (0,6 m)
Peso: 231,5 lbs. (105,0 kg)
NORMAL

PACHIRISU

Altura: 1'04" (0,4 m)
Peso: 8,6 lbs. (3,9 kg)
ELÉCTRICO

PALKIA
Altura: 13'09" (4,2 m)
Peso: 740,8 lbs. (336,0 kg)
AGUA | DRAGÓN

PHIONE

Altura: 1'04" (0,4 m)
Peso: 6,8 lbs. (3,1 kg)
AGUA

PIPLUP
Altura: 1'04" (0,4 m)
Peso: 11,5 lbs. (5,2 kg)
AGUA

PORYGON-Z

Altura: 2'11" (0,9 m)
Peso: 75,0 lbs. (34,0 kg)
NORMAL

PRINPLUP

Altura: 2'07" (0,8 m)
Peso: 50,7 lbs. (23,0 kg)
AGUA

PROBOPASS

Altura: 4'07" (1,4 m)
Peso: 749,6 lbs. (340,0 kg)
ROCA | ACERO

PURUGLY

Altura: 3'03" (1,0 m)
Peso: 96,6 lbs. (43,8 kg)
NORMAL

RAMPARDOS

Altura: 5'03" (1,6 m)
Peso: 226,0 lbs. (102,5 kg)
ROCA

REGIGIGAS

Altura: 12'02" (3,7 m)
Peso: 925,9 lbs. (420,0 kg)
NORMAL

RHYPERIOR

Altura: 7'10" (2,4 m)
Peso: 623,5 lbs. (282,8 kg)
TIERRA | ROCA

RIOLU

Altura: 2'04" (0,7 m)
Peso: 44,5 lbs. (20,2 kg)
LUCHA

ROSERADE

Altura: 2'11" (0,9 m)
Peso: 32,0 lbs. (14,5 kg)
PLANTA | VENENO

ROTOM

Altura: 1'00" (0,3 m)
Peso: 0,7 lbs. (0,3 kg)
ELÉCTRICO | FANTASMA

SHAYMIN (FORMA TIERRA)

Altura: 0'08" (0,2 m)
Peso: 4,6 lbs. (2,09 kg)
PLANTA

SHAYMIN (FORMA CIELO)

Altura: 1'03" (0,38 m)
Peso: 11,4 lbs. (5,17 kg)
PLANTA | VOLADOR

SHELLOS (MAR ESTE)

Altura: 1'00" (0,3 m)
Peso: 13,9 lbs. (6,3 kg)
AGUA

SHELLOS (MAR OESTE)

Altura: 1'00" (0,3 m)
Peso: 13,9 lbs. (6,3 kg)
AGUA

SHIELDON

Altura: 1'08" (0,5 m)
Peso: 125,7 lbs. (57,0 kg)

ROCA | ACERO

SHINX

Altura: 1'08" (0,5 m)
Peso: 20,9 lbs. (9,5 kg)

ELÉCTRICO

SKORUPI

Altura: 2'07" (0,8 m)
Peso: 26,5 lbs. (12,0 kg)

VENENO | BICHO

SKUNTANK

Altura: 3'03" (1,0 m)
Peso: 83,8 lbs. (38,0 kg)

VENENO | SINIESTRO

SNOVER

Altura: 3'03" (1,0 m)
Peso: 111,3 lbs. (50,5 kg)

PLANTA | HIELO

SPIRITOMB

Altura: 3'03" (1,0 m)
Peso: 238,1 lbs. (108,0 kg)

FANTASMA | SINIESTRO

STARAPTOR

Altura: 3'11" (1,2 m)
Peso: 54,9 lbs. (24,9 kg)

NORMAL | VOLADOR

STARAVIA

Altura: 2'00" (0,6 m)
Peso: 34,2 lbs. (15,5 kg)

NORMAL | VOLADOR

STARLY

Altura: 1'00" (0,3 m)
Peso: 4,4 lbs. (2,0 kg)

NORMAL | VOLADOR

STUNKY

Altura: 1'04" (0,4 m)
Peso: 42,3 lbs. (19,2 kg)

VENENO | SINIESTRO

TANGROWTH

Altura: 6'07" (2,0 m)
Peso: 283,5 lbs. (128,6 kg)

PLANTA

TOGEKISS

Altura: 4'11" (1,5 m)
Peso: 83,8 lbs. (38,0 kg)

VOLADOR | HADA

TORTERRA

Altura: 7'03" (2,2 m)
Peso: 683,4 lbs. (310,0 kg)

PLANTA | TIERRA

TOXICROAK

Altura: 4'03" (1,3 m)
Peso: 97,9 lbs. (44,4 kg)

VENENO | LUCHA

TURTWIG

Altura: 1'04" (0,4 m)
Peso: 22,5 lbs. (10,2 kg)

PLANTA

UXIE

Altura: 1'00" (0,3 m)
Peso: 0,7 lbs. (0,3 kg)

PSÍQUICO

VESPIQUEN

Altura: 3'11" (1,2 m)
Peso: 84,9 lbs. (38,5 kg)

BICHO | VOLADOR

WEAVILE

Altura: 3'07" (1,1 m)
Peso: 75,0 lbs. (34,0 kg)

SINIESTRO | HIELO

WORMADAM (TRONCO ARENA)

Altura: 1'08" (0,5 m)
Peso: 14,3 lbs. (6,5 kg)

BICHO | TIERRA

WORMADAM (TRONCO PLANTA)

Altura: 1'08" (0,5 m)
Peso: 14,3 lbs. (6,5 kg)

BICHO | PLANTA

WORMADAM (TRONCO BASURA)

Altura: 1'08" (0,5 m)
Peso: 14,3 lbs. (6,5 kg)

BICHO | ACERO

YANMEGA

Altura: 6'03" (1,9 m)
Peso: 113,5 lbs. (51,5 kg)

BICHO | VOLADOR

TESELIA

Teselia es una región con dos ambientes opuestos: ciudades bulliciosas y hermosos bosques.

En su travesía, Ash viajó por grandes centros como la ciudad artística Esmalte, el paraíso de las compras Ciudad Gres, la cinematográfica Ciudad Hormigón, el centro de negocios de Ciudad Porcelana y la increíble metrópolis de Ciudad Mayólica.

Si necesitas escapar de las multitudes, Teselia tiene un montón de lugares para un retiro. Desde la costa de Pueblo Arenisca hasta el inmenso Bosque Azulejo, lleno de Pokémon salvajes, ¡la naturaleza abunda en Teselia!

También hay lugares increíbles para visitar para los amantes de la historia, ya que Teselia es el escenario de muchas historias en la mitología Pokémon. Ash pasó a través de trampas explosivas para visitar lugares como la Isla Milos, las Ruinas Antiguas, la Torre Duodraco, las Ruinas Submarinas y las Ruinas Blancas.

PROFESORA ENCINA

La Profesora Encina puede ser joven, pero no la subestimes por su edad. El Profesora Oak le dice a Ash que es una de las más importantes investigadoras Pokémon. Ha centrado sus estudios en descubrir más sobre los orígenes de los Pokémon.

La Profesora Encina es la primera persona en dar la bienvenida a Ash a Teselia. Ella lleva a cabo su investigación en toda la región, pero su laboratorio principal está en Pueblo Arcilla. Cada nuevo Entrenador que visita Teselia recibe de esta simpática científica un Pokémon –Tepig, Snivy u Oshawott– y una nueva Pokédex. Pero la Profesora Encina no solo ayuda a los entrenadores a iniciar su viaje; ¡siempre está a solo una llamada de Videomisor a distancia! De hecho, ella y Ash se hacen tan amigos después de competir en la Liga Teselia que se dirige a Pueblo Arcilla solo para visitarla. Ni se le ocurre abandonar la región sin saludarla y dejarse aconsejar por ella.

AS DEL ORDENADOR

La Profesora Encina a menudo construye tecnología especializada para sus estudios. Inventó un Dispositivo de Intercambio Pokémon para crear una evolución por intercambio entre su Karrablast y el Shelmet de Bel. La increíble máquina les ayuda a evolucionar en Accelgor y Escavalier una vez llegan al campo de batalla.

Encina construyó un laboratorio móvil en el Área 1 para estudiar las piedras electrificadas y flotantes en la Cueva Electrorroca. De camino a Pueblo Arcilla, pudo rastrear la energía que causaba las estampidas de Venipede en Ciudad Porcelana. Quizás su logro más increíble fue con la Máquina de Restauración Pokémon, cuando aprovechó la Energía Sueño de Musharna para revivir a Archen después de 100 millones de años a partir del Fósil Pluma.

EL REGALO DE LA AMISTAD

Cuando Ash abandona el laboratorio de la Profesora Encina, Oshawott se escabulle para seguirlo. Tras días de viaje, Oshawott pide oficialmente unirse a Ash. Pero cuando Ash lanza su Poké Ball se da cuenta de que Oshawott es uno de los Pokémon de Encina. Ash hace lo correcto y llama a la Profesora para informarle. Ella está tan emocionada por la historia de Oshawott que le regala a Ash su Poké Ball, y los dos se convierten en amigos para siempre.

El poder de Pikachu

Cuando la Profesora Encina ve a Pikachu, ¡no puede contener su emoción! En Teselia, Pikachu es tan raro que lo trae enseguida a su laboratorio para estudiarlo. Pikachu está contento de mostrar su fuerza, pero es aún más feliz de tener su ayuda cuando una visita del Legendario Zekrom funde su poder.

PROFESOR CARRASCO ENCINA

El padre de la Profesora Encina, Carrasco, es también Profesor. Pero no reduce su investigación a un laboratorio; es un arqueólogo excéntrico. ¡siempre listo para la aventura! Si tienes la suerte de ir a explorar con él, prepárate para pensar rápido. Nunca se sabe cuándo te meterá en problemas solo por que es emocionante, como Ash, Iris y Millo han descubierto. Si eres valiente y lo suficientemente audaz como para seguir su ejemplo (o quizás su error), el Profesor Carrasco puede mostrarte lugares espectaculares y cosas de las que solo has leído en los libros, como el Orbe Oscuro del Capítulo Negro de la Mitología Pokémon o el Orbe Claro del Capítulo Blanco de la Mitología Pokémon. Al Profesor Carrasco Encina es difícil seguirle el hilo de la conversación. A pesar de que es un gran conocedor de las antiguos escrituras Pokémon, es más difícil de leer que los símbolos de una lengua muerta. Él es el primero en decir que la regla número uno para la aventura con el Profesor Carrasco es: "¡Actúa después de que yo termine de pensar!" Si no lo escuchas, podrías encontrarte cayendo al mismo tiempo en su antipatía y en alguna antigua trampa.

BEL

La burbujeante Bel es todo energía. Entrenadora Pokémon que también ayuda a la Profesora Encina, conoce a Ash en una misión para entregarle un nuevo estuche de medallas. Pero, ¡era más fácil encontrar a Ash en toda Tesalia que encontrar el estuche en su bolso! Bel es muy despistada, sin embargo, lo que le falta en organización lo compensa con entusiasmo. Al final, es capaz de obtener las ocho medallas de Gimnasio necesarias para luchar en el Campeonato de la Liga Teselia.

MÚSCULO DENTRO Y FUERA

Si eres un musculoso Pokémon de tipo Lucha, Bel no se amedrentará al comprobar en persona lo fuerte que eres. En el Clubombazo, fue evaluando los bíceps de todos los Pokémon. Sin embargo, quizá no debería ir apretando músculos, porque Scraggy no se cortó un pelo y le lanzó un cabezazo cuando ella le pidió que le demostrara su fuerza.

Meteduras de pata

Distraída e impaciente, Bel a menudo puede ser un poco molesta. A veces durante una batalla salta al combate y grita sus propias órdenes ignorando las instrucciones de otros entrenadores. La impaciente Bel está ansiosa por probar su valía, pero generalmente hace más mal que bien. Por ejemplo, cuando piensa que Emolga se esconde en un arbusto, Bel usa a Pignite para prenderle fuego. Pero resulta que el arbusto ¡es un Scolipede gigante! Entonces, la torpe Bel usa a Minccino para detenerlo con Vozarrón, pero también fracasa cuando irrita a un Galvantula enojado. Menos mal que sus amigos Ash, Iris y Millo estarán allí para intervenir y ayudarla a salir de situaciones difíciles. Lo han tenido que hacer más de una vez... ¡y les gusta poder ayudar a una amiga!

Los Pokémon de Bel

SHELMET > CAMBIO POR KARRABLAST

Usando el Dispositivo de Intercambio Pokémon y un divertido combate, Bel intercambia su tímido Shelmet por un Karrablast. Entonces luchan para que Shelmet pueda evolucionar en un impresionante, aunque enojado, Escavalier. La Profesora Encina sugiere que tengan una Batalla de Dobles con Ash y Millo para que Escavalier pueda explayarse un poco y vincularse con Bel, ¡y funciona! Con Escavalier a su lado, Bel gana suficientes medallas de Gimnasio para clasificarse para la Liga Teselia.

ESCAVALIER

MINCCINO

Bel descubre a Minccino cuando este se lanza a robar el estuche de medallas de Ash. Cuando intenta capturar al Pokémon Chinchilla, Pignite es abatido por su impresionante Vozarrón y su poderoso Cosquillas. Sin embargo, Bel consigue accidentalmente su propósito cuando Minccino se centra en otro objeto brillante: su sucia Poké Ball. Minccino acude a limpiarla, y se queda atrapado.

PIGNITE

El primer Pokémon de Bel, Pignite, está siempre listo para luchar por su compañera, compitiendo con cualquiera: la Líder del Gimnasio Camila o con el propio padre de Bel... ¡Ella estaría aún más perdida sin su Primer Compañero Pokémon! Y se convirtió en un Emboar increíblemente fuerte que impresionó a todo el mundo cuando ganaron la segunda ronda del torneo Clubombazo contra los difíciles Trip y Conkeldurr. Bel volvió a llamar a Emboar durante la Liga Teselia. Aunque pudo derrotar al Samurott de Cameron, fue él quien ganó la ronda con el rápido Riolu. Aun así, Bel sabe que tiene un feroz combatiente en Emboar.

EMBOAR

PROFESORA ORYZA

La profesora Oryza es una científica de Ciudad Gres. Estudia los sueños y los poderes ocultos que poseen. Ash, Millo e Iris conocen a la Profesora en el Centro Pokémon cuando una neblina rosada cubre la ciudad, haciendo que todos los Pokémon se queden dormidos. Juntos, desvelan el verdadero origen del problema, el Team Rocket, y ayudan a Oryza a reunirse con su amigo perdido hace tiempo, Musharna.

SUEÑOS QUE SE CONVIERTEN EN PESADILLAS

La Profesora solía trabajar en el Solar de los sueños, un centro de investigación Pokémon en las afueras de su ciudad natal. Su misión era encontrar una manera de aprovechar el Sueño Niebla de Musharna para crear una fuente de energía limpia para Teselia. Por desgracia, los sueños de Oryza fueron rotos por una explosión enorme en el laboratorio. Ella sigue trabajando para aprender más sobre los sueños y cómo nos influyen.

Pokémon de la Profesora Oryza

La Máquina de Restauración de Fósiles Pokémon

Diseñada por la Profesora Oryza, esta increíble pieza de tecnología puede crear un mapa de ADN completo de un fósil y, a continuación, mágicamente, revivirlo. Por desgracia, este ordenador fue destruido poco después de revivir a Archen. Algunas semillas atrapadas en la roca Fósil Pluma crecieron tanto que reventaron la máquina.

IRIS

Como Entrenadora de la Aldea de los Dragones –un pueblo entero en Teselia dedicado a los Pokémon tipo Dragón–, Iris sueña en convertirse en una Maestra Dragón. Para comenzar su viaje, el Anciano le presenta un Axew para cuidarlo, y es ese mismo Axew quien accidentalmente le presenta a Ash.

Cuando Ash ve a Axew en el bosque, quiere atrapar al impresionante Dragón. Ash lanza su Poké Ball, pero esta impacta directamente con la cabeza de Iris. Por suerte, una vez que Iris ve al adorable amigo de Ash, Pikachu, su enfado por el bolazo accidental desaparece. A partir de entonces, Iris y Ash están siempre juntos, aunque solo sea para burlarse el uno del otro. Iris siempre le dice a Ash, "¡eres un crío!". Sin embargo, está encantada de viajar con Ash a través de su región natal, Teselia y las Islas Decoloras. Cuando su barco atraca en Ciudad Carmín, Iris se despide de su amigo Ash y se dirige a Ciudad Endrino para entrenar con la Líder de Gimnasio, Débora.

UNA ESTRELLA EN ASCENSO

Iris tiene sed de aventura y hambre de aprender sobre los Pokémon, por eso comparte el camino con Ash. Justo antes de conocerse, Iris huyó de una de las escuelas privadas más prestigiosas de Teselia, la Escuela Caolín, después de un duro combate Pokémon con el principal Líder de Gimnasio local, Lirio. Preparada para labrar su propio camino para convertirse en una Maestra Dragón, Iris partió en su viaje con Axew.

Valiente y ambiciosa, Iris no tiene miedo de desafiar a nadie a una batalla, incluyendo a un miembro del Alto Mando, la experta en dragones, Cintia. Toda su arrojo vale la pena cuando ella y Excadrill derrotan a Ash y a Pikachu y ganan el Combate de Club de Don Jorge y un Juego de Plumas Fayenza de Alto Nivel. También hizo buen papel en la Copa Junior de Pokémon World Tournament. ¡Iris es sin duda una Entrenadora a tener en cuenta!

Curiosamente, la persona que más la sigue es Liro. Aunque Iris pensó que se estaba rebelando al abandonar la escuela, resulta que Lirio ya había hablado con el Anciano de la Villa de los Dragones para tutelar a Iris y que más adelante ocupara su lugar como Líder del Gimnasio de Ciudad Caolín. ¡Tal vez algún día sea la encargada de la Medalla Leyenda!

Poniendo sentido a la sensibilidad

La gente de la Aldea de los Dragones es famosa por tener buena vista, e Iris no es una excepción.

¡Prácticamente tiene prismáticos incorporados! Iris puede ver cosas a lo lejos desde una distancia que sus amigos no pueden. Al igual que sus Pokémon favoritos, los tipo Dragón, no soporta el frío y tiene miedo a los de tipo Hielo. Iris siente escalofríos mirando el Beartic de Georgia.

EL DOCTOR EN CASA

Iris podría ahorrarte un viaje al Centro Pokémon porque es genial preparando remedios naturales para los Pokémon. Sabe qué plantas usar y con la ayuda de Axew encuentra las hierbas apropiadas para sus curas 100% naturales. Iris tiene mucho cuidado con los pacientes Pokémon a los que trata. Tanto Pansage como Scraggy han tenido rápidas recuperaciones de ataques inoportunos gracias a Iris.

ESCAPA POR LOS ÁRBOLES

Si no ves a Iris en el suelo, ¡mira hacia arriba! Le encanta trepar a los árboles y columpiarse en las enredaderas. Es tan experta, que le enseñó a Maya cómo escapar de algunos Onix enojados usando sus trucos para ir de árbol en árbol.

Pokémon de Iris

EXCADRILL

Iris y Drilbur fueron imparables. Después de 98 victorias consecutivas, Drilbur evolucionó a Excadrill, y ganó el Torneo de la Aldea de los Dragones. Para su combate número 100, Iris y Excadrill se enfrentaron a Lirio, el famoso Maestro Dragón. Tras la derrota, Excadrill perdió la confianza. Iris lo ayudó a recuperar su fuerza para convertirse en el poderoso Pokémon que es hoy.

AXEW

El amigo de Iris, Axew, está siempre fuera de su Poké Ball y a menudo se sube a su cabellera. Axew es tierno, no un luchador. Iris se esfuerza para ayudarle a confiar en sus habilidades. Ambos tienen mucho que aprender y lo hacen juntos, ¡incluso en medio de un combate! Cuando Iris y Axew superan su timidez y retan a Cintia, Axew desencadena su primer Giga Impacto, inspirándose en su rival y colega tipo Dragón, Garchomp.

EMOLGA

Casi todos caen rendidos ante la Emolga hembra de Iris, una Pokémon de tipo Eléctrico y Volador. Utiliza este atractivo en su beneficio: esta tramposa siempre está atenta a la comida. De hecho, Emolga detectó primero a Iris porque llevaba un racimo de fruta. Bel inmediatamente quiso capturar a Emolga, pero Emolga eligió a Iris porque estaba más interesada en cuidarla que en atraparla.

DRAGONITE

Cuando una bandada de Pidove queda atrapada en su combate con Hydreigon, Dragonite acude a protegerlos. Por desgracia, los movimientos de Hydreigon envían a Dragonite a estrellarse en una planta de energía, y se va la electricidad donde Iris está visitando a Cintia, miembro del Alto Mando. Cuando la Agente Mara pide ayuda, Iris reacciona y rescata al Dragonite herido. Él, agradecido, pide unirse a Iris en su viaje.

MILLO

Millo y sus hermanos Zeo y Maíz son los tres Líderes de Gimnasio de Ciudad Gres. Ash e Iris se encuentran con Millo cuando descubre sus increíbles Axew y Pikachu. Al principio, no admite que es un Líder de Gimnasio, y cuando Ash pide cómo ir al Gimnasio, Millo decide divertirse un poco y acompañarlo hasta allí. Ash se sorprende cuando entra por la puerta ¡como Líder! Ash podría optar por luchar contra cualquiera de los tres hermanos por la Medalla Trío, pero el atrevido Ash opta por ¡pelear con los tres! Después de ver los sorprendentes movimientos de Ash, Millo queda cautivado por su estilo de batalla, ¡y le pide unirse en su viaje! Millo siguió a Ash desde Teselia a través de las Islas Decoloras. Después de todas sus aventuras juntos, Millo estaba tan inspirado, que decidió que estaba listo para probar su habilidad en un concurso de pesca en la región de Hoenn. Así, los amigos se separaron cuando llegaron a Ciudad Carmín.

Millo no es solo un gran Líder de Gimnasio; también se ha ganado una reputación como un excelente Sibarita Pokémon.

SR. TIPO MAJO

Molón y sereno, Millo siempre es agradable, incluso con sus rivales. Es tan compasivo que puede parar una pelea, y siempre defenderá lo que sea correcto. Incluso cuando Borgoña, tras perder su revancha, se burla de él antes del Clubombazo, Millo elogia sus puntos fuertes y la anima a seguir entrenando. Pero sus amables palabras solo ofenden a la chica, que sigue insistiendo con grosería en que algún día le vencerá. No importa, Millo nunca se rebajaría al nivel de una bravucona. Es demasiado bueno para las malas palabras.

FAN DE LA CIENCIA

Millo está muy informado y es un experto en muchas áreas de estudio, desde películas clásicas hasta misterios o hechos científicos. Él no solo evalúa a Pokémon; también le gusta investigar cada situación.

En una visita a Ciudad Hormigón, Millo señala ¡todos los lugares donde se filmaron escenas de sus pelis favoritas!

Cuando un encantador Cubchoo se pierde, Millo se convierte en el perfecto detective. Sigue todas las pistas para ayudar a reunir al Pokémon con su Entrenador.

A Millo le encanta leer libros de ciencia. Piensa que todo puede ser explicado mediante la razón e intenta encontrar la verdad científica detrás de las afirmaciones intuitivas de Iris.

Alimento para el pensamiento

Lo único que Millo ama más que Pokémon es la comida. Habiendo trabajado en un restaurante, Millo lo sabe todo sobre los fogones. Este excelente chef siempre está preparando comidas deliciosas para sus amigos. Habla acerca de casi todo como si pudiera comérselo, ¡sobre todo de combates! Poetiza sobre el aroma y la receta de un combate como si de un plato de comida se tratara. Se sabe que las cosas están a punto cuando Millo exclama, "¡El combate está servido!"

VIENE DE FAMILIA

Millo es un trillizo. Sus hermanos Zeo y Maíz completan el trío, y juntos dirigen el Gimnasio de Ciudad Gres, que también es un restaurante de lujo. Alguien podría decir que tres líderes en un solo gimnasio son demasiados cocineros en una cocina, pero ellos saben cómo trabajar juntos y apoyarse mutuamente. Y al igual que los platos que se sirven en su restaurante, cada uno tiene su propio sabor.

Pokémon de Millo

PANSAGE

Es el mejor amigo de Millo. Piensan igual y tienen cabello verde y repeinado. Como su entrenador, Pansage nunca pierde su frescura. Cuando Dwebble lo atacó, Pansage sabía que el Pokémon estaba asustado y no devolvió el ataque.

DWEBBLE

Millo ve por primera vez a Dwebble tallándose una nueva casa de piedra. Pero justo cuando se muda, tres Dwebble abusones se la roban. Millo y sus amigos ayudan a Dwebble a recuperar su roca. Desde entonces, son amigos.

CINTIA

Campeona de la región de Sinnoh y miembro del Alto Mando, Cintia es una celebridad conocida en todas partes por sus increíbles combates. Vive en el hermoso destino turístico de Pueblo Arenisca. Allí, puede disfrutar de un poco de descanso y relajación, y le encanta acoger huéspedes. Tiene una gran casa en Teselia y un corazón aún más grande.

Cuando Ash se topa con su vieja amiga Cintia haciendo cola para comprar un dulce Beartihelado en Pueblo Ladrillo, le ofrece generosamente a él y a sus amigos quedarse en su mansión. También anima a Ash, Millo e Iris a participar en la Copa Junior del Pokémon World Tournament, un torneo que ella abrirá con un combate de exhibición.

CUIDAR ES SU NATURALEZA

Cintia cuida a sus amigos y a sus Pokémon. Cuando se cruza con una Meloetta enferma en medio de la calle, detiene su coche para salvar a la pobre Pokémon y sabe lo que la sanará: una Baya Aranja. Cuando el Team Rocket captura a Meloetta, Cintia hace que todos suban en su barco para rescatarlo. No hay montaña demasiado alta, ni valle demasiado profundo para impedir que Cintia ayude a un amigo que lo necesita.

Todo dulzura y luz

En la Copa Junior del Pokémon World Tournement, Cintia y Garchomp se presentan en un emocionante combate de exhibición contra Catleya y su Gothitelle del Alto Mando de Tesalia. Ambas comienzan la contienda con espíritu deportivo, lanzándose piropos. Pero cuando estas dos campeonas se enfrentan, ¡el combate es explosivo! La combinación de Cometa Draco de Garchomp y Rayo de Gothitelle cubre todo el estadio con impresionantes fuegos artificiales. El combate acaba en empate, pero ha sido una verdadera obra de arte.

APRENDER DE BUENA MAESTRA

La aspirante a Maestra Dragón Iris desafía a Cintia y a su Garchomp tipo Dragón. Iris sabe que tiene mucho que aprender, y la Campeona de Sinnoh no podría ser una mejor maestra. Cintia y Garchomp son tan inspiradores, que producen un impacto (o mejor dicho, un Giga Impacto) en Axew e Iris. En este mismo combate, Axew fue capaz de usar su tipo Normal por primera vez.

JERVIS

Jervis es el típico mayordomo: refinado, un poco aburrido, y siempre dispuesto para servir. Conoce a Ash y compañía en la villa de Cintia en Pueblo Arenisca. Además de conducirel mejor coche de Teselia, Jervis también asesora sobre Pokémon y ciertos peligros. Si eres lo suficientemente rico para permitírtelo, deberías conseguirte un mayordomo así.

CATLEYA

Encontramos a Catleya, un miembro del Alto Mando y el hada Rosa Blanca, durante la primera ronda de la Copa Junior del Pokémon World Tournament. Es un poco engreída, pero su rival Cintia no es nada de eso. En un combate de Garchomp contra Gothitelle, el poderoso Puño Dragón de Garchomp casi destroza la confianza de Catleya, pero el combate termina en empate.

LAS AMISTADES

MAYA

Una sorpresa estaba esperando a Ash en el alojamiento de Cintia en Pueblo Arenisca: ¡Maya, su vieja amiga de Sinnoh!

Ash está emocionado por ponerse al día con Maya, y Millo e Iris también están encantados de conocer a la Coordinadora Pokémon sobre la que tanto han escuchado. Millo desafía a Maya y Piplup a un combate para evaluarlos, y se queda impresionado con su conexión dentro y fuera del campo. La cocina de Millo le recuerda a Maya los buenos tiempos con Brock, quien ahora estudia para ser un Doctor Pokémon.

PODER FEMENINO

Maya encuentra una amiga especial en Iris, la compañera de viaje de Ash por Teselia. Comparten sus experiencias viajando con Ash y se ríen de sus manías.

¡Nada puede interpornerse entre estas nuevas amigas, ni siquiera una batalla cara a cara en la Copa Junior del Pokémon World Tournament! A pesar de que Dragonite ignora las órdenes de Iris, ganan los cuartos de final contra Mamoswine y Maya. Maya felicita a Iris y la hace sentir mejor sobre su largo enfrentamiento con la testaruda Dragonite.

COMO AGUA Y ACEITE

Saltan chispas cuando el Piplup de Maya se topa con Oshawott, el amigo de Ash en Teselia. Pero no se enfrentan en el campo de batalla... a menos que consideres al amor una batalla. Ambos se enamoran del Pokémon con la voz de oro, Meloetta.

Cada vez que Piplup se le acerca, Oshawott se escapa de su Poké Ball para poner a Piplup en su lugar. Pero Meloetta puede unir incluso a estos duros rivales cantando sus hermosas canciones. Al final, Oshawott se entristece cuando Maya y Piplup dejan Teselia para participar en la Copa Plubio.

ES DURO DECIR ADIÓS

Cuando Maya está lista para seguir viaje hacia Johto, Ash no quiere decirle adiós a su vieja amiga, ¡al menos no hasta que tengan la oportunidad de luchar!

En el campo de combate del patio trasero de Cintia, Ash y Pikachu se enfrentan a Maya y Quilava. Sin embargo, Cintia dictamina un empate, ya que ambos son entrenadores de gran talento, que han aprendido mucho el uno del otro. ¡Para eso están los amigos!

PROFESOR OAK

Junto con la madre de Ash, el Profesor Oak acompaña al chico desde su hogar en Kanto hasta Teselia. Allí, le presenta a Ash a otra de sus colegas, la Profesora Encina, una importante investigadora Pokémon. Ellos se comunican a menudo sobre cuestiones científicas, ya que Oak viaja a menudo a esa región. De hecho, Ash se topa con él en una feria sobre la región de Kanto en Teselia. Después de verlo dar una conferencia sobre Pokémon, Ash se pone nostálgico recordando sus primeros días como Entrenador y realiza un intercambio Pokémon para ver a su viejo amigo Charizard.

No importa dónde viaje Ash, el Profesor Oak está allí para animarlo y cuidar de los Pokémon que atrapa. Ash tiene suerte de tener en él un verdadero amigo y mentor.

RIDLEY

Descendiente de los protectores del antiguo Templo y el Espejo Veraz, Ridley es el guardaespaldas personal de Meloetta. A través de los siglos, muchos villanos han tratado de capturar a este Pokémon. Para mantener a Meloetta a salvo, Ridley y su gente se han escondido en el bosque. Pero un día, en un un campo de flores blancas, Jessie, James y Meowth capturan a Meloetta. Antes de que Ridley y su amigo Golurk puedan detenerlos, Yamask los cubre con un manto de humo y se da a la fuga. Por suerte, gracias a su profunda conexión, Ridley detecta que Meloetta está cerca y la sigue hasta el alojamiento de Cintia.

FERRIS

Como si no fuera lo bastante difícil hacer de Arqueólogo Pokémon, Ferris también debe soportar a Sierra, su amiga de su infancia, quien le ridiculiza y le llama aficionado. Ferris explica una historia que Sierra no cree: una vez viajó en el tiempo y conoció a un Tirtouga en problemas. Cuando el Team Rocket aparece para robar el fósil que él ha descubierto y el Dr. Zager lo revive, Ferris renueva su amistad con la Tirtouga.

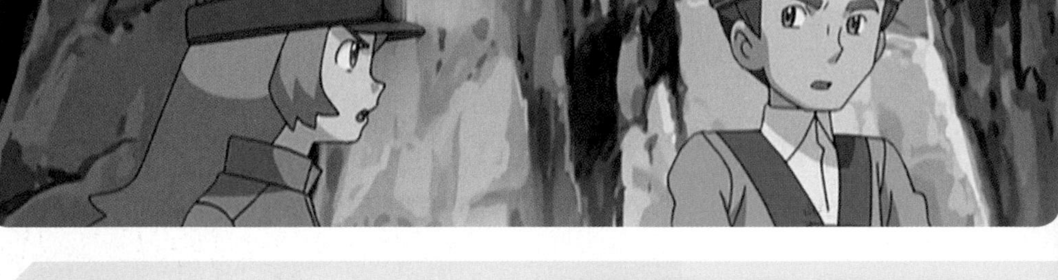

SIERRA

Sierra es un poco pesada, y parece que le divierte burlarse de su amigo de la infancia Ferris. Se niega a creer que él viajó al pasado a través de un Portal del Tiempo que descubrió jugando en el Monte Tuerca cuando era niño. Sierra empieza a creerle cuando ve su relación con la Tirtouga revivida.

TRIP

Hay que tener en cuenta a Trip tanto dentro como fuera del campo de combate. Solitario, Trip es lo contrario a Ash y no está interesado en hacer amigos. Impaciente y ambicioso, afirma que no tiene tiempo para las emociones. Piensa solo con lógica, sin importar quién o qué podría lastimar, como cuando quiso pelear contra la estampida de Venipede mientras Camus y Ash trataban de reunir la bandada. Trip solo se preocupa por una cosa: convertirse en Campeón Pokémon.

Trip conoció a Ash el primer día de su viaje, mientras escogía a su Primer Compañero Pokémon, Snivy, en el laboratorio de la Profesora Encina. Incluso antes de que pudiese practicar por un momento con Snivy, Trip ya se jactaba de que derrotaría a Ash, y lo hace. Esta derrota motiva a Ash a entrenar duro a lo largo de Tesalia para derrotar a Trip. Tiene su oportunidad en la primera ronda de la Liga Teselia.

R-E-S-P-E-T-O

Las primeras veces que Ash se encuentra con Trip, él no tiene miedo de decir lo que piensa, aunque sus pensamientos no son muy agradables; posee una honestidad brutal. Cuando el campeón de la Liga Teselia, Mirto, dice que la construcción de la amistad con su Pokémon es más importante que su fuerza en combate, Trip se burla de él. Pero la víctima favorita de Trip es Ash. Trip lo llama un "pueblerino" del "quinto infierno" de la región de Kanto. Cuando Ash pierde su primera revancha, Trip llama a Ash y a sus Pokémon "perdedores". Además piensa que todo está por debajo de él y son simplemente "básicos". Como se considera un ganador, no encaja bien una derrota. Cuando Bel y Emboar ganan su ronda en el Clubombazo, Trip termina enfurecido. La verdad es que Trip es un gran Entrenador, pero es un mal perdedor.

UN CAMBIO TE IRÍA BIEN

Aunque Trip empieza como un idiota, cambia durante su viaje a Teselia. Después de tener la oportunidad que soñó desde niño, un combate con su ídolo Mirto, algo cambia en él. Debido a que el combate es su recompensa por ganar el Torneo Mundial de la Copa Juvenil Pokémon, Trip va con la confianza de que acabará con el Campeón de Teselia, pero pierde. La experiencia parece enseñarle a Trip humildad. Finalmente ve el sentido de las sabias palabras de Mirto y cómo su moral lo convirtió en un Entrenador campeón. Cuando Ash ve la siguiente vez a Trip en la Liga Teselia, ha cambiado. Se enfrentan en la primera ronda, y hasta el último segundo, el combate parece pan comido para Trip y Serperior. Sin embargo, Ash y Pikachu son un equipo con un lazo increíble, y con una combinación de Bola Voltio y Rayo, vencieron a Trip. Ash se sorprende más aún cuando Trip le da la mano y le desea suerte. Después de este combate con el gran Pokémon tipo Planta, está claro que Trip es savia nueva.

SABER CÓMO SON LAS COSAS

Cada vez que Ash se encuentra con Trip hace todo lo posible para impresionarlo. Pero Trip supera a Ash. En Ciudad Mayólica, cuando Ash gana su cuarta Medalla de Gimnasio, Trip ya tiene su quinta. Cuando Ash pide una revancha con Trip en el Club de Combate Pokémon en Pueblo Lujoso, Trip tiene seis Pokémon, y Ash solo cinco. Trip es difícil de superar, e incluso de convencerle para librar un combate... ¡te ha de considerar digno de él!

Pokémon de Trip

TRANQUILL

En la batalla de seis contra seis con Ash en el Club de Combate Pokémon, Tranquill gana rondas contra Oshawott y Tepig. Sin embargo, cuando hay problemas, Trip y Tranquill se unen con Ash para parar la estampida de Venipede en Ciudad Porcelana.

TIMBURR

Este Pokémon tipo Lucha es duro, pero Ash, Bel y Millo tienen su oportunidad. Contra Ash, Trip nota que Oshawott no puede controlar su Acua Jet porque sus ojos están cerrados. Esto ayuda a la formación de Ash, pero no a Trip; Timburr pierde la ronda. Contra Millo, Trip llama a un Gurdurr. Sin embargo, Millo gana la ronda. Gurdurr evoluciona de nuevo en un genial Conkeldurr. Pero cuando el Emboar de Bel gana la segunda ronda del Clubombazo, Trip está avergonzado y piensa que su amigo lo dejó perder. Pero un buen Entrenador sabe que es él quien hace perder a sus Pokémon.

GURDURR

CONKELDURR

LAMPENT

Mientras que Camus prefiere razonar con los Venipede sobre la estampida en Ciudad Porcelana, Trip ordena al tipo Fantasma y Fuego, que ataque desde el aire. En lugar de dejar que Trip arruine el diálogo de paz, Ash protege a los Venipede.

SNIVY

El Snivy de Trip es tan inteligente que gana su primer combate contra Ash y Pikachu. La próxima vez que Ash se enfrenta a Trip, ya se ha convertido en Servine. Cuando se reencuentran en la Copa Junior del Pokémon World Tournament, Servine ha evolucionado a la poderosa Serperior. Este Pokémon tipo Planta gana contra Millo y continúa ganando en la final contra Ash. Pero cuando Ash y Pikachu consiguen una revancha en la Liga Teselia, es una pelea hasta el final ¡y Pikachu gana!

SERVINE

SERPERIOR

FRILLISH

En el segundo combate de Ash contra Trip, Frillish gana la ronda contra Pidove y Snivy. ¡Nadie puede tocar su Cuerpo Maldito!

VANILLITE

Cuando Ash e Iris interrumpen a Trip y a Vanillite intentando capturar a un Palpitoad salvaje, Ash convence a Trip de luchar contra él. Trip intenta el "estilo de combate contra la pared" de Ash, y elige a Vanillite para luchar contra Tepig, pero la ronda termina en empate.

MIRTO

Extrovertido y aventurero, Mirto es tratado como una estrella de rock en Teselia. Multitudes de Entrenadores piden al Maestro Campeón de la región Teselia un autógrafo. Su mayor admirador es Trip, quien ha soñado con luchar contra Mirto desde que lo conoció cuando era niño. Sin embargo, cuando Trip lo vuelve a ver en Ciudad Mayólica, se siente frustrado por la actitud *hippie* de Mirto. Pero no dejes que la calma y el comportamiento amable de Mirto te confundan. Con su compañero Bouffalant, puede aplastar a un rival con un movimiento rápido, como le demostró a Trip en la Copa Junior del Pokémon World Tournament. Con su apariencia despreocupada, Mirto hace que todo parezca fácil.

Mirto es generoso con sus fans. Puede que sea malo recordando nombres –llamó Tristán y Ashton a Trip y Ash–, pero Mirto siempre está preparado para un desafío. Tal vez no sea capaz de estar muy despierto, como cuando se puso a roncar en su combate contra Ash; ¡es que la fama cansa!

UN HOMBRE CON MENSAJE

Hace años, Mirto le dijo a Trip que era importante crecer fuerte. Años más tarde, Mirto agregó que no se trata solo de fuerza; también de saber cuándo mostrarla. Poco a poco, le demuestra a Trip la verdadera forma de entrenar, liderando con el ejemplo. Un campeón de gran corazón, Mirto representa la justicia y la compasión. Su objetivo es unir a las personas y a los Pokémon.

Y Mirto es un hombre de palabra. Cuando un Gigalith estaba en un problema en medio de Ciudad Mayólica, se negó a permitir que la Agente Mara y Herdier se enfrentaran a él. En su lugar, puso su vida en peligro para razonar con el Pokémon enojado. Al hacerlo, descubrió que el Pokémon estaba lesionado y necesitaba ayuda.

Un donjuán

Mirto tiene la reputación de un seductor. Disfruta conversando con mujeres, especialmente con la Agente Mara, la Enfermera Joy y con la Campenoa del Alto Mando, Cintia. En realidad, su verdadero amor es su mejor amigo y compañero de combate, Bouffalant.

CAMERON

Cameron puede resultar un poco torpe. Entre sus pifias están calcular mal el número de medallas necesarias para entrar en el Campeonato de Teselia, perderse con Ash cuando iban a conseguir su medalla final, y llegar demasiado tarde para competir en la Copa Júnior del Pokémon World Tournament. Sin embargo, también demuestra que nunca conviene subestimar a un Entrenador con dedicación, convirtiéndose en un formidable rival para Ash. Utilizando Pokémon evolucionados y poderosos, como Hydreigon, Samurott y finalmente Lucario, Cameron derrota a Ash y lo elimina del torneo final, que luego perderá frente a Virgil.

LIRIO

Los Pokémon de Lirio

Iris se enfrenta a una gran tarea: competir contra su mentor, el Maestro de Dragones Lirio, Líder del Gimnasio de Ciudad Caolín. Iris admite que cuando se apuntó por primera vez al programa de entrenamiento de Ciudad Caolín, lo dejó porque sentía nostalgia de su casa, así que nunca terminó su entrenamiento. Cuando Lirio más tarde la derrota, suaviza el fracaso diciéndole a Iris que quiere que ella algún día se convierta en la Líder del Gimnasio de Ciudad Caolín.

VIRGIL

Virgil es parte de la Brigada de Rescate Pokémon, un grupo fundado por su padre Jeff y su hermano Davey, que se dedica a rescatar a personas y Pokémon de situaciones complicadas. De hecho, conoció a Ash y a Iris cuando quedaron atrapados en un desprendimiento de tierra en su camino hacia Ciudad Vidriera. Por suerte, Virgil llegó allí en un instante e indicó a su Espeon que usara un Psíquico para sacarlos de allí y devolverlos a un terreno más seguro.

Espeon es uno de los ocho miembros del Equipo Eevee de Virgil. Y es que la Brigada de Rescate Pokémon incluye a Eevee y a sus siete evoluciones, de ahí el nombre. ¡Está claro que Virgil es un experto en Eevee!

Poco después de conocer a Ash, Virgil recibió otra llamada de socorro. Un Cryogonal salvaje había congelado el agua del lago, y también la sala de control de la presa que era la fuente de energía local. Por supuesto, Ash, Iris y Millo quería ayudar en la tarea a la Brigada de Rescate Pokémon. Junto a Virgil y Davey, llegaron al origen del problema, un pequeño Cryogonal atrapado detrás de algunas tuberías. Eevee entró en acción usando Excavar para cavar un túnel de rescate. Entonces, Pikachu unió sus esfuerzos al Jolteon del Equipo Eevee para recargar las batería de emergencia y recuperar la corriente. ¡La Brigada de Rescate Pokémon consiguio su objetivo de nuevo, con la ayuda de sus nuevos amigos!

Pero cuando Ash, Millo e Iris se despidieron de Virgil para dirigirse a la Liga de Teselia, ¡descubrieron que lo encontrarían también allí! El experto en Pokémon Evolución había ganado las ocho medallas de los Gimnasios de Teselia y estaba listo para participar en el gran torneo.

Virgil y su bien entrenado equipo de Eevee y sus evoluciones causaron un gran impacto en el campeonato. Virgil impresionó a todos con su estilo de combate y su dedicación. ¡Así que no fue una sorpresa cuando este excepcional Entrenador consiguió vencer en la Liga de Teselia!

BORGOÑA

Mientras espera en una larga cola para ser evaluada por un Sibarita Pokémon, Borgoña le pide a Ash que le deje leerle algo. Pero en lugar de dar indicaciones a Ash, Borgoña aprovecha la oportunidad para insultarle. Le dice a Ash que todos sus Pokémon son horribles, ya menos que él se libre de ellos, siempre será un perdedor. Sin embargo, en realidad, Borgoña está mintiendo. Ella es una Sibarita principiante, Nivel C, y no tiene las credenciales para decir todo eso. ¡Millo, que es un Sibarita Nivel A, no duda en llamarla al orden! Parece que Borgoña se siente como Millo lo hizo hace mucho tiempo, y siente por el Líder de Gimnasio de Ciudad Gres una gran enemistad que se remonta a su infancia. Después de que Borgoña no consiguió ganar la Medalla Trío, Millo le comentó que ella no cuidaba correctamente de sus Pokémon. ¡Desde esa batalla fatídica, Borgoña ha estado planeando su revancha!

Los Pokémon de Borgoña

Pasión gastronómica

Como a un típico Sibarita, a Borgoña le gusta comparar las cosas con la comida. También le gusta salpicar su discurso con palabras francesas. Pero no importa lo que diga, su mal genio a menudo hierve de más.

DES-ENCUENTROS

Borgoña piensa que Millo, como en su primer encuentro, se dedica a insultar su orgullo, cuando en realidad él lo que pretende es ofrecer críticas constructivas y estimularla. ¡Después de todo, ese es el trabajo de un Sibarita! Incluso cuando Borgoña discute con él antes de grandes eventos como la Copa Júnior del Pokémon World Tournament y el Combate de Club, Millo le asegura tranquilamente que cree que ella puede ganar. Pero sus amables palabras de apoyo solo la irritan más. Millo la ha inspirado para convertirse en una Sibarita, así que tal vez algún día ella imite también su espíritu deportivo. Hasta entonces, prefiere unirse a Georgia, la rival de Iris, a un lado del estadio, y allí ambas se dedican a criticar a sus rivales como malas perdedoras que son.

GEORGIA

Los Pokémon de Georgia

Georgia es valiente y tiene personalidad. Siempre lista para atacar y rápida para reagruparse, tiene casi tanta dentellada como los Pokémon tipo Dragón contra a los que le obsesiona enfrentarse (y quizá tiene tanto fuego dentro como estos). No importa el desafío, ella está segura de que puede mostrar su fuerza, o al menos hacer un buen papel.

La Retadragones

Georgia acuñó el término "Retadragones" para reflejar su principal interés: derrotar a los Pokémon tipo Dragón en el campo de batalla. Está especialmente motivada para combatir a los entrenadores de la Aldea de los Dragones porque una vez perdió una batalla allí, y su ego nunca se ha recuperado. Considera que su enemigo número uno es Iris, y no duda en decírselo directamente a la cara en competiciones como el Combate de Club y la Copa Júnior del Pokémon World Tournament. Pero a la hora de las verdad, su desafío es más poderoso que sus movimientos de combate. En la Copa Júnior del Pokémon World Tournament, las dos rivales se enfrentan en la primera ronda. Y aunque Dragonite no escucha las instrucciones de Iris, deja fuera de combate al Beartic de Georgia con un excelente Puño Trueno.

STEPHAN

Con su camiseta a rayas rojas y su cabello rojo y puntiagudo, es difícil no ver a a Stephan, pero es muy fácil pronunciar mal su nombre. Para su consternación, nadie consigue hacerlo bien. Cuando Stephan, junto con su amigo Sawk, subió toda la Torre de Loza llevando un Litwick para ganar el Festival de la Campana de los Deseos, su premio fue la oportunidad de tocar la campana de la suerte para pedir un deseo. Nada de dinero, la fama, o incluso el poder Pokémon; lo que quería Stephan es simplemente que la gente pronunciara bien su nombre.

Sin embargo, cuando escucha la palabra "combate", a Stephan no le importa como se le llame, siempre que se le llame. Es un participante habitual en las competiciones de Teselia y también sabe aceptar los problemas con su nombre y juega siempre limpio.

¡También está listo siempre para practicar! En el Combate de Club, Stephan y Ash entrenaron juntos a sus Pokémon. Su trabajo duro valió la pena cuando llegó a una racha de victorias consecutivas. ¡Después de su triunfo en el Festival de la Campana de los Deseos, Stephan y Sawk barrieron a toda la competición de Clubombazo, incluso derrotando a Montgomery y a un Pokémon tan duro como es Throh! Por lo tanto, Ash no se sorprende cuando se enfrenta al combate de la tercera ronda. Ash gana el complicado combate de tres contra tres y consigue pasar a los cuartos de final. Pero como un buen deportista que es, Stephan permanece en las gradas para animar a todos sus amigos durante todo el torneo.

Los Pokémon de Stephan

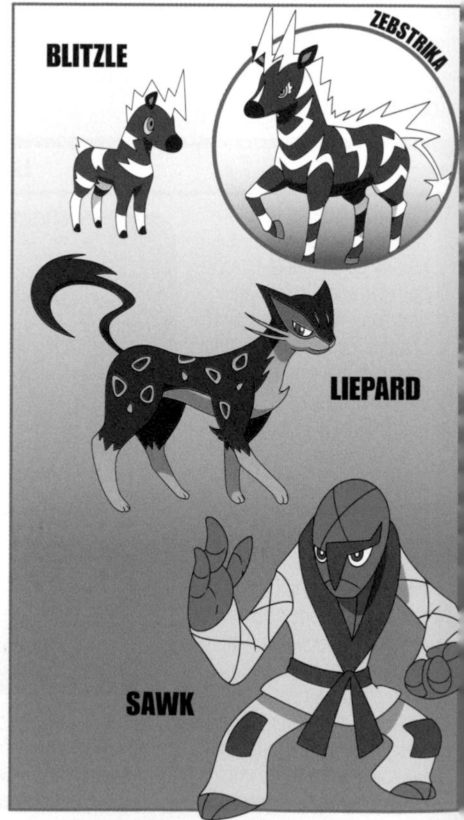

Tecnología de batalla

El astuto Stephan recarga sus Pokémon de tipo Eléctrico con una bicicleta que él mismo modificó. Almacena energía con cada pedalada y así consigue cargar al máximo los movimientos para un combate.

LUKE

Luke es un Entrenador que ama a los Pokémon, pero su verdadera pasión es hacer películas. De hecho, solo entra en el Combate de Club de Ciudad Mayólica para estudiar los movimientos y poder filmar sus secuencias de acción. Mientras compite en el torneo, Luke no puede resistirse a filmar cada momento para preparar también un documental del evento.

La pasión de Luke por la realización de películas tiene recompensa. No solo gana un festival de cine con la primera película que hizo, protagonizada por Ash, Iris y Millo (*La leyenda del Caballero Pokémon*), también es uno de los pocos directores elegidos para rodar una película para la nueva competición de cine de Pokéstar Studio. ¡Junto con sus amigos y su elenco favorito, realiza una película llena de acción que consigue el primer premio! ¿Y qué gana? La oportunidad de hacer otra película en Pokéwood, ¡un sueño hecho realidad para este director de talento!

ZORUA: HA NACIDO UNA ESTRELLA

Luke trabaja en el cine local de Ciudad Mayólica, donde conoció a su actriz Pokémon favorita, Zorua. Se había transformado para parecerse a la estrella de la película que estaba proyectando, y Luke pensó que la actriz real estaba sentada en la audiencia. ¡Zorua puede cambiar de aspecto, y sus imitaciones son perfectas!

Ash, Millo e Iris se encontraron por primera vez con Zorua cuando ella fingía ser Pikachu, y ni siquiera Ash podía distinguirlos. Zorua es una verdadera estrella que suele interpretar todos los papeles en las películas de Luke. Sin embargo, fue una buena idea que Lucas contara con Ash, Millo e Iris en *La leyenda del Caballero Pokémon.* Cuando apareció el Team Rocket para robar a Zorua, nuestros héroes se pusieron en acción para darle un final feliz a esa película.

¡Pero nadie quiere a Zorua más que a Bel! Está obsesionada con el Pokémon Zorro Astuto e importuna continuamente a Luke para que intercambie a Zorua con Pignite. Zorua no puede soportar a Bel y siempre encuentra una manera de escapar de sus superapretados abrazos. Zorua no quiere dejar a su amigo Luke, pero también ha encontrado una buena amiga en Iris. Siempre que la Retadragones Georgia intenta intimidar a Iris, Zorua cambia de forma y se convierte en una muñeca-Georgia, para que Iris pueda devolverle sus burlas.

Los Pokémon de Luke

TEAM ROCKET

Jessie, James y Meowth han pasado página y se están esforzando para que se los tomen en serio. ¡Su punto de mira está en los tesoros de Teselia, y están listos para realizar sus acciones más cobardes para su jefe! Tienen nuevos trajes, nuevas frases para declarar su misión, nuevos vehículos –como un helicóptero y un submarino– y un nuevo estilo furtivo. Quieren trepar la escalera de la organización Team Rocket, y Giovanni no podría estar más orgulloso de su progreso. En Teselia preparan todo tipo de elaborados planes, desde la incursión en el Museo de la Ciudad Esmalte hasta el robo de datos secretos del Solar de los Sueños, hasta capturar la canción de Meloetta. Quizás han tenido más éxito gracias a que en Teselia cuentan con el genio científico del Doctor Zager y la protección de Pierce. Pero por suerte, Ash y sus amigos siempre están allí para frustrar sus planes, incluso si su nuevo helicóptero no levanta el vuelo.

¿Mejores amigos enemigos?

Curiosamente, Jessie, James y Meowth encuentran aliados cuando los malvados planes del Equipo Plasma entran en juego. Como se suele decir, el enemigo de tu enemigo es tu amigo. Sin embargo, parece que nunca dejarán de intentar robar a Pikachu, el mejor amigo de Ash, o al resto de sus Pokémon, porque también es cierto que algunas cosas nunca cambian.

DOCTOR ZAGER

La espesa cabellera plateada y el monóculo esconden una de las mentes científicas más brillantes de Teselia. Desafortunadamente, el Dr. Zager usa su cerebro para el mal, al servicio del Team Rocket. Desde que Pierce se lo presentó en su laboratorio de investigación, Jessie, James y Meowth siguen a este científico loco para obtener instrucciones e información.

El Dr. Zager es el experto en tecnología detrás del Team Rocket, listo para demostrar que el conocimiento es poder. Ha intervenido en todo tipo de planes nefastos, como crear el cañón Roggenrola, conseguir Meteonito, robar la investigación del Profesor Fennel para construir su propia Máquina de Restauración de Pokémon y ayudar a capturar a los Pokémon legendarios Landorus, Thundurus y Tornadus.

El Dr. Zager también resuelve complejas ecuaciones y problemas para su jefe, Giovanni, para ayudarlo en su búsqueda del poder absoluto. Pero cuando los objetivos de Giovanni quedan fuera de control en la Operación Tempestad, y el Espejo Veraz lo convierte en un tirano que quiere destruir a Teselia, el Dr. Zager será la voz de la razón para detenerlo. Es un malvado razonable y tiene sus límites: quiere dominar Teselia, pero sabe que no tendrá nada que controlar si es destruido. Después de tranquilizar a Giovanni, se mantiene leal a su jefe y continúa su trabajo para darle al Team Rocket el poder que necesita para gobernar la región.

GIOVANNI

Giovanni ha conseguido a lo largo de los años permanecer fuera del centro de atención. Pero en Teselia se ve obligado a hacer una aparición cuando su normalmente inepto Team Rocket finalmente localiza a Meloetta. Quiere lanzar la Operación Tempestad, un intento equivocado de atrapar a Tornadus, Thundurus y Landorus para gobernar Teselia. Giovanni no solo se presenta y difunde mal rollo a todo el mundo, sino que finalmente lucha con Ash cara a cara, y su Persian derrota a Pikachu. Cuando finalmente controla el Espejo Veraz, que desbloquea las fuerzas de la naturaleza, termina enloqueciendo y trata de enterrar a Teselia bajo el hielo. Hay tipos a los que no se puede confiar ni un poco de poder. El Team Rocket lo salva, después de tantos años de que fuera al revés, y decide renunciar a sus temibles planes. Giovanni tendrá que reconstruir sus planes.

PIERCE

Un agente secreto clave en la banda del Team Rocket, Pierce está en el centro de todos sus planes para robar Meteonito. Inteligente y escurridizo, encarga las distintas misiones, controla a sus secuaces e interviene para abortar una misión cuando es necesario.

Para ayudarle en su trabajo, Pierce lleva un anillo especial que es capaz de proyectar información clasificada para informar a los miembros de Team Rocket. Con sus detalladas instrucciones, Jessie, James y Meowth son capaces de entrar en el Laboratorio de Investigación Meteónico, para hackear sus servidores y robar los datos sobre el Meteonito. Luego, junto con su colega el Dr. Zager, Pierce localiza Meteonito aún más poderoso para su malvada misión.

Cuando las cosas se complican, es Pierce quien ayuda a Jessie, James y Meowth a escapar rápidamente antes de que la agente Mara pueda arrestarlos en el Solar de los Sueños.

EQUIPO PLASMA

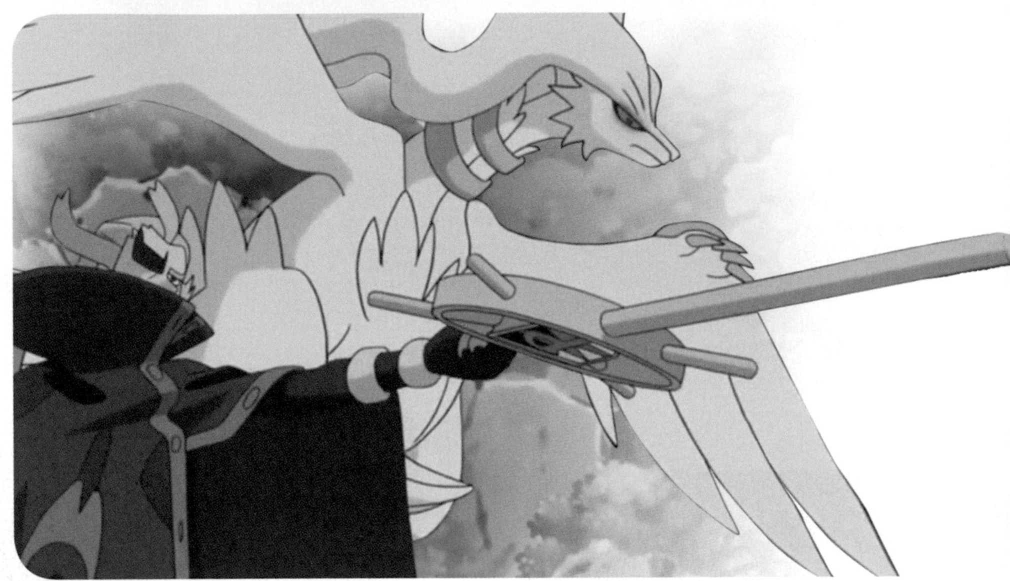

GHECHIS

Ghechis Armonía, el misterioso jefe del Equipo Plasma, es un tipo siniestro. Entre sus comunicados secretos con Aldith y Acromo, secretos como el Proyecto G y el Proyecto F, y su relación con N y los Siete Sabios, Ghechis solo tiene mal en su mente. O sea, el mal y el control de Reshiram.

ACROMO

Acromo trabaja para Ghechis, pero para ser un lacayo, guarda algunos trucos en la manga. Su logro más notable es utilizar las ondas EM para controlar las mentes de los Pokémon, que utiliza en Pikachu. Afortunadamente, el amor de Ash por su Pokémon supera la fuerza de las ondas EM y Pikachu es liberado. El Team Rocket también se opone a Acromo, y consigue detener sus planes dos veces. Posteriormente, Acromo construye una versión avanzada de su máquina, que acaba controlando Pokémon con una sola exposición.

N

El misterioso N tiene una relación simbiótica con todos los Pokémon, y hasta parece que puede entenderlos cuando hablan. Después de reunirse con Ash y sus amigos, y confiar en sus buenas intenciones, N decide acompañar al equipo a las Ruinas Blancas y ayudarles con su plan para detener al Equipo Plasma.

SCHWARZ Y WEISS

Schwarz y Weiss hacen que Jessie y James parezcan eficaces. Como parte del Equipo Plasma, su primer trabajo fue capturar un Braviary, solo para fracasar en la línea de meta. Cuando se dedicaron a perseguir al misterioso N, Ash y sus amigos acudieron en su ayuda y Schwarz y Weiss se vieron obligados a presentar combate. Su Seviper y Zangoose no pudieron competir con Pikachu, Excadrill y Braviary.

ALDITH

Aldith es una subordinada del Equipo Plasma. Su propósito es asegurarse de quc Acromo sigue trabajando para el plan general de “controlar Teselia”. A Aldith no le gusta que Acromo se muestre tan interesado en el verdadero Poder Pokémon; solo quiere asegurarse de que el plan de Ghechis se cumple. También puede trabajar como soldado, liderando equipos en combate contra Ash y amigos, y luego contra el Team Rocket.

LA LIGA DE TESELIA

Ash llegó a Ciudad Vidriera listo para competir en el campeonato más grande de la región, la Liga de Teselia. Para calificarse para entrar, cada Entrenador debía haber ganado ocho medallas de Gimnasio en Teselia. Ciento veintiocho Entrenadores se registraron en la competición con la esperanza de obtener el codiciado título. ¡La competencia era dura! Ash, Stephan, Bel, Virgil, Cameron y el mayor rival de Ash, Trip, también participaron. ¡Iba a ser una competición muy reñida! Pero Ash, como la primera letra de su nombre, estaba a punto para conseguir una A de matrícula.

Para señalar el inicio de la competición, el locutor Freddy "el bombazos" llega a la arena en paracaídas. Pero la mayor sorpresa es la noticia que trae. Parece que los Entrenadores tendrán que luchar primero en una ronda de clasificación… con solo un Pokémon. La elección es clara para Ash, que combatirá con Pikachu. La Agente Mara de Ciudad Vidriera enciende el Caldero de la Llama de la Liga de Teselia y así empieza oficialmente la competición.

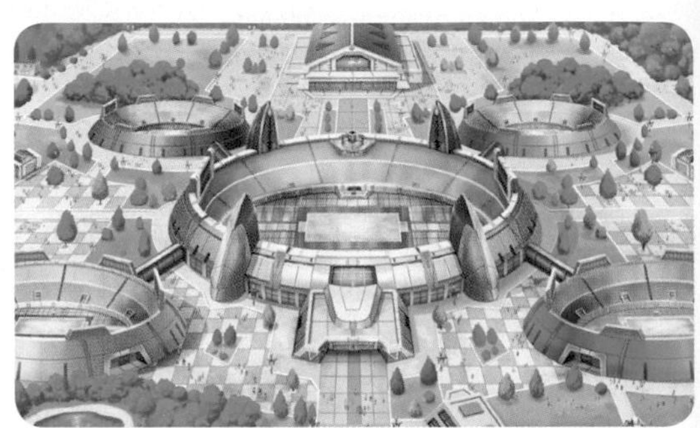

RONDA PRELIMINAR

Los 128 entrenadores combaten por parejas en la ronda preliminar. Los 64 Entrenadores ganadores pasarán el corte, lo que significa que solo la mitad de los entrenadores se calificarán para competir en la auténtica Liga de Teselia. No son las mejores probabilidades, pero Stephan y Zebstrika, Bel y Emboar, Virgil y Vaporeon, y Cameron y Ferrothorn consiguen vencer y se ganan su lugar en la siguiente ronda. Para obtener su plaza, Ash tendrá que vencer a un gran rival, Trip, un Entrenador con quien ha combatido –y perdido– anteriormente. Trip escoge al poderoso Serperior para comenzar. Ash reclama a su mejor amigo Pikachu, como había planeado, aunque eso lo pone en una desventaja de tipo, ya que los movimientos de tipo Eléctrico son débiles contra tipos de tipo Planta. Al principio, ambos son tan rápidos que esquivan los movimientos del otro. Sin embargo, cuando Serperior consigue acertar con una feroz combinación de Cola Dragón y Constricción, tiene a Pikachu atrapado. Trip está seguro de que la victoria será suya, pero Ash no está dispuesto a rendirse. Pide a Pikachu que use Bola Voltio y agregue una Cola Férrea. Con el doble golpe, Pikachu da la vuelta a la situación y deja a Serperior incapaz de seguir combatiendo. ¡Ash gana así el combate de clasificación y consigue oficialmente su lugar en el Torneo de la Liga de Teselia!

RONDA DE APERTURA

En esta ronda, cada Entrenador puede elegir dos Pokémon. Los 64 entrenadores que se han calificado se emparejan para la batalla. ¡Parece que Bel y Cameron serán los primeros! Bel llama a su amigo de tipo Bicho y Acero, Escavalier. Cameron escoge a Samurott, su Pokémon tipo Agua. Bel usa Defensa Férrea tres veces para aumentar el poder de defensa de Escavalier. Sin embargo, parece que en su estrategia falta la ofensiva. Así, es como Samurott ganará la ronda con un doble lanzamiento de Concha Filo. A continuación, Bel pone en acción a su Pokémon de tipo Fuego, Emboar. Es capaz de detener a Samurott con una combinación de Empujón y Machada. Sin embargo, cuando Cameron escoge su segundo Pokémon, saca a Riolu, y su increíble Onda Vacío le hace ganar la ronda. ¡Ash, Stephan, y Virgil ganan también sus combates! Pero antes de la siguiente ronda, el Axew de Iris desaparece. Sus amigos lo dejan todo y se unen para encontrar al pequeño dragón perdido. ¡Cualquier Entrenador lo suficientemente bueno como para llegar a la Liga de Teselia sabe que nada importa más que el trabajo en equipo!

TERCERA RONDA

Aunque el azar del sorteo empareja a Ash y a su buen amigo Stephan en el combate de tres contra tres de la tercera ronda, ellos no van a dejan que su amistad se interponga en su intento de conseguir el título. Stephan comienza con Liepard, y Ash elige a Krookodile. Es una batalla de tipo Siniestro contra tipo Siniestro, así que quedará patente la estrategia de cada Entrenador. Ash sabiamente usa el Excavar de Krookodile para esquivar el Doble Equipo de Liepard. Un feroz golpe Garra Dragón deja a Liepard incapaz de luchar, pero Krookodile ha sufrido también muchos daños.

Así que, cuando Stephan llama a su segundo Pokémon, esta vez Zebstrika, de tipo Eléctrico, Ash elige a su colega Palpitoad, que combina los tipos Agua y Tierra. Ash pudo haber elegido un Pokémon con una ventaja de tipo más evidente, pero olvidó tener en cuenta la velocidad de Zebstrika. Después de un combate muy reñido, los dos quedan incapacitados para pelear.

Para su tercera y última selección de Pokémon, Stephan elige a un tipo Lucha, Sawk. ¡No da señales de dar el combate por perdido! Ash llama a su compañero tipo Bicho y Planta, Leavanny. El combate es tan reñido que Leavanny activa su Habilidad Especial, Enjambre, para aumentar su poder. Así, Leavanny consigue detener el gran Corpulencia de Sawk, envolviéndolo en un Disparo Demora. Sin embargo, Leavanny corta accidentalmente a través de sus propios hilos con Tijera X y libera Sawk. Con un desesperado Golpe Kárate de Sawk, Leavanny se queda incapaz de pelear.

Krookodile vuelve a la lucha. Parece tener una gran desventaja de tipo y además parece cansado, pero las apariencias engañan. ¡El Pokémon Intimidación está listo para lo que sea! Sawk usa A bocajarro y Garra Dragón, pero no es rival para el impresionante y asombroso Golpe Aéreo de Krookodile. De una sola vez, lanzándose desde lo alto del cielo, deja a Sawk sin poder pelear. Con ese movimiento, Ash ha ganado la ronda y avanza a los cuartos de final. Como buen deportista que es, Stephan felicita a su compañero Ash por su inteligente estrategia de combate.

CUARTOS DE FINAL

Ash será otra vez rival de otro de sus amigos para un combate que será esta vez de seis contra seis. En esta ronda, será Cameron.
Emocionado por ese combate, Cameron no consigue dormir ni un minuto la noche anterior y en vez de eso sale para realizar una larga carrera. Cuando entran al estadio al día siguiente, Ash entiende completamente su motivación. ¡Es un gran combate para los dos! Cameron ha traído una sorpresa, su arma secreta en los cuartos de final: Hydreigon, el Pokémon Brutal. ¡Dicen que dos cabezas son mejores que una y este Pokémon tiene tres!

Ash elige a Boldore para entrar en combate. Pero aunque dispara Pedrada y Foco Resplandor, su rival ni se inmuta. Hydreigon bombardea a Boldore con su feroz Triataque, la dura Carga Dragón, y termina la ronda con un impactante Pulso Dragón.

A continuación, Ash invita a Oshawott a enfrentarse al poderoso Hydreigon. Oshawott lo intenta todo. Ash le indica que aguante su Hidro Bomba a máximo poder, y luego Oshawott se acerca al Pokémon de tres cabezas con Placaje y agrega los cortes de Concha Filo. Sorprendentemente, todo eso no basta para abrumar al Pokémon Brutal. Con una fuerte combinación de Doble Golpe y Carga Dragón, Hydreigon gana la ronda.

Hydreigon parece imparable, pero Ash nunca se rinde. Elige un tercer Pokémon, su Pignite de tipo Fuego. Y consigue un impacto directo con su abrasador Lanzallamas. Asombrosamente, cuando Pignite añade un golpe Demolición, Hydreigon se queda incapaz de luchar. ¡Qué poder increíble posee Pignite! Con ese movimiento, Ash se ha anotado su primera victoria en cuartos de final, pero el combate no ha terminado todavía.

Cameron reclama a Ferrothorn, un Pokémon de tipo Planta/Acero, aunque tiene una grave desventaja de tipo. Dispara Pin Misil, Disparo Espejo, y hasta golpea con Garra Metal, pero Pignite está tan encendido que con una explosión doble de los movimientos de tipo Fuego Lanzallamas y Nitrocarga, gana la segunda ronda.

Como su tercer Pokémon, Cameron elige a un Pokémon que sí tendrá ventaja de tipo, Samurott. Pignite reune la energía para usar algunos de sus mejores movimientos, un ardiente Lanzallamas y un Demolición, pero está demasiado cansado para usarlos con toda su fuerza. Así, con la combinación de una Hidrobomba y un golpe de Acua Jet, Pignite queda incapaz de seguir el combate. Samurott ha ganado la tercera ronda.

Ash elige a su amigo Pikachu para el siguiente combate. Con gran rapidez, Samurott desvía los ataques de tipo eléctrico de Pikachu usando Concha Filo. Pero cuando Pikachu usa Cola Férrea, gana la ronda y el combate

A continuación, Cameron escoge a Swanna, de tipo Agua y Volador. Sale al estadio, o más bien lo sobrevuela, ya que planea atacar desde arriba. El rápido Pikachu consigue evitar los Picoteo de Swanna, y con su brillante Bola Voltio, Swanna se queda sin ganas de pelea. Pikachu ha ganado otra ronda.

Cameron elige a su quinto Pokémon, Riolu, de tipo Lucha. Así que Ash intercambia Pikachu por Unfezant, de tipo Normal/Volador. Pero Unfezant pierde cualquier ventaja aérea que pueda tener cuando el ágil Riolu salta sobre su espalda y le sujeta. Unfezant consigue por fin escapar de esa presa, pero no puede resistir la Llave Giro de Riolu. ¡Riolu gana la ronda!

Así, Ash llama a su sexto y último Pokémon, el astuto Snivy. ¡La lucha entre Snivy y Riolu es muy reñida, y ofrece no solo un espectáculo increíble, sino también una evolución inesperada! ¡Cameron no puede creer lo que ve mientras su amigo Riolu, en medio de la arena, evoluciona a Lucario, el poderoso Pokémon Aura! ¡Con su nueva fuerza y su Esfera Aural, Lucario gana la ronda!

Ahora, solo queda Pikachu. Ash devuelve a su mejor amigo al combate contra Lucario. Pikachu está a la altura de cualquier desafío y esta batalla seguramente lo pondrá a prueba. Cuando Lucario desata su impresionante Esfera Aural, Pikachu contraataca con una explosiva Bola Voltio. Ambos Pokémon aportan tal poder al combate que al final se convierte en una lucha de voluntades.

El combate continúa. Cuando Pikachu usa Cola Férrea, Lucario lo defiende con Copión. Ambos Pokémon parecen haber caído, pero asombrosamente, ambos consiguen recuperarse y volver al combate. Una vez más, Pikachu usa Bola Voltio y Lucario su Esfera Aural. Pero esta vez, no es un empate. El valeroso Pikachu se queda sin poder combatir. Lucario y Cameron pasan a la siguiente fase de la Liga de Teselia. Aunque Ash ha sido eliminado de la competición, se siente orgulloso de sus amigos Pokémon y, sobre todo, feliz de ver a su amigo Cameron continuar en el torneo.

SEMIFINALES

En la ronda de semifinales, Cameron y Lucario se enfrentan a Virgil y a sus tres Pokémon restantes: Espeon, Flareon y Eevee, integrantes clave del Equipo Eevee de la Brigada de Rescate Pokémon. Lucario parecía imparable, pero Flareon, de tipo Fuego tiene una fuerte ventaja de tipo. Lucario resiste el feroz Lanzallamas de Flareon. Pero cuando se añade un Llamarada, Lucario es finalmente incapaz de seguir en combate. Virgil ha ganado la ronda y consigue así llegar a la final. Cameron, Ash, Millo e Iris están muy emocionados, listos para animar a su amigo en el gran enfrentamiento final de la Liga.

FINALES

En las finales, Virgil y el Equipo Eevee se enfrentan a un entrenador muy resistente llamado Dino y a su compañero Druddigon. Con astucia, Eevee usa Excavar para esquivar la Rabia del Dragón de Druddigon. Entonces, Eevee usa el movimiento Cola Férrea seguido de un movimiento suave, As Oculto que consigue un impacto directo. Druddigon se queda sin poder luchar. ¡Ya es oficial, Virgil ha ganado la Liga de Teselia! Ash no puede esperar para felicitar a su increíble amigo por su gran victoria y mejor corazón.

COMBATES DE GIMNASIO DE TESELIA

En Teselia, Ash demuestra una vez más su dedicación para convertirse en un gran Entrenador de Pokémon. A veces necesita una revancha o incluso cumplir con un desafío antes de los combates, pero Ash muestra que la persistencia y el trabajo duro tienen recompensa cuando finalmente gana las ocho medallas de los líderes de Gimnasio de Teselia.

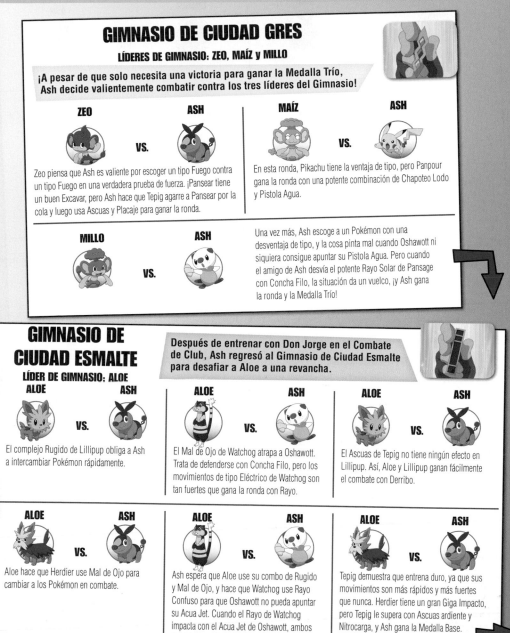

GIMNASIO DE CIUDAD GRES

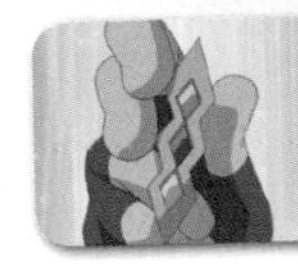

LÍDERES DE GIMNASIO: ZEO, MAÍZ y MILLO

¡A pesar de que solo necesita una victoria para ganar la Medalla Trío, Ash decide valientemente combatir contra los tres líderes del Gimnasio!

ZEO — **ASH**

VS.

Zeo piensa que Ash es valiente por escoger un tipo Fuego contra un tipo Fuego en una verdadera prueba de fuerza. ¡Pansear tiene un buen Excavar, pero Ash hace que Tepig agarre a Pansear por la cola y luego usa Ascuas y Placaje para ganar la ronda.

MAÍZ — **ASH**

VS.

En esta ronda, Pikachu tiene la ventaja de tipo, pero Panpour gana la ronda con una potente combinación de Chapoteo Lodo y Pistola Agua.

MILLO — **ASH**

VS.

Una vez más, Ash escoge a un Pokémon con una desventaja de tipo, y la cosa pinta mal cuando Oshawott ni siquiera consigue apuntar su Pistola Agua. Pero cuando el amigo de Ash desvía el potente Rayo Solar de Pansage con Concha Filo, la situación da un vuelco, ¡y Ash gana la ronda y la Medalla Trío!

GIMNASIO DE CIUDAD ESMALTE

LÍDER DE GIMNASIO: ALOE

Después de entrenar con Don Jorge en el Combate de Club, Ash regresó al Gimnasio de Ciudad Esmalte para desafiar a Aloe a una revancha.

ALOE — **ASH**

VS.

El complejo Rugido de Lillipup obliga a Ash a intercambiar Pokémon rápidamente.

ALOE — **ASH**

VS.

El Mal de Ojo de Watchog atrapa a Oshawott. Trata de defenderse con Concha Filo, pero los movimientos de tipo Eléctrico de Watchog son tan fuertes que gana la ronda con Rayo.

ALOE — **ASH**

VS.

El Ascuas de Tepig no tiene ningún efecto en Lillipup. Así, Aloe y Lillipup ganan fácilmente el combate con Derribo.

ALOE — **ASH**

VS.

Aloe hace que Herdier use Mal de Ojo para cambiar a los Pokémon en combate.

ALOE — **ASH**

VS.

Ash espera que Aloe use su combo de Rugido y Mal de Ojo, y hace que Watchog use Rayo Confuso para que Oshawott no pueda apuntar su Acua Jet. Cuando el Rayo de Watchog impacta con el Acua Jet de Oshawott, ambos Pokémon quedan eliminados.

ALOE — **ASH**

VS.

Tepig demuestra que entrena duro, ya que sus movimientos son más rápidos y más fuertes que nunca. Herdier tiene un gran Giga Impacto, pero Tepig le supera con Ascuas ardiente y Nitrocarga, y Ash gana la Medalla Base.

GIMNASIO DE CIUDAD PORCELANA

LÍDER DE GIMNASIO: CAMUS

CAMUS VS. **ASH**

El caparazón de Dwebble es especialmente ligero, por lo que puede moverse tan rápido que incluso el rápido Tepig no es rival para él. Dwebble gana la ronda con Romperrocas.

CAMUS VS. **ASH**

Según su costumbre, Ash busca un combate de tipo Bicho contra tipo Bicho. El caparazón de Dwebble y su Protección lo defienden al principio, pero Sewaddle quiere ganar. Después de un difícil Placaje, Sewaddle obtiene la victoria con Hoja Afilada.

CAMUS VS. **ASH**

Con el Rayo Solar de Whirlipede, Sewaddle parece estar en las últimas. Pero el poder de la ráfaga le ayuda a evolucionar a Swadloon. En su nueva forma, Swadloon gana la ronda con una increíble Energibola.

CAMUS VS. **ASH**

Cuando Swadloon se ve enredado por el Disparo Demora de Leavanny, Ash usa inteligentemente Hoja Afilada para liberarse. Pero cuando Leavanny rápidamente sigue con Hiperrayo, Swadloon es incapaz de luchar de nuevo.

CAMUS VS. **ASH**

Leavanny envuelve la cola de Pikachu en su Disparo Demora para que no pueda apuntar su Rayo. Ash tiene a Pikachu que gira alrededor de las hojas de Lluevehojas para cortar el hilo. Pikachu luego lanza su Rayo, Cola Férrea y una gran Bola Voltio. ¡Ash obtiene la Medalla Élitro!

GIMNASIO DE CIUDAD MAYÓLICA

LÍDER DE GIMNASIO: CAMILA

CAMILA VS. **ASH**

El rápido Zebstrika domina la ronda con Doble Patada y Ataque Rápido. Pero cuando Palpitoad usa Supersónico, cambian las tornas y gana la ronda con un combo de Disparo Lodo y Hidrobomba.

CAMILA VS. **ASH**

Ash olvida la desventaja de tipo Planta cont tipo Volador. Al darse cuenta de su error, empieza a la ofensiva. Pero Camila no se deja intimidar por los intentos de Snivy; usa Acróbata hasta salir victoriosa.

GIMNASIO DE CIUDAD FAYENZA

LÍDER DE GIMNASIO: YAKÓN

Yakón plantea a Ash un desafío antes de que entre en el campo de batalla. Debe traer de vuelta una bolsa de Hierba Revivir antes de intentar ganar la Medalla Temblor en el Gimnasio subterráneo de la mina.

YAKÓN VS. **ASH**

Oshawott rompe la tierra arremolinada de la Tormenta de Arena de Krokorok con un Acua Jet giratorio. A continuación, dispara Acua Jet a través de los agujeros creados con Excavar para coger Krokorok con la guardia baja. ¡Oshawott lanza su Concha Filo para ganar la ronda!

YAKÓN VS. **ASH**

A ser Palpitoad también un tipo Agua, el combate está bastante igualado. Pero una vez que Oshawott pierde su Concha filo, Palpitoad es capaz de ganar la ronda con Golpe Roca.

YAKÓN VS. **ASH**

Ash escoge Snivy por su ventaja de tipo y su plan funciona. Snivy usa Atracción y deja a Palpitoad en trance, para después ganar la ronda con sus grandes movimientos de tipo Planta: Látigo Cepa, Hoja Aguda y Lluevehojas.

YAKÓN VS. **ASH**

El Excadrill de Yakón le ayudó a cavar la misma mina en la que se celebra el combate. Cuando el Atracción de Snivy falla, intenta Lluevehojas dos veces. No es rival para el fuerte Excadrill, que gana con Giro Rápido y Perforador.

YAKÓN VS. **ASH**

Justo cuando parece que Roggenrola está a punto de ser eliminado, evoluciona a Boldore. Excadrill y Boldore intercambian Golpes Roca. La nueva forma de Boldore le da la fuerza necesaria para ganar la Medalla Temblor para Ash.

CAMILA VS. **ASH**

molga confunde a Palpitoad con Golpe Aéreo Atracción, por lo que está demasiado aturdido ara usar Supersónico. Con un Golpe Aéreo ás, Emolga gana la ronda.

CAMILA VS. **ASH**

Los aficionados ya intuyen que Camila logrará la victoria, pero Pikachu pide a Ash que le escoja para cambiar las cosas. Aunque las Bola Voltio de Emolga y Pikachu se anulan mutuamente, el poderoso Ataque Rápido de Pikachu derriba a Emolga.

CAMILA VS. **ASH**

Tynamo utiliza Placaje para enterrar a Pikachu en el suelo y lo golpea mientras está atrapado. Sorprendentemente, Pikachu se libera. Ash le hace rociar el estadio con Rayo para recargar su energía. Pikachu gana con un doble Cola Férrea. Ash gana la Medalla Voltio.

GIMNASIO DE CIUDAD LOZA

LÍDER DE GIMNASIO: GERANIA

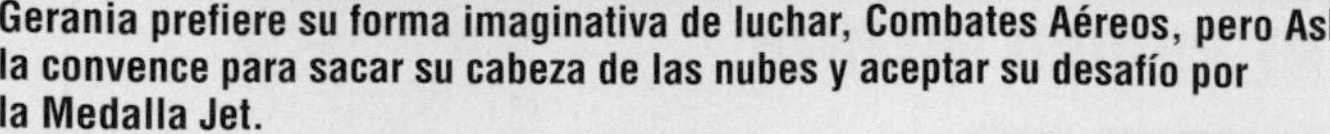

Gerania prefiere su forma imaginativa de luchar, Combates Aéreos, pero Ash la convence para sacar su cabeza de las nubes y aceptar su desafío por la Medalla Jet.

GERANIA **ASH**

 **VS.** 

Los movimientos terrestres no tienen ningún efecto en un tipo Volador, pero a Ash le motiva ese desafío, por lo que elige a Krokorok. Aunque Krokorok se esconde con Excavar, no puede esconderse de los movimientos de Swoobat. Gana con Aire Afilado.

GERANIA **ASH**

 **VS.** 

Unfezant es la forma evolucionada de Tranquill, por lo que la balanza se inclina en favor de Gerania desde el principio. Antes de que Tranquill realmente empiece a luchar, Ash saca a su cansado amigo del campo.

GERANIA **ASH**

 **VS.** 

Gracias a un truco que Gerania aprendió de su abuelo Miles, los movimientos de tipo Eléctrico de Pikachu no tienen ningún efecto sobre Swanna. Gerania vence gracias al trío de movimientos característicos de Swanna: Rayo Burbuja, Vendaval y Pájaro Osado.

GERANIA **ASH**

VS. 

Ash sigue con sus curiosas tácticas, enfrentando a un tipo Volador con otro tipo Volador. El Aire Afilado de Swoobat y el Tornado de Tranquill se anulan. Pero la velocidad de Tranquill y su increíblemente poderoso Aire Afilado ganan la ronda.

GERANIA **ASH**

 **VS.** 

Pikachu está emocionado por poder electrificar la batalla y cambiar las cosas para Ash. Pikachu espera que Unfezant se acerque antes de usar Cola Férrea, luego sigue con un gran Bola Voltio para ganar la ronda.

GERANIA **ASH**

 **VS.** 

Este combate es tan reñido que Tranquill evoluciona en Unfezant. La habilidad de volar de la Unfezant hembra de Ash le permite aguantar en la cola de Swanna. Ataca dos veces con Pájaro Osado y Golpe Aéreo para que Ash consiga la Medalla Jet.

GIMNASIO DE CIUDAD TEJA

LÍDER DE GIMNASIO: JUNCO

JUNCO **ASH**

 **VS.** 

Vanillish utiliza un combo de Impresionar y Ventisca para congelar a Krokorok. Ash le pide que regrese antes de que las cosas se pongan aún más gélidas.

JUNCO **ASH**

 **VS.** 

Scraggy intenta detener el Giro Rápido de Cryogonal con Onda Certera, pero lanza un impresionante Rayo Aurora y gana la ronda.

JUNCO **ASH**

 **VS.** 

Pignite comienza con Nitrocarga, pero Beartic sopla su fuego con Salmuera. Entonces, Beartic combina Chuzos y un Golpe Aéreo sorprendente para ganar la ronda.

JUNCO **ASH**

 **VS.** 

Para su primer Combate de Gimnasio, Scraggy usa una gran Patada salto alta y Golpe Cabeza, pero Vanillish sólo flota lejos. Finalmente, Scraggy se opone a la Ventisca de Vanillish con Onda Certera y usa un Golpe Cabeza para ganar la ronda.

JUNCO **ASH**

 **VS.** 

Junco comienza usando el Reflejo de Cryogonal para dejar a Pignite con la mitad de su Ataque. Pero Pignite rompe el excelente Giro Rápido de Cryogonal con Voto Fuego y gana la ronda.

JUNCO **ASH**

 **VS.** 

Junco y Beartic parecen imparables, pero Krokorok está decidido a vencer. Ash toma prestado un movimiento que vio en el Combate de Club. Hace que Krokorok agarre grandes trozos de Roca Afilada y se enfrenta a Beartic en el aire antes de que pueda desencadenar Golpe Aéreo. Ash gana la Medalla Candelizo.

GIMNASIO DE CIUDAD HORMIGÓN

LÍDER DE GIMNASIO: HIEDRA

Hiedra le dice a Ash que debe usar a sus seis Pokémon para competir con los tres de ella. A Ash no le gusta tener esa ventaja, pero Hiedra le asegura con orgullo que si se enfrenta a ella necesitará toda la ayuda que pueda.

HIEDRA **ASH**

 **VS.** 

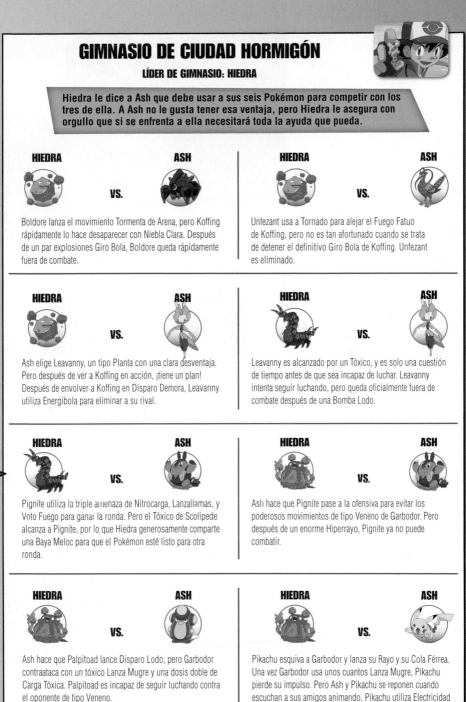

Boldore lanza el movimiento Tormenta de Arena, pero Koffing rápidamente lo hace desaparecer con Niebla Clara. Después de un par explosiones Giro Bola, Boldore queda rápidamente fuera de combate.

HIEDRA **ASH**

 **VS.** 

Unfezant usa a Tornado para alejar el Fuego Fatuo de Koffing, pero no es tan afortunado cuando se trata de detener el definitivo Giro Bola de Koffing. Unfezant es eliminado.

HIEDRA **ASH**

 **VS.** 

Ash elige Leavanny, un tipo Planta con una clara desventaja. Pero después de ver a Koffing en acción, ¡tiene un plan! Después de envolver a Koffing en Disparo Demora, Leavanny utiliza Energibola para eliminar a su rival.

HIEDRA **ASH**

 **VS.** 

Leavanny es alcanzado por un Tóxico, y es solo una cuestión de tiempo antes de que sea incapaz de luchar. Leavanny intenta seguir luchando, pero queda oficialmente fuera de combate después de una Bomba Lodo.

HIEDRA **ASH**

 **VS.** 

Pignite utiliza la triple amenaza de Nitrocarga, Lanzallamas, y Voto Fuego para ganar la ronda. Pero el Tóxico de Scolipede alcanza a Pignite, por lo que Hiedra generosamente comparte una Baya Meloc para que el Pokémon esté listo para otra ronda.

HIEDRA **ASH**

 **VS.** 

Ash hace que Pignite pase a la ofensiva para evitar los poderosos movimientos de tipo Veneno de Garbodor. Pero después de un enorme Hiperrayo, Pignite ya no puede combatir.

HIEDRA **ASH**

 **VS.** 

Ash hace que Palpitoad lance Disparo Lodo, pero Garbodor contraataca con un tóxico Lanza Mugre y una dosis doble de Carga Tóxica. Palpitoad es incapaz de seguir luchando contra el oponente de tipo Veneno.

HIEDRA **ASH**

 **VS.** 

Pikachu esquiva a Garbodor y lanza su Rayo y su Cola Férrea. Una vez Garbodor usa unos cuantos Lanza Mugre, Pikachu pierde su impulso. Pero Ash y Pikachu se reponen cuando escuchan a sus amigos animando. Pikachu utiliza Electricidad Estática y luego una audaz Bola Voltio para ganar la Medalla Ponzoña para Ash.

DON JORGE

Ash conoce a Don Jorge en Pueblo Terracota. Iris le dice a Ash que si busca un lugar para entrenar duro y combatir duro, ¡el Club de Combate Pokémon de Don Jorge es el lugar ideal en Teselia! Pero no hay solo uno...

Primos, primos idénticos

Hay Combates de Club Pokémon en toda la región de Teselia. Cada uno está dirigido por un Don Jorge, todos primos idénticos y con el mismo nombre. Ser un gran Entrenador debe ser genético, ya que cada Don Jorge puede despertar la confianza y el espíritu de batalla de cada Pokémon y Entrenador con su entrenamiento especializado.

Listos para el combate

El Combate de Club Pokémon no es solo un lugar para entrenarse con un experto, ¡por algo se llama un Combate de Club! Los entrenadores pueden ofrecer y buscar competidores en el tablón de anuncios electrónico del Combate de Club, y luego usar su campo de batalla para el combate. ¡Es como la tienda de los combates!

TORNEO CLUBOMBAZO

Entrenadores y espectadores se emocionan por igual al entrar en el Estadio del Combate de Club para este torneo, conocido por sus espectaculares rondas de combate cuerpo a cuerpo entre Pokémon de tipo Lucha. Siguiendo la tradición del Torneo, Don Jorge ofrece al ganador el gran premio, un año de suministro de las seis bebidas vitamínicas para Pokémon: Más PS, Calcio, Zinc, Carburante, Proteína y Hierro, que garantizan que aumentarán el poder de cualquier Pokémon. Indudablemente, Ash, Iris y Millo están ahí para combatir por el premio, pero también lo están sus rivales, Trip, Georgia y Borgoña. Stephan y Bel también se inscriben en la competición. Aunque los enemigos más feroces de este torneo parecen ser Montgomery y su durísimo Throh; los segundones Stephan y Sawk sorprenden a todos cuando ganan con A bocajarro.

Lado amable

Don Jorge parece ser un tipo grandullón, fuerte y duro, pero también es un poco blando. Apasionado de los Pokémon y del entrenamiento, se le ha visto llorar de felicidad cuando la situación le afecta. Por ejemplo, cuando Don Jorge piensa que un Pokémon misterioso que aparece alrededor de su almacén es realmente el primer Umbreon jamás visto, se emociona muchísimo. Pero nada le hace llorar más que contemplar el último combate de su Club de Combate. Esa ronda entre Iris y Ash es un combate real, hasta el final, y para Don Jorge, nada es más hermoso que un gran combate Pokémon.

COMBATE DE CLUB

El Don Jorge de Ciudad Mayólica acoge el famoso Combate de Club, un torneo que atrae a entrenadores de todos los rincones de Teselia. La competición es pesada, pero el premio es ligero como una pluma... como siete para ser exactos. La ganadora, Iris, recibió el set Juego de Plumas Fayenza de Alto Nivel, un conjunto raro que contiene plumas Vigor, Músculo, Aguante, Intelecto, Mente, Ímpetu, y Bella. Pero la competicion fue dura, e Iris tuvo que probar su valía frente a sus compañeros Ash, Millo, Borgoña, Bel, Dino, Antonio, Stephan, Georgia y Trip.

FREDDY O'MARTIAN "EL BOMBAZOS"

¿Sabías que el locutor de los torneos Pokémon tiene un nombre? Pues es así, se llama Freddy "el bombazos". Lo único que se puede decir acerca de Freddy es que siempre está listo para añadir un poco de talento dramático a cualquier batalla. ¿No te lo crees? Pues trata de imaginar una batalla narrada por cualquier otra persona. Claro, lo que pensábamos. Es copresentador de eventos con Don Jorge de Ciudad Mayólica y con Mirto, el campeón de Teselia.

LUGARES QUE VISITAR

Aquí tienes una pequeña muestra de los muchos lugares especiales y atracciones que se pueden visitar en Teselia. Una visita a esta bulliciosa región revela muchas otras ciudades, poblaciones y puntos de interés. ¡Teselia ofrece sin duda algo emocionante para cualquier Entrenador o turista!

CIUDAD PORCELANA

Esta ciudad costera tiene muchísimos rascacielos, ¡y aún más gente y Pokémon! El corazón de esta ciudad es la Plaza Central, un hermoso parque público con una fuente muy famosa. Los aficionados a la comida suelen acudir a la ciudad para saborear los dulces helados que se pueden encontrar en la Porceheladería.

CIUDAD MAYÓLICA

La ciudad gemela de Porcelana es el hogar de los los aclamados hermanos Fero y Caril, también conocidos como los Jefes Metro. Sus ferrocarriles conectan todos los rincones de la ciudad. Basta con que te subas a la línea correspondiente para llegar a cualquiera de las asombrosas atracciones de Mayólica. Puedes subirte a la famosa Noria, ver a los artistas callejeros que hay en la Plaza Musical, ver un concierto en el Teatro Musical, disfrutar de un partido en el Gran Estadio o incluso practicar tú mismo algún deporte en la Cancha.

ISLA MILOS

No muy lejos de la costa de Ciudad Fayenza está la Isla Milos, un maravilloso paraje natural que es la única fuente conocida de la Hierba revivir, una cura especial con increíbles poderes sanadores para los Pokémon. Es un lugar sagrado, donde se encuentra un impresionante templo dedicado a Landorus, Pokémon Singular y guardián de la isla que creó la exuberante vegetación que esta contiene. También hay allí dos importantes obeliscos que mantienen a los Pokémon Legendarios Thundurus y Tornadus separados para que no puedan volver a enfrentarse. Según la Antigua Leyenda de la Isla Milos, hace mucho tiempo su épica batalla sembró el terror en la isla. Landorus intervino para restaurar el orden y devolver la Hierba revivir a la isla.

CIUDAD ESMALTE

Ciudad Esmalte es conocida en Teselia por ser un centro de creatividad plagado de artistas. Hay incontables estatuas y muestras de arte público por toda la ciudad, pero tal vez el mejor lugar para los fanáticos del arte sea el Museo de Ciudad Esmalte. Está lleno de artefactos interesantes y también acoge una biblioteca increíble. Pero cuidado con el libro que sacas de la estantería, porque podría ser la llave secreta que abra la puerta que da acceso al Gimnasio de Ciudad Esmalte, que está oculto dentro del museo.

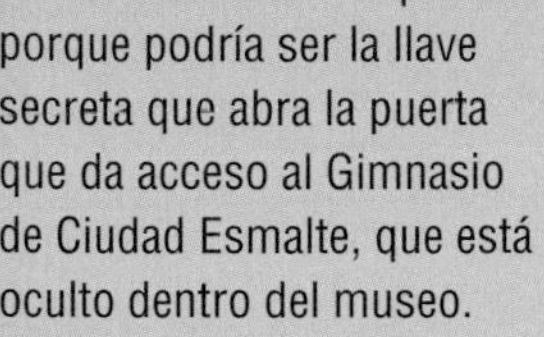

LAS RUINAS DEL HÉROE

Las Ruinas del Héroe tienen dos partes: las Ruinas Blancas y las Negras. Las Ruinas Blancas son la Torre de la Espiral del Dragón, la torre más alta de Teselia. Su entrada está cubierta de jeroglíficos. Aunque se desconoce quiénes construyeron las ruinas, sí se sabe que en el sitio se encuentra el Orbe Claro, un precioso y poderoso tesoro relacionado con el Pokémon Legendario Reshiram. Según el Capítulo Blanco de la Mitología Pokémon, cuando una persona que busca insistentemente la verdad llega a las Ruinas Blancas, Reshiram aparecerá para enfrentarse al héroe para probar su fuerza y valor. Según el Capítulo Negro de la Mitología Pokémon, se dice que las Ruinas Negras son el lugar donde el Héroe se enfrentó por primera vez al Pokémon Legendario Zekrom. Para disuadir a los intrusos, está llena de trampas ocultas, desde puentes maltrechos hasta entradas falsas que conducen a avalanchas de piedras. Por si eso no diera suficiente miedo, hay docenas de Cofagrigus y Sigilyph que protegen la entrada del lugar. La fuerte seguridad mantiene a los intrusos alejados de su tesoro sagrado, el Orbe Oscuro, que está conectado con Zekrom.

ISLAS DECOLORAS

Cerca de la costa de Teselia hay un grupo de exuberantes y verdes tierras conocidas como las Islas Decolo
Contienen algunos lugares que a los viajeros más avezados les gusta visitar, ¡pero cuidado con los piratas!

ISLA MIEL

¡Si te gustan los dulces, Isla Miel es tu lugar! Recibe su nombre de la famosa y dulce miel que producen las Combee locales. Isla Miel también es conocida por sus deliciosos postres.

ISLA DE LA VIEIRA

Dewott y Oshawott son los Pokémon que habitan este lugar especial en el que hay mucha afición por los Conchas. De hecho, los lugareños son tan aficionados de este objeto volador que en la isla se celebra el Torneo Rey de la Vieira, en el que los participantes intentan ganar la Vieira de Oro. ¡Por increíble que parezca, Ash y Oshaweott fueron nombrados los ganadores! Eso significaba que Ohsawott podría quedarse en Isla de la Vieira para realizar sus tareas reales oficiales junto con su amada, la Reina Vieira, Osharina. Ash está muy contento por su colega, pero lamenta despedirse de él. Por suerte, Ohsawott decide continuar el viaje con Ash cuando Osharina deja bien claro que preferiría que el Rey fuese un Dewott llamado César.

ISLA ESPECTRAL

Un gran lugar en el que pararse a tomar un bocado y visitar a la Enfermera Joy en el Centro Pokémon. Cuando la marea está baja, se puede ir paseando por la arena hasta el Islote Gran Espectral.

ISLA MOTORROTOM

¡Cuidado con los apagones en esta isla! Está llena de Rotom a los que les encanta la electricidad, y que se pueden pasar picando todo el día. Ash y sus amigos se tropiezan con el Profesor Oak por la ciudad de Isla Motorrotom. Está aquí para capturar algunos Rotom para un proyecto de investigación en el que trabaja, sobre los Pokémon y su relación con los aparatos eléctricos.

ISLA PEREGRINO

Isla Peregrino es un gran lugar para ver Pokémon, pues es un conocido lugar de descanso de los Pokémon que están emigrando a otro lugar. Mientras están de visita allí, Ash, Iris y Millo ven Caterpie, Metapod, Butterfree, Swanna, Altaria, Swelleow y Swablu.

ISLA GIGANTIA

La preciosa Isla Gigantia está adornada con flores, frutas y, en ocasiones, ¡incluso Pokémon alienígenas! Ash y sus colegas tienen la oportunidad de ver el platillo volante de los Heheeyem en la isla y les ayudan a repararlo.

ISLA COSECHA

Cuesta imaginarlo hoy en día porque Isla Cosecha está cubierta de deliciosas frutas, pero según las leyendas, en tiempos solo había un árbol frutal en la isla. Dos Pokémon lucharon por él hasta que un valiente niño partió la fruta y les dio la mitad a cada uno, pidiéndoles que la compartieran. Así se restauró la paz en la isla. En la actualidad se celebra el Gran Festival de la Cosecha para conmemorar la leyenda y también la abundancia de la isla. Esta celebración reúne a los lugareños para la fiesta, y también es el día que Ash, Cilan e Iris conocieron a Alexia, la periodista de Kalos. Y lo que es más importante, es la isla en la que Ash y su colega Pignite ganaron el Concurso de Sumo Pokémon. Por suerte, la nueva compañera de Ash, Alexia, estaba allí para capturarlo todo con su cámara.

ISLA CUEVA

Esta isla hace honor a su nombre. Su gigantesca cueva es el hogar de muchos tipos de Pokémon salvajes, incluyendo algunos Druddigon con colores inusuales.

ISLA PALADÍN

Según las leyendas, en tiempos inmemoriales se libró en Isla Paladín una increíble batalla entre el Entrenador más poderoso de Teselia y el Entrenador más fuerte de Sinnoh. Se construyó un increíble faro en el lugar en el que tuvo lugar el épico enfrentamiento. ¡Casualmente, Millo se ve retado a una importante batalla en esta misma isla! Una experta en el tipo Hielo llamada Morana ha llegado con su fuerte colega Pokémon, Abomasnow, para exigir un combate contra el Líder del Gimnasio. Pero aquí se juega algo más que la Medalla de un Gimnasio, ¡ya que ella quiere todo el Gimnasio de Ciudad Gres para ella! Ya ha ganado sendas rondas con Zoey y Maíz, y solo le queda derrotar a Millo. Sin embargo, Pansage y Millo son un equipo tan fuerte que su Rayo Solar y su corazón logran superar cualquier hielo lanzado por Abomasnow. Juntos, derrotan a Morana en Isla Paladín.

ALEXIA

Esta periodista ha emprendido un increíble viaje con Helioptile, Gogoat y Noivern a su lado. Siempre está persiguiendo una historia, y por tanto una aventura. Tanto si sus noticias hablan de antiguos fósiles o de robots futuristas, a Alexia nunca le faltan ni su entusiasmo ni su cámara de fotos.

Ash conoció a Alexia en el Gran Festival de la Cosecha de las Islas Decoloras. Ella estaba allí para cubrir las celebraciones, y Ash estaba montando una escena. Cuando vio al Helioptile de Alexia, creyó que era salvaje e intentó cogerlo. ¡Pero lo que se llevó en su lugar fue una buena descarga eléctrica! Alexia acudió a toda prisa a ver a qué se debía aquel jaleo, pero ella y Ash se llevaron muy bien de buenas a primeras. Quedó tan impresionada por su ansia vital que decidió acompañarle brevemente en su viaje. Juntos viajaron por las Islas Decoloras, volvieron a Kanto y fueron a Kalos. ¡Alexia a menudo se reúne con Ash y su grupo en sus viajes por la región para animarlos!

UNA REPORTERA ÍNTEGRA

La integridad periodística es la principal virtud de Alexia. Siempre intenta buscar una nueva historia, pero sabe que hay cosas más importantes que una exclusiva. Alexia cree que su trabajo es informar y proteger al público. No revelará noticias que es mejor guardar en secreto tanto por el bien de la gente como de los Pokémon. Cuando encontró el mapa del tesoro que llevaba a un cofre lleno de Piedras de Evolución en una Isla Decoloras desierta, temía que revelar la historia pusiera en peligro las piedras o que estas cayeran en manos equivocadas. Por lo tanto, borró por completo sus grabaciones.

Cuando Lembot fue acusado de vandalismo, la reportera Alexia estaba allí para ayudarle a demostrar su inocencia. Siguió el rastro de pistas hasta los auténticos culpables: la réplica maligna de Lembot Oscuro y su aún más maligno creador, el experto en robótica, el Doctor Belmondo. ¡Cuando Alexia y su cámara están cerca, la verdad siempre acaba saliendo a la luz!

LAS SUPERHERMANAS DE NOVARTE

¡Alexia viene de una familia llena de talentos! Su hermana es Violeta, la Líder del Gimnasio de Ciudad Novarte. Al igual que su hermana Alexia, Violeta nunca va a ningún sitio sin su cámara. Alexia prefiere el vídeo, pero Violeta es una loca de la fotografía. Cuando Ash se enfrenta a Violeta, evidentemente Alexia está en las gradas para ver cómo se desarrolla el duelo y su posterior repetición. De hecho, Alexia se ofrece a ayudar a Ash a entrenar con ella y Noivern antes de volver a desafiar a su hermana. ¡Eso sí que es una amiga!

EN PLENA FORMA

A veces se puede distinguir de dónde es un Pokémon con solo mirarlo. Algunos Pokémon especiales aparecen en diferentes formas como reflejo del entorno en el que nacieron.

BURMY/ WORMADAM

Aunque haya nacido en un lugar en el que no se puede encontrar nada en lo que envolverse, Burmy siempre aparece tapada con una capa basada en su entorno: de plantas, de arena o incluso de basura. Los Burmy macho mudan estas capas al evolucionar en Mogimthim. Sin embargo, las Burmy hembras evolucionan en Wormadam y mantienen sus coloridas capas.

SHELLOS/ GASTRODON

Hay dos formas de Pokémon Babosa Marina: los del Mar Este y los del Mar Oeste. Su color permite identificarlos fácilmente: los turquesa son del Mar Este, y los del Mar Oeste son rosados.

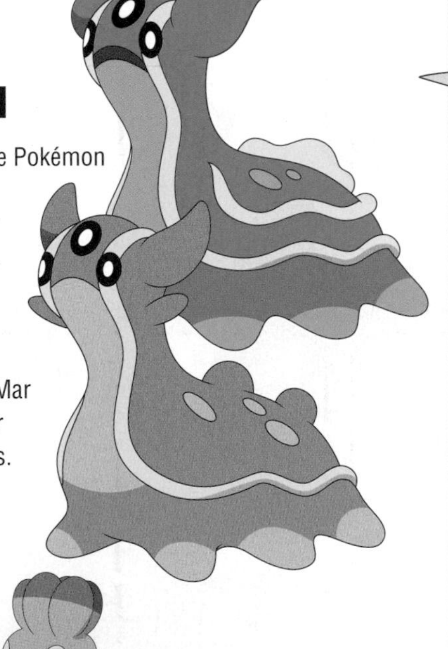

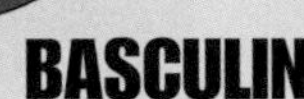

BASCULIN

Con unos lomos recorridos por líneas rojas o azules, los Basculin siempre están dispuestos a ganarse sus franjas en combate. ¡Y vaya si hacen honor al nombre de su especie! Estas dos formas de Pokémon Hostil no se llevan nada bien y a menudo se atacan mutuamente en cuanto se ven.

DEERLING/SAWSBUCK

Los Pokémon de Temporada cambian de forma cuatro veces al año, con el tiempo: invierno, primavera, verano y otoño. Así que si tienes que saber qué época del año es, te basta con usar la vista (y, a veces, la nariz) para averiguar la respuesta. El pelaje de los Deerling cambia de color (y de olor), y las plantas en los cuernos de Swashbuck florecen de forma acorde.

MELOETTA

Cuando Meloetta se dispone a combatir, cambia de forma y color, pasando del verde al naranja. Pero si Meloetta realmente quiere cambiar, puede volverse totalmente invisible. Por desgracia, el Team Rocket tiene unas gafas especiales que les permiten localizarla.

JUNTOS EN LO BUENO Y EN LO MALO

Meloetta tiene un lugar especial en el corazón para Ash. Cuando se conocieron, él la rescató de un trozo de decorado que se había caído en la sala de accesorios de los Estudios Pokémon, pero entonces Meloetta desapareció. En la siguiente ocasión, Ash vio a Meloetta cuando vagaba por una carretera. Él y Cintia cuidaron de ella. Luego Moeletta siguió a Ash en su viaje en avión hasta Pueblo Arenisca, pero él no sabía que estaba allí porque iba invisible. ¡Pero una vez Meloetta se materializó, Ash se alegró mucho de tener a una nueva amiga que le acompañara! Desde entonces, no importa los problemas que tengan, siempre se cubren mutuamente.

Voz afinada

Piplup y Oshawott se enamoran de la bella voz y el hermoso espíritu de Meloetta. Pero cuando luchan por su atención, Meloetta puede calmar sus celos con una cancioncilla. La canción de Meloetta es tan suave que incluso es capaz de frenar en seco a una bandada de Onix enfadados.

SIBARITAS POKÉMON

Este trabajo nació en la región de Teselia. Los sibaritas Pokémon aconsejan a los Entrenadores cómo formar relaciones fuertes con sus Pokémon. Para ser un Sibarita Pokémon hay que asistir a una escuela especial y estudiar mucho para obtener, como dice Millo, "los conocimientos y la experiencia necesarios para juzgar la compatibilidad entre los entrenadores y sus Pokémon". Luego, la Asociación de Sibaritas Pokémon clasifica a los potenciales Sibaritas en función de sus habilidades. Las clases, de menor a mayor, son C, B, A y S.

Hace falta al menos un grado A para ofrecer asesoramiento al público en un Poké Mercado. Millo, de grado A, es el primer Sibarita Pokémon que ha conocido Ash. Así que aunque sea un experto en el tipo Planta, Millo ha tenido que estudiar concienzudamente todos los tipos y personalidades de Pokémon.

POKÉMON LEGENDARIOS DE TESELIA

COBALION • (ko-BÁ-lion)

Altura	6'11" (2,1 m)
Peso	551,2 lbs (250,0 kg)
Categoría	Tesón Acero
Tipo	Acero-Lucha

El cuerpo y el corazón de Cobalion pueden estar hechos de acero, pero también tiene debilidad por sus compañeros Pokémon. Está dispuesto a enfrentarse a cualquier abusón, incluidos humanos. Pero si es un Pokémon el que se comporta mal, basta una mirada de este Pokémon Voluntad de Hierro para hacer que este recuerde sus modales de inmediato.

KYUREM • (KIÚ-rem)

Altura	9'10" (3,0 m)
Peso	716,5 lbs (325,0 kg)
Categoría	Frontera
Tipo	Dragón-Hielo

El Pokémon Frontera puede soplar un viento helado. Su gélida energía puede convertir el aire en hielo y congelar a sus oponentes. Sin embargo, su habilidad para generar frío también puede provocar accidentes. En una ocasión, cuando sus poderes helados provocaron una fuga, el cuerpo de Kyurem quedó totalmente congelado.

KYUREM NEGRO

KYUREM NEGRO OVERDRIVE

KYUREM BLANCO

KYUREM BLANCO OVERDRIVE

LANDORUS • (LÁN-do-rus)

Altura	4'11" (1,5 m)	Categoría	Fertilidad
Peso	149,9 lbs (68,0 kg)	Tipo	Tierra-Volador

Landorus surca los cielos, pero su impacto se nota mucho en la superficie. La energía de su cola es el mejor fertilizante. Este Pokémon de Fertilidad puede convertir, de forma casi inmediata, cualquier área de tierra en un fértil campo de cultivos más grandes y altos que cualquiera que se pudiera labrar a mano. Por eso Landorus es conocido como el "Guardián de los Campos".

FORMA TÓTEM

RESHIRAM • (RÉ-shi-ram)

Altura	10'06" (3,2 m)	Categoría	Blanco Veraz
Peso	727,5 lbs (330,0 kg)	Tipo	Dragón-Fuego

No te dejes engañar por la fría apariencia del Pokémon Blanco Veraz… porque en realidad está al rojo vivo. Cuando su larga cola prende en llamas, puede convertir en cenizas cualquier cosa a su paso. Reshiram puede calentar algo más que los combates. Si su cola flamígera acumula calor, la temperatura a nivel mundial puede ascender algunos grados.

RESHIRAM OVERDRIVE

TERRAKION • (te-RRÁ-kion)

Altura	6'03" (1,9 m)
Peso	573,2 lbs (260,0 kg)
Categoría	Gruta
Tipo	Roca-Lucha

Terrakion es tan duro que puede chocar contra una pared de ladrillos y derrumbarla. Indómito y honorable, el Pokémon Caverna usó su fuerza para detener una guerra entre humanos que había provocado que un grupo de Pokémon perdiesen sus hogares.

THUNDURUS • (ZÁN-du-rus)

Altura	4'11" (1,5 m)
Peso	134,5 lbs (61,0 kg)
Categoría	Centella
Tipo	Eléctrico-Volador

¡Quienquiera que dijera "un rayo no cae dos veces en el mismo sitio" no conocía a Thundurus! El Pokémon Centella puede disparar rayos por cada uno de los pinchos de su cola hasta alcanzar seis gigantescas chispas. Si este Pokémon se enfada de verdad, puede causar un auténtico infierno en la superficie desde su atalaya en los cielos.

FORMA TÓTEM

TORNADUS • (tor-NÁ-dus)

Altura	4'11" (1,5 m)	Categoría	Torbellino
Peso	138,9 lbs (63,0 kg)	Tipo	Volador

Cubierto de su nube de energía, Tornadus puede volar a la increíble velocidad de 300 kilómetros por hora. Solo con esa velocidad puede generar una brisa lo bastante fuerte como para destruir los edificios de la superficie. El Pokémon Ciclón también puede generar un increíble viento huracanado con la energía de su cola.

FORMA TÓTEM

VIRIZION • (bi-RÍ-zion)

Altura	6'07" (2,0 m)
Peso	440,9 lbs (200,0 kg)
Categoría	Prado
Tipo	Planta-Lucha

Cuentan las leyendas que Virizion siempre ha estado dispuesto a luchar para defender a un amigo, aunque el enemigo sea humano. Cuenta con unas cuchillas que crecen en su cuerpo, y sus cuernos son tan afilados como una espada. Se mueve tan rápido que el Pokémon Prado puede segar cualquier cosa que se encuentre en su camino.

ZEKROM • (ZÉ-krom)

Altura	9'06" (2,9 m)
Peso	760,6 lbs (345,0 kg)
Categoría	Negro Puro
Tipo	Dragón-Volador

Este Pokémon Negro Oscur vuela por los cielo, disfrazado d nube de tormenta. Como si s tratara de un relámpago, Zekro puede crear una descarga con e generador eléctrico de su cola. D hecho, es tan poderoso que en un ocasión dejó offline todo el sistem informático de la Profesora Encina

ZEKROM OVERDRIVE

POKÉMON SINGULARES DE TESELIA

GENESECT • (YÉ-ne-sect)

Altura	4'11" (1,5 m)
Peso	181,9 lbs (82,5 kg)
Categoría	Paleozoico
Tipo	Bicho-Acero

El Pokémon Paleozoico ya rondaba por la tierra hace unos 300 millones de años. No era más que un fósil hasta que el Equipo Plasma le devolvió a la vida y le injertó un potente cañón a su cuerpo.

KELDEO

• (KÉL-de-o)

FORMA BRÍO

Altura	4'07" (1,4 m)
Peso	106,9 lbs (48,5 kg)
Categoría	Potro
Peso	106,9 lbs (48,5 kg)

Es la determinación lo que le da toda su fuerza a Keldeo. Cuando decide hacer algo, su cuerpo se llena de energía y se vuelve tan rápido que sus increíbles saltos son imposibles de seguir.

MELOETTA • (me-lo-ÉT-ta)

Altura	2'00" (0,6 m)	Categoría	Melodía
Peso	14,3 lbs (6,5 kg)	Tipo	Normal-Psíquico

Esta Pokémon de voz dorada es conocida como la Pokémon Melodía. Tras su armoniosa canción se oculta un poder increíble. Cuando actúa en conjunción con el Cristal Revelador del antiguo Templo Submarino, la melodía de Meloetta se convierte en la clave para invocar a los tres poderes de la naturaleza: Landorus, Thundurus y Tornadus. De hecho, ese era la intención de Giovanni cuando sus sicarios del Team Rocket le ayudaron a capturar a Meloetta. Por suerte, Ash, Iris, Millo y Cintia dieron al traste con sus planes.

FORMA DANZA

VICTINI • (bik-TÍ-ni)

Altura	1'04" (0,4 m)	Categoría	Victoria
Peso	8,8 lbs (4,0 kg)	Tipo	Psíquico-Fuego

Victini puede parecer inofensivo, pero puede darte la victoria. Este Pokémon es como una central eléctrica que puede dar un vuelco a cualquier combate gracias a su inacabable reserva de energía. Además ¡es feliz compartiéndola! Si Victini te visita, es tu día de suerte. El Pokémon Victoria tiene fama de convertir cualquier Entrenador en un ganador.

POKÉMON DE TESELIA

La remota región de Teselia es el hogar de Reshiram y Zekrom. Según la leyenda, estos dos Pokémon fueron creados a partir del mismo dragón y se enemistaron durante un antiguo combate.

ACCELGOR

Altura: 2'07" (0,8 m)
Peso: 55,8lbs. (25,3 kg)
BICHO

ALOMOMOLA

Altura: 3'11" (1,2 m)
Peso: 69,7 lbs. (31,6 kg)
AGUA

AMOONGUSS

Altura: 2'01" (0,6 m)
Peso: 23,1 lbs. (10,5 kg)
PLANTA | VENENO

ARCHEN

Altura: 1'08" (0,5 m)
Peso: 20,9 lbs. (9,5 kg)
ROCA | VOLADOR

ARCHEOPS

Altura: 4'07" (1,4 m)
Peso: 70,5 lbs. (32,0 kg)
ROCA | VOLADOR

AUDINO

Altura: 3'07" (1,1 m)
Peso: 68,3 lbs. (31,0 kg)
NORMAL

AXEW

Altura: 2'00" (0,6 m)
Peso: 39,7lbs. (18,0 kg)
DRAGÓN

BASCULIN

Altura: 3'03" (1,0 m)
Peso: 39,7 lbs. (18,0 kg)
AGUA

BEARTIC

Altura: 8'06" (2,6 m)
Peso: 573,2 lbs. (260,0 kg)

HIELO

BEHEEYEM

Altura: 3'03" (1,0 m)
Peso: 76,1 lbs. (34,5 kg)

PSÍQUICO

BISHARP

Altura: 5'03" (1,6 m)
Peso: 154,3 lbs. (70,0 kg)

SINIESTRO ACERO

BLITZLE

Altura: 2'07" (0,8 m)
Peso: 65,7 lbs. (29,8 kg)

ELÉCTRICO

BOLDORE

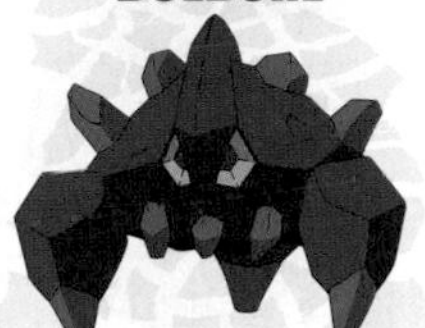

Altura: 2'11" (0,9 m)
Peso: 224,9 lbs. (102,0 kg)

ROCA

BOUFFALANT

Altura: 5'03" (1,6 m)
Peso: 208,6 lbs. (94,6 kg)

NORMAL

BRAVIARY

Altura: 4'11" (1,5 m)
Peso: 90,4 lbs. (41,0 kg)

NORMAL VOLADOR

CARRACOSTA

Altura: 3'11" (1,2 m)
Peso: 178,6 lbs. (81,0 kg)

AGUA ROCA

CHANDELURE

Altura: 3'03" (1,0 m)
Peso: 75,6 lbs. (34,3 kg)

FANTASMA FUEGO

CINCCINO

Altura: 1'08" (0,5 m)
Peso: 16,5 lbs. (7,5 kg)

NORMAL

COBALION

Altura: 6'11" (2,1 m)
Peso: 551,2 lbs. (250,0 kg)

ACERO LUCHA

COFAGRIGUS

Altura: 5'07" (1,7 m)
Peso: 168,7 lbs. (76,5 kg)

FANTASMA

CONKELDURR

Altura: 4'07" (1,4 m)
Peso: 191,8 lbs. (87,0 kg)

LUCHA

COTTONEE

Altura: 1'00" (0,3 m)
Peso: 1,3 lbs. (0,6 kg)

PLANTA HADA

CRUSTLE

Altura: 4'07" (1,4 m)
Peso: 440,9 lbs. (200,0 kg)

BICHO ROCA

CRYOGONAL

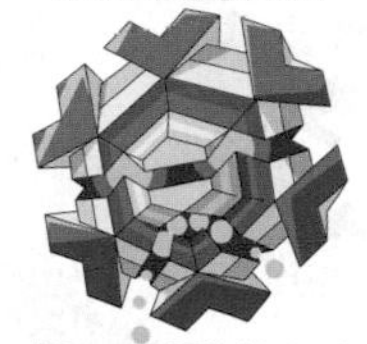

Altura: 3'07" (1,1 m)
Peso: 326,3 lbs. (148,0 kg)

HIELO

CUBCHOO

Altura: 1'08" (0,5 m)
Peso: 18,7 lbs. (8,5 kg)

HIELO

DARMANITAN

Altura: 4'03" (1,3 m)
Peso: 204,8 lbs. (92,9 kg)

FUEGO

DARUMAKA

Altura: 2'00" (0,6 m)
Peso: 82,7 lbs. (37,5 kg)

FUEGO

DEERLING

Altura: 2'00" (0,6 m)
Peso: 43,0 lbs. (19,5 kg)

NORMAL PLANTA

DEINO

Altura: 2'07" (0,8 m)
Peso: 38,1 lbs. (17,3 kg)

SINIESTRO DRAGÓN

DEWOTT

Altura: 2'07" (0,8 m)
Peso: 54,0 lbs. (24,5 kg)

AGUA

DRILBUR

Altura: 1'00" (0,3 m)
Peso: 18,7 lbs. (8,5 kg)

TIERRA

DRUDDIGON

Altura: 5'03" (1,6 m)
Peso: 306,4 lbs. (139,0 kg)

DRAGÓN

DUCKLETT

Altura: 1'08" (0,5 m)
Peso: 12,1 lbs. (5,5 kg)

AGUA VOLADOR

DUOSION

Altura: 2'00" (0,6 m)
Peso: 17,6 lbs. (8,0 kg)

PSÍQUICO

DURANT

Altura: 1'00" (0,3 m)
Peso: 72,8 lbs. (33,0 kg)

BICHO ACERO

DWEBBLE

Altura: 1'00" (0,3 m)
Peso: 32,0 lbs. (14,5 kg)

BICHO ROCA

EELEKTRIK

Altura: 3'11" (1,2 m)
Peso: 22,0 lbs. (48,5 kg)

ELÉCTRICO

EELEKTROSS

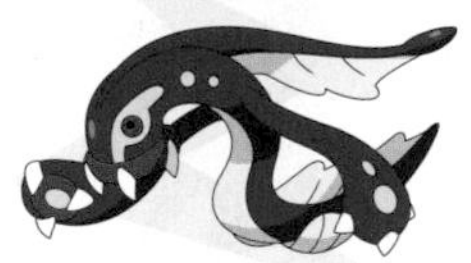

Altura: 6'01" (2,1 m)
Peso: 177,5 lbs. (80,5 kg)

ELÉCTRICO

ELGYEM

Altura: 1'08" (0,5 m)
Peso: 19,8 lbs. (9,0 kg)

PSÍQUICO

EMBOAR

Altura: 5'03" (1,1 m)
Peso: 330,7 lbs. (30,0 kg)

FUEGO LUCHA

EMOLGA

Altura: 1'04" (1,6 m)
Peso: 11,0 lbs. (150,0 kg)

ELÉCTRICO VOLADOR

ESCAVALIER

Altura: 3'03" (1,0 m)
Peso: 72,8 lbs. (33,0 kg)

BICHO ACERO

EXCADRILL

Altura: 2'04" (0,7 m)
Peso: 89,1 lbs. (40,4 kg)

TIERRA ACERO

FERROSEED

Altura: 2'00" (0,6 m)
Peso: 41,4 lbs. (18,8 kg)

PLANTA ACERO

FERROTHORN

Altura: 3'03" (1,0 m)
Peso: 242,5 lbs. (110,0 kg)

PLANTA ACERO

FOONGUS

Altura: 0'08" (0,2 m)
Peso: 2,2 lbs. (1,0 kg)

PLANTA VENENO

FRAXURE

Altura: 3'03" (1,0 m)
Peso: 79,4 lbs. (36,0 kg)

DRAGÓN

FRILLISH (HEMBRA)

Altura: 3'11" (1,2 m)
Peso: 72,8 lbs. (33,0 kg)

AGUA | FANTASMA

FRILLISH (MACHO)

Altura: 3'11" (1,2 m)
Peso: 72,8 lbs. (33,0 kg)

AGUA | FANTASMA

GALVANTULA

Altura: 2'07" (0,8 m)
Peso: 31,5 lbs. (14,3 kg)

BICHO | ELÉCTRICO

GARBODOR

Altura: 6'03" (1,9 m)
Peso: 236,6 lbs. (107,3 kg)

VENENO

GENESECT

Altura: 4'11" (1,5 m)
Peso: 181,9 lbs. (82,5 kg)

BICHO | ACERO

GIGALITH

Altura: 5'07" (1,7 m)
Peso: 573,2 lbs. (260,0 kg)

ROCA

GOLETT

Altura: 3'03" (1,0 m)
Peso: 202,8 lbs. (92,0 kg)

TIERRA | FANTASMA

GOLURK

Altura: 9'02" (2,8 m)
Peso: 727,5 lbs. (330,0 kg)

TIERRA | FANTASMA

GOTHITA

Altura: 1'04" (0,4 m)
Peso: 12,8 lbs. (5,8 kg)

PSÍQUICO

GOTHITELLE

Altura: 4'11" (1,5 m)
Peso: 97,0 lbs. (44,0 kg)

PSÍQUICO

GOTHORITA

Altura: 2'04" (0,7 m)
Peso: 39,7lbs. (18,0 kg)

PSÍQUICO

GURDURR

Altura: 3'11" (1,2 m)
Peso: 40,0 lbs. (88,2 kg)

LUCHA

HAXORUS

Altura: 5'11" (1,8 m)
Peso: 232,6 lbs. (105,5 kg)

DRAGÓN

HEATMOR

Altura: 4'07" (1,4 m)
Peso: 127,9 lbs. (58,0 kg)

FUEGO

HERDIER

Altura: 2'11" (0,9 m)
Peso: 32,4 lbs. (14,7 kg)

NORMAL

HYDREIGON

Altura: 5'11" (1,8 m)
Peso: 352,7 lbs. (160,0 kg)

SINIESTRO | DRAGÓN

JELLICENT (HEMBRA)

Altura: 7'03" (202 m)
Peso: 297,6 lbs. (135,0 kg)

AGUA | FANTASMA

JELLICENT (MACHO)

Altura: 7'03" (202 m)
Peso: 297,6 lbs. (135,0 kg)

AGUA | FANTASMA

JOLTIK

Altura: 0'04" (0,1 m)
Peso: 1,3 lbs. (0,6 kg)

BICHO | ELÉCTRICO

KARRABLAST

Altura: 1'08" (0,5 m)
Peso: 13,0 lbs. (5,9 kg)

BICHO

KELDEO

Altura: 4'07" (1,4 m)
Peso: 106,9 lbs. (48,5 kg)

AGUA | LUCHA

KLANG

Altura: 2'00" (0,6 m)
Peso: 112,4 lbs. (51,0 kg)

ACERO

KLINK

Altura: 1'00" (0,3 m)
Peso: 46,3 lbs. (21,0 kg)

ACERO

KLINKLANG

Altura: 2'00" (0,6 m)
Peso: 178,6 lbs. (81,0 kg)

ACERO

KROKOROK

Altura: 3'03" (1,0 m)
Peso: 73,6 lbs. (33,4 kg)

TIERRA | SINIESTRO

KROOKODILE

Altura: 4'11" (1,5 m)
Peso: 212,3 lbs. (96,3 kg)

TIERRA | SINIESTRO

KYUREM

Altura: 9'10" (3,0 m)
Peso: 716,5 lbs. (325,0 kg)

DRAGÓN | HIELO

LAMPENT

Altura: 2'00" (0,6 m)
Peso: 28,7 lbs. (13,0 kg)

FANTASMA | FUEGO

LANDORUS

Altura: 4'11" (1,5 m)
Peso: 149,9 lbs. (68,0 kg)

TIERRA | VOLADOR

LARVESTA

Altura: 3'07" (1,1 m)
Peso: 63,5 lbs. (28,8 kg)

BICHO | FUEGO

LEAVANNY

Altura: 3'11" (1,2 m)
Peso: 45,2 lbs. (20,5 kg)

BICHO | PLANTA

LIEPARD

Altura: 3'07" (1,1 m)
Peso: 82,7lbs. (37,5 kg)

SINIESTRO

LILLIGANT

Altura: 3'07" (1,1 m)
Peso: 35,9 lbs. (16,3 kg)

PLANTA

LILLIPUP

Altura: 1'04" (0,4 m)
Peso: 9,0 lbs. (4,1 kg)

NORMAL

LITWICK

Altura: 1'00" (0,3 m)
Peso: 6,8 lbs. (3,1 kg)

FANTASMA | FUEGO

MANDIBUZZ

Altura: 3'11" (1,2 m)
Peso: 87,1 lbs. (39,5 kg)

SINIESTRO | VOLADOR

MARACTUS

Altura: 3'03" (1,0 m)
Peso: 61,7 lbs. (28,0 kg)

PLANTA

MELOETTA

Altura: 2'00" (0,6 m)
Peso: 14,3 lbs. (6,5 kg)

NORMAL PSÍQUICO

MIENFOO

Altura: 2'11" (0,9 m)
Peso: 44,1 lbs. (20,0 kg)

LUCHA

MIENSHAO

Altura: 4'07" (1,4 m)
Peso: 78,3 lbs. (35,5 kg)

LUCHA

MINCCINO

Altura: 1'04" (0,4 m)
Peso: 12,8 lbs. (5,8 kg)

NORMAL

MUNNA

Altura: 2'00" (0,6 m)
Peso: 51,4 lbs. (23,3 kg)

PSÍQUICO

MUSHARNA

Altura: 3'07" (1,1 m)
Peso: 133,4 lbs. (60,5 kg)

PSÍQUICO

OSHAWOTT

Altura: 1'08" (0,5 m)
Peso: 13,0 lbs. (5,9 kg)

AGUA

PALPITOAD

Altura: 2'07" (0,8 m)
Peso: 37,5 lbs. (17,0 kg)

AGUA TIERRA

PANPOUR

Altura: 2'00" (0,6 m)
Peso: 29,8 lbs. (13,5 kg)

AGUA

PANSAGE

Altura: 2'00" (0,6 m)
Peso: 23,1 lbs. (10,5 kg)

PLANTA

PANSEAR

Altura: 2'00" (0,6 m)
Peso: 24,3 lbs. (11,0 kg)

FUEGO

PATRAT

Altura: 1'08" (0,5 m)
Peso: 25,6 lbs. (11,6 kg)

NORMAL

PAWNIARD

Altura: 1'08" (0,5 m)
Peso: 22,5 lbs. (10,2 kg)

SINIESTRO ACERO

PETILIL

Altura: 1'08" (0,5 m)
Peso: 14,6 lbs. (6,6 kg)

PLANTA

PIDOVE

Altura: 1'00" (0,3 m)
Peso: 4,6 lbs. (2,1 kg)

NORMAL VOLADOR

PIGNITE

Altura: 3'03" (1,0 m)
Peso: 122,4 lbs. (55,5 kg)

FUEGO LUCHA

PURRLOIN

Altura: 1'04" (0,4 m)
Peso: 22,3 lbs. (10,1 kg)

SINIESTRO

RESHIRAM

Altura: 10'6" (3,2 m)
Peso: 727,5 lbs. (330,0 kg)

DRAGÓN | FUEGO

REUNICLUS

Altura: 3'03" (1,0 m)
Peso: 44,3 lbs. (20,1 kg)

PSÍQUICO

ROGGENROLA

Altura: 1'04" (0,4 m)
Peso: 39,7 lbs. (18,0 kg)

ROCA

RUFFLET

Altura: 1'08" (0,5 m)
Peso: 23,1 lbs. (10,5 kg)

NORMAL | VOLADOR

SAMUROTT

Altura: 4'11" (1,5 m)
Peso: 208,6 lbs. (94,6 kg)

AGUA

SANDILE

Altura: 2'04" (0,7 m)
Peso: 33,5 lbs. (15,2 kg)

TIERRA | SINIESTRO

SAWK

Altura: 4'07" (1,4 m)
Peso: 112,4 lbs. (51,0 kg)

LUCHA

SAWSBUCK

Altura: 6'03" (1,9 m)
Peso: 203,9 lbs. (92,5 kg)

NORMAL | PLANTA

SCOLIPEDE

Altura: 8'02" (2,5 m)
Peso: 442,0 lbs. (200,5 kg)

BICHO | VENENO

SCRAFTY

Altura: 3'07" (1,1 m)
Peso: 66,1 lbs. (30,0 kg)

SINIESTRO | LUCHA

SCRAGGY

Altura: 2'00" (0,6 m)
Peso: 26,0 lbs. (11,8 kg)

SINIESTRO | LUCHA

SEISMITOAD

Altura: 4'11" (1,5 m)
Peso: 136,7 lbs. (62,0 kg)

AGUA | TIERRA

SERPERIOR

Altura: 10'10" (3,3 m)
Peso: 138,9 lbs. (63,0 kg)

PLANTA

SERVINE

Altura: 2'07" (0,8 m)
Peso: 35,3 lbs. (16,0 kg)

PLANTA

SEWADDLE

Altura: 1'00" (0,3 m)
Peso: 5,5 lbs. (2,5 kg)

BICHO | PLANTA

SHELMET

Altura: 1'04" (0,4 m)
Peso: 17,0 lbs. (7,7 kg)

BICHO

SIGILYPH

Altura: 4'07" (1,4 m)
Peso: 30,9 lbs. (14,0 kg)
PSÍQUICO VOLADOR

SIMIPOUR

Altura: 3'03" (1,0 m)
Peso: 63,9 lbs. (29,0 kg)
AGUA

SIMISAGE

Altura: 3'07" (1,1 m)
Peso: 67,2 lbs. (30,5 kg)
PLANTA

SIMISEAR

Altura: 3'03" (1,0 m)
Peso: 61,7 lbs. (28,0 kg)
FUEGO

SNIVY

Altura: 2'00" (0,6 m)
Peso: 17,9 lbs. (8,1 kg)
PLANTA

SOLOSIS

Altura: 1'00" (0,3 m)
Peso: 2,2 lbs. (1,0 kg)
PSÍQUICO

STOUTLAND

Altura: 3'11" (1,2 m)
Peso: 134,5 lbs. (61,0 kg)
NORMAL

STUNFISK

Altura: 6'03" (0,7 m)
Peso: 573,2 lbs. (11,0 kg)
TIERRA ELÉCTRICO

SWADLOON

Altura: 1'08" (0,5 m)
Peso: 16,1 lbs. (7,3 kg)
BICHO PLANTA

SWANNA

Altura: 4'03" (1,3 m)
Peso: 53,4 lbs. (24,2 kg)
AGUA VOLADOR

SWOOBAT

Altura: 2'11" (0,9 m)
Peso: 23,1 lbs. (10,5 kg)
PSÍQUICO VOLADOR

TEPIG

Altura: 1'08" (0,5 m)
Peso: 21,8 lbs. (9,9 kg)
FUEGO

TERRAKION

Altura: 6'03" (1,9 m)
Peso: 573,2 lbs. (260,0 kg)
ROCA LUCHA

THROH

Altura: 4'03" (1,3 m)
Peso: 122,4 lbs. (55,5 kg)
LUCHA

THUNDURUS

Altura: 4'11" (1,5 m)
Peso: 134,5 lbs. (61,0 kg)
ELÉCTRICO VOLADOR

TIMBURR

Altura: 2'00" (0,6 m)
Peso: 27,6 lbs. (12,5 kg)
LUCHA

TIRTOUGA

Altura: 2'04" (0,7 m)
Peso: 36,4 lbs. (16,5 kg)
AGUA ROCA

TORNADUS

Altura: 4'11" (1,5 m)
Peso: 138,9 lbs. (63,0 kg)

VOLADOR

TRANQUILL

Altura: 2'00" (0,6 m)
Peso: 33,1 lbs. (15,0 kg)

NORMAL | VOLADOR

TRUBBISH

Altura: 2'00" (0,6 m)
Peso: 68,3 lbs. (31,0 kg)

VENENO

TYMPOLE

Altura: 1'08" (0,5 m)
Peso: 9,9 lbs. (4,5 kg)

AGUA

TYNAMO

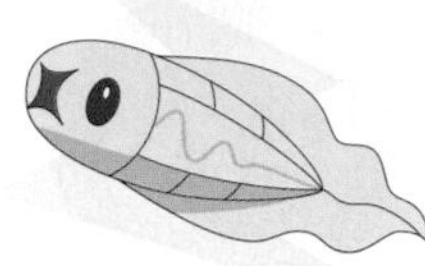

Altura: 1'04" (0,2 m)
Peso: 11,7 lbs. (0,3 kg)

ELÉCTRICO

UNFEZANT (HEMBRA)

Altura: 3'11" (1,2 m)
Peso: 63,9 lbs. (29,0 kg)

NORMAL | VOLADOR

UNFEZANT (MACHO)

Altura: 3'11" (1,2 m)
Peso: 63,9 lbs. (29,0 kg)

NORMAL | VOLADOR

VANILLISH

Altura: 3'07" (1,1 m)
Peso: 90,4 lbs. (41,0 kg)

HIELO

VANILLITE

Altura: 1'04" (0,4 m)
Peso: 12,6 lbs. (5,7 kg)

HIELO

VANILLUXE

Altura: 4'03" (1,3 m)
Peso: 126,8 lbs. (57,5 kg)

HIELO

VENIPEDWE

Altura: 1'04" (0,4 m)
Peso: 11,7 lbs. (5,3 kg)

BICHO | VENENO

VICTINI

Altura: 1'04" (0,4 m)
Peso: 8,8 lbs. (4,0 kg)

PSÍQUICO | FUEGO

VIRIZION

Altura: 6'07" (2,0 m)
Peso: 440,9 lbs. (200,0 kg)

PLANTA | LUCHA

VOLCARONA

Altura: 50'3" (1,6 m)
Peso: 101,4 lbs. (46,0 kg)

BICHO | FUEGO

VULLABY

Altura: 1'08" (0,5 m)
Peso: 19,8 lbs. (9,0 kg)

SINIESTRO | VOLADOR

WATCHOG

Altura: 3'07" (1,1 m)
Peso: 59,5 lbs. (27,0 kg)

NORMAL

WHIMSICOTT

Altura: 2'04" (0,7 m)
Peso: 14,6 lbs. (6,6 kg)

PLANTA | HADA

WHIRLIPEDE

Altura: 3'11" (1,2 m)
Peso: 129,0 lbs. (58,5 kg)

BICHO | VENENO

WOOBAT

Altura: 1'04" (0,4 m)
Peso: 4,6 lbs. (2,1 kg)

PSÍQUICO | VOLADOR

YAMASK

Altura: 1'08" (0,5 m)
Peso: 3,3 lbs. (1,5 kg)

FANTASMA

ZEBSTRIKA

Altura: 5'03" (1,6 m)
Peso: 175,3 lbs. (79,5 kg)

ELÉCTRICO

ZEKROM

Altura: 9'06" (2,9 m)
Peso: 760,6 lbs. (345,0 kg)

DRAGÓN | ELÉCTRICO

ZOROARK

Altura: 5'03" (1,6 m)
Peso: 178,8 lbs. (81,1 kg)

SINIESTRO

ZORUA

Altura: 2'04" (0,7 m)
Peso: 27,6 lbs. (12,5 kg)

SINIESTRO

ZWEILOUS

Altura: 4'07" (1,4 m)
Peso: 110,2 lbs. (50,0 kg)

SINIESTRO | DRAGÓN

KALOS

Aunque esta región es de sobra conocida por diversos motivos, destaca sobre todo por su curiosa forma, ya que vista desde lejos recuerda a una estrella de cinco puntas. Se divide en tres áreas bien diferenciadas: el centro, la costa y la montaña.

Una vasta red fluvial conecta todos sus pueblos y ciudades. No es de extrañar pues que posea una fauna y una flora exuberantes.

En el corazón de Kalos se halla Ciudad Luminalia, un lugar conocido por su arte y arquitectura, y en especial, por su monumento más célebre, la gigantesca Torre Prisma, cuya estructura brillante atrae a turistas de todos los confines del mundo deseosos de admirar su belleza.

LAS TRES SUBREGIONES DE KALOS

KALOS CENTRAL

Acompáñanos al centro de la región, repleto de plantas de bellas flores. Allí se encuentra la mansión de la Princesa Allie, el Palacio Cénit. La vegetación, muy abundante, se nutre de los ríos que atraviesan aquellas tierras y que constituyen una gran red fluvial que puede surcarse en barco. Esta área, situada al sur de Ciudad Luminalia, cuenta con dos grandes localidades, Ciudad Novarte y Pueblo Boceto.

LA COSTA DE KALOS

Sin duda, se trata de un paraíso para los amantes del mar, ya que el agua baña toda la costa occidental. Aunque a los lugareños les encanta el paisaje, no viven demasiado cerca de la costa. En el caso de que desees enfrentarte a Corelia, la líder del gimnasio de Ciudad Yantra, tendrás que esperar a que baje la marea para entrar en la Torre Maestra. Sin embargo, el mar no es el único atractivo de la zona. Las costas están repletas de acantilados en los que pueden encontrarse piedras de gran valor. Muchos entrenadores las recorren en busca de Megapiedras, de camino a Pueblo Crómlech.

LAS MONTAÑAS DE KALOS

La costa de Kalos puede presumir de acantilados, pero si te gusta escalar, no hay nada mejor que su zona montañosa. Y quizá sea aún más divertido descender por las laderas de las cumbres encima de unos esquís. La nieve abunda en la parte oriental de la región gracias a su clima frío. No temas congelarte: abundan los lagos de aguas termales. Eso sí, ten en cuenta que, según se dice, las aguas que quedan al noreste están encantadas. Considérate avisado.

MEGAEVOLUCIÓN

Se ha descubierto una nueva y aún más poderosa forma de evolución: la megaevolución. Los investigadores expertos en Pokémon han determinado que este increíble estado vuelve a esas criaturas más fuertes, más rápidas, más resistentes y, en algunos casos, incluso invencibles. Sin embargo, a diferencia de otras formas de evolución, se trata de un fenómeno temporal. Un Pokémon solo puede acceder a la megaevolución durante un combate. Después, regresa a su forma anterior.

Solo un selecto grupo de especies Pokémon (como Blastoise, Audino y Venusaur) pueden megavolucionar. La primera de estas criaturas que vio Ash fue un Mega-Blaziken. Y justo a tiempo. Ash se hallaba en caída libre tras resbalar en la Torre Prisma y el Mega-Blaziken lo recogió en el aire.

Aunque no puede negarse el poder de la megaevolución, aún se desconoce su naturaleza. Algunos investigadores, como el Profesor Ciprés, de Kalos, trabajan incansables para desvelar los misterios de la megaevolución. A continuación, puedes ver todo cuanto se conoce hasta ahora.

Con independencia de la capacidad que otorga la megaevolución, un Pokémon y su Entrenador deben tener en cuenta lo siguiente:

En primer lugar, un Entrenador debe tener una Piedra Activadora. Aunque esa esfera brillante suele lucirse como si fuera un complemento, no es un adorno. La Piedra activadora permite que el Entrenador tenga una comunicación especial con su Pokémon, sin necesidad de decir nada. El Entrenador puede ver a través de los ojos del pokémon y sentir sus emociones. Además, también actúa como un dispositivo de seguimiento. Si el Pokémon se pierde, el Entrenador podrá saber dónde se encuentra.

Las megaevoluciones son muy útiles para enfrentarse a gentuza como el Team Rocket. Una vez, intentaron raptar a Gardevoir, sin éxito. Dianta, la campeona de Kalos, ayudó a Gardevoir a seguir el rastro del Team Rocket. Aunque no hizo falta: esos tres miembros del Team Rocket no son una amenaza para un Pokémon megaevolucionado.

En segundo lugar, un Entrenador deberá emprender un largo viaje para encontrar otra piedra especial. Cada Pokémon megaevolucionado

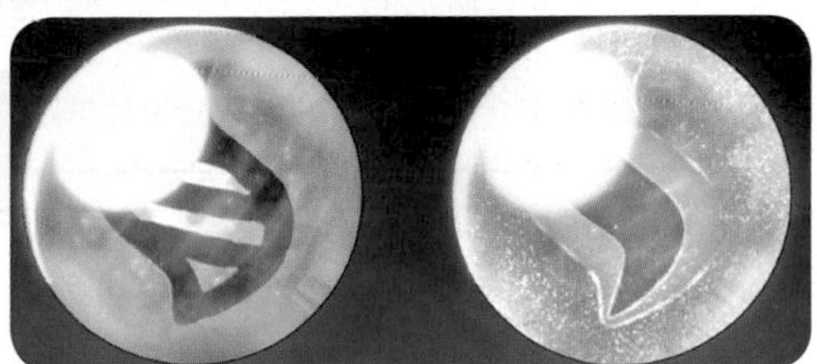

necesita su propia Megapiedra. Por ejemplo, Pidgeot necesita una Pidgeotita; Scizor, una Scizorita; y Lopunny, una Lopunnita. El eslabón en la megacadena evolutiva es tan potente que una Megapiedra solo puede manejarla alguien digno de sus poderes. De nada vale tener todo el dinero del mundo. Por eso los villanos no tienen nada que hacer. Ni los entrenadores poco experimentados, lo que nos lleva al tercer requisito.

Por último, y muy importante, el Entrenador y su Pokémon deben compartir un vínculo profundo. Deben animarse mutuamente, dentro y fuera del campo de batalla. Tienen que ser muy buenos amigos, hasta estar en completa sintonía y comprender lo que piensa uno del otro. Solo entonces pueden iniciar el viaje en busca de la Megapiedra.

Los antepasados de Corelia, la líder del gimnasio de Ciudad Yantra, dominaron la megaevolución. Sin embargo, ella sabe que aún debe profundizar su relación con Lucario para poseer la Lucarita. De hecho, llegó a prometer que, antes de viajar a Pueblo Crómlech para buscarla, ganaría 100 combates seguidos. Y lo consiguió. Ash quedó tan impresionado por la hazaña que la acompañó en busca de la preciada Megapiedra.

TABLA DE LA MEGAEVOLUCIÓN

POKÉMON	MEGAPIEDRA	MEGAEVOLUCIÓN

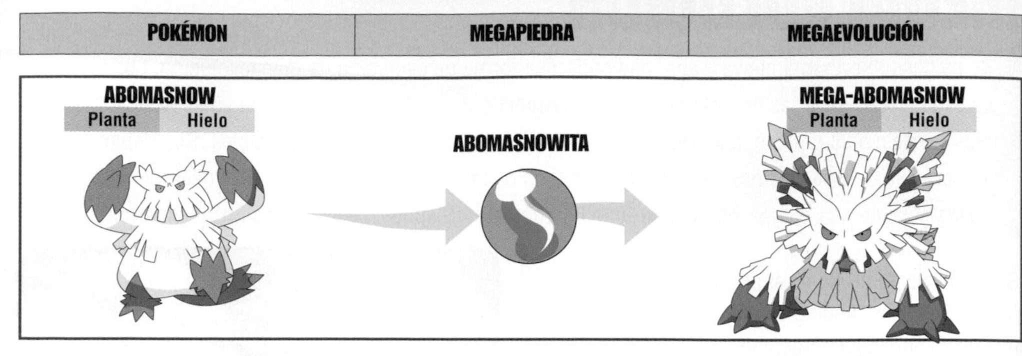

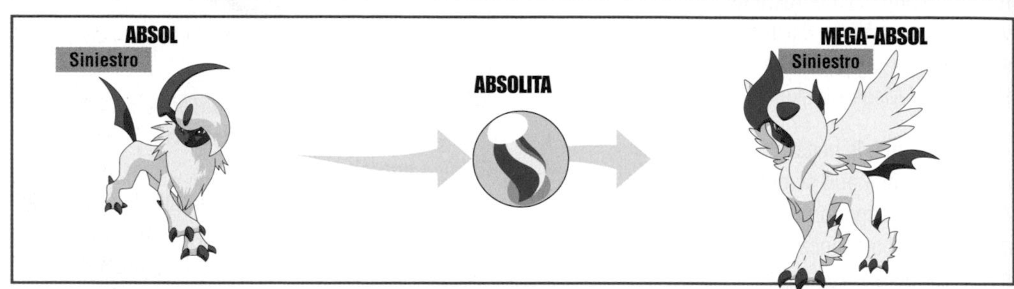

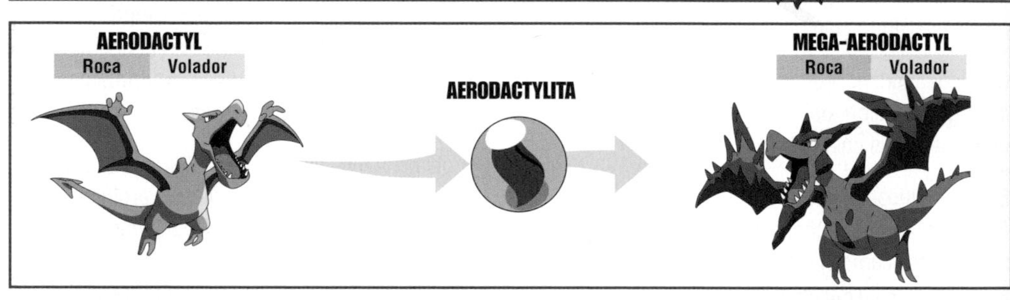

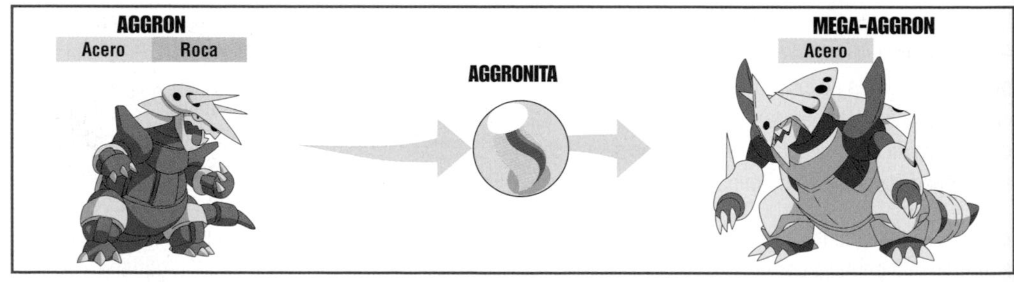

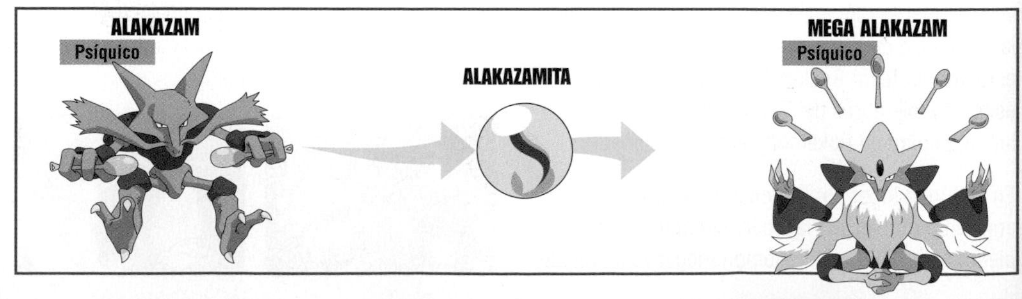

POKÉMON	MEGAPIEDRA	MEGAEVOLUCIÓN
ALTARIA Dragón / Volador	**ALTARIANITA**	**MEGA-ALTARIA** Dragón / Hada
AMPHAROS Eléctrico	**AMPHAROSITA**	**MEGA-AMPHAROS** Eléctrico / Dragón
AUDINO Normal	**AUDINITA**	**MEGA-AUDINO** Normal / Hada
BANETTE Fantasma	**BANETTITA**	**MEGA-BANETTE** Fantasma
BEEDRILL Bicho / Veneno	**BEEDRILLITA**	**MEGA-BEEDRILL** Bicho / Veneno

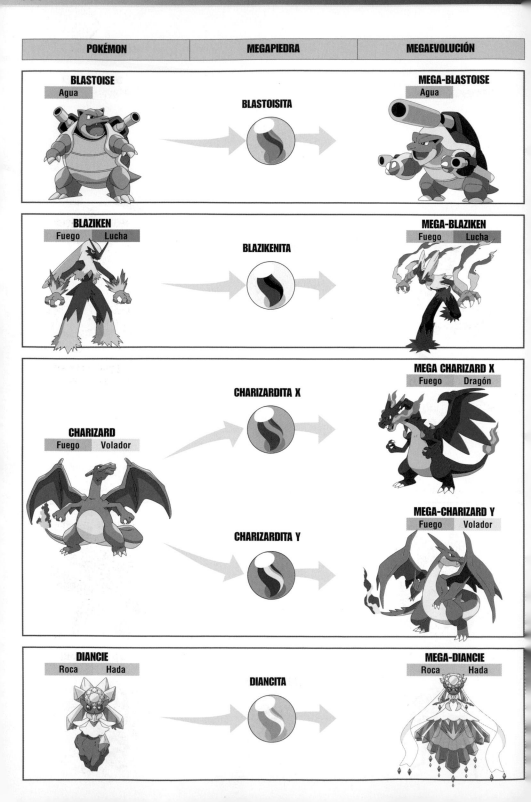

POKÉMON	MEGAPIEDRA	MEGAEVOLUCIÓN
BLASTOISE Agua 	**BLASTOISITA** 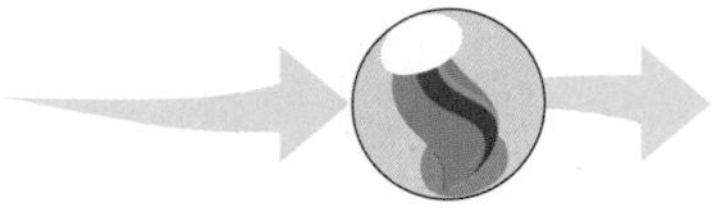	**MEGA-BLASTOISE** Agua 
BLAZIKEN Fuego / Lucha 	**BLAZIKENITA** 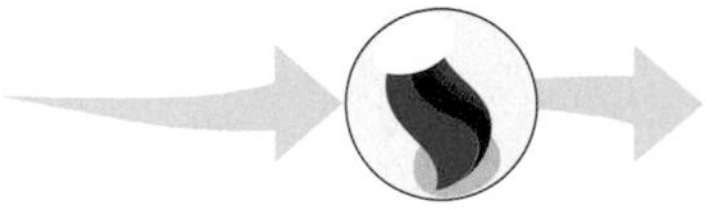	**MEGA-BLAZIKEN** Fuego / Lucha 
CHARIZARD Fuego / Volador 	**CHARIZARDITA X** 	**MEGA CHARIZARD X** Fuego / Dragón 
CHARIZARD Fuego / Volador	**CHARIZARDITA Y** 	**MEGA-CHARIZARD Y** Fuego / Volador 
DIANCIE Roca / Hada	**DIANCITA**	**MEGA-DIANCIE** Roca / Hada

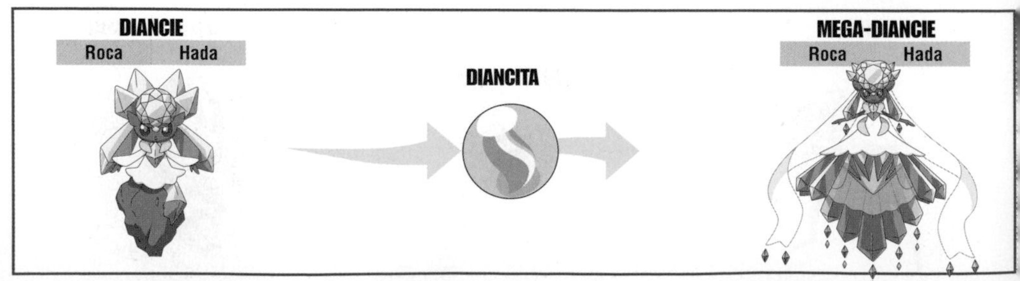

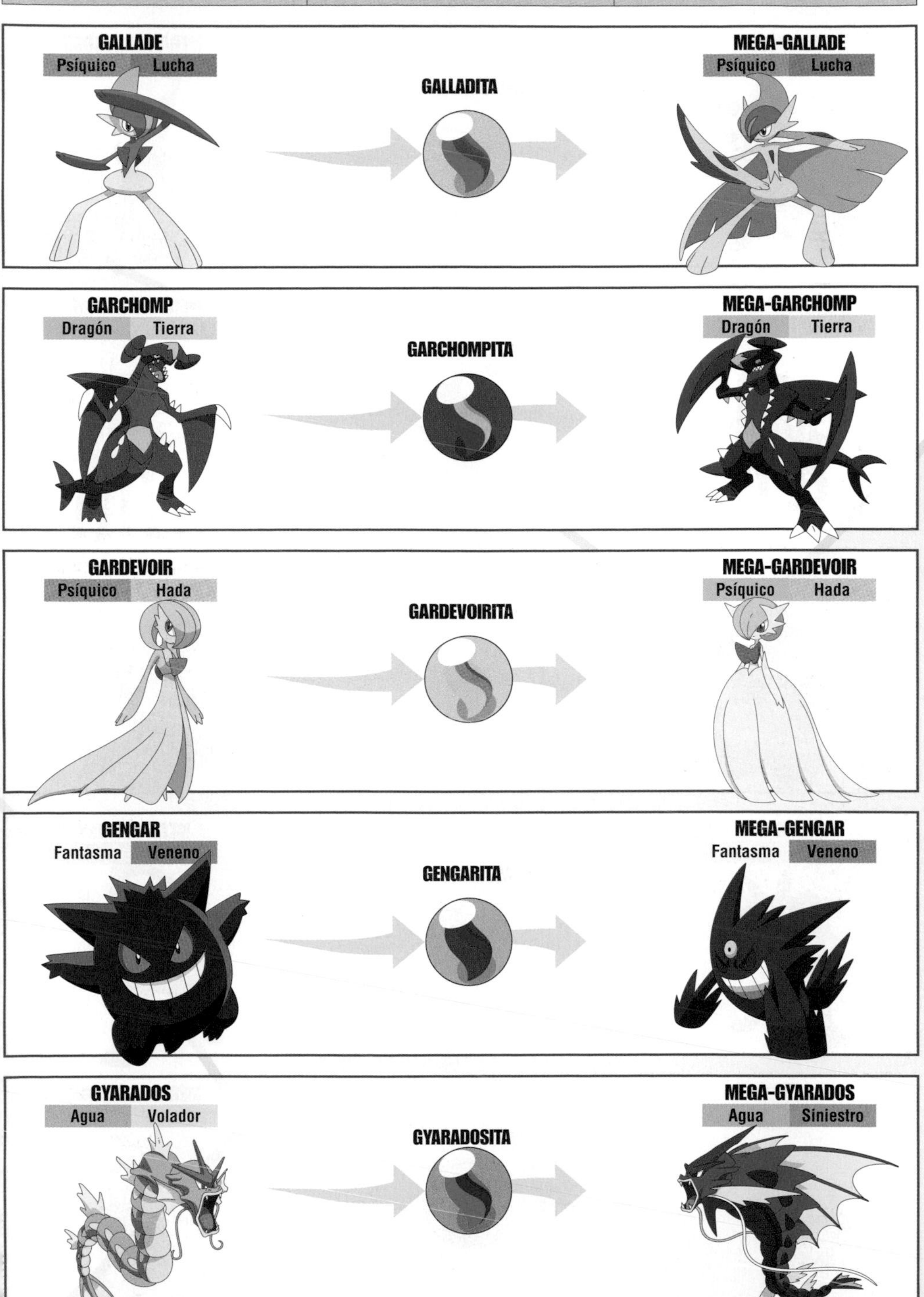

POKÉMON	MEGAPIEDRA	MEGAEVOLUCIÓN
GALLADE Psíquico · Lucha	**GALLADITA**	**MEGA-GALLADE** Psíquico · Lucha
GARCHOMP Dragón · Tierra	**GARCHOMPITA**	**MEGA-GARCHOMP** Dragón · Tierra
GARDEVOIR Psíquico · Hada	**GARDEVOIRITA**	**MEGA-GARDEVOIR** Psíquico · Hada
GENGAR Fantasma · Veneno	**GENGARITA**	**MEGA-GENGAR** Fantasma · Veneno
GYARADOS Agua · Volador	**GYARADOSITA**	**MEGA-GYARADOS** Agua · Siniestro

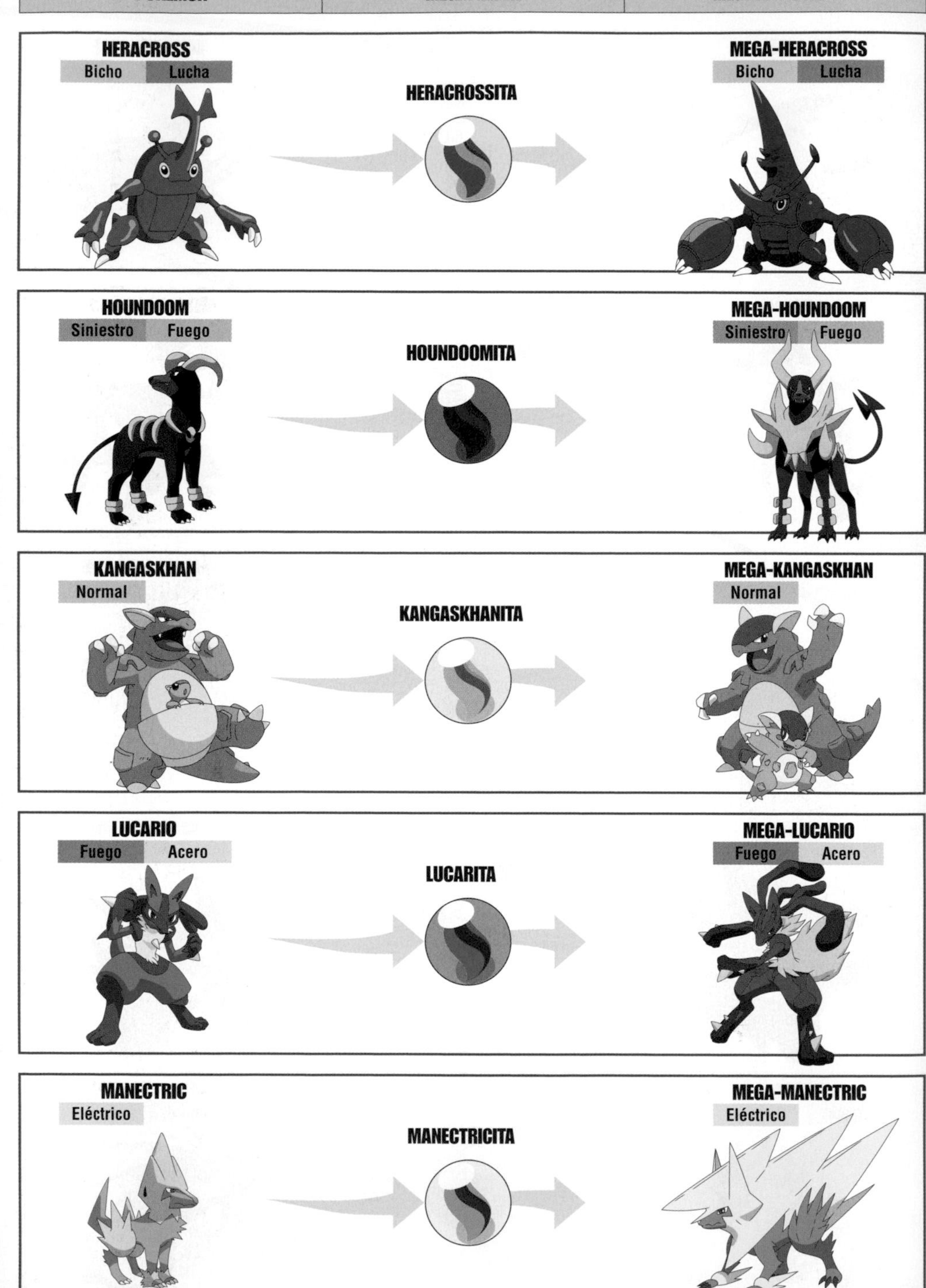

POKÉMON	MEGAPIEDRA	MEGAEVOLUCIÓN
HERACROSS Bicho / Lucha	**HERACROSSITA**	**MEGA-HERACROSS** Bicho / Lucha
HOUNDOOM Siniestro / Fuego	**HOUNDOOMITA**	**MEGA-HOUNDOOM** Siniestro / Fuego
KANGASKHAN Normal	**KANGASKHANITA**	**MEGA-KANGASKHAN** Normal
LUCARIO Fuego / Acero	**LUCARITA**	**MEGA-LUCARIO** Fuego / Acero
MANECTRIC Eléctrico	**MANECTRICITA**	**MEGA-MANECTRIC** Eléctrico

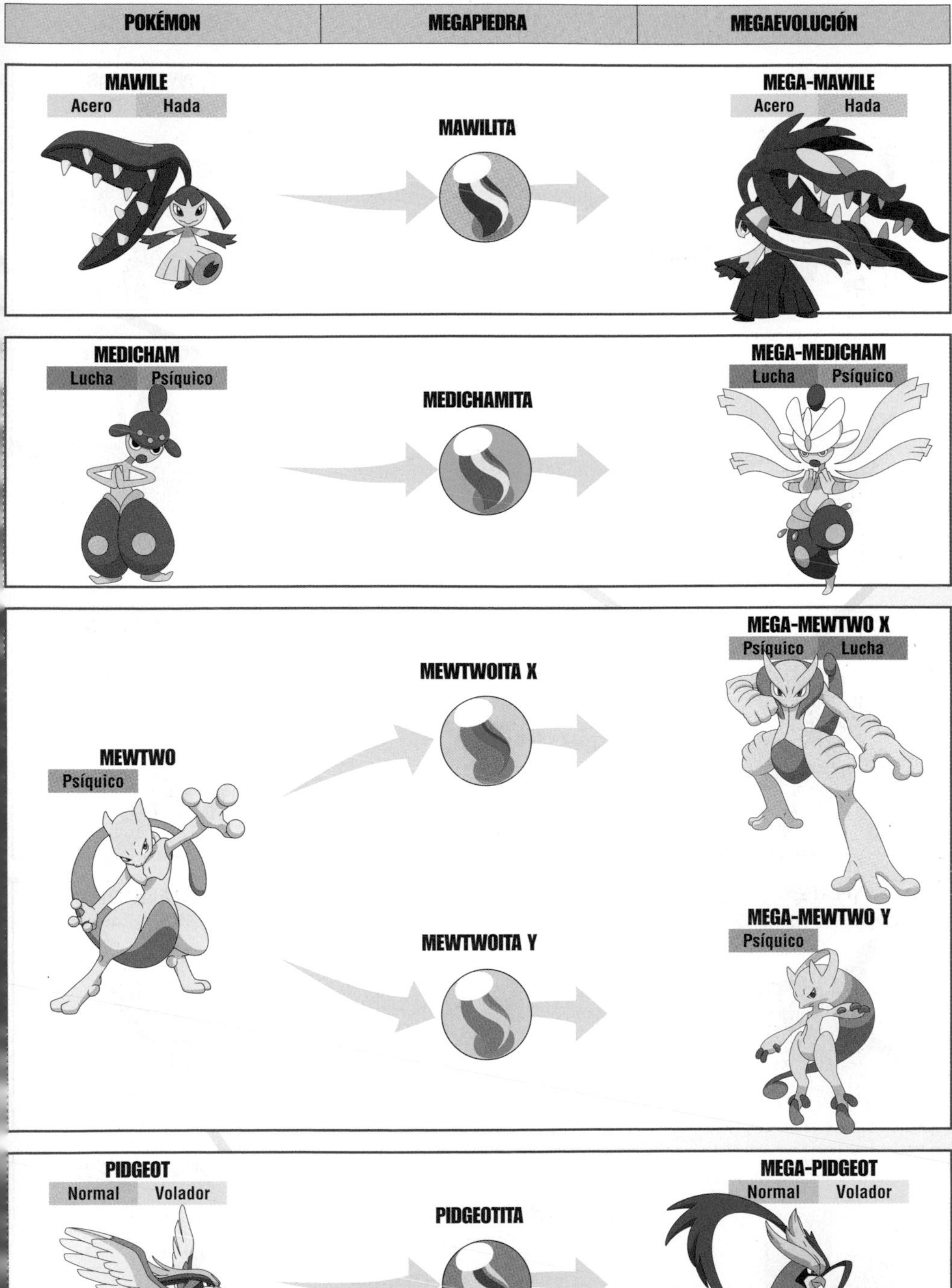

POKÉMON	MEGAPIEDRA	MEGAEVOLUCIÓN
MAWILE (Acero / Hada)	MAWILITA	MEGA-MAWILE (Acero / Hada)
MEDICHAM (Lucha / Psíquico)	MEDICHAMITA	MEGA-MEDICHAM (Lucha / Psíquico)
MEWTWO (Psíquico)	MEWTWOITA X	MEGA-MEWTWO X (Psíquico / Lucha)
	MEWTWOITA Y	MEGA-MEWTWO Y (Psíquico)
PIDGEOT (Normal / Volador)	PIDGEOTITA	MEGA-PIDGEOT (Normal / Volador)

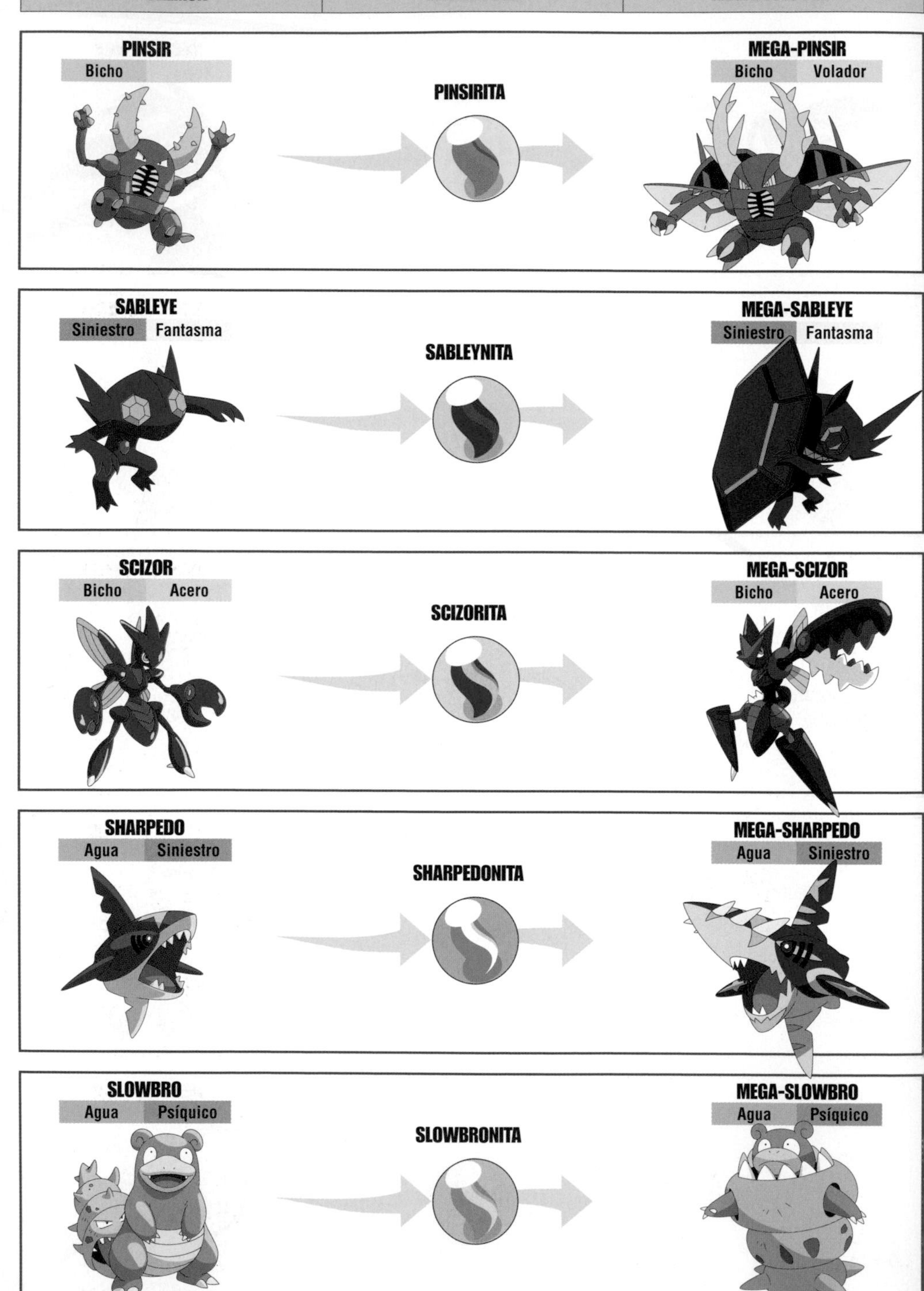

POKÉMON	MEGAPIEDRA	MEGAEVOLUCIÓN
PINSIR Bicho	**PINSIRITA**	**MEGA-PINSIR** Bicho / Volador
SABLEYE Siniestro / Fantasma	**SABLEYNITA**	**MEGA-SABLEYE** Siniestro / Fantasma
SCIZOR Bicho / Acero	**SCIZORITA**	**MEGA-SCIZOR** Bicho / Acero
SHARPEDO Agua / Siniestro	**SHARPEDONITA**	**MEGA-SHARPEDO** Agua / Siniestro
SLOWBRO Agua / Psíquico	**SLOWBRONITA**	**MEGA-SLOWBRO** Agua / Psíquico

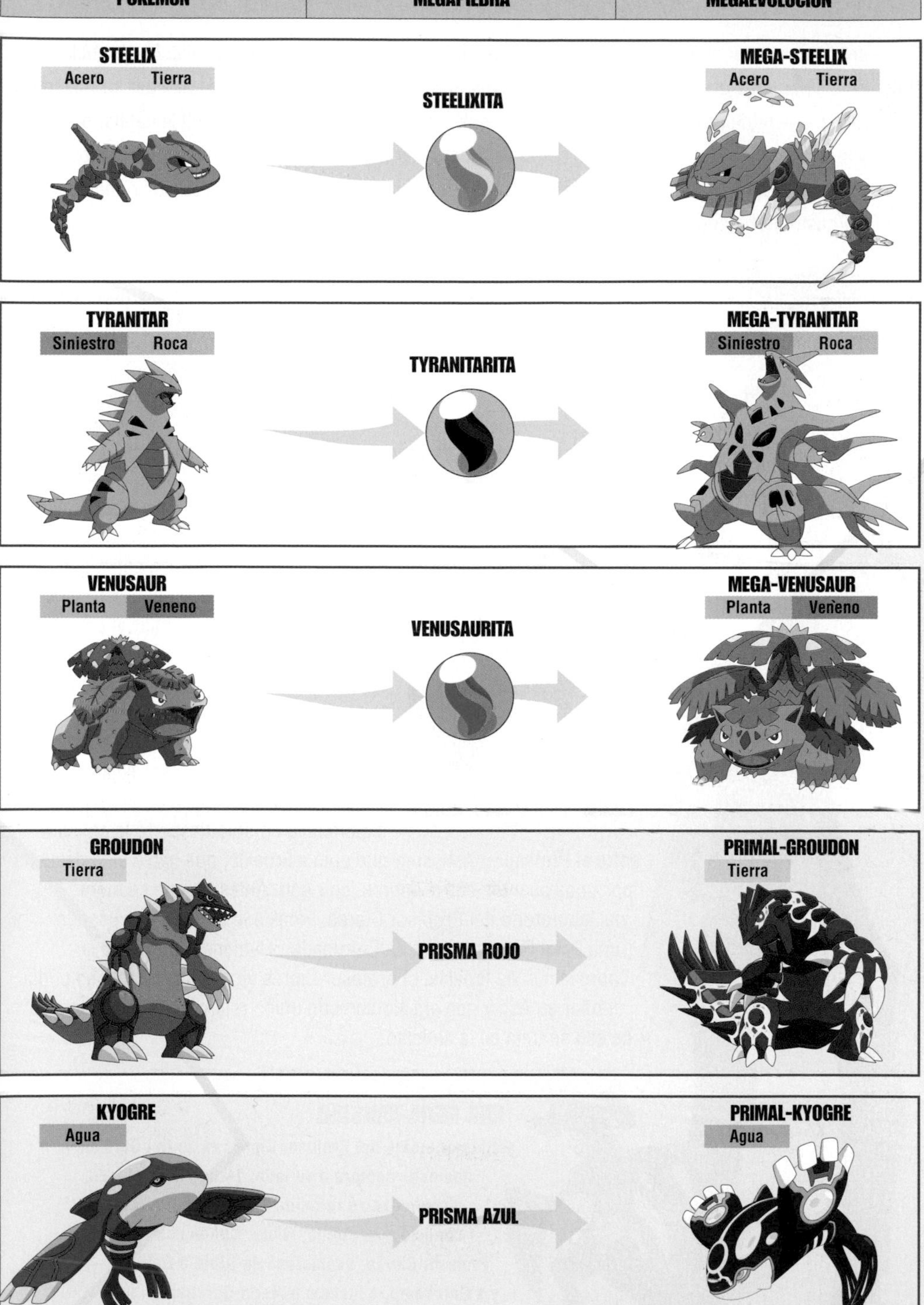

POKÉMON	MEGAPIEDRA	MEGAEVOLUCIÓN
STEELIX Acero Tierra	**STEELIXITA**	**MEGA-STEELIX** Acero Tierra
TYRANITAR Siniestro Roca	**TYRANITARITA**	**MEGA-TYRANITAR** Siniestro Roca
VENUSAUR Planta Veneno	**VENUSAURITA**	**MEGA-VENUSAUR** Planta Veneno
GROUDON Tierra	**PRISMA ROJO**	**PRIMAL-GROUDON** Tierra
KYOGRE Agua	**PRISMA AZUL**	**PRIMAL-KYOGRE** Agua

PROFESOR CIPRÉS

Se puede encontrar al genial Profesor Ciprés en su laboratorio de Ciudad Luminalia. Es un enclave especial, algo más que el lugar donde los nuevos entrenadores de Kalos pueden recoger su Pokémon inicial escogiendo entre Chespin, Fennekin y Froakie. El laboratorio tiene un increíble hábitat de Pokémon, que es el hogar de amigos como Psyduck, Marill, Azurill, Caterpie, Weedle, Zigzagoon, Combee, Helioptile y Linoone. Al Profesor Ciprés le encanta pasar su tiempo cuidando y observando a los Pokémon. Es uno de los mayores expertos en su campo, la megaevolución. AA pesar de que le encanta investigar desde su laboratorio, no se queda siempre en casa. Al Profesor le encanta viajar por la región para asistir al Gran Espectaculo Pokémon, realizar investigaciones de campo, e incluso dirigir un divertido Campamento de Verano Pokémon al que Aasistieron Ash y sus amigos..

VERDADEROS AMIGOS

Dicen que "en la necesidad se demuestra la amistad". Cuando Ash conoció por primera vez al Profesor Ciprés, ¡Sabía que era alguien con quien podía contar! Pero Ash también demostró ser un buen amigo en el que confiar. A pesar de que Froakie estaba lesionado, salió para ayudar a Ash a enfrentarse al Team Rocket. Después, Ash y sus amigos se apresuraron a llevar Froakie al cercano laboratorio del Profesor Ciprés. El Profesor se alegró de poder ayudar a Froakie a curarse. Esta experiencia no solo despertó la amistad entre el Profesor y Ash, sino que unió a Froakie, que había sido devuelta por unos cuantos entrenadores, con Ash. Antes de que se fuera del laboratorio del Profesor Ciprés, Froakie le pidió a Ash, usando una Poké Ball, que fuera su Entrenador. Habiéndose ganado la aprovación de Froakie, el profesor Ciprés vio que realmente se podía confiar en Ash y que era alguien con quien realmente podía contar. Y de eso se trata en la amistad.

UNA MEGA-AMISTAD

El mejor amigo del Profesor Ciprés es su fiel Garchomp, que está siempre a su lado. Tienen un profundo vínculo que se remonta a cuando el Profesor conoció a su amigo, Gible. Con el cuidado del Profesor Ciprés, evolucionó de Gible a Gabite y a Garchomp, e incluso a Mega-Garchomp.

SOPHIE Y COSETTE

El Profesor Ciprés tiene dos ayudantes que son su mano derecha; Ciprés confía plenemente en las fieles Sophie y Cosette. Les gusta vigilar el laboratorio y los Pokémon cuando el Profesor está fuera, aunque a menudo viajan juntos formando un equipo. También son monitoras del Campamento de Verano Pokémon y muy fans del Gran Espectaculo Pokémon.

LEM

Lem es el líder del Gimnasio de Ciudad Luminalia y un experto en Pokémon de tipo Eléctrico, pero tal vez es más conocido por sus inventos. De hecho, antes de que Ash se encuentre con Lem, conoce a Lembot, el robot guardián del Gimnasio de Ciudad Luminalia. ¡Y es un guardián irascible! Si un Entrenador no ha ganado al menos cuatro medallas en Kalos, le saluda con una descarga eléctrica y expulsa al visitante lanzándolo por los aires. Ash conoció a Lem después de estrellarse contra el suelo tras ser expulsado por el robot guardián. ¡Sea cual sea la situación, Lem tiene un gadget a punto!

Ash está contento de tener a Lem, un chico amable e inteligente, como compañero de viaje por de Kalos. Lem decidió unirse a Ash después de verlo salvar heroicamente a Garchomp, el amigo del Profesor Ciprés, cuando el Team Rocket usó un collar especial para obligarle a perder el control. Impresionado por su valor y sus habilidades, Lem supo que podía aprender mucho de Ash. ¡Siempre hay algo nuevo que aprender! Después de un combate épico contra el Team Rocket en la central eléctrica, Lem y Ash se separaron brevemente para que Lem pudiera volver a su Gimnasio en Ciudad Luminalia y entrenarse. ¡Lem sabía que Ash volvería a Ciudad Luminalia y lo desafiaría para obtener la Medalla Voltaje, y quería estar listo para ese momento! Pero nada podía preparar a Lem para las increíbles habilidades de combate de Ash. Después de que Ash ganase la Medalla Voltaje, se le unió de nuevo a él, en su viaje por Kalos.

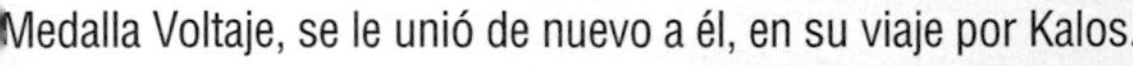

UNA DUCHA DE ENERGÍA

Lem asistió a una escuela muy prestigiosa especializada en los Pokémon de tipo Eléctrico. Se graduó con todos los honores y es uno de sus alumnos más famosos, dejando huella en la comunidad educativa. Mientras estudiaba, un día dando un paseo, Lem tropezó con un Shinx agotado. Se dirigió con él al Centro Pokémon local donde la Enfermera Joy le explicó que a menudo llegaban Pokémon de tipo Eléctrico muy cansados porque había algo en el medio ambiente que los drenaba. ¡El inteligente Lem estaba decidido a ayudar! Puso sus habilidades en juego para construir una cámara de recarga especial donde llueve electricidad. ¡Lo llamó "la ducha lémtrica"! A día de hoy, su invento está disponible en la ciudad para todos los Pokémon de tipo Eléctrico que quieran usarla. Cuando estaban en la ciudad, el Pikachu de Ash, y el Dedenne de Clem tuvieron la oportunidad de disfrutar de una recarga en el invento de Lem.

HOMBRE CONTRA MÁQUINA

Como cuando estudiaba en el colegio, a Lem le gusta resolver los problemas con ayuda de inventos. Guarda muchos ases en la manga, o en este caso, artilugios en su mochila. En la Mochila Lembótica, como le gusta llamarla. Su colección de artefactos cuenta con una amplia gama de mecanismos útiles… y a veces explosivos. Entre sus últimos y más grandes inventos, Lem a menudo utiliza su Brazo Aipom mecánico para levantar y agarrar cosas. A veces esa "cosa" es su hermana pequeña Clem cuando hace algo embarazoso, ¡como intentar pedirle a Violeta que sea su novia!

El primer Filmador Pokéwood de Lem fue más útil para montar una escenita más que para grabarla. En lugar de crear una cámara portátil, creó un robot que perseguía a la estrella Serena. Lem hizo algunos ajustes y la segunda versión resultó perfecta. La Súper cámara de vídeo Pokéwood marca II es una gran cámara para cualquier director primerizo de Poké-vision. Todo lo que necesita es decir "¡Acción!".

Lem podría haber conseguido un efecto explosivo, literalmente, con su Arreglo Floral I. Su Buscaflores-en-la-nieve tiene el poder de detectar el olor floral más tenue en el aire, incluso si está enterrado bajo un montón de nieve. Afortunadamente, ayudó a encontrar esa floración especial justo a tiempo para sanar a un Snover enfermo.

Cuando Lem crea una máquina para bailar, acaba en fuegos artificiales. Su Dispositivo automático para que los malos bailarines bailen bien y su Pareja robótica de baile consiguen lo que podría llamarse un rendimiento explosivo. Pero Lem demuestra que puede acertar con su Cajita de música modelo mochila lembótica que crea con motivo del Festival de Ciudad Témpera. Reproduce un tono y sus amigos Pokémon Chespin, Luxio y Bunnelby disfrutan de la melodía.

Los aparatos de Lem no siempre funcionan a la perfección, pero eso solo le anima a usar su cerebro para arreglarlo o crear un nuevo gadget. Tiene algo que es incluso mayor que las explosiones que provocan sus cachivaches defectuosos, y es su corazón. Y su punto débil, más que sus máquinas, es su hermanita Clem, que siempre está a su lado.

PURA CIENCIA

Lem es conocido sobre todo por sus habilidades mecánicas. Pero también destaca en la química… ¡de la cocina! ¡El chef Lem sabe cómo combinar los ingredientes adecuados para obtener una deliciosa comida!

LOS POKÉMON DE LEM

BUNNELBY

Lem conoció por primera vez a Bunnelby cuando le robó su tentempié, lo que no suele ser una buena manera de hacer un amigo. Cuando Lem lo siguió de regreso a su refugio en un vagón de metro abandonado, se dio cuenta de que el Pokémon necesitaba su ayuda, Lem y Clem lo cuidaron después de una escaramuza. Lem también consiguió que el vagón de metro se moviera con su Supergenerador de electricidad y, junto con Bunnelby, condujeron el vehículo a un lugar seguro al final de la línea. Feliz por haberle ayudado, Lem y Clem se despidieron de su nuevo amigo. Pero antes de que Lem se alejara, Bunnelby corrió tras ellos y le pidió a Lem unirse a su viaje.

LUXRAY

Lem estaba encantado de reunirse con su viejo amigo Pokémon Shinx, que desde entonces se había convertido en Luxio. Pero Luxio seguía molesto porque pensaba que Lem la había abandonado. Lem aprovechó la oportunidad para aclarar las cosas. La verdad es que no pudo encontrar a Shinx cuando se iba de la ciudad. ¡Pero ahora que están de nuevo juntos, Lem no quiere que se separen de nuevo! ¡Durante una batalla con el Team Rocket en la planta de energía de Kalos, Luxio evoluciona a Luxray y salva el día.

CHESPIN

¡A Chespin le gustan tanto el combate como los dulces! De hecho, Lem conoció a Chespin cuando disfrutaba de unos macarons. Puede oler las chuchería en cualquier lugar, lo que puede ser muy útil o muy egoísta. ¡Por suerte combate tan audazmente como consigue chuches! Justo después de conocer a Lem, los dos se unieron para salvar al Profesor Ciprés y destruir el robot Mega-Mega-Meowth del Team Rocket. ¡Unidos por el combate, Chespin pidió unirse a Lem en su viaje y han estado juntos desde entonces!

DEDENNE

Una gran baya fue el detonante de que se conociesen Clem y Dedenne, cuando el diminuto Pokémon cayó de un árbol y aterrizó sobre su cabeza. ¡Eso fue amor al primer golpe! Pero como Clem no tiene edad suficiente para ser Entrenadora, le pidió a su hermano mayor que atrapara a Dedenne. Viendo que Lem y su hermana son verdaderos amigos, Dedenne decide unirse a él en su viaje.

Lem ha dejado a algunos de sus colegas Pokémon en el Gimnasio de Ciudad Luminalia para ayudar a Lembot, su gemelo robot, a protegerlo: Magnemite, Magnetite y Heliolisk.

CLEM

La hermana pequeña de Lem es demasiado joven aún para ser Entrenadora Pokémon, ¡pero eso no le impide involucrarse en la acción! Ya se trate de arbitrar un combate o de dar un baño a Pikachu, ¡simplemente le encanta pasar tiempo con los Pokémon! De hecho, pidió a su hermano que atrapara a Dedenne para que ella pudiera cuidarla. A Dedenne le gusta estar a su lado y sale de su Poké Ball para subirse a la mochila de Clem. ¡Clem está ansiosa por entrenar a Dedenne cuando tenga edad suficiente! Clem también cuida un Núcleo de Zygarde que ha apodado "blandurrio".

A veces, Clem se emociona tanto cuando ve un nuevo Pokémon que los espanta. Cuando conoció por primera vez a Pikachu, el amigo de Ash, le dio un abrazo tan fuerte que este le lanzó una descarga. Pero Pikachu se dio cuenta enseguida de que Clem es solo una niña con un gran corazón que pierde el control cuando ve un Pokémon mono. Lo único que ama más que a los Pokémon es a su hermano mayor, Lem. Como una sombra rubia, lo sigue por donde quiera que vaya, incluso en su viaje con Ash. ¡Clem está tan orgullosa de él y de sus inventos! Bueno, de los que funcionan. Y uno funciona perfectamente con ella. Resulta que Clem quiere ayudar a Lem a encontrar una buena chica con la que casarse, y a menudo pregunta de sopetón a las chicas si están interesadas en su hermano. Lem se avergüenza y se apresura a levantarla en el aire con su Brazo Aipom robótico.

MEYER

El padre de Lem y Clem, Meyer, tiene una tienda de electrónica. Sin embargo, es más conocido como un superhéroe llamado la Máscara de Blaziken. ¡Dondequiera que haya problemas, aparece su capa naranja! La Máscara de Blaziken siempre lleva consigo a su Blaziken Megaevolucionado, pero sobre todo, siempre aparece justo a tiempo para ayudar. Cuando Ash cayó de la Torre Prisma, Máscara de Blaziken apareció para atraparlo en el aire. Cuando el Team Rocket robó a Garchomp, el mejor amigo del Profesor Ciprés, y su Piedra Activadora, Máscara de Blaziken se presentó para compartir su propia Piedra Activadora para que el Profesor Ciprés pudiera impedir sus planes. Cuando el Team Rocket incrimió a Lembot en una serie de problemas en las tiendas locales, Máscara de Blaziken le ayudó a limpiar su nombre.

Pero debajo de su osada imagen de superhéroe, Meyer es un sentimental. Llora de alegría cuando Lem y Clem hacen algo que le hace sentir orgulloso, como seguir a Ash en su viaje. Y la verdad es que es un padre demasiado afectuoso para dejar que sus hijos se vayan del todo. Por lo tanto, Meyer a menudo sube a su motocicleta con Ampharos y se acerca a ver qué tal les va. Ellos siempre están contentos de ver a su padre, ¡especialmente cuando de paso Máscara de Blaziken está ahí para solventar algún problema!

SERENA

Serena, la hija de una famosa amazona de Rhyhorn llamada Greta, se esforzaba mucho por estar a la altura de su linaje. Su madre la obligaba a entrenar constantemente, pero no parecía servir de mucho. Serena estaba harta de que el Rhyhorn la tirara al suelo siempre que intentaba montarlo. Se sentía perdida. Pero había una persona que sabía que podría ayudarla: su viejo amigo Ash.

VIEJOS AMIGOS, NUEVAS AVENTURAS

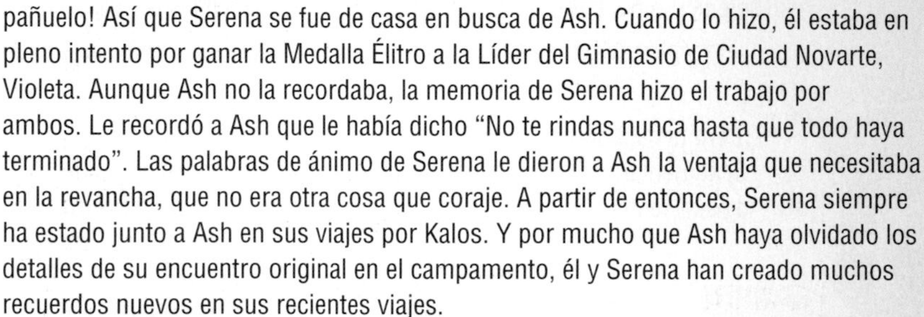

Mientras veía la tele con su madre, Serena vio a Ash intentando salvar valerosamente a Garchomp en lo alto de la Torre Prisma. No se podía creer que ese fuera Ash, el chico al que conoció en el Campamento de Verano del Profesor Oak. De hecho, en el campamento, Ash había usado un pañuelo para vendarle su rodilla herida... ¡y ella aún conservaba el pañuelo! Así que Serena se fue de casa en busca de Ash. Cuando lo hizo, él estaba en pleno intento por ganar la Medalla Élitro a la Líder del Gimnasio de Ciudad Novarte, Violeta. Aunque Ash no la recordaba, la memoria de Serena hizo el trabajo por ambos. Le recordó a Ash que le había dicho "No te rindas nunca hasta que todo haya terminado". Las palabras de ánimo de Serena le dieron a Ash la ventaja que necesitaba en la revancha, que no era otra cosa que coraje. A partir de entonces, Serena siempre ha estado junto a Ash en sus viajes por Kalos. Y por mucho que Ash haya olvidado los detalles de su encuentro original en el campamento, él y Serena han creado muchos recuerdos nuevos en sus recientes viajes.

LA CHICA TIENE ESTILO

¡A Serena le encanta crear uniformes increíbles para sus Pokémon! Desde el principio de su viaje con Ash, ha encontrado dos formas muy divertidas de expresar su amor por los atuendos: los Grandes Espectáculos Pokémon y los vídeos de Poké-visión. Serena y sus Pokémon se sienten muy bien cuando saben que tienen un aspecto impecable. ¡Su sentido de la moda contribuye claramente a su confianza!

GALLETAS GENIALES

Además de los muchos otros talentos de Serena, también es una de las mejores cocineras de la región. Es conocida por sus sabrosos Pokélitos y *macarons*. Así que en cuanto los saque del horno, asegúrate de hacerte con uno antes de que el colega de Ash, Chespin, se los zampe todos...

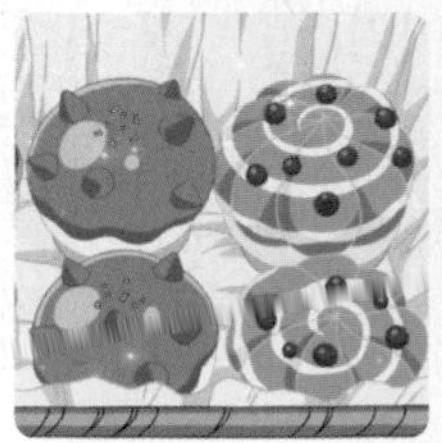

PERSEVERANCIA

Cuando Serena por fin descubrió lo que quería hacer, que era competir en un Gran Espectáculo Pokémon, pensó que lo peor ya había pasado. ¡Pero se equivocaba por completo! Convertirse en una Estrella Pokémon requiere mucho entrenamiento, trabajo duro e incluso algún que otro tropiezo... como le pasó a Fennekin con su cinta rosa en su primer Gran Espectáculo Pokémon en Ciudad Témpera. Puede que Serena tropezara en un principio, pero no se rindió. Recurrió a toda su fuerza interior y utilizó todo su corazón y su inteligencia para convertirse en una maravillosa Estrella Pokémon con la ayuda de sus habilidosos amigos Pokémon. ¡Desde entonces, juntos han ganado tres Llaves de Princesa, las de Pueblo Fresco, Ciudad Fluxus, y Ciudad Frey!

LOS POKÉMON DE SERENA

BRAIXEN

El laboratorio del Profesor Ciprés fue la primera parada de Serena cuando buscaba a Ash. Allí encontró algo más que pistas.. ¡también encontró a su peludo amigo, Fennekin! Fennekin trabajó duro para convertirse en una fabulosa Estrella Pokémon en un Gran Espectaculo Pokémon. Durante una batalla contra Pokémon de tipo Lucha, los ánimos de Serena le dieron la fuerza que necesitaba y acabó evolucionando en Braixen.

SYLVEON

Serena se encontró a Sylveon cuando era un Eevee salvaje al que le gustaba bailar. Por desgracia, el Team Rocket vio sus movimientos mágicos y decidió capturar al pequeño bailarín. Pero Serena intervino para salvar al Pokémon Evolución. Impresionado por su gran corazón, Eevee decidió unirse a Serena en su viaje. El apoyo de Serena transformó profundamente a Eevee. Durante un combate con Ash en un baile organizado para un Gran Espectáculo Pokémon por Monsieur Pierre, Eevee evolucionó en Sylveon.

PANCHAM

Si Pancham tuviera un segundo nombre, sería "problemas". ¡Le encanta liarla bien liada! Serena vio por primera vez a Pancham cuando interrumpió una actuación en un Gran Espectáculo Pokémon. Luego le robó el gorro a Ash, las gafas a Lem... y el corazón a Serena. Ella notaba cuánto le gustaba llamar la atención a Pancham y cuánto le gustaba actuar. Y Pancham también notó que Serena percibía que él lo daba todo en cada actuación. Así que Pancham aceptó enfrentarse a ella y a Fennekin para acompañarles en su viaje.

ESTRELLAS POKÉMON

Las Estrellas Pokémon son Entrenadores con una serie de habilidades muy especiales... ¡tienen talento para el mundo del espectáculo! Suben al escenario con sus Pokémon y allí realizan unas coreografías muy coordinadas. ¡Su movimiento de pies y trabajo en equipo son impresionantes!

Las Estrellas Pokémon se enorgullecen de sus uniformes. ¡Tienen mucho gusto para la moda! Crean trajes y accesorios especiales para añadir más espectacularidad a sus bailes. Llevar un atuendo bonito ayuda a las Estrellas Pokémon a meterse más rápido en la acción. ¡De hecho, cuando mejor aspecto tienen, mejor actúan! No hay mayor entretenimiento para los Pokémon y para los fans de las artes interpretativas que un Gran Espectáculo Pokémon, donde compiten las Estrellas Pokémon. El premio por ganar un Gran Espectáculo Pokémon es una Llave Princesa. O bien, si es una Clase Maestra, puede ser un título como Reina de Kalos, con una corona juego. Todo depende del Espectáculo y de la actuación del ganador. Hay un Gran Espectáculo Pokémon para Principiantes en Pueblo Laguna, en Ciudad Témpera, en Pueblo Fresco, en Ciudad Fluxus, en Pueblo Mosaico y en Ciudad Florida. Hay Grandes Espectáculos Pokémon de Clase Maestra en Ciudad Gloria. Para que un Entrenador pueda ir a una Clase Maestra antes debe obtener tres Llaves Princesa. Cuando una Estrella Pokémon gana su primera Llave Princesa, también recibe un Llavero especial para mostrar sus trofeos. Serena, Xana, Miette, Nini y Aria son todas ellas Estrellas Pokémon.

MIRA Y APRENDE: POKÉ-VISIÓN

Las Estrellas Pokémon no tienen que esperar a un Gran Espectáculo Pokémon para tener público. Emiten vídeos por Poké-visión dedicados a ellas mismas, a sus Pokémon y a su estilismo, ¡para que todo el mundo pueda verlos! Esto les ayuda a aumentar su grupo de fans. Los diez vídeos más populares pueden verse en los Centros Pokémon de todo Kalos. Serena se inspiró en Aria para hacer su primer vídeo de Poké-visión en Ciudad Luminalia. Tomó prestada una cámara con la que capturó la amistad que les unía a ella y a Fennekin. Juntos, jugaban y cocinaban Pokélitos. Ash y Lem también montaron sus propios vídeos. Pero los miembros del Team Rocket, disfrazados de "Rocketeros Pokémon", intentaron interrumpir su producción y robar a los principales protagonistas, Fennekin, Pikachu y Dedenne. Asombrosamente, Serena intervino y su colega de tipo Fuego logró usar su Lanzallamas por primera vez. ¡Fennekin no estaba dispuesto a permitir que nadie se interpusiera en el camino de Serena hacia el estrellato de Poké-visión! El vídeo de Serena y Fennekin tuvo un montón de visitas. Para cuando llegaron al Campamento de Verano del Profesor Ciprés, Serena ya tenía unos cuantos fans. Una de las asistentes al campamento, Xana, había visto su vídeo y estaba cautivada por ella. Serena es una estrella tan importante de Poké-visión que esa misma semana incluso dirigió a sus colegas del equipo de Froakie –Ash, Lem y Clem– en un vídeo que acabaría ganando un premio.

ARIA: LA REINA DE KALOS

Aria es una Estrella Pokémon con mucho talento, ante la cámara y en persona. Es famosa por haber ganado la Clase Maestra de Gloria y el título de Reina de Kalos. También tiene muchos seguidores a través de sus vídeos de Poké-visión. De hecho, fue uno de los vídeos de Aria lo que inspiró a Serena a hacer el suyo. Serena admira mucho a Aria, y no es de extrañar, viendo el espectáculo que da junto con su grácil amigo, Braxien.

La primera vez que Ash y Serena vieron a Aria en directo fue en el Gran Espectáculo Pokémon de Pueblo Laguna. Ella y Braxien se pusieron bajo los focos para hacer gala de sus llamas de tipo Fuego en todo su esplendor. Braxien acabó la hipnótica actuación con una enorme Llamarada. Fue entonces cuando Serena vio su primera actuación Pokémon, y eso marcó su destino. ¡Había sido un espectáculo inolvidable!

TÚ BAILA

Aria fue la estrella del baile organizado por Monsieur Pierre para el Gran Espectáculo Pokémon. ¡Dominó por completo la pista de baile e incluso hizo un par de piruetas con Ash! Los únicos a los que les gusta bailar más que a Aria... ¡son sus propios Pokémon!

DI PATATA

Además de su título, Aria también tiene sin duda una sonrisa digna de un galardón. Su alegre personalidad resulta evidente en sus actuaciones. Está tan llena de alegría que siempre la contagia, tanto a sus espectadores como a los Pokémon. Sus vídeos de Poké-visión son populares porque su energía positiva es contagiosa. Es una auténtica artista, siempre dispuesta a mostrar tanto su perfecta sonrisa como a sus habilidosos Pokémon.

SABROSOS POKÉLITOS

Las Estrellas Pokémon también son conocidas por ser grandes cocineras. Les encanta preparar sabrosos Pokélitos para sus amigos. Algo dulce siempree apetece, ¡en especial después de un duro día de entrenamiento! Serena cree que sin duda sus Pokélitos son los mejores, pero tenía que comprobarlo de alguna forma, porque hay una dura competencia con el resto de Estrellas Pokémon. Así que cuando un taimado Slurpuff se comió una bandeja entera de Pokélitos, su Entrenadora, Miette, dijo que no estaba muy impresionada. Miette quería dejar bien claras las cosas y demostrar que ella era la mejor cocinera. Así que desafió a Serena a un concurso de repostería en el que demostraría que ella era la número uno. Serena aceptó encantada y preparó una nueva hornada de Pokélitos para intentar ganar el premio y dejar a Miette en evidencia. Solo hubo un problema: ni una ni otra ganaron el concurso. Así que decidieron que era mejor ser la número uno en deportividad. Se separaron con un apretón de manos, citándose para encontrarse de nuevo en un Gran Espectáculo Pokémon.

PELUQUEROS POKÉMON

De camino a Ciudad Relieve, Ash y sus amigos llegan a una población con un famoso Peluquero Pokémon llamado Sherman y su ayudante, Jessica. Un Peluquero Pokémon peina, arregla y cuida con estilo los Pokémon en su salón. El Pokémon favorito al que Sherman le gusta cuidar es Furfrou.

CORELIA

¡La intrépida Corelia sí que sabe cómo entrar en escena! Corriendo siempre sobre sus patines, necesita ir a toda velocidad porque es una persona muy inquieta. Está claro que Corelia tiene mucho corazón. No es de extrañar que sea una experta en el tipo Lucha. Quería alcanzar las 100 victorias consecutivas antes de ir a Pueblo Crómlech en busca de la Megaevolución especial de piedra de Lucario, Lucarita.

Cuando Corelia vio a Ash por el bosque, inmediatamente le retó a un combate. Corelia y su amigo Lucario habían ganado 98 combates consecutivos. Ash y Pikachu la ayudaron a alcanzar su objetivo en sus dos últimos combates. Corelia y Lucario ganaron la número 99 contra Ash y Pikachu usando un increíble Ataque Óseo. Luego, Ash y Corelia unieron fuerzas en un combate de dobles contra Jessie y James para que ella consiguiera su victoria número 100 consecutiva. Ash y sus amigos se identificaban tanto con el deseo de Corelia de ayudar a su mejor amigo, Lucario, a megaevolucionar, que la acompañaron hasta Pueblo Crómlech.

Pero no sería esa la última vez que Ash y Corelia se cruzaran. Cuando Ash llegó a Ciudad Yantra, se dirigió a la Torre del Dominio para desafiar a su Líder de Gimnasio, Corelia. Así tuvo oportunidad de luchar de nuevo contra su amiga, pero en esta ocasión fue por la codiciada Medalla Lid.

Los Pokémon de tipo Lucha de Corelia

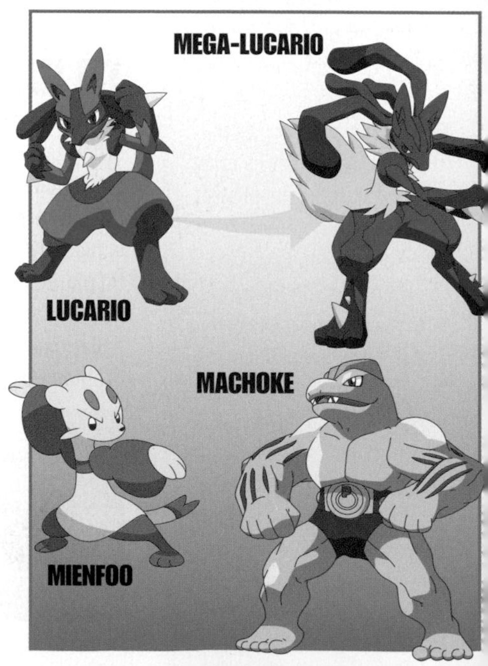

CORNELIO

El abuelo de Corelia, Cornelio, es un gurú de las Megaevoluciones. Pero también es muy bromista. Envió sibilinamente a Blaziken a desafiar a Corelia y Lucario antes de que ella pudiera sacar la Lucarita de la caverna. Pero no solo protege bienes materiales. Cornelio afirmaba que el Pergamino de los Secretos era un documento con información importante sobre la Megaevolución. Corelia, Ash y sus amigos hicieron todo lo posible por mantenerlo lejos de la manos del Team Rocket. Pero cuando lograron ahuyentar a los villanos, descubrieron el auténtico secreto: el pergamino no era más que una carta de Cornelio dando consejos de sentido común sobre la vida en general. Sin embargo, una cosa sí que es cierta: él y su nieta Corelia son descendientes del hombre que descubrió la Megaevolución. Su ancestro y su Lucario fueron los primeros en alcanzar esa Forma. Así que, en honor a ese legado, Corelia y Cornelio entrenan también con Lucario. De hecho, fue Cornelio quien le dio a Corelia la Piedra Activadora para inspirarla a trabajar duro con el fin de ayudar a su mejor amigo Lucario a megaevolucionar.

DIANTA

La talentosa Campeona de la Región de Kalos y miembro del Alto Mando, Dianta, es también una actriz muy famosa. Pero no está actuando cuando entra en el campo de batalla con su compañero, un Gardevoir que puede megaevolucionar. Cuando Ash se cruzó por primera vez con la superpopular Dianta, no pudo resistirse a la tentación y la desafió. Por desgracia, el Team Rocket interrumpió el combate al intentar robar a Gardevoir. Así que Ash juró hacer todo lo posible por imponerse en la Liga de Kalos y tener su oportunidad de enfrentarse de nuevo a Dianta.

RIVALES

ALAIN

Fascinado con la Megaevolución, Alain ha emprendido un viaje para aprender todo lo que pueda sobre esta misteriosa transformación. De hecho, conoce a Ash mientras estudia a su Greninja durante una batalla contra Sawyer y Sceptile. El propio Alain entrena duro con un alucinante Charizard capaz de megaevolucionar. Así que cuidado, Team Flare, porque no tenéis ninguna posibilidad contra Alain.

BENI

El Entrenador Beni y su mejor amigo, Squirtle, bailan al ritmo de su propia música. ¡Y vaya ritmo que tienen! Siempre se coordinan perfectamente cuando se enfrentan a un enemigo. Estos dos bailarines tienen pies rápidos y nunca pierden el compás en combate. No es de extrañar que Beni pudiera ayudar a su amigo a evolucionar en Wartole y luego en Blastoise. Tras ver sus movimientos en el Campamento de Verano Pokémon del Profesor Ciprés, Ash también intentó aprender sus increíbles pasos de baile. Pero Beni tiene un tempo especial e inimitable. Beni también entrena con sus amigos Pokémon Ludicolo, Hitmontop, Politoed y Raichu.

SANPEI

Procedente de la Aldea Ninja, Sanpei es un ninja muy especial y sabio. Ash queda tan impresionado con Sanpei y el Ataque rápido de su amigo Frogadier que les pide que se lo enseñen. Sanpei es paciente y atento, y siempre intentará compartir sus conocimientos con Ash. Y Ash siempre está dispuesto a ayudar a Sanpei, tanto si es luchando contra el Team Rocket como contra unos ninjas. Los dos se cubren la espalda mutuamente. No es de extrañar que la lealtad y ética de trabajo de Sanpei permitiera a Frogadier evolucionar en Greninja.

SABINO

Sabino siempre está poniendo por escrito sus pensamientos y observaciones en un cuaderno. Pero no se fijó en que el Gimnasio de Ciudad Romantis estaba cerrado. Curiosamente, tampoco lo hizo Ash, y fue así como los dos se conocieron. Aunque al principio Sabino no había ganado una medalla de gimnasio de Clem o Valeria, siguió trabajando y tomando apuntes. ¡Y al final se convirtió en un Entrenador a tener en cuenta! Con su ayuda, Bagon evolucionó en Shelgon. También, mientras estaba en pleno combate con Ash, Treecko evolucionó en Grovyle. Luego, cuando Ash volvió a cruzarse con Sabino, había evolucionado en Sceptile. Parece que la toma de notas del estudioso Sabino es una táctica que da sus frutos a largo plazo. Ash y sus amigos sin duda se alegran de tenerle cerca para enfrentarse al Team Flare.

XA IA

Xana es una Estrella Pokémon y también una habitual de los Grandes Espectáculos Pokémon que sueña con convertirse en la Reina de Kalos. Xana conoció a Serena en el Campamento de Verano del Profesor Ciprés, pero ya la conocía de su popular vídeo en Poké-visión. Al principio puso a Serena en un pedestal porque era una celebridad, pero a medida que avanzaba el campamento las dos se hicieron muy buenas amigas. Enérgica y apasionada, Xana siempre está ahí para apoyar a Serena en su viaje. ¡Y menuda inspiración es! En realidad fue Xana la primera que llevó a Serena y sus amigos a ver un Gran Espectáculo Pokémon. En Ciudad Témpera Xana ganó su primera Llave Princesa con una asombrosa actuación de Flabébé y Bulbasaur. Pero cuando Serena ganó el Espectáculo de Fresco, Shauna supo perder y comportarse como una buena amiga… ¡estaba muy contenta por Serena! No es de extrañar que una gran amiga como Xana haya logrado ayudar a su colega Bulbasaur a evolucionar en el increíble Ivysaur.

MIETTE

Miette cree que es la mejor. Se jacta tanto de sus Pokélitos que tanto ella como Serena se apuntan a un concurso de cocina para dirimir la cuestión. Aunque ninguno de sus Pokélitos gana, hay otro premio en el que Miette ha fijado su mirada… ¡Ash! Miette sabe que Serena está enamorada en secreto de su compañero de viaje, y le encanta comentarlo abiertamente. A Serena eso le da mucha vergüenza, así que ni siquiera dice nada cuando Miette le pide a Ash que sea su pareja en el baile de Monsieur Pierre para darle celos. Parece que el objetivo principal de Miette es conseguir siempre todo lo que ansía Serena.

NINI

En las afueras de Ciudad Témpera, Serena conoció a Nini, una Estrella Pokémon a punto de participar en su primer Gran Espectáculo Pokémon, ¡igual que ella! Las dos se cayeron bien y decidieron entrenar juntas. Desde ese día, a menudo se encuentran en Grandes Espectáculos desde Ciudad Fluxus hasta Ciudad Mosaico. Nini está siempre muy ocupada entrenando con sus colegas Smoochum y Farfetch'd.

TROVATO

El Entrenador Trovato trabaja duro con su mejor amigo, Charmander. Pero si hay algo que le guste más que combatir es sacar fotos. Siempre tiene su cámara a mano para captar una instantánea de Pokémon nuevos o inusuales. Por increíble que parezca, ¡incluso tiene una foto del Pokémon Legendario Moltres!

COMBATE AÉREO

En el majestuoso Cañón Kalos se libra una batalla muy especial. No tiene lugar sobre las rocas, ni sobre el suelo… ¡sino en el aire! Los impresionantes combates aéreos emplean unos trajes alados especiales que permiten a los entrenadores surcar el cielo con sus Pokémon de tipo Volador.

Cuando Ash observa por primera vez un Combate Aéreo, no ve el momento de probarlo él también. Tras una lección rápida con Serena y Lem, acepta un desafío de batalla de una Entrenadora aérea, Moria. Es tan buena que también hace de instructora. Pero Ash no se siente intimidado, ¡está entusiasmado ante la oportunidad de lucir su estilo de combate aéreo!

Al principio, Ash llama a su amigo Fletchling, pero el compañero de combate de Moria, un Talonflame muy potente, no está interesando en luchar contra un Pokémon tan pequeño e inexperto. Fletchling se enoja mucho porque quiere demostrarle a Talonflame de qué es capaz, así que Moria plantea una apuesta: si Hawlucha gana un combate contra Talonflame, Fletchling tendrá la oportunidad de enfrentarse a él. Y ante esa apuesta, el amigo de Ash, Hawlucha, entra corriendo… o más bien lo hace volando.

Aunque Hawlucha es de tipo Volador, solo puede planear, lo que le deja en desventaja en un Combate Aéreo. Los movimientos aéreos de Talonflame son tan potentes que, con una combinación de Ala de Acero y Golpe Kárate, Hawlucha queda fuera de combate. Pero justo cuando parece que el sueño de Fletchling de participar en un Combate Aéreo va a quedar frustrado, aparece el Team Rocket. El terrible trío que forman Jesse, James y Meowth han venido a robar Pokémon. El valiente Fletchling se enfrenta a sus enemigos y les hace huir. Todos se dan cuenta de que, aunque Fletchling es pequeño, su corazón es grande. Moria y Talonflame están tan impresionados por su valor que le ofrecen enfrentarse al feroz Pokémon de tipo Volador.

El combate entre Talonflame y Fletchling es tan intenso que Fletchling acaba evolucionando increíblemente en Fletchfinder, el Pokémon Lumbre. Con renovada fuerza y decisión, Fletchfinder logra ganar el duelo con una feroz Nitrocarga. Y lo que es más importante, Fletchfinder ha demostrado de una vez por todas que no se puede juzgar el poder de un Pokémon por su tamaño.

CAMPAMENTO DE VERANO DEL PROFESOR CIPRÉS

Cada verano, durante una semana, el Profesor Ciprés organiza un Campamento de Verano especial para entrenadores Pokémon en la Región de Kalos. Situado en la costa de Kalos, el Campamento tiene lugar justo en las montañas desde las que se puede ver el océano. ¡Ash, Lem y Serena tenían muchas ganas de asistir! Juntos, son conocidos como el Equipo Froakie, y compiten en un montón de desafíos de lo más divertidos. Transcurrida la semana, el equipo vencedor ganará una plaza en el Salón de la Fama del Campamento de Verano, un honor que anteriormente han alcanzando superestrellas de Kalos como Dianta.

El primer día de Campamento, Ash, Serena y Lem conocen a un grupo de amigos parecidos a ellos: Beni, Xana y Trovato, más conocidos en el campamento como Equipo Squirtle. Cuando el Profesor Ciprés pide a los asistentes que formen parejas para practicar un combate, estaba claro cuál sería su elección. Ash y Froakie tienen una batalla de tipo Agua contra Beni y Squirtle. Ash se queda alucinado ante la sincronizada danza de combate de Beni y Squirtle. Serena y Fennekin se enfrentan a Xana y Bulbasaur. Durante su combate, Xana le habla a Serena de las Estrellas Pokémon. Es la primera vez que Serena oye hablar de esa opción para los fans Pokémon. Lem y Chespin intentan enfrentarse a Trovato y Charmander, pero Chespin está demasiado asustado para activar sus movimientos de Fuego. Por suerte, todo el entrenamiento al que se sometan en el Campamento de Verano le dará más confianza a Chespin.

A la mañana siguiente, Serena se despierta dispuesta a pisar fuerte... ¡literalmente! Ella y el resto del Equipo Froakie echan una carrera por la playa. Después hay un concurso de pesca en el que participa todo el campamento, y que pone en cabeza a Beni, Xana y Trovato, más conocidos como el Equipo Squirtle. Más tarde, en el comedor, el Profesor Ciprés anuncia su siguiente reto: cada equipo deberá hacer un vídeo de Poké-visión. Serena es la primera a la que se le ocurre un buen argumento. Piensa dirigir a sus amigos del Equipo Froakie en un vídeo centrado en sus amigos Pokémon y en los deliciosos Pokélitos. Con la ayuda del fuego de Fennekin, Serena hornea unos Pokélitos perfectos. Ahora, solo les falta un lugar donde filmar.

Mientras el Equipo Froakie anda buscando una localización de exteriores en el bosque, Serena resbala por accidente, cayendo por una ladera. Ash, valiente, intenta salvarla, pero los dos acaban rodando montaña abajo. Mientras Lem y Clem corren a buscar ayuda, Ash y Serena hablan sobre sus sueños. Ash ha viajado por seis regiones, entrenando de manera incansable con la esperanza de convertirse en un Maestro Pokémon. Serena, por su parte, ha vagado sin rumbo en busca de un camino nuevo en su vida, lo cual es su gran pasión. Últimamente le ha dado muchas vueltas a su futuro.

Por suerte, el Profesor Ciprés está allí para salvarlos rápidamente. Por extraño que parezca, ha traído consigo a los cocineros, que resultan ser el Team Rocket disfrazado, para ayudarle a rescatarlos. Una vez a salvo en la cima de la montaña, Serena da un paso adelante como director y ayuda al Equipo Froakie a filmar su vídeo magistral para Poké-visión. Más tarde, el Profesor Ciprés ve los vídeos de todos los equipos. Para sorpresa de Ash, Lem, Clem e incluso Serena... ¡el ganador es el Equipo Froakie!

Sin embargo, antes de que se puedan dar cuenta, llega el momento de hacer otra actividad en el hiperactivo y divertido Campamento de Verano del Profesor Ciprés. Los equipos deberán competir en Orientación Pokémon, una actividad que es parte cacería, parte competición de obstáculos, parte carrera, y 100% alucinante. ¡No es de extrañar que sea la actividad favorita del Profesor Ciprés! Los asistentes siguen un mapa que los conduce a diferentes partes del bosque, donde tienen que completar diversas tareas tan rápidamente como puedan. Por cada tarea completada con éxito, el equipo recibe como recompensa un sello especial. Los asistentes deben escalar montañas, correr... ¡e incluso saltar tan alto que casi parece que vuelen! Pero tal vez el mayor desafío de la Orientación Pokémon es uno totalmente inesperado. Cuando una densa niebla cubre el bosque, Clem y Pikachu se separan de su equipo. Peor aún, como no pueden ver nada, los dos se meten en un buen lío. Primero, Clem enfada por error a un enjambre de Beedrill. Luego, tropiezan con unos Amoongus que usan Esporas para dormirlos a ambos. Pero en lugar de descansar sobre una almohada, Clem se echa una siesta sobre un Drifloon que se la lleva volando muy, muy lejos.

Mientras tanto, Ash, Lem y Serena buscan frenéticamente a Clem y Pikachu. Cuando el Equipo Squirtle se entera de lo que ocurre, dicen desinteresadamente olvidarse de la competición y ayudar a sus amigos. Juntos como si fueran un solo equipo, por fin encuentran a Clem y a Pikachu. Aunque los equipos han renunciado a ganar el premio a la Orientación Pokémon, reciben como recompensa algo aún más inusual. ¡A través de la niebla aparece un Pokémon con los colores del arcoíris! ¡A su paso, todas las flores florecen! ¿Es posible que se trate del Pokémon Legendario Xerneas? Antes de que nadie pueda sacar su Pokédex para averiguar la respuesta, el asombroso Pokémon se marcha... ¡Menuda experiencia!

En el último día del Campamento de Verano tiene lugar un gran combate de equipos, una forma de combate totalmente nueva para Ash y sus amigos. Trovato explica que en esos combates por equipos se forman grupos de 3, 5 o 7 entrenadores que crean su propia estrategia y sus propios movimientos de combate. Por ejemplo, el Equipo Froakie consiguió una combinación ganadora al hacer que Pikachu usara Bola Voltio, Fennekin usara Ariete y Bunnelby usara Excavar. Con movimientos tan potentes como ese, no es de extrañar que el Equipo Froakie logre llegar hasta la final. Su sueño de entrar en el Hall de la Fama está a punto de hacerse realidad, ¡solo tienen que ganar una ronda más! Pero el Team Rocket decide

que ese es el momento ideal para robar algunos Pokémon. Jessie, James y Meowth se hacen pasar por los ayudantes de la Enfermera Joy. Se ofrecen a llevar a los amigos del Equipo Froakie al Centro Pokémon para una revisión. Sin embargo, cuando su engaño queda descubierto, el Team Rocket es ahuyentado por Fennekin, Bunnelby, Pikachu y Froakie.

¡Pero aquí no hay reposo para nadie! De vuelta al campamento, llega el momento de la última ronda de competición. El Equipo Froakie tiene que enfrentarse a sus amigos del Equipo Squirtle por el título. Beni abre el combate marcando el ritmo con su danza de batalla. Fenneking no logra detener al enérgico Squirtle con su Poder Oculto, y no puede seguir combatiendo. Bulbasaur ataca con un Rayo Solar, pero con la ayuda del Látigo Cepa de Chespin, Pikachu lo esquiva. Entonces, Pikachu usa Rayo para dejar a Charmander fuera de combate. A los dos equipos les queda solo un Pokémon… ¡y el combate acaba de comenzar!

Con una combinación del Látigo Cepa de Chespin y la Bola Voltio de Pikachu, Bulbasaur deja de ser una amenaza en combate. Luego, Pikachu acumula energía para soltar un tremendo Rayo que frena en seco a Squirtle, dándoles el triunfo. ¡El Equipo Froakie ha ganado la Batalla por Equipos y obtiene así su billete para entrar a formar parte del Hall de la Fama del Campamento de Verano!

Deportivamente, Beni, Xana y Trovato felicitan a sus amigos y rivales Ash, Serena y Lem. Ash halaga a Beni por su baile de batalla. Esa misma noche, tras los fuegos artificiales de clausura del campamento, Beni se queda despierto hasta muy tarde para enseñar a Ash sus movimientos. Entonces, tras despedirse cordialmente, los dos equipos se dan cuenta de que echarán de menos a sus amigos de campamento. Ash, Beni,

Serena, Xana, Lem y Trovato esperan volver a encontrarse en Kalos, pero sus recuerdos tan especiales del Campamento les acompañarán por siempre.

RELEVOS AÉREOS

Los Relevos Aéreos Pokémon son una carrera muy especial que tiene lugar en el cielo. Se trata de una carrera por equipos en los que cada equipo cuenta con tres Pokémon voladores. De camino hacia Ciudad Fluxus, Ash tiene la suerte de tropezarse con uno de estos eventos justo a tiempo para apuntarse. El gran favorito para el triunfo es el vencedor del Relevo Aéreo anterior, Orson. Está allí para defender el título, pero Ash está entusiasmado y decide darlo todo con sus Fletchfinder, Hawlucha y Noibat. Al principio, la suerte de principiante de Ash y su amigo Fletchfinder le permiten tomar la delantera… Pero pronto la competición se vuelve mucho más intensa. El Team Rocket se ha colado de tapadillo en el Relevo Pokémon para liar a esos mocosos y a sus equipos. Hacen que su Pelipper mecánico ataque al Hawlucha de Ash. Por suerte, su robot se desmorona dejando al descubierto sus planes, de forma que son descalificados en mitad de la carrera. Ahora le toca al amigo de Ash, Noibat, intentar reducir diferencias. Tiene que compensar todo el tiempo que el equipo de Ash ha perdido enfrentándose al Team Rocket. Noibat se concentra y vuela con gran velocidad, pero no está acostumbrado a hacer frente a las corrientes de aire del valle. Starly, del equipo de Orson, mantienen el liderato y obtiene la segunda victoria consecutiva para su equipo.

Por increíble que parezca, gracias a su trabajo duro y pundonor, Noibat llega en segunda posición. Ash está muy orgulloso de su equipo y muy feliz de que hayan tenido la oportunidad de competir en un evento tan divertido como unos Relevos Aéreos Pokémon.

SITIOS CHULOS EN KALOS

EL ÁRBOL DE LA PROMESA DE CIUDAD TÉMPERA

En el centro de Ciudad Témpera crece un árbol altísimo plantado por un Entrenador y un Pokémon en honor a su eterna amistad. Al principio era apenas un esqueje, pero acabó siendo el árbol más grande de la población. ¡Y tiene su propio festival! Los lugareños se reúnen para decorarlo e intercambian regalos.

Ash, Serena, Lem y Clem están en la ciudad durante la celebración. Pero antes de que puedan abrir sus regalos, ¡el Team Rocket aparece para intentar robarlos! El grupo entra en acción para ahuyentarlos.

La verdad es que ha valido la pena esperar para abrir los regalos. Ash ha reunido un montón de bayas para sus Pokémon. Serena les ha hecho unos complementos geniales a Fennekin y Pancham. Clemont ha hecho una caja de música con Fennekin, Bunnelby, Chespin y Luxio. Bonnie ha hecho un dibujo de sus amigos. Pero tal vez el regalo más especial venga de la madre de Serena, Grace. Le ha enviado a su hija un regalo para animarla… ¡un vestido nuevo para el próximo Gran Espectáculo Pokémon!

BASTIÓN BATALLA

A las afueras de Ciudad Relieve hay una mansión hecha para los combates, Bastión Batalla. Los Entrenadores de Kalos acuden hasta allí para retarse y ¡librar batallas! Con cada victoria, el vencedor gana un título, de Barón a Gran Duque. Ash, Serena, Lem y Clem tienen la suerte de ver una increíble batalla entre dos Líderes de Gimnasio, el Duque Lino, con Onix, y la Duquesa Violeta, con Surskit. Cuando Grant gana la ronda con la combinación de Onix, que mezcla Tumbarrocas con Foco Resplandor, es ascendido al título más alto: Gran Duque. Con la ayuda de Pikachu, Ash también logra ganar una batalla y obtiene un título. ¡Ahora le podéis llamar Barón Ash!

EL *TITANUS*

No lejos de la Muralla Costera yace un barco hundido lleno de tesoros. El *Titanus* era muy famoso como crucero de lujo. Ahora yace en el fondo del océano, y es visitado por Pokémon de tipo Agua. Ash y sus amigos tienen la suerte de visitar los restos del barco acompañados por un par de arqueólogos submarinos.

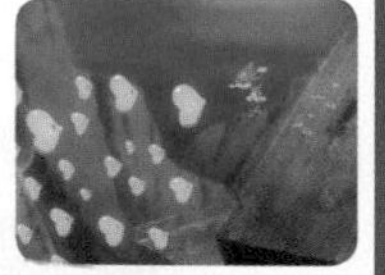

TORRE GRACIA

¿Sientes curiosidad por los Pokémon Alienígenas? Pues entonces la Montaña de Gracia es tu lugar. Supuestamente ha habido avistamientos de ovnis en la cima de esta montaña. Es una maravilla natural conocida por sus connotaciones sobrenaturales. Pero aunque seas escéptico con las formas de vida del espacio exterior, también hay algo especial para ti aquí: en la base de la Torre Gracia viven muchos Malamar, Flabébé, Inkay, Ledyba y Bidoof.

CUEVA DE LOS REFLEJOS

Esta famosa cueva está cubierta de un cristal que refleja como si fuese un espejo. Pero antes de que vayas a acicalarte, ¡cuidado! Como descubrió Ash, tu reflejo puede cobrar vida. ¿O deberíamos decir… doble vida? Una vez te ves absorbido en el Mundo de los Espejos, allí encontrarás tu doble y el de todo lo que conoces… Solo que no son sus dobles, sino sus opuestos. Lo feliz se vuelve triste. Lo bueno se vuelve malo. Y si no escapas antes de que anochezca, quedarás atrapado en el Mundo de los Espejos para siempre. Por suerte, gracias a la ayuda de sus amigos, Ash y Pikachu logran atravesar un portal antes de que sea demasiado tarde.

MIEMBROS DEL TEAM FLARE

El Team Rocket no es el único grupo que causa problemas. En Kalos los tienen a pares. El Team Flare es una organización de la que no se sabe mucho, pero una cosa está clara: sus planes cuidadosamente trazados son malignos. Los uniformes de color rojo intenso del Team Flare y sus estrambóticas gafas son fáciles de detectar, pero nadie ve venir nunca sus sibilinos ataques. Ten cuidado con ellos...

LYSSON

Lysson, el líder del Team Flare, supervisa la implacable Operación Z desde su escondrijo secreto en Kalos. Controla todos y cada uno de los movimientos de los dos Núcleos Zygarde que llama Z1 y Z2. Lysson no se detendrá ante nada hasta que logre el éxito en su maligna misión, pero no librará ninguna batalla en persona. Como el cobarde que es, prefiere quedarse en su laboratorio y dejar que sean Xero y su Team Flare los que ejecuten sus órdenes.

ALAIN

Ash conoce a Alain como el Entrenador con un increíble Charizard Megaevolucionado. Cuando Alain se encontró con Ash y con su increíble Greninja, los desafío en combate. De hecho, no se han enfrentado una sola vez, sino dos, como entrenamiento. Poco se imagina Ash que en realidad tiene un combate pendiente mucho más importante con este secuaz del Team Flare. Sus caminos no dejan de cruzarse y, tarde o temprano, la verdad sobre su relación con el Team Flare saldrá a la luz.

MELIA, CALÉNDULA, BEGONIA Y AMAPOLA

Las principales secuaces del Team Flare están encantadas de hacer el trabajo sucio en las misiones. Allá donde haya posibilidades de cruzarse con el Z1 o el Z2, estarán respaldadas por un grupo de Pokémon y matones del Team Flare que harán todo lo que esté en su mano para conseguir los Núcleos Zygarde a cualquier coste.

XERO

El científico loco del Team Flare construye robots, dispositivos de rastreo, pistolas de rayos y muchas otras cosas para ayudar en la lucha del Team Flare. Conocido como el "Doctor" por sus colegas, es la mano derecha de Lysson. Xero es clave para la Operación Z. Es una lástima que emplee sus talentos en crear tecnología para el mal y no para el bien.

LA MISIÓN DEL TEAM FLARE

Ash, Lem, Serena y Clem se cruzaron por primera vez con el Team Flare cuando estos intentaron robar al nuevo amigo Pokémon de Clem, Blandín. Como Blandín parecía haber saltado a la mochila de Clem para escapar de las garras de sus llameantes enemigos, todos intentaron proteger a su amiguito verde. Y cada vez que estos rufianes se cruzan con Ash y sus amigos, están más cerca de averiguar cuál es exactamente el objetivo de los villanos y de su llamada Operación Z. Supuestamente van detrás de Blandín, también conocido como Z1, porque es uno de los Núcleos importantes que requiere su plan.

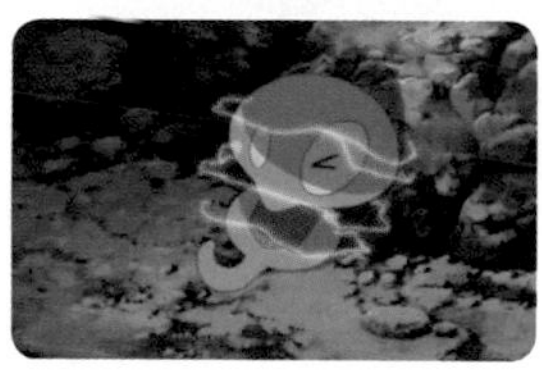

En realidad, el Team Flare ha montado un dispositivo de vigilancia en Cueva Desenlace. Por lo tanto, cuando Ash y sus amigos visitan ese lugar con Blandín, sin saberlo alertan al Team Flare. Mientras Blandín se está bañando en un lago brillante en las profundidades de la caverna, los rufianes de rojo les atacan. Blandín siente su presencia y se vuelve invisible para protegerse. Sin embargo, las pistolas de rayos del Team Flare les permiten localizarle y capturarlo en una trampa.

Antes de que Ash, Lem, Serena y Clem puedan contraatacar, otro grupo de villanos llega al lugar: el Team Rocket. Mientras los dos maléficos grupos se enfrentan lanzándose insultos, Blandín aprovecha la oportunidad para entrar en comunión con otro Forma, aprovechando todas las Células Zygarde que hay allí. De repente, ante la mirada atónita de todos, ¡se convierte en Zygarde al 10%! A Blandín le crecen colmillos, le salen cuatro patas y pasa a correr a casi 100 km/h. No solo eso, sino que con su nuevo poder hace sacudir las piedras de la cueva hasta provocar un

terremoto. Luego Blandín logra escapar de Cueva Desenlace y de las garras del Team Flare. Pero Blandín no es el único al que quieren capturar los flamígeros villanos, también buscan al compañero del Núcleo Zygarde de Blandín, Z2. Los dos Pokémon pueden comunicarse telepáticamente. Pero ningún aviso logra prevenirle del ataque del Team Flare. Cuando Z2 se ve rodeado por el Team Flare y el Team Rocket, increíblemente logra absorber suficientes Células Zygarde de las que hay cerca para convertirse en Zgyarde al 50%. El gigante es capaz de mover enormes rocas montañosas. Pero ni siquiera eso logra detener el movimiento. Cuando el Team Flare llama a sus amigos Alain y Charizard Megaevolucionado, logran distraer al Pokémon Legendario Zygarde en una épica batalla. Aunque la fuerza y la voluntad de Zygarde parecen llevar las de ganar, está tan concentrado en luchar contra su enemigo que no se fija en los matones del Team Flare que le apuntan con sus pistolas de rayos. Tras atraparlo en los rayos naranjas, el Team Flare logra capturar a Z2. Aunque están separado, Blandín sabe que Z2 tiene serios problemas. ¿Quién sabe qué villanía se trae entre manos el Team Flare?

¡De Ash, Lem, Serena y Clem depende proteger a Blandín, y por lo tanto al mundo, del Team Flare!

COMBATES DE GIMNASIO DE KALOS

Desde que Ash llegó a Kalos solo ha tenido un objetivo: ganar ocho medallas de Gimnasio y competir en la Liga. De momento, se ha hecho con siete y sería capaz de escalar una montaña para conseguirla. De hecho, esto ya le ocurrió cuando se presentó al torneo de Ciudad Relieve.

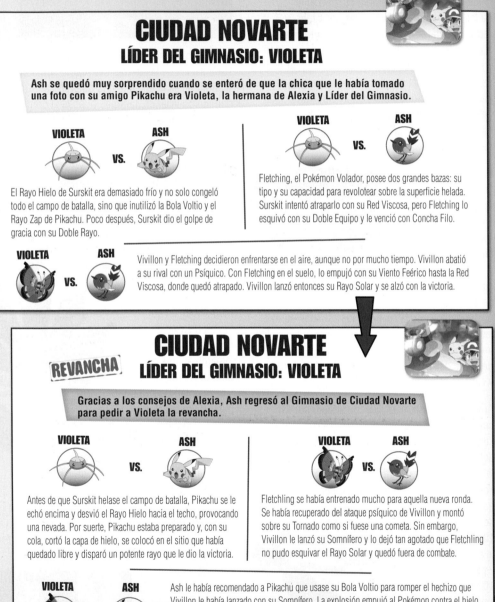

CIUDAD NOVARTE

LÍDER DEL GIMNASIO: VIOLETA

Ash se quedó muy sorprendido cuando se enteró de que la chica que le había tomado una foto con su amigo Pikachu era Violeta, la hermana de Alexia y Líder del Gimnasio.

VIOLETA — ASH

 VS. 

El Rayo Hielo de Surskit era demasiado frío y no solo congeló todo el campo de batalla, sino que inutilizó la Bola Voltio y el Rayo Zap de Pikachu. Poco después, Surskit dio el golpe de gracia con su Doble Rayo.

VIOLETA — ASH

 VS. 

Fletching, el Pokémon Volador, posee dos grandes bazas: su tipo y su capacidad para revolotear sobre la superficie helada. Surskit intentó atraparlo con su Red Viscosa, pero Fletching lo esquivó con su Doble Equipo y le venció con Concha Filo.

VIOLETA — ASH

 VS. 

Vivillon y Fletching decidieron enfrentarse en el aire, aunque no por mucho tiempo. Vivillon abatió a su rival con un Psíquico. Con Fletching en el suelo, lo empujó con su Viento Feérico hasta la Red Viscosa, donde quedó atrapado. Vivillon lanzó entonces su Rayo Solar y se alzó con la victoria.

CIUDAD NOVARTE

REVANCHA

LÍDER DEL GIMNASIO: VIOLETA

Gracias a los consejos de Alexia, Ash regresó al Gimnasio de Ciudad Novarte para pedir a Violeta la revancha.

VIOLETA — ASH

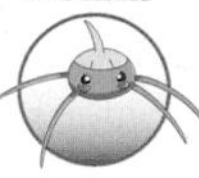 VS. 

Antes de que Surskit helase el campo de batalla, Pikachu se le echó encima y desvió el Rayo Hielo hacia el techo, provocando una nevada. Por suerte, Pikachu estaba preparado y, con su cola, cortó la capa de hielo, se colocó en el sitio que había quedado libre y disparó un potente rayo que le dio la victoria.

VIOLETA — ASH

 VS. 

Fletchling se había entrenado mucho para aquella nueva ronda. Se había recuperado del ataque psíquico de Vivillon y montó sobre su Tornado como si fuese una cometa. Sin embargo, Vivillon le lanzó su Somnífero y lo dejó tan agotado que Fletchling no pudo esquivar el Rayo Solar y quedó fuera de combate.

VIOLETA — ASH

 VS. 

Ash le había recomendado a Pikachu que usase su Bola Voltio para romper el hechizo que Vivillon le había lanzado con su Somnífero. La explosión empujó al Pokémon contra el hielo y se dañó el ala, por lo que no pudo levantar el vuelo. Pikachu aprovechó la ocasión para lanzar su rayo. Ash había ganado el combate… y la Medalla Insecto.

CIUDAD RELIEVE

LÍDER DEL GIMNASIO: LINO

El Gimnasio se halla en la cima de una montaña. Hay dos maneras de llegar: con ascensor o escalando. Ash optó por la segunda y sorprendió a Lino. Para este Líder de Gimnasio, el hecho de que alguien tome el camino más difícil indica que será un competidor muy especial, pues entiende la importancia de la paz interior.

LINO VS. **ASH**

Froakie esquivó la lluvia de Tumba Rocas que le había lanzado Onix saltando sobre la parte posterior del gigantesco Pokémon mediante un movimiento que Ash había creado y que denominó Escalada de Tumba Rocas. Froakie se colocó ante su adversario y le disparó un Hidropulso a bocajarro.

LINO VS. **ASH**

Froakie recurrió de nuevo a la Escalada de Tumba Rocas para saltar por encima de las rocas que le lanzaba Tyrunt. Sin embargo, de poco le sirvió cuando este dio un brinco y disparó su Cometa Dragón.

LINO VS. **ASH**

Fletching comenzó con su Viento Cortante y Tyrunt respondió con un Triturar. Por si fuera poco, el temible Pokémon saltaba muy bien e impedía que Fletching tomase ninguna ventaja en el aire. De pronto, Tyrunt, mientras estaba en el aire, recurrió a su Cola Dragón y ganó la ronda.

LINO VS. **ASH**

Tyrunt lanzó un Cometa Dragón, pero falló y Pikachu aprovechó la ocasión para subírsele encima con el movimiento que había creado Ash. Tyrunt respondió con su Tumba Rocas, pero Pikachu las rechazó con su Cola Férrea e incluso le dio algún cascotazo en la boca. Pikachu prosiguió el ataque con el Rayo y se alzó con la victoria. De ese modo, Ash logró la Medalla Muro.

CIUDAD YANTRA

LÍDER DEL GIMNASIO: CORELIA

Ash había estudiado todos los pasos de la danza de combate de su colega Beni con la esperanza de que le ayudase a conseguir la Medalla Lid.

CORELIA VS. **ASH**

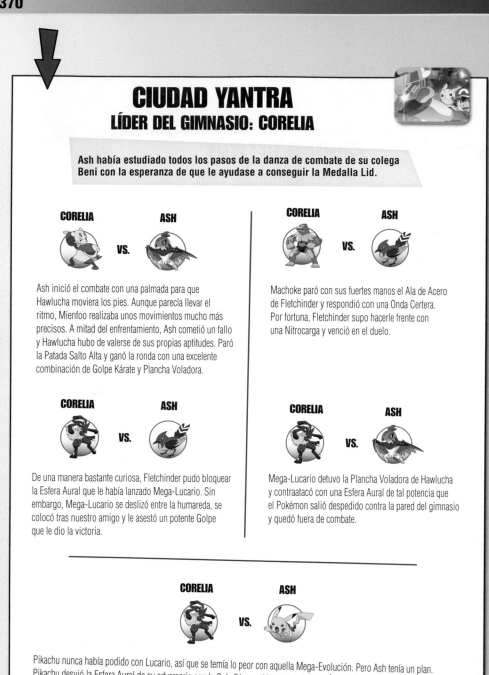

Ash inició el combate con una palmada para que Hawlucha moviera los pies. Aunque parecía llevar el ritmo, Mienfoo realizaba unos movimientos mucho más precisos. A mitad del enfrentamiento, Ash cometió un fallo y Hawlucha hubo de valerse de sus propias aptitudes. Paró la Patada Salto Alta y ganó la ronda con una excelente combinación de Golpe Kárate y Plancha Voladora.

CORELIA VS. **ASH**

Machoke paró con sus fuertes manos el Ala de Acero de Fletchinder y respondió con una Onda Certera. Por fortuna, Fletchinder supo hacerle frente con una Nitrocarga y venció en el duelo.

CORELIA VS. **ASH**

De una manera bastante curiosa, Fletchinder pudo bloquear la Esfera Aural que le había lanzado Mega-Lucario. Sin embargo, Mega-Lucario se deslizó entre la humareda, se colocó tras nuestro amigo y le asestó un potente Golpe que le dio la victoria.

CORELIA VS. **ASH**

Mega-Lucario detuvo la Plancha Voladora de Hawlucha y contraatacó con una Esfera Aural de tal potencia que el Pokémon salió despedido contra la pared del gimnasio y quedó fuera de combate.

CORELIA VS. **ASH**

Pikachu nunca había podido con Lucario, así que se temía lo peor con aquella Mega-Evolución. Pero Ash tenía un plan. Pikachu desvió la Esfera Aural de su adversario con la Cola Férrea y bloqueó su Ataque Óseo antes de responder con un Rayo que le otorgó la victoria. Ash ya podía contar con la Medalla Lid.

CIUDAD TÉMPERA
LÍDER DEL GIMNASIO: AMARO

Cuando Ash llegó al Gimnasio listo para entrar en combate, Amaro tenía otros planes, tan interesantes como tomar el té y cuidar un poco del jardín. Tanta tranquilidad sorprendió a nuestro amigo, quien no vaciló en mostrar a su contendiente que estaba preparado para la lucha.

AMARO **ASH**

VS.

Fletchinder partía con una ventaja considerable, pero Jumpluff aumentó su Velocidad con Día Soleado y le demostró que no se dejaría vencer tan fácilmente. Con el cuerpo cubierto de Nitrocarga, Flechinder le asestó un golpe rápido que dejó a Jumpluff fuera de combate.

AMARO **ASH**

VS.

Fletchinder no permitió que el Polvo Veneno de Weepinbell le arrebatase su energía. Sin embargo, su adversario esperó a que se le acercase para cogerlo del ala y lanzarlo al suelo con un Atizar. Tras el golpe, a Fletchinder no le quedó más remedio que darse por vencido.

AMARO **ASH**

VS.

Aunque Hawlucha había comenzado con ventaja, el Polvo Veneno lo dejó sin energía. Intentó contener el ataque propinando a Weepinbell una Patada Salto Alta. Por desgracia, estaba demasiado cerca de su adversario y este aprovechó para atizarle y ganar la ronda.

AMARO **ASH**

VS.

Como de costumbre, Weepinbell lanzó el Polvo Veneno, pero Frogadier lo repelió con su manga (¿o quizás su bufanda?). Frogadier recurrió a sus Burbujas Pegajosas para crearse una máscara con las que evitar un nuevo ataque y contestó, con gran éxito, con un Golpe Aéreo.

AMARO **ASH**

VS.

Frogadier intentó repeler la Hoja Afilada de Gogoat con su Golpe Aéreo, pero su adversario logró abalanzársele y quitarle casi toda su energía con su Drenador. El combate parecía sentenciado. Sin embargo, Pikachu dio un salto y se acercó corriendo a Ash, quien recargó a Frogadier. Gogoat no abandonó la lucha y lo rodeó con su Hoja Afilada. Ash indicó a su amigo que dejase de pelear, cerrase los ojos e intentase lanzarle unas cuantas hojas. Tan solo debía seguir su instinto. Frogadier recurrió a su Golpe Aéreo para abrirse paso y asestar el golpe definitivo con su Hidropulso. De ese modo, Ash se hizo con la Medalla Hoja.

CIUDAD LUMINALIA

LÍDER DEL GIMNASIO: LEM

Lem dejó de acompañar durante un tiempo a Ash, pues debía disputar un combate contra su amigo y quería estar bien preparado. Ambos se encontraban en excelentes condiciones, pero solo uno podría alzarse con la victoria. Serena, Clem, Fennekin, Dedenne, Pancham, Chespin y Meyer tuvieron la ocasión de asistir a un duelo increíble librado por sus amigos.

LEM **ASH**

 **VS.** 

Bunnelby recurrió a una combinación muy inteligente: lanzó un Voltio Cruel y, luego, recurrió a Excavar para esconderse bajo tierra. De este modo, evitaba el contraataque mientras recobraba fuerzas. Sin duda, Lem lo había adiestrado muy bien. Pero Pikachu estaba preparado. Cuando Bunnelby se disponía a echar mano de Excavar una vez más, nuestro amigo usó su Cola Férrea para abrir el suelo, golpearlo con el mismo movimiento y dejarlo fuera de combate.

LEM **ASH**

 **VS.** 

Al escoger a Hawlucha, Ash hizo que el combate cobrase aún más velocidad, algo en lo que nuestro amigo llevaba una mayor ventaja. Sin embargo, el Destello y la Carga Parabólica de Heliolisk estuvieron a punto de dejar a Hawlucha fuera de combate. Cuando Heliolisk se dispuso a usar de nuevo el Destello, Ash se adelantó y Hawlucha recurrió a su Patada Salto Alta y ganó la ronda.

LEM **ASH**

 **VS.** 

Los efectos del Campo Eléctrico, aún patentes, aportaron una energía adicional a Pikachu. Sin embargo, la estrategia de Lem era implacable. Luxray recurrió al Colmillo Eléctrico para contrarrestar el Rayo de Pikachu y abrirse paso con su Voltio Cruel hasta eliminar a nuestro amigo.

LEM **ASH**

 **VS.** 

Heliolisk era tan rápido que Goodra no podia seguirlo com la mirada. No obstante, intento hacerle frente con Destello y Cola Dragón. Cuando Heliolisk usó la Parálisis para detenerlo, Ash lo guardó de inmediato en su Poké Ball.

LEM **ASH**

 **VS.** 

Hawlucha se adelantó con su Plancha Aérea, aunque la ventaja no le duró demasiado. Luxray cargó el terreno de energía con su Campo Eléctrico y recurrió al Voltio Cruel para eliminar a su contrincante.

LEM **ASH**

 **VS.** 

Goodra se presentó en el terreno de combate sin haberse recuperado por completo del movimiento Parálisis. Por suerte, Ash tenía un plan y de los buenos. Goodra recurrió a la Danza de la Lluvia para activar la Hidratación y recuperar así las fuerzas y, de paso, regenerar el campo de batalla. Luxray, muy nervioso, atacó con el Colmillo Eléctrico, el Voltio Cruel y la Rapidez, pero Goodra supo ganar tiempo con ciertos movimientos defensivos mientras se disponía a invocar la Venganza. Cuando Goodra por fin lanzó su poderoso movimiento, Luxray no pudo hacer nada y Ash obtuvo la Medalla Voltaje de manos de su amigo Lem.

CIUDAD ROMANTIS

LÍDER DEL GIMNASIO: VALERIA

Durante un desfile de moda, Ash tuvo la ocasión de presenciar cómo Valeria, diseñadora y Líder del Gimnasio de Ciudad Romantis, derrotaba sin pestañear a Sawyer y Bagon con la ayuda de Spritzee, un Pokémon Hada. Nuestro amigo sabía muy bien que aquella chica tan excéntrica estaba llena de sorpresas y optó por no dejar suelto ni un cabo, ya que deseaba obtener su sexta medalla.

VALERIA VS. **ASH**

Sylveon atrapó a Fletchinder con sus lazos, lo zarandeó por toda la sala y lo envolvió con un tornado de Viento Feérico. Parecía imposible liberarse de su hechizo, pero Ash le pidió a su amigo que contraatacase con su Nitrocarga. Una vez libre, tan solo tuvo que asestarle un buen golpe con su Ala de Acero para alzarse con la victoria.

VALERIA VS. **ASH**

Spritzee comenzó por cubrir el campo de batalla con un Espacio Raro brillante, un movimiento Psíquico que encierra a los contendientes en una caja y ralentiza sus ataques. Dentro, Spritzee asestó a Fletchling varios Brillo Mágico y Giro Bola. Ash le recomendó a su amigo que respondiese con Nitrocarga con la esperanza de que su potencia se incrementase cuando el Espacio Raro desapareciese. Por desgracia, tardó más tiempo de lo previsto y Spritzee asestó el golpe final con Fuerza Lunar.

Una curiosidad: Valeria habla la lengua Pokémon. Y aunque no lo hace con demasiada fluidez, comprende la mayor parte de lo que sus amigos le dicen.

VALERIA VS. **ASH**

Spritzee volvió a cubrir el campo de batalla con el Espacio Raro. Ash recomendó a Hawlucha que fuese con cuidado y siguiese con atención todos los movimientos de su oponente. Así, cuando Spritzee se dispuso a lanzar su Giro Bola, Hawlucha la detuvo con sus brazos y respondió con su Tijera X y se abrió paso a través del Brillo Mágico para destruir el Espacio Raro. Recuperada la normalidad, Hawlucha pudo usar su Patada Salto Alta para alzarse con la victoria. Así fue cómo Ash logró su Medalla Hada.

CIUDAD FLUXUS

LÍDER DEL GIMNASIO: ÁSTRID

Ástrid, la Líder del Gimnasio, puede ver el futuro. ¿Logrará Ash la Medalla Psique? Deberá recurrir a todos sus poderes para vencer en una batalla doble a su sabia contendiente: ¡el Profesor Ciprés y sus amigos estarán a su lado!

ÁSTRID

VS.

ASH

Meowstic combinó los movimientos Refuerzo y Premonición para adelantarse en el campo de batalla celeste. Sin embargo, Ash había previsto haber terminado antes de que Premonición surtiese efecto. El Meowstic macho esquivó con facilidad los ataques de Frogradier y Talonflame, y se dispuso a responder con otro movimiento, Bromista, que le permitía echar mano de la Pantalla de Luz antes de que sus enemigos dañasen a la Meowstic hembra. A continuación, contraatacó con una Psicocarga rosa que Talonflame y Frogadier no pudieron esquivar porque los perseguía allá donde fueren. La Meowstic hembra poseía la habilidad de Vista Lince, que hacía casi imposible que un oponente pudiera esquivar sus ataques. La pareja era dura de roer. Antes de que Ash tuviese tiempo a responder, Premonición llegó al campo de batalla y la situación empeoró. Pero nuestro amigo no estaba dispuesto a rendirse y buscó una idea a toda prisa. No cabía duda de que debía apelar al trabajo en grupo. Al fin y al cabo, se trataba de un comba doble.

Cuando Meowstic lanzó una nueva Premonición, Ash pidió a Pikachu que diese golpecitos con la cola para contar el tiempo que tardaba en hacer efecto. Meowstic prosiguió con la ofensiva, esta vez con una Psicocarga, y Frogadier se apoyó en Talonflame para esquivarla. En el último segundo, Talonflame devolvió el golpe y los dos Meowstic vieron cómo la Psicocarga se volvía en su contra. ¡Ash había cambiado las tornas! Ash ordenó a Frogadier y a Talonflame que agarrasen a los Meowstic. Pikachu, que seguía marcando el tiempo, los avisó de que la Premonición estaba a punto de surtir efecto y hacer caer sobre ellos una lluvia de rocas. Frogadier y Talonflame lanzaron a sus contrincantes bajo el alud. El golpe había sido bueno, pero sus adversarios no se dieron por vencidos y respondieron con otra Psicocarga. Una vez más, Frogadier saltó sobre la espalda de Talonflame para detener con su Corte el avance del rayo rosa. Talonflame lo secundó con una Nitrocarga que dejó atontado al Meowstic macho. A continuación, Frogadier ordenó protegerse de la Psicocarga a la Meowstic hembra con el Hidropulso, que usó a modo de escudo. Frogadier mantuvo la posición y rechazó con los Hidropulsos todos los movimientos Psicocargas. Su contrincante apenas podía mantenerse en pie. ¡Ash estaba orgullosísimo de sus Pokémon! Incluso Ástrid estaba impresionada. Y así, gracias a la determinación y al trabajo en equipo, logró la Medalla Psique.

POKÉMON LEGENDARIOS DE KALOS

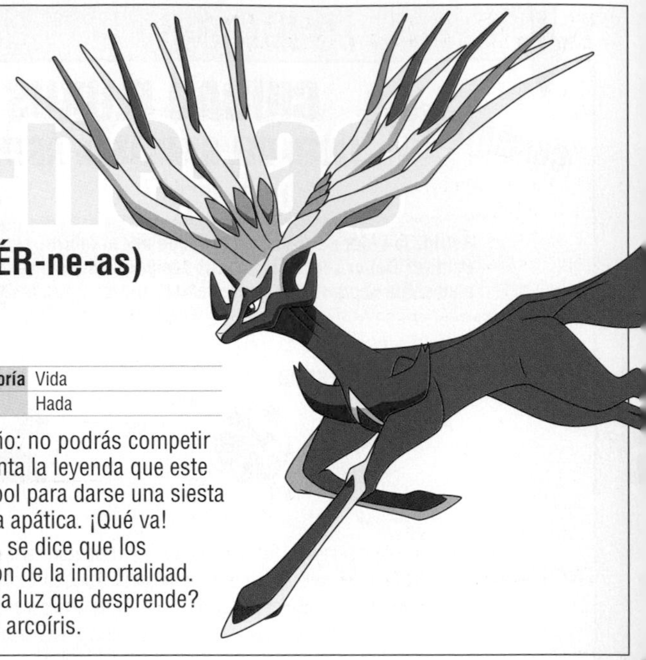

XERNEAS • (SHÉR-ne-as)

EL POKÉMON VIDA

Altura	9'10" (3,0 m)	Categoría	Vida
Peso	474,0 lbs (215,0 kg)	Tipo	Hada

Olvídate de recuperar horas de sueño: no podrás competir con Xerneas, el gran dormilón. Cuenta la leyenda que este Pokémon adoptó la forma de un árbol para darse una siesta de mil años. Pero no es una criatura apática. ¡Qué va! Posee una gran vitalidad. De hecho, se dice que los Pokémon Vida pueden otorgar el don de la inmortalidad. Y eso no es todo: ¿te has fijado en la luz que desprende? Sus cuernos reflejan los colores del arcoíris.

YVELTAL • (Í-bel-tal)

EL POKÉMON DESTRUCCIÓN

Altura	19'0" (5,8 m)	Categoría	Destrucción
Peso	447,5 lbs (203,0 kg)	Tipo	Siniestro-Volador

Ten cuidado si algún día te encuentras con este Pokémon, sobre todo si parece encogerse. Cuando abre sus alas, no solo adquiere un tamaño descomunal, sino que muestra un fulgor rojizo que puede absorber la fuerza vital de todo cuanto hay a su alrededor. Y nada puede resistirlo.

ZYGARDE • (ZÁI-gard)

EL POKÉMON EQUILIBRIO

Altura	16'05" (5,0 m)	Categoría	Equilibrio
Peso	672,4 lbs (305,0 kg)	Tipo	Dragón-Tierra

Este Pokémon Solitario prefiere permanecer al margen de todo el mundo, oculto en una cueva profunda en las montañas. No hay ninguna razón para ir en busca de este Pokémon Legendario. Solo se muestra si considera que su presencia es necesaria para restituir el orden. Se lo considera un protector del medio ambiente, ya que posee la capacidad de sanar por completo un ecosistema amenazado.

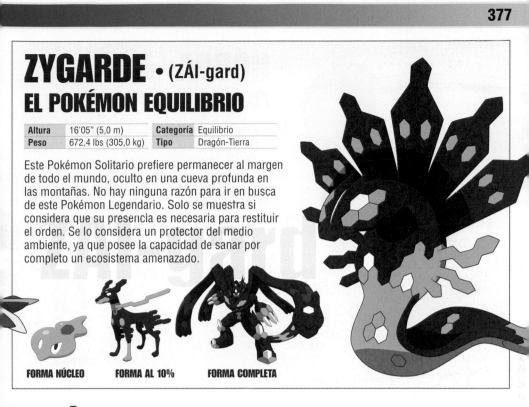

FORMA NÚCLEO FORMA AL 10% FORMA COMPLETA

POKÉMON SINGULARES DE KALOS

DIANCIE • (di-ÁN-si)

EL POKÉMON JOYA

Altura	2'04" (0,7 m)	Categoría	Joya
Peso	19,4 lbs (8,8 kg)	Tipo	Roca-Hada

Diancie tiene fama de ser el Pokémon más espléndido de cuantos se conocen. De un bonito color rosa, está cubierto de gemas muy brillantes. Sin embargo, su poder va más allá de su aspecto. De hecho, posee un don que nunca imaginarías: puede tomar el carbono de la atmósfera y… ¡convertirlo en diamantes! Impresionante, ¿verdad? Pues aún no sabes lo mejor: es el producto de una maravillosa transformación. Algunas antiguas leyendas cuentan que, hace mucho, pero que mucho tiempo, Carbink se convirtió en esta bella criatura.

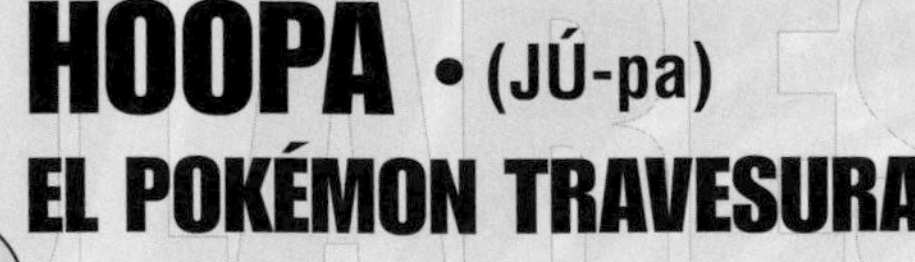

HOOPA • (JÚ-pa)

EL POKÉMON TRAVESURA

Altura	1'08" (0,5 m)	Categoría	Travesura
Peso	19,8 lbs (9,0 kg)	Tipo	Psíquico-Fantasma

¡Esconde todo el oro que lleves! ¡Y la plata! Bueno, y todo lo que brille. Este Pokémon Singular tiene fama de apoderarse de todo lo que se le antoja y de acumular riquezas sin descanso. Y no es un ladronzuelo cualquiera, qué va: es uno de los Pokémon más poderosos que puedes encontrarte. De hecho, cuenta la leyenda que Hoopa llegó a saquear un castillo para hacerse con los tesoros que albergaba. Aunque su fuerza no conoce límites, posee un punto débil: la codicia.

DESATADO

VOLCANION • (bol-kÁ-nion)

EL POKÉMON VAPOR

Altura	5'07" (1,7 m)	Categoría	Vapor
Peso	429,9 lbs (195,0 kg)	Tipo	Fuego-Agua

Aunque no hay nada que se oponga más que el Agua y el Fuego, a veces la naturaleza nos sorprende con combinaciones completamente insospechadas, incomprensibles y, cómo no, impresionantes. Y este Pokémon es un buen ejemplo. ¿Cómo puede ser de Agua y Fuego a la vez? No lo sabemos, pero sí tenemos claro algo: que puede generar poderosos chorros de vapor. El fuego que arde en su interior le permite hervir el agua con gran rapidez y proyectar el vapor desde su lomo. La presión es tan fuerte que puede reventar una montaña. Si lo ves, ten cuidado: está convencido de que los seres humanos somos su peor enemigo y más vale no acercarse demasiado.

POKÉMON DE KALOS

En esta región con forma de estrella abundan los bosques, de ahí que sea tan fácil dar con Pokémon salvajes. No en vano, de allí proceden Xerneas, el Pokémon Vida, e Yveltal, el Pokémon Destrucción.

KALOS CENTRAL

ABRA

Altura: 2'11" (0,9 m)
Peso: 43,0 lbs. (19,5 kg)

PSÍQUICO

AEGISLASH (FORMA FILO)

Altura: 5'07" (1,7 m)
Peso: 116,8 lbs. (53,0 kg)

ACERO | FANTASMA

AEGISLASH (FORMA ESCUDO)

Altura: 5'07" (1,7 m)
Peso: 116,8 lbs. (53,0 kg)

ACERO | FANTASMA

ALAKAZAM

Altura: 4'11" (1,5 m)
Peso: 105,8 lbs. (48,0 kg)

PSÍQUICO

AROMATISSE

Altura: 2'07" (0,8 m)
Peso: 34,2 lbs. (15,5 kg)

HADA

AUDINO

Altura: 3'07" (1,1 m)
Peso: 68,3 lbs. (31,0 kg)

NORMAL

AXEW

Altura: 2'00" (0,6 m)
Peso: 39,7 lbs. (18,0 kg)

DRAGÓN

AZUMARILL

Altura: 2'07" (0,8 m)
Peso: 62,8 lbs. (28,5 kg)

AGUA | HADA

AZURILL

Altura: 0'08" (0,2 m)
Peso: 4,4 lbs. (2,0 kg)

NORMAL | HADA

BEEDRILL

Altura: 3'03" (1,0 m)
Peso: 65,0 lbs. (29,5 kg)

BICHO | VENENO

BELLOSSOM

Altura: 1'04" (0,4 m)
Peso: 12,8 lbs. (5,8 kg)

PLANTA

BIBAREL

Altura: 3'03" (1,0 m)
Peso: 69,4 lbs. (31,5 kg)

NORMAL | AGUA

BIDOOF

Altura: 1'08" (0,5 m)
Peso: 44,1 lbs. (20,0 kg)

NORMAL

BLASTOISE

Altura: 5'03" (1,6 m)
Peso: 188,5 lbs. (85,5 kg)

AGUA

BRAIXEN

Altura: 3'03" (1,0 m)
Peso: 32,0 lbs. (14,5 kg)

FUEGO

BUDEW

Altura: 0'08" (0,2 m)
Peso: 2,6 lbs. (1,2 kg)

PLANTA | VENENO

BULBASAUR

Altura: 2'04" (0,7 m)
Peso: 15,2 lbs. (6,9 kg)
PLANTA | VENENO

BUNNELBY

Altura: 1'04" (0,4 m)
Peso: 11,0 lbs. (5,0 kg)
NORMAL

BURMY

Altura: 0'08" (0,2 m)
Peso: 7,5 lbs. (3,4 kg)
BICHO

BURMY (TRONCO PLANTA)

Altura: 0'08" (0,2 m)
Peso: 7,5 lbs. (3,4 kg)
BICHO

BURMY (TRONCO ARENA)

Altura: 0'08" (0,2 m)
Peso: 7,5 lbs. (3,4 kg)
BICHO

BURMY (TRONCO BASURA)

Altura: 0'08" (0,2 m)
Peso: 7,5 lbs. (3,4 kg)
BICHO

BUTTERFREE

Altura: 3'07" (1,1 m)
Peso: 70,5 lbs. (32,0 kg)
BICHO | VOLADOR

CARVANHA
Altura: 2'07" (0,8 m)
Peso: 45,9 lbs. (20,8 kg)
AGUA | SINIESTRO

CATERPIE

Altura: 1'00" (0,3 m)
Peso: 6,4 lbs. (2,9 kg)
BICHO

CHARIZARD

Altura: 5'07" (1,7 m)
Peso: 199,5 lbs. (90,5 kg)
FUEGO | VOLADOR

CHARMANDER

Altura: 2'00" (0,6 m)
Peso: 18,7 lbs. (8,5 kg)
FUEGO

CHARMELEON

Altura: 3'07" (1,1 m)
Peso: 41,9 lbs. (19,0 kg)
FUEGO

CHESNAUGHT

Altura: 5'03" (1,6 m)
Peso: 198,4 lbs. (90,0 kg)
PLANTA | LUCHA

CHESPIN

Altura: 1'04" (0,4 m)
Peso: 19,8 lbs. (9,0 kg)
PLANTA

COMBEE

Altura: 1'00" (0,3 m)
Peso: 12,1 lbs. (5,5 kg)
BICHO | VOLADOR

CORPHISH

Altura: 2'00" (0,6 m)
Peso: 25,4 lbs. (11,5 kg)
AGUA

CRAWDAUNT

Altura: 3'07" (1,1 m)
Peso: 72,3 lbs. (32,8 kg)
AGUA | SINIESTRO

CROAGUNK

Altura: 2'04" (0,7 m)
Peso: 50,7 lbs. (23,0 kg)
VENENO | LUCHA

CROBAT

Altura: 5'11" (1,8 m)
Peso: 165,3 lbs. (75,0 kg)
VENENO | VOLADOR

DELCATTY

Altura: 3'07" (1,1 m)
Peso: 71,9 lbs. (32,6 kg)
NORMAL

DELPHOX

Altura: 4'11" (1,5 m)
Peso: 86,0 lbs. (39,0 kg)

FUEGO | PSÍQUICO

DIANCIE

Altura: 2'04" (0,7 m)
Peso: 19,4 lbs. (8,8 kg)

ROCA | HADA

DIGGERSBY

Altura: 3'03" (1,0 m)
Peso: 93,5 lbs. (42,4 kg)

NORMAL | TIERRA

DODRIO

Altura: 5'11" (1,8 m)
Peso: 187,8 lbs. (85,2 kg)

NORMAL | VOLADOR

DODUO

Altura: 4'07" (1,4 m)
Peso: 86,4 lbs. (39,2 kg)

NORMAL | VOLADOR

DOUBLADE

Altura: 2'07" (0,8 m)
Peso: 9,9 lbs. (4,5 kg)

ACERO | FANTASMA

DUCKLETT

Altura: 1'08" (0,5 m)
Peso: 12,1 lbs. (5,5 kg)

AGUA | VOLADOR

DUNSPARCE

Altura: 4'11" (1,5 m)
Peso: 30,9 lbs. (14,0 kg)

NORMAL

ESPURR

Altura: 1'00" (0,3 m)
Peso: 7,7 lbs. (3,5 kg)

PSÍQUICO

EXPLOUD

Altura: 4'11" (1,5 m)
Peso: 185,2 lbs. (84,0 kg)

NORMAL

FARFETCH'D

Altura: 2'07" (0,8 m)
Peso: 33,1 lbs. (15,0 kg)

NORMAL | VOLADOR

FENNEKIN

Altura: 1'04" (0,4 m)
Peso: 20,7 lbs. (9,4 kg)

FUEGO

FLABÉBÉ

Altura: 0'04" (0,1 m)
Peso: 0,2 lbs. (0,1 kg)

HADA

FLETCHINDER

Altura: 2'04" (0,7 m)
Peso: 35,3 lbs. (16,0 kg)

FUEGO | VOLADOR

FLETCHLING

Altura: 1'00" (0,3 m)
Peso: 3,7 lbs. (1,7 kg)

NORMAL | VOLADOR

FLOETTE

Altura: 0'08" (0,2 m)
Peso: 2,0 lbs. (0,9 kg)

HADA

FLORGES

Altura: 3'07" (1,1 m)
Peso: 22,0 lbs. (10,0 kg)

HADA

FRAXURE

Altura: 3'03" (1,0 m)
Peso: 79,4 lbs. (36,0 kg)

DRAGÓN

FROAKIE

Altura: 1'00" (0,3 m)
Peso: 15,4 lbs. (7,0 kg)

AGUA

FROGADIER

Altura: 2'00" (0,6 m)
Peso: 24,0 lbs. (10,9 kg)

AGUA

FURFROU

Altura: 3'11" (1,2 m)
Peso: 61,7 lbs. (28,0 kg)

NORMAL

FURRET

Altura: 5'11" (1,8 m)
Peso: 71,6 lbs. (32,5 kg)

NORMAL

GALLADE

Altura: 5'03" (1,6 m)
Peso: 114,6 lbs. (52,0 kg)

PSÍQUICO | LUCHA

GARDEVOIR

Altura: 5'03" (1,6 m)
Peso: 106,7 lbs. (48,4 kg)

PSÍQUICO | HADA

GLOOM

Altura: 2'07" (0,8 m)
Peso: 19,0 lbs. (8,6 kg)

PLANTA | VENENO

GOGOAT

Altura: 5'07" (1,7 m)
Peso: 200,6 lbs. (91,0 kg)

PLANTA

GOLBAT

Altura: 5'03" (1,6 m)
Peso: 121,3 lbs. (55,0 kg)

VENENO | VOLADOR

GOLDEEN

Altura: 2'00" (0,6 m)
Peso: 33,1 lbs. (15,0 kg)

AGUA

GOLDUCK

Altura: 5'07" (1,7 m)
Peso: 168,9 lbs. (76,6 kg)

AGUA

GRENINJA

Altura: 4'11" (1,5 m)
Peso: 88,2 lbs. (40,0 kg)

AGUA | SINIESTRO

GULPIN

Altura: 1'04" (0,4 m)
Peso: 22,7 lbs. (10,3 kg)

VENENO

GYARADOS

Altura: 21'04" (6,5 m)
Peso: 518,1 lbs. (235,0 kg)

AGUA | VOLADOR

HAXORUS

Altura: 5'11" (1,8 m)
Peso: 232,6 lbs. (105,5 kg)

DRAGÓN

HONEDGE

Altura: 2'07" (0,8 m)
Peso: 4,4 lbs. (2,0 kg)

ACERO | FANTASMA

HOOPA

Altura: 1'08" (0,5 m)
Peso: 19,8 lbs. (9,0 kg)

PSÍQUICO | FANTASMA

HOPPIP

Altura: 1'04" (0,4 m)
Peso: 1,1 lbs. (0,5 kg)

PLANTA | VOLADOR

ILLUMISE

Altura: 2'00" (0,6 m)
Peso: 39,0 lbs. (17,7 kg)

BICHO

IVYSAUR

Altura: 3'03" (1,0 m)
Peso: 28,7 lbs. (13,0 kg)

PLANTA | VENENO

JUMPLUFF

Altura: 2'07" (0,8 m)
Peso: 6,6 lbs. (3,0 kg)

PLANTA | VOLADOR

KADABRA

Altura: 4'03" (1,3 m)
Peso: 124,6 lbs. (56,5 kg)

PSÍQUICO

KAKUNA

Altura: 2'00" (0,6 m)
Peso: 22,0 lbs. (10,0 kg)
BICHO | VENENO

KECLEON

Altura: 3'03" (1,0 m)
Peso: 48,5 lbs. (22,0 kg)
NORMAL

KIRLIA

Altura: 2'07" (0,8 m)
Peso: 44,5 lbs. (20,2 kg)
PSÍQUICO | HADA

LEDIAN

Altura: 4'07" (1,4 m)
Peso: 78,5 lbs. (35,6 kg)
BICHO | VOLADOR

LEDYBA

Altura: 3'03" (1,0 m)
Peso: 23,8 lbs. (10,8 kg)
BICHO | VOLADOR

LINOONE

Altura: 1'08" (0,5 m)
Peso: 71,6 lbs. (32,5 kg)
NORMAL

LITLEO

Altura: 2'00" (0,6 m)
Peso: 29,8 lbs. (13,5 kg)
FUEGO | NORMAL

LOUDRED

Altura: 3'03" (1,0 m)
Peso: 89,3 lbs. (40,5 kg)
NORMAL

LUCARIO

Altura: 3'11" (1,2 m)
Peso: 119,0 lbs. (54,0 kg)
LUCHA | ACERO

MAGIKARP

Altura: 2'11" (0,9 m)
Peso: 22,0 lbs. (10,0 kg)
AGUA

MARILL

Altura: 1'04" (0,4 m)
Peso: 18,7 lbs. (8,5 kg)
AGUA | HADA

MASQUERAIN

Altura: 2'07" (0,8 m)
Peso: 7,9 lbs. (3,6 kg)
BICHO | VOLADOR

MEDICHAM

Altura: 4'03" (1,3 m)
Peso: 69,4 lbs. (31,5 kg)
LUCHA | PSÍQUICO

MEDITITE

Altura: 2'00" (0,6 m)
Peso: 24,7 lbs. (11,2 kg)
LUCHA | PSÍQUICO

MEOWSTIC ♀

Altura: 2'00" (0,6 m)
Peso: 18,7 lbs. (8,5 kg)
PSÍQUICO

MEOWSTIC ♂

Altura: 2'00" (0,6 m)
Peso: 18,7 lbs. (8,5 kg)
PSÍQUICO

METAPOD
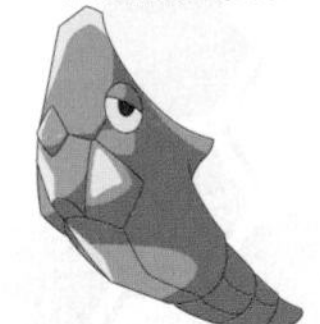
Altura: 2'04" (0,7 m)
Peso: 21,8 lbs. (9,9 kg)
BICHO

MINUN

Altura: 1'04" (0,4 m)
Peso: 9,3 lbs. (4,2 kg)
ELÉCTRICO

MOTHIM

Altura: 2'11" (0,9 m)
Peso: 51,4 lbs. (23,3 kg)
BICHO | VOLADOR

MUNCHLAX

Altura: 2'00" (0,6 m)
Peso: 231,5 lbs. (105,0 kg)
NORMAL

NINCADA

Altura: 1'08" (0,5 m)
Peso: 12,1 lbs. (5,5 kg)

BICHO TIERRA

NINJASK

Altura: 2'07" (0,8 m)
Peso: 26,5 lbs. (12,0 kg)

BICHO VOLADOR

ODDISH

Altura: 1'08" (0,5 m)
Peso: 11,9 lbs. (5,4 kg)

PLANTA VENENO

PANCHAM

Altura: 2'00" (0,6 m)
Peso: 17,6 lbs. (8,0 kg)

LUCHA

PANGORO

Altura: 6'11" (2,1 m)
Peso: 299,8 lbs. (136,0 kg)

LUCHA SINIESTRO

PANPOUR

Altura: 2'00" (0,6 m)
Peso: 29,8 lbs. (13,5 kg)

AGUA

PANSAGE

Altura: 2'00" (0,6 m)
Peso: 23,1 lbs. (10,5 kg)

PLANTA

PANSEAR

Altura: 2'00" (0,6 m)
Peso: 24,3 lbs. (11,0 kg)

FUEGO

PICHU

Altura: 1'00" (0,3 m)
Peso: 4,4 lbs. (2,0 kg)

ELÉCTRICO

PIDGEOT

Altura: 4'11" (1,5 m)
Peso: 87,1 lbs. (39,5 kg)

NORMAL VOLADOR

PIDGEOTTO

Altura: 3'07" (1,1 m)
Peso: 66,1 lbs. (30,0 kg)

NORMAL VOLADOR

PIDGEY

Altura: 1'00" (0,3 m)
Peso: 4,0 lbs. (1,8 kg)

NORMAL VOLADOR

PIKACHU

Altura: 1'04" (0,4 m)
Peso: 13,2 lbs. (6,0 kg)

ELÉCTRICO

PLUSLE

Altura: 1'04" (0,4 m)
Peso: 9,3 lbs. (4,2 kg)

ELÉCTRICO

PSYDUCK

Altura: 2'07" (0,8 m)
Peso: 43,2 lbs. (19,6 kg)

AGUA

PYROAR ♀

Altura: 4'11" (1,5 m)
Peso: 179,7 lbs. (81,5 kg)

FUEGO NORMAL

PYROAR ♂

Altura: 4'11" (1,5 m)
Peso: 179,7 lbs. (81,5 kg)

FUEGO NORMAL

QUILLADIN

Altura: 2'04" (0,7 m)
Peso: 63,9 lbs. (29,0 kg)

PLANTA

RAICHU

Altura: 2'07" (0,8 m)
Peso: 66,1 lbs. (30,0 kg)

ELÉCTRICO

RALTS

Altura: 1'04" (0,4 m)
Peso: 14,6 lbs. (6,6 kg)

PSÍQUICO HADA

RIOLU

Altura: 2'04" (0,7 m)
Peso: 44,5 lbs. (20,2 kg)

LUCHA

ROSELIA

Altura: 1'00" (0,3 m)
Peso: 4,4 lbs. (2,0 kg)

PLANTA VENENO

ROSERADE

Altura: 2'11" (0,9 m)
Peso: 32,0 lbs. (14,5 kg)

PLANTA VENENO

SCATTERBUG

Altura: 1'00" (0,3 m)
Peso: 5,5 lbs. (2,5 kg)

BICHO

SCOLIPEDE

Altura: 8'02" (2,5 m)
Peso: 442,0 lbs. (200,5 kg)

BICHO VENENO

SCRAFTY

Altura: 3'07" (1,1 m)
Peso: 66,1 lbs. (30,0 kg)

SINIESTRO LUCHA

SCRAGGY

Altura: 2'00" (0,6 m)
Peso: 26,0 lbs. (11,8 kg)

SINIESTRO LUCHA

SEAKING

Altura: 4'03" (1,3 m)
Peso: 86,0 lbs. (39,0 kg)

AGUA

SENTRET

Altura: 2'07" (0,8 m)
Peso: 13,2 lbs. (6,0 kg)

NORMAL

SHARPEDO

Altura: 5'11" (1,8 m)
Peso: 195,8 lbs. (88,8 kg)

AGUA SINIESTRO

SHEDINJA

Altura: 2'07" (0,8 m)
Peso: 2,6 lbs. (1,2 kg)

BICHO FANTASMA

SIMIPOUR

Altura: 3'03" (1,0 m)
Peso: 63,9 lbs. (29,0 kg)

AGUA

SIMISAGE

Altura: 3'07" (1,1 m)
Peso: 67,2 lbs. (30,5 kg)

PLANTA

SIMISEAR

Altura: 3'03" (1,0 m)
Peso: 61,7 lbs. (28,0 kg)

FUEGO

SKIDDO

Altura: 2'11" (0,9 m)
Peso: 68,3 lbs. (31,0 kg)

PLANTA

SKIPLOOM

Altura: 2'00" (0,6 m)
Peso: 2,2 lbs. (1,0 kg)

PLANTA VOLADOR

SKITTY

Altura: 2'00" (0,6 m)
Peso: 24,3 lbs. (11,0 kg)

NORMAL

SLURPUFF

Altura: 2'07" (0,8 m)
Peso: 11,0 lbs. (5,0 kg)

HADA

SMEARGLE

Altura: 3'11" (1,2 m)
Peso: 127,9 lbs. (58,0 kg)

NORMAL

SNORLAX

Altura: 6'11" (2,1 m)
Peso: 1014,1 lbs. (460,0 kg)

NORMAL

SPEWPA

Altura: 1'00" (0,3 m)
Peso: 18,5 lbs. (8,4 kg)

BICHO

SPRITZEE

Altura: 0'08" (0,2 m)
Peso: 1,1 lbs. (0,5 kg)

HADA

SQUIRTLE

Altura: 1'08" (0,5 m)
Peso: 19,8 lbs. (9,0 kg)

AGUA

SURSKIT

Altura: 1'08" (0,5 m)
Peso: 3,7 lbs. (1,7 kg)

BICHO | AGUA

SWALOT

Altura: 5'07" (1,7 m)
Peso: 176,4 lbs. (80,0 kg)

VENENO

SWANNA

Altura: 4'03" (1,3 m)
Peso: 53,4 lbs. (24,2 kg)

AGUA | VOLADOR

SWIRLIX

Altura: 1'04" (0,4 m)
Peso: 7,7 lbs. (3,5 kg)

HADA

TALONFLAME

Altura: 3'11" (1,2 m)
Peso: 54,0 lbs. (24,5 kg)

FUEGO | VOLADOR

TOXICROAK

Altura: 4'03" (1,3 m)
Peso: 97,9 lbs. (44,4 kg)

VENENO | LUCHA

VENIPEDE

Altura: 1'04" (0,4 m)
Peso: 11,7 lbs. (5,3 kg)

BICHO | VENENO

VENUSAUR

Altura: 6'07" (2,0 m)
Peso: 220,5 lbs. (100,0 kg)

PLANTA | VENENO

VESPIQUEN

Altura: 3'11" (1,2 m)
Peso: 84,9 lbs. (38,5 kg)

BICHO | VOLADOR

VILEPLUME

Altura: 3'11" (1,2 m)
Peso: 41,0 lbs. (18,6 kg)

PLANTA | VENENO

VIVILLON

Altura: 3'11" (1,2 m)
Peso: 37,5 lbs. (17,0 kg)

BICHO | VOLADOR

VOLBEAT

Altura: 2'04" (0,7 m)
Peso: 39,0 lbs. (17,7 kg)

BICHO

VOLCANION

Altura: 5'07" (1,7 m)
Peso: 429,9 lbs. (195,0 kg)

FUEGO | AGUA

WARTORTLE

Altura: 3'03" (1,0 m)
Peso: 49,6 lbs. (22,5 kg)

AGUA

WEEDLE

Altura: 1'00" (0,3 m)
Peso: 7,1 lbs. (3,2 kg)

BICHO | VENENO

WHIRLIPEDE

Altura: 3'11" (1,2 m)
Peso: 129,0 lbs. (58,5 kg)

BICHO | VENENO

WHISMUR

Altura: 2'00" (0,6 m)
Peso: 35,9 lbs. (16,3 kg)

NORMAL

WORMADAM (TRONCO PLANTA)

Altura: 1'08" (0,5 m)
Peso: 14,3 lbs. (6,5 kg)

BICHO | PLANTA

WORMADAM (TRONCO ARENA)

Altura: 1'08" (0,5 m)
Peso: 14,3 lbs. (6,5 kg)

BICHO | PLANTA

WORMADAM (TRONCO BASURA)

Altura: 1'08" (0,5 m)
Peso: 14,3 lbs. (6,5 kg)

BICHO | PLANTA

ZIGZAGOON

Altura: 1'04" (0,4 m)
Peso: 38,6 lbs. (17,5 kg)

NORMAL

ZUBAT

Altura: 2'07" (0,8 m)
Peso: 16,5 lbs. (7,5 kg)

VENENO | VOLADOR

COSTA DE KALOS

ABSOL

Altura: 3'11" (1,2 m)
Peso: 103,6 lbs. (47,0 kg)

SINIESTRO

AERODACTYL

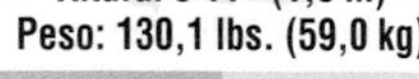

Altura: 5'11" (1,8 m)
Peso: 130,1 lbs. (59,0 kg)

ROCA | VOLADOR

ALOMOMOLA

Altura: 3'11" (1,2 m)
Peso: 69,7 lbs. (31,6 kg)

AGUA

AMAURA

Altura: 4'03" (1,3 m)
Peso: 55,6 lbs. (25,2 kg)

ROCA | HIELO

AMPHAROS

Altura: 4'07" (1,4 m)
Peso: 135,6 lbs. (61,5 kg)

ELÉCTRICO

ARTICUNO

Altura: 5'07" (1,7 m)
Peso: 122,1 lbs. (55,4 kg)

HIELO | VOLADOR

AURORUS

Altura: 8'10" (2,7 m)
Peso: 496,0 lbs. (225,0 kg)

ROCA | HIELO

BAGON

Altura: 2'00" (0,6 m)
Peso: 92,8 lbs. (42,1 kg)

DRAGÓN

BARBARACLE

Altura: 4'03" (1,3 m)
Peso: 211,6 lbs. (96,0 kg)
ROCA AGUA

BINACLE

Altura: 1'08" (0,5 m)
Peso: 68,3 lbs. (31,0 kg)
ROCA AGUA

BOLDORE

Altura: 2'11" (0,9 m)
Peso: 224,9 lbs. (102,0 kg)
ROCA

CARBINK

Altura: 1'00" (0,3 m)
Peso: 12,6 lbs. (5,7 kg)
ROCA HADA

CHATOT

Altura: 1'08" (0,5 m)
Peso: 4,2 lbs. (1,9 kg)
NORMAL VOLADOR

CHIMECHO

Altura: 2'00" (0,6 m)
Peso: 2,2 lbs. (1,0 kg)
PSÍQUICO

CHINCHOU

Altura: 1'08" (0,5 m)
Peso: 26,5 lbs. (12,0 kg)
AGUA ELÉCTRICO

CHINGLING

Altura: 0'08" (0,2 m)
Peso: 1,3 lbs. (0,6 kg)
PSÍQUICO

CLAMPERL

Altura: 1'04" (0,4 m)
Peso: 115,7 lbs. (52,5 kg)
AGUA

CLAUNCHER

Altura: 1'08" (0,5 m)
Peso: 18,3 lbs. (8,3 kg)
AGUA

CLAWITZER

Altura: 4'03" (1,3 m)
Peso: 77,8 lbs. (35,3 kg)
AGUA

CLOYSTER

Altura: 4'11" (1,5 m)
Peso: 292,1 lbs. (132,5 kg)
AGUA HIELO

CORSOLA

Altura: 2'00" (0,6 m)
Peso: 11,0 lbs. (5,0 kg)
AGUA ROCA

CRUSTLE

Altura: 4'07" (1,4 m)
Peso: 440,9 lbs. (200,0 kg)
BICHO ROCA

CUBONE

Altura: 1'04" (0,4 m)
Peso: 14,3 lbs. (6,5 kg)
TIERRA

DEDENNE

Altura: 0'08" (0,2 m)
Peso: 4,9 lbs. (2,2 kg)
ELÉCTRICO HADA

DRAGALGE

Altura: 5'11" (1,8 m)
Peso: 179,7 lbs. (81,5 kg)
VENENO DRAGÓN

DRIFBLIM

Altura: 3'11" (1,2 m)
Peso: 33,1 lbs. (15,0 kg)
FANTASMA VOLADOR

DRIFLOON

Altura: 1'04" (0,4 m)
Peso: 2,6 lbs. (1,2 kg)
FANTASMA VOLADOR

DUOSION

Altura: 2'00" (0,6 m)
Peso: 17,6 lbs. (8,0 kg)
PSÍQUICO

DWEBBLE

Altura: 1'00" (0,3 m)
Peso: 32,0 lbs. (14,5 kg)

BICHO | ROCA

EEVEE

Altura: 1'00" (0,3 m)
Peso: 14,3 lbs. (6,5 kg)

NORMAL

ELECTRIKE

Altura: 2'00" (0,6 m)
Peso: 33,5 lbs. (15,2 kg)

ELÉCTRICO

EMOLGA

Altura: 1'04" (0,4 m)
Peso: 11,0 lbs. (5,0 kg)

ELÉCTRICO | VOLADOR

ESPEON

Altura: 2'11" (0,9 m)
Peso: 58,4 lbs. (26,5 kg)

PSÍQUICO

EXEGGCUTE

Altura: 1'04" (0,4 m)
Peso: 5,5 lbs. (2,5 kg)

PLANTA | PSÍQUICO

EXEGGUTOR

Altura: 6'07" (2,0 m)
Peso: 264,6 lbs. (120,0 kg)

PLANTA | PSÍQUICO

FERROSEED

Altura: 2'00" (0,6 m)
Peso: 41,4 lbs. (18,8 kg)

PLANTA | ACERO

FERROTHORN

Altura: 3'03" (1,0 m)
Peso: 242,5 lbs. (110,0 kg)

PLANTA | ACERO

FLAAFFY

Altura: 2'07" (0,8 m)
Peso: 29,3 lbs. (13,3 kg)

ELÉCTRICO

FLAREON

Altura: 2'11" (0,9 m)
Peso: 55,1 lbs. (25,0 kg)

FUEGO

GIGALITH

Altura: 5'07" (1,7 m)
Peso: 573,2 lbs. (260,0 kg)

ROCA

GLACEON

Altura: 2'07" (0,8 m)
Peso: 57,1 lbs. (25,9 kg)

HIELO

GOLETT

Altura: 3'03" (1,0 m)
Peso: 202,8 lbs. (92,0 kg)

TIERRA | FANTASMA

GOLURK

Altura: 9'02" (2,8 m)
Peso: 727,5 lbs. (330,0 kg)

TIERRA | FANTASMA

GOREBYSS

Altura: 5'11" (1,8 m)
Peso: 49,8 lbs. (22,6 kg)

AGUA

GRANBULL

Altura: 4'07" (1,4 m)
Peso: 107,4 lbs. (48,7 kg)

HADA

GRUMPIG

Altura: 2'11" (0,9 m)
Peso: 157,6 lbs. (71,5 kg)

PSÍQUICO

HARIYAMA

Altura: 7'07" (2,3 m)
Peso: 559,5 lbs. (253,8 kg)

LUCHA

HAWLUCHA

Altura: 2'07" (0,8 m)
Peso: 47,4 lbs. (21,5 kg)

LUCHA | VOLADOR

HELIOLISK

Altura: 3'03" (1,0 m)
Peso: 46,3 lbs. (21,0 kg)

ELÉCTRICO NORMAL

HELIOPTILE

Altura: 1'08" (0,5 m)
Peso: 13,2 lbs. (6,0 kg)

ELÉCTRICO NORMAL

HERACROSS

Altura: 4'11" (1,5 m)
Peso: 119,0 lbs. (54,0 kg)

BICHO LUCHA

HIPPOPOTAS

Altura: 2'07" (0,8 m)
Peso: 109,1 lbs. (49,5 kg)

TIERRA

HIPPOWDON

Altura: 6'07" (2,0 m)
Peso: 661,4 lbs. (300,0 kg)

TIERRA

HORSEA

Altura: 1'04" (0,4 m)
Peso: 17,6 lbs. (8,0 kg)

AGUA

HOUNDOOM

Altura: 4'07" (1,4 m)
Peso: 77,2 lbs. (35,0 kg)

SINIESTRO FUEGO

HOUNDOUR

Altura: 2'00" (0,6 m)
Peso: 23,8 lbs. (10,8 kg)

SINIESTRO FUEGO

HUNTAIL

Altura: 5'07" (1,7 m)
Peso: 59,5 lbs. (27,0 kg)

AGUA

INKAY

Altura: 1'04" (0,4 m)
Peso: 7,7 lbs. (3,5 kg)

SINIESTRO PSÍQUICO

JOLTEON

Altura: 2'07" (0,8 m)
Peso: 54,0 lbs. (24,5 kg)

ELÉCTRICO

KANGASKHAN

Altura: 7'03" (2,2 m)
Peso: 176,4 lbs. (80,0 kg)

NORMAL

KINGDRA

Altura: 5'11" (1,8 m)
Peso: 335,1 lbs. (152,0 kg)

AGUA DRAGÓN

KROKOROK

Altura: 3'03" (1,0 m)
Peso: 73,6 lbs. (33,4 kg)

TIERRA SINIESTRO

KROOKODILE

Altura: 4'11" (1,5 m)
Peso: 212,3 lbs. (96,3 kg)

TIERRA SINIESTRO

LANTURN

Altura: 3'11" (1,2 m)
Peso: 49,6 lbs. (22,5 kg)

AGUA ELÉCTRICO

LAPRAS

Altura: 8'02" (2,5 m)
Peso: 485,0 lbs. (220,0 kg)

AGUA HIELO

LEAFEON

Altura: 3'03" (1,0 m)
Peso: 56,2 lbs. (25,5 kg)

PLANTA

LUNATONE

Altura: 3'03" (1,0 m)
Peso: 370,4 lbs. (168,0 kg)

ROCA PSÍQUICO

LUVDISC

Altura: 2'00" (0,6 m)
Peso: 19,2 lbs. (8,7 kg)

AGUA

MACHAMP

Altura: 5'03" (1,6 m)
Peso: 286,6 lbs. (130,0 kg)
LUCHA

MACHOKE

Altura: 4'11" (1,5 m)
Peso: 155,4 lbs. (70,5 kg)
LUCHA

MACHOP

Altura: 2'07" (0,8 m)
Peso: 43,0 lbs. (19,5 kg)
LUCHA

MAKUHITA

Altura: 3'03" (1,0 m)
Peso: 190,5 lbs. (86,4 kg)
LUCHA

MALAMAR

Altura: 4'11" (1,5 m)
Peso: 103,6 lbs. (47,0 kg)
SINIESTRO PSÍQUICO

MANECTRIC

Altura: 4'11" (1,5 m)
Peso: 88,6 lbs. (40,2 kg)
ELÉCTRICO

MANTINE

Altura: 6'11" (2,1 m)
Peso: 485,0 lbs. (220,0 kg)
AGUA VOLADOR

MANTYKE

Altura: 3'03" (1,0 m)
Peso: 143,3 lbs. (65,0 kg)
AGUA VOLADOR

MAREEP

Altura: 2'00" (0,6 m)
Peso: 17,2 lbs. (7,8 kg)
ELÉCTRICO

MAROWAK

Altura: 3'03" (1,0 m)
Peso: 99,2 lbs. (45,0 kg)
TIERRA

MAWILE

Altura: 2'00" (0,6 m)
Peso: 25,4 lbs. (11,5 kg)
ACERO HADA

MIENFOO

Altura: 2'11" (0,9 m)
Peso: 44,1 lbs. (20,0 kg)
LUCHA

MIENSHAO

Altura: 4'07" (1,4 m)
Peso: 78,3 lbs. (35,5 kg)
LUCHA

MILTANK

Altura: 3'11" (1,2 m)
Peso: 166,4 lbs. (75,5 kg)
NORMAL

MIME JR.
Altura: 2'00" (0,6 m)
Peso: 28,7 lbs. (13,0 kg)
PSÍQUICO HADA

MOLTRES

Altura: 6'07" (2,0 m)
Peso: 132,3 lbs. (60,0 kg)
FUEGO VOLADOR

MR. MIME

Altura: 4'03" (1,3 m)
Peso: 120,1 lbs. (54,5 kg)
PSÍQUICO HADA

NIDOKING

Altura: 4'07" (1,4 m)
Peso: 136,7 lbs. (62,0 kg)
VENENO TIERRA

NIDOQUEEN

Altura: 4'03" (1,3 m)
Peso: 132,3 lbs. (60,0 kg)
VENENO TIERRA

NIDORAN ♀

Altura: 1'04" (0,4 m)
Peso: 15,4 lbs. (7,0 kg)
VENENO

NIDORAN ♂

Altura: 1'08" (0,5 m)
Peso: 19,8 lbs. (9,0 kg)

VENENO

NIDORINA (HEMBRA)

Altura: 2'07" (0,8 m)
Peso: 44,1 lbs. (20,0 kg)

VENENO

NIDORINO (MACHO)

Altura: 2'11" (0,9 m)
Peso: 43,0 lbs. (19,5 kg)

VENENO

NOSEPASS

Altura: 3'03" (1,0 m)
Peso: 213,8 lbs. (97,0 kg)

ROCA

OCTILLERY

Altura: 2'11" (0,9 m)
Peso: 62,8 lbs. (28,5 kg)

AGUA

ONIX

Altura: 28'10" (8,8 m)
Peso: 463,0 lbs. (210,0 kg)

ROCA | TIERRA

PACHIRISU

Altura: 1'04" (0,4 m)
Peso: 8,6 lbs. (3,9 kg)

ELÉCTRICO

PELIPPER

Altura: 3'11" (1,2 m)
Peso: 61,7 lbs. (28,0 kg)

AGUA | VOLADOR

PINSIR

Altura: 4'11" (1,5 m)
Peso: 121,3 lbs. (55,0 kg)

BICHO

PROBOPASS

Altura: 4'07" (1,4 m)
Peso: 749,6 lbs. (340,0 kg)

ROCA | ACERO

QWILFISH

Altura: 1'08" (0,5 m)
Peso: 8,6 lbs. (3,9 kg)

AGUA | VENENO

RELICANTH

Altura: 3'03" (1,0 m)
Peso: 51,6 lbs. (23,4 kg)

AGUA | ROCA

REMORAID

Altura: 2'00" (0,6 m)
Peso: 26,5 lbs. (12,0 kg)

AGUA

REUNICLUS

Altura: 3'03" (1,0 m)
Peso: 44,3 lbs. (20,1 kg)

PSÍQUICO

RHYDON

Altura: 6'03" (1,9 m)
Peso: 264,6 lbs. (120,0 kg)

TIERRA | ROCA

RHYHORN

Altura: 3'03" (1,0 m)
Peso: 253,5 lbs. (115,0 kg)

TIERRA | ROCA

RHYPERIOR

Altura: 7'10" (2,4 m)
Peso: 623,5 lbs. (282,8 kg)

TIERRA | ROCA

ROGGENROLA

Altura: 1'04" (0,4 m)
Peso: 39,7 lbs. (18,0 kg)

ROCA

SABLEYE

Altura: 1'08" (0,5 m)
Peso: 24,3 lbs. (11,0 kg)

SINIESTRO | FANTASMA

SALAMENCE

Altura: 4'11" (1,5 m)
Peso: 226,2 lbs. (102,6 kg)

DRAGÓN | VOLADOR

SANDILE

Altura: 2'04" (0,7 m)
Peso: 33,5 lbs. (15,2 kg)

TIERRA | SINIESTRO

SAWK

Altura: 4'07" (1,4 m)
Peso: 112,4 lbs. (51,0 kg)

LUCHA

SEADRA

Altura: 3'11" (1,2 m)
Peso: 55,1 lbs. (25,0 kg)

AGUA

SEVIPER

Altura: 8'10" (2,7 m)
Peso: 115,7 lbs. (52,5 kg)

VENENO

SHELGON

Altura: 3'07" (1,1 m)
Peso: 243,6 lbs. (110,5 kg)

DRAGÓN

SHELLDER

Altura: 1'00" (0,3 m)
Peso: 8,8 lbs. (4,0 kg)

AGUA

SIGILYPH

Altura: 4'07" (1,4 m)
Peso: 30,9 lbs. (14,0 kg)

PSÍQUICO | VOLADOR

SKRELP

Altura: 1'08" (0,5 m)
Peso: 16,1 lbs. (7,3 kg)

VENENO | AGUA

SKUNTANK

Altura: 3'03" (1,0 m)
Peso: 83,8 lbs. (38,0 kg)

VENENO | SINIESTRO

SLOWBRO

Altura: 5'03" (1,6 m)
Peso: 173,1 lbs. (78,5 kg)

AGUA | PSÍQUICO

SLOWKING

Altura: 6'07" (2,0 m)
Peso: 175,3 lbs. (79,5 kg)

AGUA | PSÍQUICO

SLOWPOKE

Altura: 3'11" (1,2 m)
Peso: 79,4 lbs. (36,0 kg)

AGUA | PSÍQUICO

SNUBBULL

Altura: 2'00" (0,6 m)
Peso: 17,2 lbs. (7,8 kg)

HADA

SOLOSIS

Altura: 1'00" (0,3 m)
Peso: 2,2 lbs. (1,0 kg)

PSÍQUICO

SOLROCK

Altura: 3'11" (1,2 m)
Peso: 339,5 lbs. (154,0 kg)

ROCA | PSÍQUICO

SPOINK

Altura: 2'04" (0,7 m)
Peso: 67,5 lbs. (30,6 kg)

PSÍQUICO

STARAPTOR

Altura: 3'11" (1,2 m)
Peso: 54,9 lbs. (24,9 kg)

NORMAL | VOLADOR

STARAVIA

Altura: 2'00" (0,6 m)
Peso: 34,2 lbs. (15,5 kg)

NORMAL | VOLADOR

STARLY

Altura: 1'00" (0,3 m)
Peso: 4,4 lbs. (2,0 kg)

NORMAL | VOLADOR

STARMIE

Altura: 3'07" (1,1 m)
Peso: 176,4 lbs. (80,0 kg)

AGUA | PSÍQUICO

STARYU

Altura: 2'07" (0,8 m)
Peso: 76,1 lbs. (34,5 kg)

AGUA

STEELIX

Altura: 30'02" (9,2 m)
Peso: 881,8 lbs. (400,0 kg)

ACERO TIERRA

STUNKY

Altura: 1'04" (0,4 m)
Peso: 42,3 lbs. (19,2 kg)

VENENO SINIESTRO

SWELLOW

Altura: 2'04" (0,7 m)
Peso: 43,7 lbs. (19,8 kg)

NORMAL VOLADOR

SWOOBAT

Altura: 2'11" (0,9 m)
Peso: 23,1 lbs. (10,5 kg)

PSÍQUICO VOLADOR

SYLVEON

Altura: 3'03" (1,0 m)
Peso: 51,8 lbs. (23,5 kg)

HADA

TAILLOW

Altura: 1'00" (0,3 m)
Peso: 5,1 lbs. (2,3 kg)

NORMAL VOLADOR

TAUROS

Altura: 4'07" (1,4 m)
Peso: 194,9 lbs. (88,4 kg)

NORMAL

TENTACOOL

Altura: 2'11" (0,9 m)
Peso: 100,3 lbs. (45,5 kg)

AGUA VENENO

TENTACRUEL

Altura: 5'03" (1,6 m)
Peso: 121,3 lbs. (55,0 kg)

AGUA VENENO

THROH

Altura: 4'03" (1,3 m)
Peso: 122,4 lbs. (55,5 kg)

LUCHA

TYRANTRUM

Altura: 8'02" (2,5 m)
Peso: 595,2 lbs. (270,0 kg)

ROCA DRAGÓN

TYRUNT

Altura: 2'07" (0,8 m)
Peso: 57,3 lbs. (26,0 kg)

ROCA DRAGÓN

UMBREON

Altura: 3'03" (1,0 m)
Peso: 59,5 lbs. (27,0 kg)

SINIESTRO

VAPOREON

Altura: 3'03" (1,0 m)
Peso: 63,9 lbs. (29,0 kg)

AGUA

WAILMER

Altura: 6'07" (2,0 m)
Peso: 286,6 lbs. (130,0 kg)

AGUA

WAILORD

Altura: 47'07" (14,5 m)
Peso: 877,4 lbs. (398,0 kg)

AGUA

WINGULL

Altura: 2'00" (0,6 m)
Peso: 20,9 lbs. (9,5 kg)

AGUA VOLADOR

WOBBUFFET

Altura: 4'03" (1,3 m)
Peso: 62,8 lbs. (28,5 kg)

PSÍQUICO

WOOBAT

Altura: 1'04" (0,4 m)
Peso: 4,6 lbs. (2,1 kg)

PSÍQUICO VOLADOR

WYNAUT

Altura: 2'00" (0,6 m)
Peso: 30,9 lbs. (14,0 kg)

PSÍQUICO

YANMA

Altura: 3'11" (1,2 m)
Peso: 83,8 lbs. (38,0 kg)

BICHO | VOLADOR

YANMEGA

Altura: 6'03" (1,9 m)
Peso: 113,5 lbs. (51,5 kg)

BICHO | VOLADOR

ZANGOOSE

Altura: 4'03" (1,3 m)
Peso: 88,8 lbs. (40,3 kg)

NORMAL

ZAPDOS

Altura: 5'03" (1,6 m)
Peso: 116,0 lbs. (52,6 kg)

ELÉCTRICO | VOLADOR

MONTAÑAS DE KALOS

ABOMASNOW

Altura: 7'03" (2,2 m)
Peso: 298,7 lbs. (135,5 kg)

PLANTA | HIELO

ACCELGOR

Altura: 2'07" (0,8 m)
Peso: 55,8 lbs. (25,3 kg)

BICHO

AGGRON

Altura: 6'11" (2,1 m)
Peso: 793,7 lbs. (360,0 kg)

ACERO | ROCA

ALTARIA

Altura: 3'07" (1,1 m)
Peso: 45,4 lbs. (20,6 kg)

DRAGÓN | VOLADOR

AMOONGUSS

Altura: 2'00" (0,6 m)
Peso: 23,1 lbs. (10,5 kg)

PLANTA | VENENO

ARBOK

Altura: 11'06" (3,5 m)
Peso: 143,3 lbs. (65,0 kg)

VENENO

ARIADOS

Altura: 3'07" (1,1 m)
Peso: 73,9 lbs. (33,5 kg)

BICHO | VENENO

ARON

Altura: 1'04" (0,4 m)
Peso: 132,3 lbs. (60,0 kg)

ACERO | ROCA

AVALUGG

Altura: 6'07" (2,0 m)
Peso: 1113,3 lbs. (505,0 kg)

HIELO

BANETTE

Altura: 3'07" (1,1 m)
Peso: 27,6 lbs. (12,5 kg)

FANTASMA

BARBOACH

Altura: 1'04" (0,4 m)
Peso: 4,2 lbs. (1,9 kg)

AGUA | TIERRA

BASCULIN

Altura: 3'03" (1,0 m)
Peso: 39,7 lbs. (18,0 kg)

AGUA

BEARTIC

Altura: 8'06" (2,6 m)
Peso: 573,2 lbs. (260,0 kg)

HIELO

BELLSPROUT

Altura: 2'04" (0,7 m)
Peso: 8,8 lbs. (4,0 kg)

PLANTA | VENENO

BERGMITE

Altura: 3'03" (1,0 m)
Peso: 219,4 lbs. (99,5 kg)

HIELO

BISHARP

Altura: 5'03" (1,6 m)
Peso: 154,3 lbs. (70,0 kg)

SINIESTRO | ACERO

BONSLY

Altura: 1'08" (0,5 m)
Peso: 33,1 lbs. (15,0 kg)

ROCA

BUIZEL

Altura: 2'04" (0,7 m)
Peso: 65,0 lbs. (29,5 kg)

AGUA

CARNIVINE

Altura: 4'07" (1,4 m)
Peso: 59,5 lbs. (27,0 kg)

PLANTA

CHANDELURE

Altura: 3'03" (1,0 m)
Peso: 75,6 lbs. (34,3 kg)

FANTASMA | FUEGO

CONKELDURR

Altura: 4'07" (1,4 m)
Peso: 191,8 lbs. (87,0 kg)

LUCHA

CRYOGONAL

Altura: 3'07" (1,1 m)
Peso: 326,3 lbs. (148,0 kg)

HIELO

CUBCHOO

Altura: 1'08" (0,5 m)
Peso: 18,7 lbs. (8,5 kg)

HIELO

DEINO

Altura: 2'07" (0,8 m)
Peso: 38,1 lbs. (17,3 kg)

SINIESTRO | DRAGÓN

DELIBIRD

Altura: 2'11" (0,9 m)
Peso: 35,3 lbs. (16,0 kg)

HIELO | VOLADOR

DIGLETT

Altura: 0'08" (0,2 m)
Peso: 1,8 lbs. (0,8 kg)

TIERRA

DITTO

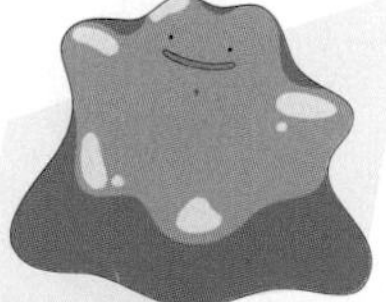

Altura: 1'00" (0,3 m)
Peso: 8,8 lbs. (4,0 kg)

NORMAL

DRAGONAIR

Altura: 13'01" (4,0 m)
Peso: 36,4 lbs. (16,5 kg)

DRAGÓN

DRAGONITE

Altura: 7'03" (2,2 m)
Peso: 463,0 lbs. (210,0 kg)
DRAGÓN VOLADOR

DRAPION

Altura: 4'03" (1,3 m)
Peso: 135,6 lbs. (61,5 kg)
VENENO SINIESTRO

DRATINI

Altura: 5'11" (1,8 m)
Peso: 7,3 lbs. (3,3 kg)
DRAGÓN

DRUDDIGON

Altura: 5'03" (1,6 m)
Peso: 306,4 lbs. (139,0 kg)
DRAGÓN

DUGTRIO

Altura: 2'04" (0,7 m)
Peso: 73,4 lbs. (33,3 kg)
TIERRA

DURANT

Altura: 1'00" (0,3 m)
Peso: 72,8 lbs. (33,0 kg)
BICHO ACERO

EKANS

Altura: 6'07" (2,0 m)
Peso: 15,2 lbs. (6,9 kg)
VENENO

ELECTRODE

Altura: 3'11" (1,2 m)
Peso: 146,8 lbs. (66,6 kg)
ELÉCTRICO

ESCAVALIER

Altura: 3'03" (1,0 m)
Peso: 72,8 lbs. (33,0 kg)
BICHO ACERO

FEAROW

Altura: 3'11" (1,2 m)
Peso: 83,8 lbs. (38,0 kg)
NORMAL VOLADOR

FLOATZEL

Altura: 3'07" (1,1 m)
Peso: 73,9 lbs. (33,5 kg)
AGUA

FLYGON

Altura: 6'07" (2,0 m)
Peso: 180,8 lbs. (82,0 kg)
TIERRA DRAGÓN

FOONGUS

Altura: 0'08" (0,2 m)
Peso: 2,2 lbs. (1,0 kg)
PLANTA VENENO

GABITE

Altura: 4'07" (1,4 m)
Peso: 123,5 lbs. (56,0 kg)
DRAGÓN TIERRA

GARBODOR

Altura: 6'03" (1,9 m)
Peso: 236,6 lbs. (107,3 kg)
VENENO

GARCHOMP

Altura: 6'03" (1,9 m)
Peso: 209,4 lbs. (95,0 kg)
DRAGÓN TIERRA

GASTLY

Altura: 4'03" (1,3 m)
Peso: 0,2 lbs. (0,1 kg)
FANTASMA VENENO

GENGAR

Altura: 4'11" (1,5 m)
Peso: 89,3 lbs. (40,5 kg)
FANTASMA VENENO

GEODUDE

Altura: 1'04" (0,4 m)
Peso: 44,1 lbs. (20,0 kg)
ROCA TIERRA

GIBLE

Altura: 2'04" (0,7 m)
Peso: 45,2 lbs. (20,5 kg)
DRAGÓN TIERRA

GLIGAR

Altura: 3'07" (1,1 m)
Peso: 142,9 lbs. (64,8 kg)

TIERRA VOLADOR

GLISCOR

Altura: 6'07" (2,0 m)
Peso: 93,7 lbs. (42,5 kg)

TIERRA VOLADOR

GOLEM

Altura: 4'07" (1,4 m)
Peso: 661,4 lbs. (300,0 kg)

ROCA TIERRA

GOODRA

Altura: 6'07" (2,0 m)
Peso: 331,8 lbs. (150,5 kg)

DRAGÓN

GOOMY

Altura: 1'00" (0,3 m)
Peso: 6,2 lbs. (2,8 kg)

DRAGÓN

GOTHITA

Altura: 1'04" (0,4 m)
Peso: 12,8 lbs. (5,8 kg)

PSÍQUICO

GOTHITELLE

Altura: 4'11" (1,5 m)
Peso: 97,0 lbs. (44,0 kg)

PSÍQUICO

GOTHORITA

Altura: 2'04" (0,7 m)
Peso: 39,7 lbs. (18,0 kg)

PSÍQUICO

GOURGEIST

Altura: 2'11" (0,9 m)
Peso: 27,6 lbs. (12,5 kg)

FANTASMA PLANTA

GRAVELER

Altura: 3'03" (1,0 m)
Peso: 231,5 lbs. (105,0 kg)

ROCA TIERRA

GURDURR

Altura: 3'11" (1,2 m)
Peso: 88,2 lbs. (40,0 kg)

LUCHA

HAUNTER

Altura: 5'03" (1,6 m)
Peso: 0,2 lbs. (0,1 kg)

FANTASMA VENENO

HEATMOR

Altura: 4'07" (1,4 m)
Peso: 127,9 lbs. (58,0 kg)

FUEGO

HONCHKROW

Altura: 2'11" (0,9 m)
Peso: 60,2 lbs. (27,3 kg)

SINIESTRO VOLADOR

HOOTHOOT

Altura: 2'04" (0,7 m)
Peso: 46,7 lbs. (21,2 kg)

NORMAL VOLADOR

HYDREIGON

Altura: 5'11" (1,8 m)
Peso: 352,7 lbs. (160,0 kg)

SINIESTRO DRAGÓN

IGGLYBUFF

Altura: 1'00" (0,3 m)
Peso: 2,2 lbs. (1,0 kg)

NORMAL HADA

JIGGLYPUFF

Altura: 1'08" (0,5 m)
Peso: 12,1 lbs. (5,5 kg)

NORMAL HADA

JYNX

Altura: 4'07" (1,4 m)
Peso: 89,5 lbs. (40,6 kg)

HIELO PSÍQUICO

KARRABLAST

Altura: 1'08" (0,5 m)
Peso: 13,0 lbs. (5,9 kg)

BICHO

KLEFKI

Altura: 0'08" (0,2 m)
Peso: 6,6 lbs. (3,0 kg)

ACERO HADA

LAIRON

Altura: 2'11" (0,9 m)
Peso: 264,6 lbs. (120,0 kg)

ACERO ROCA

LAMPENT

Altura: 2'00" (0,6 m)
Peso: 28,7 lbs. (13,0 kg)

FANTASMA FUEGO

LARVITAR

Altura: 2'00" (0,6 m)
Peso: 158,7 lbs. (72,0 kg)

ROCA TIERRA

LICKILICKY

Altura: 5'07" (1,7 m)
Peso: 308,6 lbs. (140,0 kg)

NORMAL

LICKITUNG

Altura: 3'11" (1,2 m)
Peso: 144,4 lbs. (65,5 kg)

NORMAL

LIEPARD

Altura: 3'07" (1,1 m)
Peso: 82,7 lbs. (37,5 kg)

SINIESTRO

LITWICK

Altura: 1'00" (0,3 m)
Peso: 6,8 lbs. (3,1 kg)

FANTASMA FUEGO

LOMBRE

Altura: 3'11" (1,2 m)
Peso: 71,6 lbs. (32,5 kg)

AGUA PLANTA

LOTAD

Altura: 1'08" (0,5 m)
Peso: 5,7 lbs. (2,6 kg)

AGUA PLANTA

LUDICOLO

Altura: 4'11" (1,5 m)
Peso: 121,3 lbs. (55,0 kg)

AGUA PLANTA

MAGCARGO

Altura: 2'07" (0,8 m)
Peso: 121,3 lbs. (55,0 kg)

FUEGO ROCA

MAGNEMITE

Altura: 1'00" (0,3 m)
Peso: 13,2 lbs. (6,0 kg)

ELÉCTRICO ACERO

MAGNETON

Altura: 3'03" (1,0 m)
Peso: 132,3 lbs. (60,0 kg)

ELÉCTRICO ACERO

MAGNEZONE

Altura: 3'11" (1,2 m)
Peso: 396,8 lbs. (180,0 kg)

ELÉCTRICO ACERO

MAMOSWINE

Altura: 8'02" (2,5 m)
Peso: 641,5 lbs. (291,0 kg)

HIELO TIERRA

MEWTWO

Altura: 6'07" (2,0 m)
Peso: 269,0 lbs. (122,0 kg)

PSÍQUICO

MIGHTYENA

Altura: 3'03" (1,0 m)
Peso: 81,6 lbs. (37,0 kg)

SINIESTRO

MURKROW

Altura: 1'08" (0,5 m)
Peso: 4,6 lbs. (2,1 kg)

SINIESTRO VOLADOR

NOCTOWL

Altura: 5'03" (1,6 m)
Peso: 89,9 lbs. (40,8 kg)

NORMAL VOLADOR

NOIBAT

Altura: 1'08" (0,5 m)
Peso: 17,6 lbs. (8,0 kg)

VOLADOR | DRAGÓN

NOIVERN

Altura: 4'11" (1,5 m)
Peso: 187,4 lbs. (85,0 kg)

VOLADOR | DRAGÓN

PATRAT

Altura: 1'08" (0,5 m)
Peso: 25,6 lbs. (11,6 kg)

NORMAL

PAWNIARD

Altura: 1'08" (0,5 m)
Peso: 22,5 lbs. (10,2 kg)

SINIESTRO | ACERO

PHANTUMP

Altura: 1'04" (0,4 m)
Peso: 15,4 lbs. (7,0 kg)

FANTASMA | PLANTA

PILOSWINE

Altura: 3'07" (1,1 m)
Peso: 123,0 lbs. (55,8 kg)

HIELO | TIERRA

POLITOED

Altura: 3'07" (1,1 m)
Peso: 74,7 lbs. (33,9 kg)

AGUA

POLIWAG

Altura: 2'00" (0,6 m)
Peso: 27,3 lbs. (12,4 kg)

AGUA

POLIWHIRL

Altura: 3'03" (1,0 m)
Peso: 44,1 lbs. (20,0 kg)

AGUA

POLIWRATH

Altura: 4'03" (1,3 m)
Peso: 119,0 lbs. (54,0 kg)

AGUA | LUCHA

POOCHYENA

Altura: 1'08" (0,5 m)
Peso: 30,0 lbs. (13,6 kg)

SINIESTRO

PUMPKABOO

Altura: 1'04" (0,4 m)
Peso: 11,0 lbs. (5,0 kg)

FANTASMA | PLANTA

PUPITAR

Altura: 3'11" (1,2 m)
Peso: 335,1 lbs. (152,0 kg)

ROCA | TIERRA

PURRLOIN

Altura: 1'04" (0,4 m)
Peso: 22,3 lbs. (10,1 kg)

SINIESTRO

QUAGSIRE

Altura: 4'07" (1,4 m)
Peso: 165,3 lbs. (75,0 kg)

AGUA | TIERRA

ROTOM

Altura: 1'00" (0,3 m)
Peso: 0,7 lbs. (0,3 kg)

ELÉCTRICO | FANTASMA

SANDSHREW

Altura: 2'00" (0,6 m)
Peso: 26,5 lbs. (12,0 kg)

TIERRA

SANDSLASH

Altura: 3'03" (1,0 m)
Peso: 65,0 lbs. (29,5 kg)

TIERRA

SCIZOR

Altura: 5'11" (1,8 m)
Peso: 260,1 lbs. (118,0 kg)

BICHO | ACERO

SCYTHER

Altura: 4'11" (1,5 m)
Peso: 123,5 lbs. (56,0 kg)

BICHO | VOLADOR

SHELMET

Altura: 1'04" (0,4 m)
Peso: 17,0 lbs. (7,7 kg)

BICHO

SHUCKLE

Altura: 2'00" (0,6 m)
Peso: 45,2 lbs. (20,5 kg)

BICHO ROCA

SHUPPET

Altura: 2'00" (0,6 m)
Peso: 5,1 lbs. (2,3 kg)

FANTASMA

SKARMORY

Altura: 5'07" (1,7 m)
Peso: 111,3 lbs. (50,5 kg)

ACERO VOLADOR

SKORUPI

Altura: 2'07" (0,8 m)
Peso: 26,5 lbs. (12,0 kg)

VENENO BICHO

SLIGGOO

Altura: 2'07" (0,8 m)
Peso: 38,6 lbs. (17,5 kg)

DRAGÓN

SLUGMA

Altura: 2'04" (0,7 m)
Peso: 77,2 lbs. (35,0 kg)

FUEGO

SMOOCHUM

Altura: 1'04" (0,4 m)
Peso: 13,2 lbs. (6,0 kg)

HIELO PSÍQUICO

SNEASEL

Altura: 2'11" (0,9 m)
Peso: 61,7 lbs. (28,0 kg)

SINIESTRO HIELO

SNOVER

Altura: 3'03" (1,0 m)
Peso: 111,3 lbs. (50,5 kg)

PLANTA HIELO

SPEAROW

Altura: 1'00" (0,3 m)
Peso: 4,4 lbs. (2,0 kg)

NORMAL VOLADOR

SPINARAK

Altura: 1'08" (0,5 m)
Peso: 18,7 lbs. (8,5 kg)

BICHO VENENO

SPINDA

Altura: 3'07" (1,1 m)
Peso: 11,0 lbs. (5,0 kg)

NORMAL

STUNFISK

Altura: 2'04" (0,7 m)
Peso: 24,3 lbs. (11,0 kg)

TIERRA ELÉCTRICO

SUDOWOODO

Altura: 3'11" (1,2 m)
Peso: 83,8 lbs. (38,0 kg)

ROCA

SWABLU

Altura: 1'04" (0,4 m)
Peso: 2,6 lbs. (1,2 kg)

NORMAL VOLADOR

SWINUB

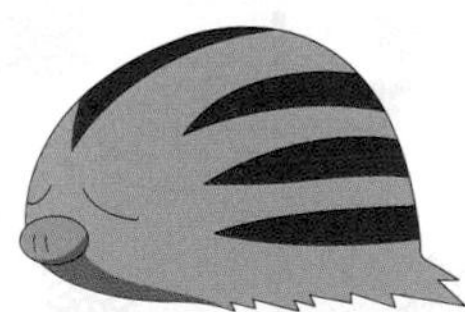

Altura: 1'04" (0,4 m)
Peso: 14,3 lbs. (6,5 kg)

HIELO TIERRA

TEDDIURSA

Altura: 2'00" (0,6 m)
Peso: 19,4 lbs. (8,8 kg)

NORMAL

TIMBURR

Altura: 2'00" (0,6 m)
Peso: 27,6 lbs. (12,5 kg)

LUCHA

TORKOAL

Altura: 1'08" (0,5 m)
Peso: 177,2 lbs. (80,4 kg)

FUEGO

TRAPINCH

Altura: 2'04" (0,7 m)
Peso: 33,1 lbs. (15,0 kg)
TIERRA

TREVENANT

Altura: 4'11" (1,5 m)
Peso: 156,5 lbs. (71,0 kg)
FANTASMA PLANTA

TRUBBISH

Altura: 2'00" (0,6 m)
Peso: 68,3 lbs. (31,0 kg)
VENENO

TYRANITAR

Altura: 6'07" (2,0 m)
Peso: 445,3 lbs. (202,0 kg)
ROCA SINIESTRO

URSARING

Altura: 5'11" (1,8 m)
Peso: 277,3 lbs. (125,8 kg)
NORMAL

VANILLISH

Altura: 3'07" (1,1 m)
Peso: 90,4 lbs. (41,0 kg)
HIELO

VANILLITE

Altura: 1'04" (0,4 m)
Peso: 12,6 lbs. (5,7 kg)
HIELO

VANILLUXE

Altura: 4'03" (1,3 m)
Peso: 126,8 lbs. (57,5 kg)
HIELO

VIBRAVA

Altura: 3'07" (1,1 m)
Peso: 33,7 lbs. (15,3 kg)
TIERRA DRAGÓN

VICTREEBEL

Altura: 5'07" (1,7 m)
Peso: 34,2 lbs. (15,5 kg)
PLANTA VENENO

VOLTORB
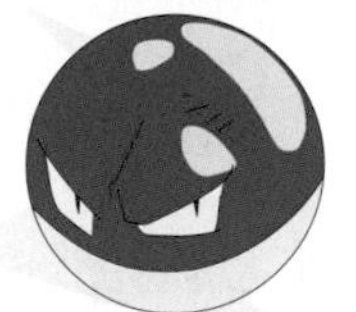
Altura: 1'08" (0,5 m)
Peso: 22,9 lbs. (10,4 kg)
ELÉCTRICO

WATCHOG

Altura: 3'07" (1,1 m)
Peso: 59,5 lbs. (27,0 kg)
NORMAL

WEAVILE

Altura: 3'07" (1,1 m)
Peso: 75,0 lbs. (34,0 kg)

SINIESTRO | HIELO

WEEPINBELL

Altura: 3'03" (1,0 m)
Peso: 14,1 lbs. (6,4 kg)

PLANTA | VENENO

WHISCASH

Altura: 2'11" (0,9 m)
Peso: 52,0 lbs. (23,6 kg)

AGUA | TIERRA

WIGGLYTUFF

Altura: 3'03" (1,0 m)
Peso: 26,5 lbs. (12,0 kg)

NORMAL | HADA

WOOPER

Altura: 1'04" (0,4 m)
Peso: 18,7 lbs. (8,5 kg)

AGUA | TIERRA

XERNEAS

Altura: 9'10" (3,0 m)
Peso: 474,0 lbs. (215,0 kg)

HADA

YVELTAL

Altura: 19'00" (5,8 m)
Peso: 447,5 lbs. (203,0 kg)

SINIESTRO | VOLADOR

ZOROARK

Altura: 5'03" (1,6 m)
Peso: 178,8 lbs. (81,1 kg)

SINIESTRO

ZORUA

Altura: 2'04" (0,7 m)
Peso: 27,6 lbs. (12,5 kg)

SINIESTRO

ZWEILOUS

Altura: 4'07" (1,4 m)
Peso: 110,2 lbs. (50,0 kg)

SINIESTRO | DRAGÓN

ZYGARDE (AL 50%)

Altura: 16'05" (5,0 m)
Peso: 672,4 lbs. (305,0 kg)

DRAGÓN | TIERRA

LECCIONES PARA LA VIDA

Pokémon está repleto de personajes e historias tan sorprendentes que uno a veces se pregunta de qué trata realmente. ¿Se narra simplemente el proceso que experimenta un niño al crecer? ¿Es la historia de una amistad interminable? ¿Es una reflexión sobre la responsabilidad y el compromiso con los demás? ¿O quizá sea, como muchos afirman, todo en conjunto y mucho más?

AMISTAD

Ash mantiene una excelente relación con Pikachu basada en el respeto mutuo, la capacidad para conocer las limitaciones propias y ajenas, y el afecto por alguien que depende de uno y del que a la vez dependes tú. Su relación estriba en la entrega. Desde el principio, Ash ha demostrado su disposición a sacrificar su tiempo, su energía e incluso su integridad personal para velar por Pikachu. Con una amistad así, se comprende muy bien por qué el Pokémon nunca se rinde.

BONDAD

Trata a tus amigos y tus Pokémon como te gusta que te traten y vivirás feliz. Como bien sabes, a Ash no le gustan nada los abusones, da igual si se meten con humanos o con Pokémon. Por eso no es raro verlo corriendo en ayuda de los más débiles y jamás se le ocurre humillar a nadie. Puede decir muchas tonterías, pero nunca se burla.

NATURALEZA

Una y otra vez, se nos recuerda que no conviene alterar el orden natural. Basta con ver el empeño con el que los Teams Aqua y Magma intentan imponer sus puntos de vista y el desastre que originan a su paso. Sacar a un Pokémon de su medio natural y obligarlo a actuar en contra de su voluntad tampoco es bueno. No olvides que la naturaleza recuperará su equilibrio te guste o no.

DEPORTIVIDAD

Ya sabemos que Ash quiere hacerse con todos los Pokémon y vencer en todos los combates. Pero la victoria no lo es todo. Su deseo por afrontar nuevos desafíos e ir siempre más lejos quizá impresione a las chicas, pero no siempre da buenos resultados. Piensa que Ash no gana siempre, de hecho la primera vez que participó en la Liga Pokémon quedó decimosexto.

NUNCA TE RINDAS

… Pero tampoco tira la toalla. Incluso cuando cae derrotado. Su carácter ha cambiado con el paso del tiempo. Ahora es menos impulsivo y prefiere optar por la estrategia. Y el resultado ha valido la pena.

MOVIMIENTOS A CÁMARA LENTA

HIDROBOMBA

En el Congreso Plata de la Liga Johto, Blastoise, el amigo de Gary Oak, disparó una Hidrobomba de tal potencia que Heracross, el compañero de Ash, quedó fuera de combate.

PATADA ÍGNEA

Cuando el Team Rocket apareció en un Concurso de Pueblo Terracota, Combusken, el amigo de Aura, se convirtió en Blaziken y asestó tal patada a los villanos que los lanzó por los aires.

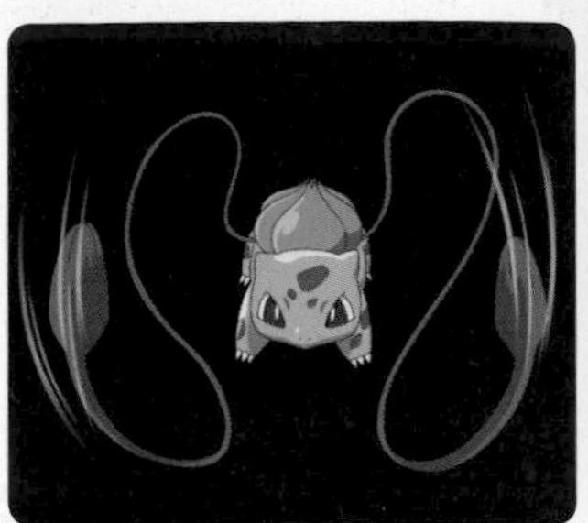

LÁTIGO CEPA

Durante el combate que mantuvo Ash para capturar al Bulbasaur, el Pokémon utilizó este ataque.

MACHADA

Cuando un Pokémon como Chesnaught asesta tal golpe, los efectos son demoledores.

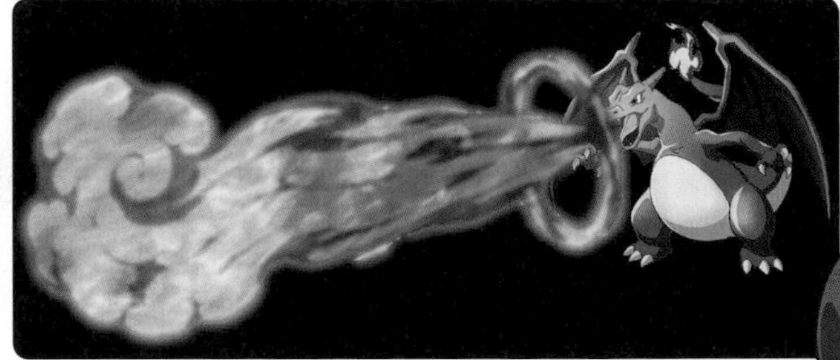

LANZALLAMAS

Cuando Ash y su viejo amigo Charizard se encontraron en Teselia, Ash no daba crédito a la potencia que había adquirido.

PIN MISIL

Chespin, el amigo de Lem, disparó una buena andanada contra la potente máquina Mega-Mega Meowth.

MOFLETE ESTÁTICO

En un combate contra el Team Rocket, Lem recurrió a su amigo Dedenne, quien usó el poder de sus mejillas para dejar a Inkay completamente paralizado.

GIRO FUEGO

Cuando Delphox, el simpático amigo de Aria, continuaba siendo un Braixen, participó en el Gran Espectáculo Pokémon de Pueblo Laguna y sorprendió a todos con este movimiento.

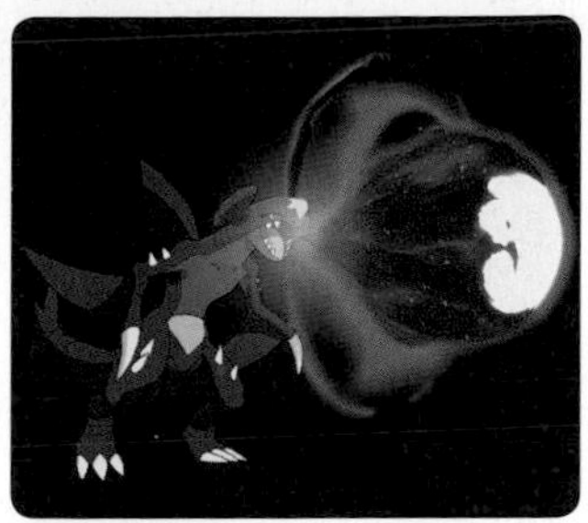

HIPERRAYO

Cuando Garchomp megaevolucionó, el Profesor Ciprés le pidió que lanzase este potente rayo contra el Team Rocket, que intentó secuestrarlo sin éxito.

COLA DRAGÓN

Este movimiento, típico de Pokémon Dragón, como Dragonite, permite asestar golpes a un oponente con una fuerza increíble.

HIDROPULSO

Froakie, el amigo de Ash, puede acabar con un enemigo lanzándole esta brillante esfera azul que crea entre sus manos.

BOLA SOMBRA

En una ocasión, un Gengar salvaje que protegía la estatua gigante de Conley confundió a Ash con un gamberro y le lanzó una de estas bolas a los pies.

BURBUJA

Cuando un Pokémon como Goodra recurre a este movimiento, lanza un chorro de burbujas que no cesará hasta que su adversario se detenga.

SHURIKEN DE AGUA

Durante un feroz combate contra Caléndula y Manectric del Team Flare, en la Cueva Desenlace, Ash pidió a su amigo Greninja que lanzase este proyectil acuoso.

PLANCHA VOLADORA

Este increíble ataque aéreo fue lo que reunió a Hawlucha y Ash. Ash ayudó al Campeón del Bosque a añadir velocidad a este movimiento característico de Hawlucha.

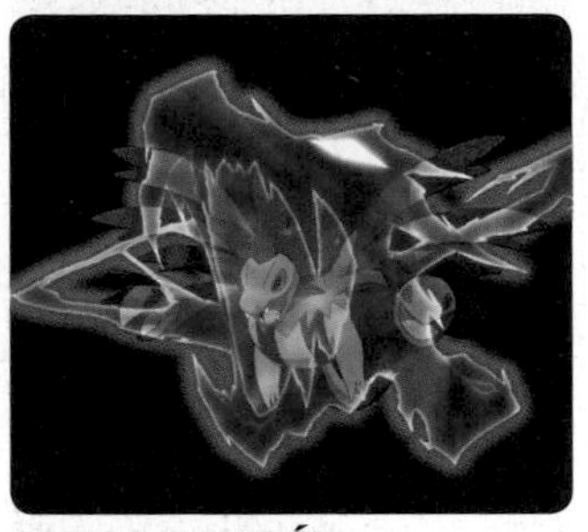

CARGA DRAGÓN

En los cuartos de final de la Liga de la Teselia, Hydreigon, el Pokémon de Cameron, recurrió a esta técnica para ganar sendos combates contra Boldore y Oshawott, del equipo de Ash.

VELO SAGRADO

Este movimiento de tipo Normal permite que, durante los combates, un Pokémon como Latias cree un escudo protector.

ESFERA AURAL

Cameron pasó a las seminifinales de la Liga Teselia después de que su amigo Lucario lanzase una esfera con la que Ash y Pikachu quedaron eliminados.

RESPLANDOR

En la ronda de semifinales de la Liga Sinnoh, Latios, un Pokémon amigo de Tobías, lanzó un rayo de tal potencia que dejó a Sceptile, que luchaba al lado de Ash, fuera de combate.

PSICOCORTE

Este movimiento de tipo Psíquico permite a algunos Pokémon como Mega-Mewtwo X asestar fuertes golpes a sus adversarios.

GIGA IMPACTO

Algunos Pokémon como Mega-Mewtwo Y se envuelven en este halo de poderosa energía púrpura para asestar Giga Impactos a sus oponentes.

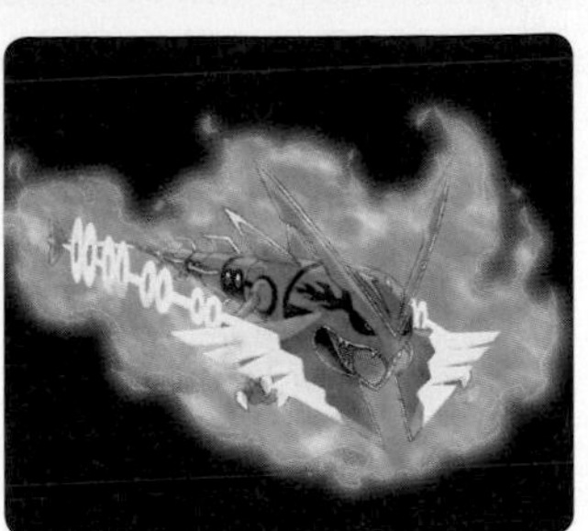

ASCENSO DRACO

Este movimiento de tipo Volador permite que un Pokémon como Mega-Rayquaza descienda a toda velocidad y aseste un fuerte golpe a su adversario.

GOLPES FURIA

Este movimiento de Meowth, del Team Rocket, permite asestar a su enemigo una combinación de golpes y arañazos.

PUÑO METEORO

En la Liga de Hoenn, durante la épica batalla que mantuvo Ash con Tison, Metagross derrotó a Grovyle con este movimiento.

BOLA VOLTIO

Para defenderse de los matones Ducklett, Pikachu hizo acopio de todas sus fuerzas y lanzó esta sorprendente bola por primera vez.

PISTOLA AGUA

Cuando Ash se encontró por primera vez con su amigo Squirtle, lo ayudó a rescatar a Pikachu de las garras del Team Rocket lanzando un potente chorro de agua contra su globo aerostático.

COLA FÉRREA

Posee tal fuerza que, de un solo tajo, Pikachu cortó el aro con que el Team Rocket había apresado a Garchomp.

ATAQUE RÁPIDO

Pikachu recurrió a esta técnica para sacar a los Corpish de sus madrigueras y que así Ash pudiese capturar a uno.

RAYO

Ni siquiera las máquinas pueden resistir la terrible descarga de Pikachu. Para evitar que el malvado Team Magma se hiciese con el poder de un valioso meteorito, nuestro amigo destrozó sus aparatos con la energía de un solo rayo.

FILO DEL ABISMO

Groudon, el Pokémon Legendario, puede recurrir a este movimiento para convertir la tierra en lanzas de piedra.

PULSO PRIMIGENIO

Kyogre, otro Pokémon Legendario, posee la capacidad de usar este movimiento de Agua para lanzar rayos de energía con sus esferas azules.

CONFUSIÓN

Cuando el Team Rocket atacó a Ash durante la batalla del Gimnasio Fucsia, Psyduck sorprendió una vez más a su Entrenadora Misty con este poderoso movimiento.

PULSO DRAGÓN

Ciertos Pokémon como Salamence recurren a este movimiento. Abren tanto la boca para que sus adversarios puedan sentir todo su poder.

ASCUAS

Este movimiento de tipo Fuego, típico de ciertos Pokémon como Torchic, permite disparar pequeñas llamas contra un enemigo.

RECURRENTE

A Ash se le ocurrió enseñar este movimiento a Treecko mientras comía sandía. Y no le fue mal, ya que le sirvió de mucho cuando, por primera vez, recurrió a esta técnica para hacer frente al Team Rocket cuando se disponía a robar tan deliciosa fruta.

COMETA DRACO

Durante el combate que permitiría a Ash hacerse con la Medalla Muro, y que disputó en el gimnasio de Ciudad Relieve, Lino recurrió a Tyrunt para que realizase este movimiento y dejase a Froakie fuera de juego.

HOJA AFILADA

Algunos Pokémon como Venusaur suelen recurrir a este movimiento de tipo Planta.

MANTO ESPEJO

Cuando Jessie capturó a Wobbuffet, usó al Pokémon para que repeliese los movimientos de Pikachu y los devolviese con el doble de fuerza. Por suerte, Froakie lanzó sus burbujas pegajosas para hacer frente al temible trío. Y así fue cómo conoció a su futuro amigo y Entrenador, un tal Ash.

FUERZA TELÚRICA

Zygarde recurrió a este movimiento para que el suelo de la Cueva Desenlace se levantase y emitiese una luz verdosa para evitar ser capturado por el Team Flare.

ÍNDICE POKÉMON

A

B

C

D

E

N

O

P

Q

R

S